Die Reise in die Vergangenheit
Ausgabe N

Band 3
Geschichte und Politik
in unserer Zeit

Die Reise in die Vergangenheit

Ein geschichtliches Arbeitsbuch

von Schulrat Hans Ebeling
in der Neubearbeitung
von Prof. Dr. Wolfgang Birkenfeld

Ausgabe N
Band 3
Geschichte und Politik in unserer Zeit

westermann

Pädagogische Mitarbeit: Rita Birkenfeld

Die Abbildung auf der Vorderseite des Umschlags
zeigt das Freiheitsdenkmal in Lomé (Togo).
Es symbolisiert die Erhebung der Kolonialvölker.

Verlagslektor: Joseph Hoppe, Dieter J. Bode
Assistenz: Doris Moczýgemba
Hersteller: Peter Hudy
Gesamtherstellung: westermann druck, Braunschweig 1982

ISBN 3-14- 11 0703-3

Inhalt

Worüber bisher berichtet wurde

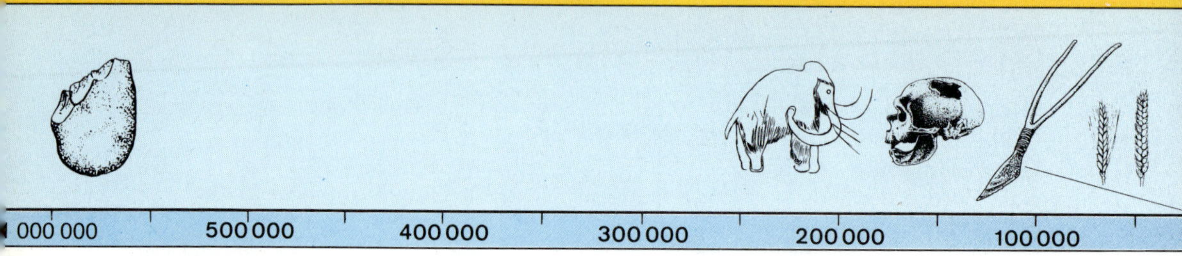

Aus den ältesten Zeiten der Geschichte

Seit über einer Million Jahren gibt es mit Sicherheit menschliche Wesen auf unserem Erdball. Sie lebten zunächst als Jäger und Sammler. Sie schufen sich erste Waffen und Geräte aus Stein. Sie lernten, das Feuer zu nutzen. Sie lebten – vorwiegend in Höhlen – in der Gemeinschaft ihrer Horde. Wir nennen diese älteste Zeit der Geschichte die *Altsteinzeit*. Sie dauerte bis etwa 10 000 v. Chr.

In der *Jungsteinzeit* (etwa 10 000–2000 v. Chr.) wurden die Menschen Viehzüchter und Ackerbauern. Sie bauten feste Häuser und lernten es, Tiere zu zähmen und Felder anzulegen. Sie wurden seßhaft.

Schließlich gelang es ihnen, ihre Waffen und Geräte aus Metall herzustellen, zuerst aus Bronze, später aus Eisen (*Bronzezeit* ca. 2000–800 v. Chr.). Die neue Metallkunst förderte Arbeitsteilung, Handwerk und Handel. – Wir nennen die ältesten Zeiten zusammenfassend die *Vorgeschichte*.

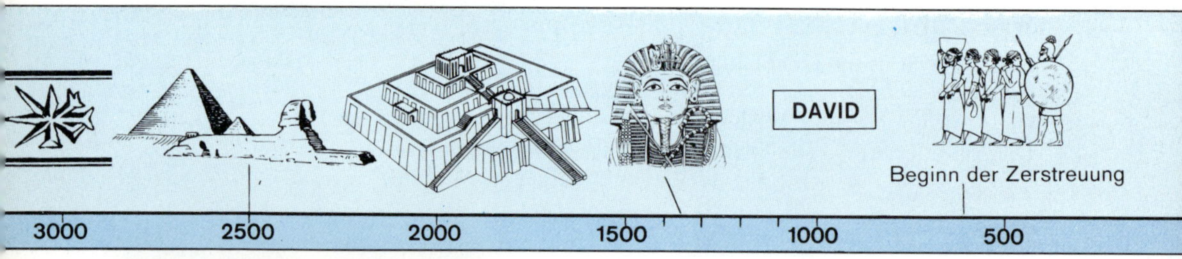

Staaten und Städte in Stromtälern

In Stromtälern am Mittelmeer entwickelten sich erste Reiche und Stadtstaaten. *Ägypten* wurde um 3000 v. Chr. ein Staat mit einem König an der Spitze. Die Aufgaben, die der Nil hier stellte, führten zu diesem Zusammenschluß. Hier entstand eine erste große Kultur, als deren Zeugnisse zum Beispiel die Pyramiden bei Gizeh und der Tempel von Abu Simbel bis in unsere Gegenwart erhalten geblieben sind.

Im *Zweistromland* bildeten sich die ältesten Stadtstaaten etwa zur gleichen Zeit wie in Ägypten. In beiden Stromtälern erfanden die Menschen die Schrift.

Um das Jordantal entstand etwa 1200 v. Chr. *das alte Israel*, das Reich des Volkes der Bibel. Jerusalem war seine Hauptstadt. In der Zeit um Christi Geburt wurde das Gebiet von den Römern erobert und verwüstet.

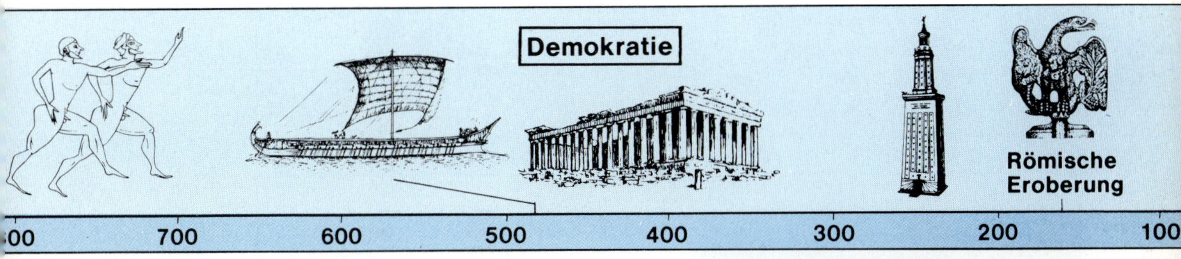

Die Zeit der Griechen

In Griechenland ließ die zerklüftete Landschaft eine Vielzahl von Stadtstaaten entstehen. Alle Griechen verband aber der Glaube an die gleichen Götter, zu deren Ehren sie herrliche Tempel errichteten und seit 776 v. Chr. die *Olympischen Spiele* feierten
Der bedeutendste Stadtstaat Griechenlands war Athen. Hier bestimmten die Bürger ihre Angelegenheiten selbst. Diese „Herrschaft des Volkes“ nennen wir *Demokratie.*

Während die griechischen Staaten sich in Bruderkriegen erschöpften, wuchs im Norden von Griechenland Makedonien zu einem mächtigen Staat heran. Unter *Alexander dem Großen* wurde das gesamte Perserreich erobert. Hier und in Ägypten wurde die griechische Kultur bestimmend („Hellenismus“). *Alexandria* entwickelte sich zur Weltstadt und zum Mittelpunkt der Wissenschaften und des Handels.

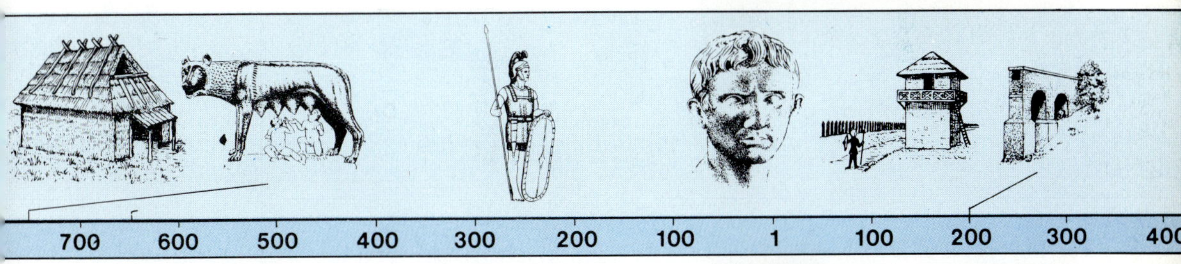

Rom und das römische Germanien

In der Zeit des Hellenismus weitete sich der kleine Stadtstaat Rom zu einem neuen *Weltreich* aus. Von etwa 250 v. Chr. an eroberten die Römer ein Gebiet, das die Küstenländer des Mittelmeeres umschloß und bis an Rhein und Donau reichte. Ihre bedeutendsten Herrscher waren Cäsar und Augustus.

In den ersten Jahrhunderten nach Christi Geburt erlebte das römische Weltreich eine Zeit des Friedens. Die griechisch-römische Kultur formte das Leben in den Städten des Reiches. Köln wurde zu einem Mittelpunkt im *römischen Germanien.*

Die *Anfänge des Christentums* gehen in die Zeit des römischen Weltreichs – unter Kaiser Augustus – zurück. Nach langen, oft harten Verfolgungen wurde das Christentum die Staatsreligion des Römerreichs (um 400 n. Chr.).

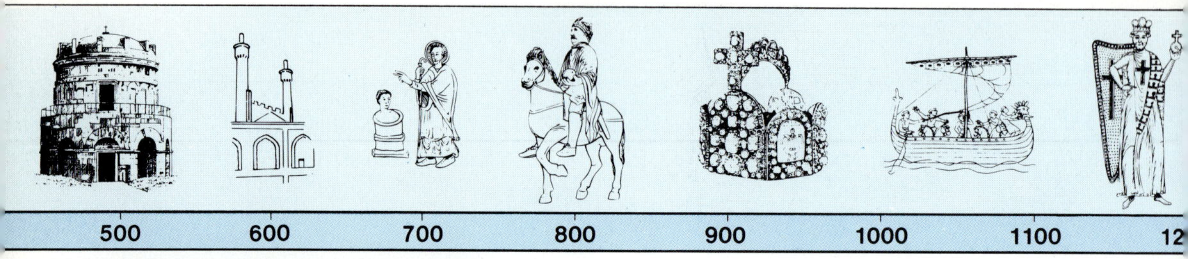

Aus der mittelalterlichen Geschichte

In der *Völkerwanderungszeit* drangen germanische Stämme nach Süden vor. Das Römerreich zerfiel. Die Araber überrannten um 700 weite Gebiete am Mittelmeer.
Um 800 vereinigte *Karl der Große* viele der germanischen Stämme in einem neuen großen Reich. Aus diesem *Reich der Franken* entstanden Deutschland, Frankreich und später Italien.
Mit der Wahl Heinrichs I. begann 919 die deutsche Geschichte. Unter seinen Königen und Kaisern nahm das *Deutsche Reich* bis ins 13. Jahrhundert eine führende Stellung gegenüber den übrigen Staaten Europas ein. Zunehmend verdrängten jedoch die Landesfürsten die Königsmacht.
Nachdem die mohammedanischen Seldschuken (Türken) das „Heilige Land“ erobert hatten, wurden im 11.–13. Jahrhundert immer wieder *Kreuzzüge* unternommen. Sie waren ohne bleibenden Erfolg.

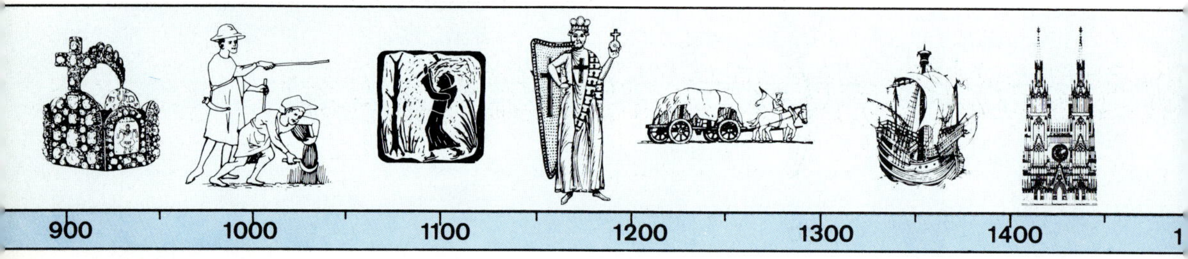

Die Gesellschaft im Mittelalter

Im Mittelalter gehörten die Menschen verschiedenen *Ständen* an, die streng voneinander getrennt waren. *Kaiser, Fürsten* und *Ritter* verwalteten das Land und leisteten Kriegsdienst. Sie herrschten über die *Bauern,* die für sie den Boden bestellten und von ihnen abhängig waren (Grundherrschaft).
In jahrhundertelanger Arbeit schufen die Bauern in Deutschland und Europa die heutige Kulturlandschaft. Abgaben und Frondienste bestimmten zumeist ihr hartes Leben.
Die mittelalterlichen *Klöster* waren eine Stätte des Gebetes und des Dienstes, der Wissenschaft und der Kunst.
Im Verlauf des Mittelalters entstanden viele Städte Europas. Die *Bürger* erkämpften ihre Selbstverwaltung durch den Rat. Grundlage ihres Reichtums war der Handel.
Am Ende des Mittelalters war das Deutsche Reich zersplittert in eine Fülle selbständiger Herrschaftsbereiche (Territorien) weltlicher und geistlicher Fürsten.

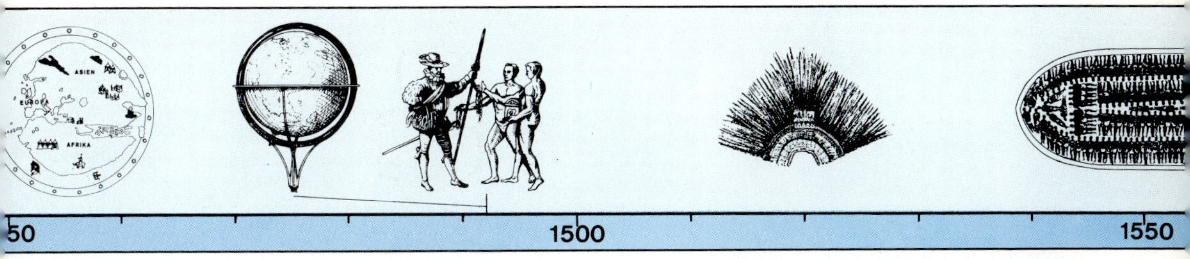

Europäer entdecken die Erde

Am Ausgang des Mittelalters wurde das alte Weltbild von der Erde als Scheibe durch das neue Weltbild von der Erde als Kugel verdrängt.

Auf der Suche nach einem Westweg nach Indien entdeckte Kolumbus 1492 Amerika. Vasco da Gama bewältigte 1498 den Seeweg nach Indien um Afrika herum, und Fernando Magellan erbrachte mit der ersten Weltumsegelung (1519–1522) den Beweis für die Kugelgestalt der Erde.

Den Entdeckern folgten überall die Eroberer. Zu ihnen gehörte Cortez in Mexiko (1521).

Die unterworfenen Gebiete wurden zu Kolonien der Eroberer und von diesen ausgebeutet. Die Kolonialreiche Spaniens und Portugals standen am Anfang der europäischen Ausbreitung über die Erde.

Bald nach der Eroberung Südamerikas begann die europäische Negersklaverei an der Westküste Afrikas.

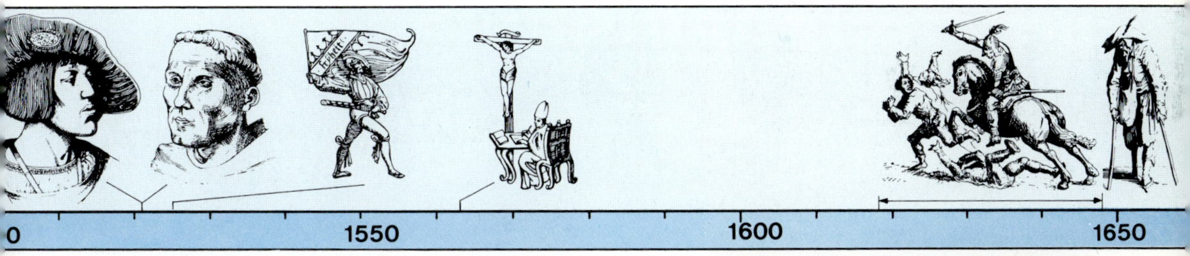

Die frühe Neuzeit in Europa

Nach 1500 wurde das Reich der Habsburger zu einer Großmacht. Karl V. (1519–1556) vereinigte unter seiner Herrschaft weite Gebiete Europas und Amerikas. In dieser Zeit erreichte der frühe Kapitalismus einen ersten Höhepunkt. Beispielhaft dafür stehen die Fugger in Augsburg.

Auf dem Reichstag zu Worms verteidigte Luther 1521 seine Schriften vor Kaiser Karl V. und dem Reich. Unter dem Einfluß der Reformation erhoben sich 1525 die Bauern. Sie wurden geschlagen und versanken erneut in Abhängigkeit von ihren Grundherren.

Die Glaubensspaltung in Europa veranlaßte eine innere Reform der katholischen Kirche auf dem Konzil von Trient (1545–1563). Glaubens- und Machtkämpfe waren eine weitere Folge. Ihr Höhepunkt wurde der Dreißigjährige Krieg (1618–1648), der mit der Verwüstung Deutschlands und dem Verlust der Vormachtstellung des Hauses Habsburg endete.

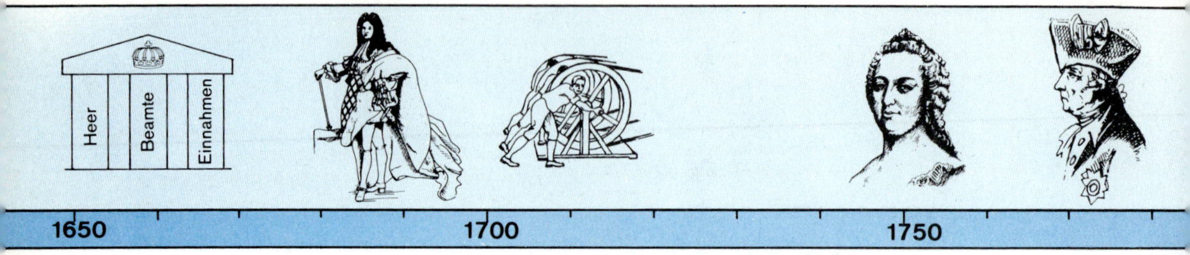

Die Zeit des Absolutismus

Ludwig XIV. regierte von 1661—1715 in Frankreich. Seine Regierungsweise des Absolutismus und das Wirtschaftssystem des Merkantilismus fanden Nachahmer in ganz Europa. Eine Vormachtstellung Frankreichs erreichte Ludwig XIV. nicht; statt dessen bildete sich in Europa ein „Gleichgewicht“ von fünf Mächten heraus.
Einige Herrscher des 18. Jahrhunderts sahen sich als „erste Diener“ ihres Staates, vor allem Friedrich der Große (1740—1786) und Maria Theresia (1740—1780). Ihre Regierungsweise bezeichnen wir als „aufgeklärten Absolutismus“. Nachdem Preußen im Siebenjährigen Krieg (1756—1763) neben Österreich zur zweiten großen Macht im Reich aufgestiegen war, bestimmte dieser Gegensatz hinfort die deutsche Geschichte.

Zu den wichtigsten Ereignissen im Europa dieser Zeit zählen die Teilungen Polens (1772, 1793, 1795).

Neue Großmächte entstehen

Unter Zar Peter dem Großen (1689—1725) wurde Rußland eine europäische Großmacht. Mit seiner Ausdehnung über ganz Sibirien (16.–18. Jahrhundert) entstand die Grundlage für das *russische Großreich.*

Im 17. Jahrhundert begann England mit dem Aufbau eines Kolonialreiches, vor allem entstanden ausgedehnte Siedlungskolonien in Nordamerika: Neuengland. Mit der Besitznahme der französischen Kolonialgebiete nach dem Siebenjährigen Krieg (1756–1763) war England erste Weltmacht. Das *englische Weltreich* umspannte Gebiete in Nordamerika, Indien und Afrika.

Am 4. Juli 1776 erklärten die Kolonisten in Nordamerika ihre Unabhängigkeit vom Mutterland und erkämpften 1776 bis 1783 die staatliche Selbständigkeit der *Vereinigten Staaten von Amerika (USA).* In ihrer Verfassung wurde die Teilung der Gewalten verwirklicht.

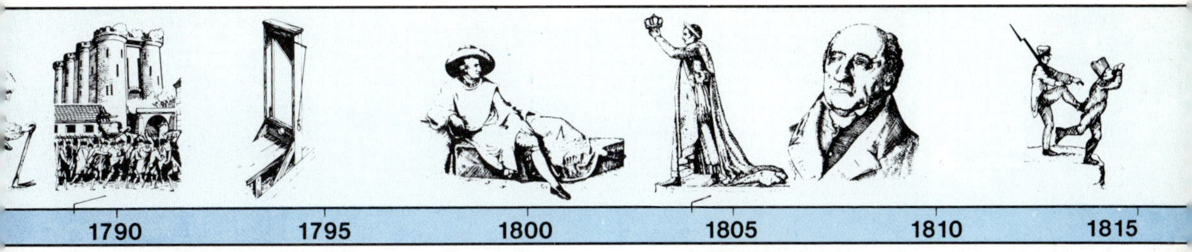

Frankreich und Europa 1789–1815

Aufgerüttelt durch die Ereignisse und durch die Erklärung der *allgemeinen Menschenrechte* in den USA erhob sich 1789 der dritte Stand des französischen Volkes gegen Bevormundung und Ungleichheit zur *Französischen Revolution* (Sturz des königlichen Absolutismus – Errichtung der Republik – Terror einer radikalen Gruppe). Aus den Wirren der Revolution stieg der General *Napoleon Bonaparte* zum Kaiser der Franzosen auf (1804). Er führte Frankreich zur Vorherrschaft in Europa. Nach dem Untergang seiner Armee in Rußland (1812) erhoben sich die Völker Europas. – Grundlegend für den Befreiungsgedanken waren u. a. die Reformen des Freiherrn vom Stein in Preußen gewesen (1806–1807). – Auf dem Wiener Kongreß 1815 wurde der *Deutsche Bund* als Nachfolger des Heiligen Römischen Reiches Deutscher Nation gegründet, das 1806 aufgelöst worden war.

In dieser Zeit erlebte Deutschland eine kulturelle Blüte.

Um Freiheit und Einheit 1815–1871

Die Zeit von 1815–1848 ist gekennzeichnet durch das Vorwärtsdrängen liberaler und nationaler Kräfte in Deutschland, durch den *Freiheitskampf der Bürger* (Wartburgfest 1817 – Hambacher Fest 1832). Den Höhepunkt bildete das Jahr 1848 mit Revolutionen in Berlin und anderen Städten. Die *deutsche Nationalversammlung* in der Frankfurter Paulskirche (1848/49) versuchte vergeblich, ein einheitliches deutsches Kaiserreich auf parlamentarischer Grundlage zu schaffen.

Die Einigung Deutschlands kam erst 1871 zustande. Aber es war keine Verwirklichung der nationalen Ideen der Bürger, sondern eine *Reichsgründung der Fürsten.* Zielbewußt hatte der preußische Ministerpräsident *Otto von Bismarck* auf dieses *Deutsche Reich* unter der Vorherrschaft Preußens und unter Ausschluß Österreichs hingearbeitet. Der König von Preußen wurde „Deutscher Kaiser".

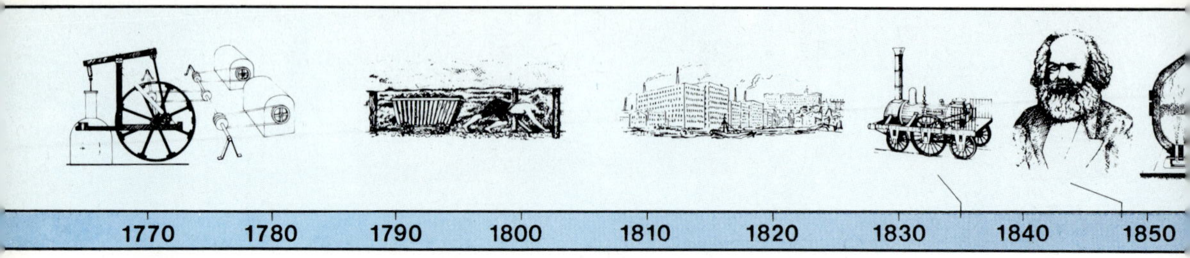

Die Industrielle Revolution

Die Industrielle Revolution begann mit der Erfindung der Dampfmaschine durch *James Watt* (1769). Sie leitete das Zeitalter der Maschinen und Fabriken ein; sie verwandelte Landschaft und Lebensweise entscheidend. – Auf der Grundlage von Kohle und Eisen entstand die Schwerindustrie, in Deutschland vor allem im Ruhrgebiet (seit 1850). – Dampfschiff (1807) und Eisenbahn (1835) sind Ausdruck der Industriellen Revolution im Verkehrswesen.

Seit dem 19. Jahrhundert wuchs die Bevölkerung in Europa explosionsartig. In den Fabriken fanden die Massen Arbeit, durch die Industrielle Revolution in der Landwirtschaft wurde ihre Versorgung möglich. Doch schwere soziale Mißstände kennzeichnen das Leben der frühen Fabrikarbeiter („Proletariat"). – Nach 1860 entwickelte sich eine deutsche Arbeiterbewegung. – Die deutschen Bauern wurden im 19. Jahrhundert frei.

Verzeichnis der Karten

Deutschland und die Welt 1871–1918

1

Arbeiterfamilie im Hamburger Gängeviertel um 1900

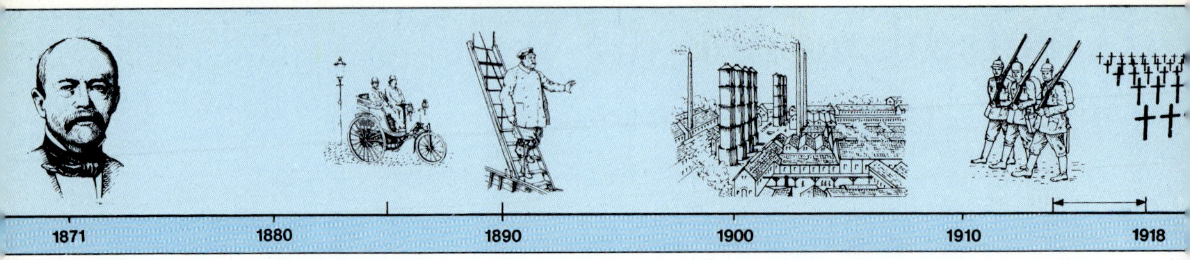

Geschichte unserer Zeit

Betrachte doch bitte einmal das Bild auf S. 17! Vielleicht hast du ähnliche Fotos schon einmal bei euch zu Hause gesehen, Fotos von deinen Großeltern oder Urgroßeltern. Auch auf ihnen tragen die Jungen vielleicht so hohe, geschnürte Schuhe und die Mädchen so lange dunkle Röcke. Auch sie haben vielleicht in solchen Häusern so eng zusammengepfercht gewohnt, ohne viel Licht und Sonne. Auch sie hatten vielleicht so viele Geschwister, wie wir es hier auf dem Bild erkennen können.

Von den Menschen auf diesem Foto lebt kaum noch jemand. Und dennoch empfindest du es sicherlich: diese Familien stehen uns viel näher als die Ritter und Landsknechte, die Fürsten und Könige, aber auch die Handwerker, Arbeiter und Bauern, von denen bisher berichtet wurde. Diese Familien hier – so möchte man meinen – hatten ähnliche Sorgen und Probleme wie wir.

Was in diesem ersten Teil des Buches berichtet wird, hängt mit unserer Gegenwart eng zusammen. Vor 100 Jahren begannen die moderne Technik und die neuen Industrien das Dasein der Menschen ganz und gar zu bestimmen. Die Industrielle Revolution wirkte von nun an in alle Bereiche des Lebens hinein.

Arbeitsvorschläge

1. Versuche doch bitte einmal, Fotos aus der Geschichte deiner Vorfahren aufzustöbern! Versuche, sie zu „lesen“! Was berichten sie über das Leben vor 50, vor 75 Jahren?

2. Stelle auch die Zahl der Geschwister deiner Großeltern fest! Vergleiche sie mit der Anzahl der Geschwister deiner Eltern, deiner Brüder und Schwestern! – Vielleicht könnt ihr in der Klasse eine Gesamtstatistik erarbeiten.

3. Welche Berufe haben deine Großväter, deine Urgroßväter ausgeübt? Haben sie diese Berufe in ihrem Leben einmal wechseln müssen? Welche Berufe sind darunter, die es heute nicht mehr oder nur noch selten gibt? Und wie war es mit deinen Großmüttern und Urgroßmüttern?

Deutschland 1871–1914

Staat und Gesellschaft im Kaiserreich

Das Reich der Fürsten

So hatte sich am 18. Januar 1871 die Ausrufung des neuen Reiches in Versailles abgespielt: Erhöht, vor den Kriegsfahnen der Regimenter, stand König Wilhelm von Preußen, jetzt „Deutscher Kaiser", umjubelt von Fürsten und Generälen. Kein Vertreter des Volkes war zu sehen, keiner der Bürger, die 1848 für ein einheitliches Reich auf den Barrikaden gekämpft hatten.

Diesem äußeren Bild glich auch die innere Struktur des neuen Deutschen Reiches: Es war ein Bundesstaat, gebildet durch den Zusammenschluß von 22 Fürsten und drei freien Reichsstädten (Hamburg, Bremen, Lübeck) zu einem „ewigen Bund".

Der „Reichsadler" 1871–1918

Als oberster Souverän sollte der König von Preußen den Titel *„Deutscher Kaiser"* führen. Einziger Reichsminister wurde der preußische Ministerpräsident mit dem Titel „deutscher Reichskanzler". Es wurden ein Bundesrat und ein Reichstag beschlossen. Im Bundesrat, der Vertretung der einzelnen deutschen Länder, hatte Preußen von 58 Stimmen zwar nur 17. Dennoch war es die Vormacht dieses Reiches. (Sein Staatsgebiet umfaßte nahezu zwei Drittel des Reichsgebiets mit den wichtigsten Industriezentren. Über die Hälfte der Reichsbevölkerung – fast 25 Mill. von 41 Mill. – war preußisch. Von Preußens Hauptstadt aus sollte die Politik des Reiches geführt werden.)

Der Reichstag sollte aus allgemeinen, geheimen, gleichen und direkten Wahlen des Volkes hervorgehen. Bundesrat und Reichstag hatten die Gesetze für das Reich zu beraten. Der *Reichskanzler* war *nur dem Kaiser verantwortlich;* er konnte also nicht vom Bundesrat oder Reichstag gestürzt werden. Die Aufgaben des Reiches waren die Führung der Außenpolitik, die Reichsmarine, das Zoll-, Handels- und Gewerbewesen, die Post und Telegraphie. Alles übrige blieb Sache der Länder.

Für die Reichsfahne wählten die Fürsten die Farben *Schwarz-Weiß-Rot.* Die Farben Schwarz-Rot-Gold, unter denen 1848/49 die Bürger für ein einiges und freies Deutschland gekämpft hatten, wurden strikt abgelehnt.

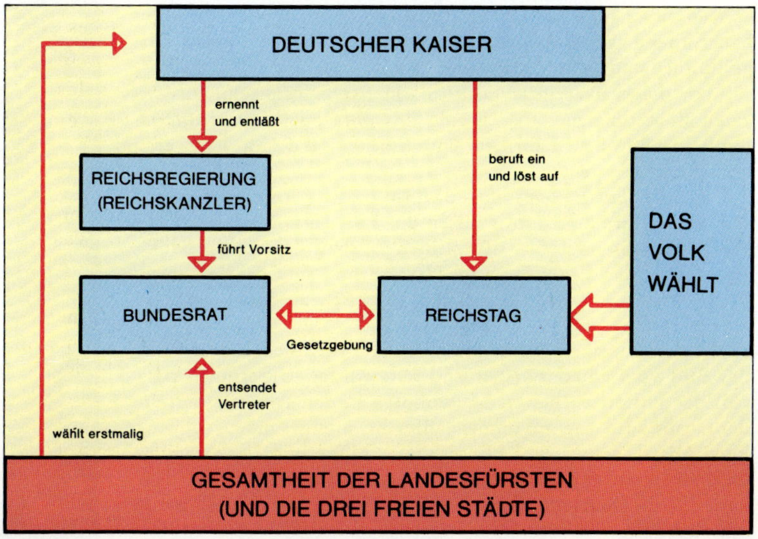

Die Verfassung des Deutschen Reiches von 1871.

Deutsche Kaiser waren: Wilhelm I. (1871–1888), Friedrich III. (1888), Wilhelm II. (1888–1918).

Bismarck war Reichskanzler von 1871 bis 1890.

Arbeitsvorschläge

1. Betrachte noch einmal das Bild von der Kaiserproklamation im vorausgehenden Band deines Arbeitsbuches! Lies dort ebenfalls noch einmal über die Revolution von 1848 nach!

2. Die Bestimmungen des Wahlrechts bedeuten:
   a) *Allgemein:* Alle männlichen Bürger über 25 Jahre können wählen oder gewählt werden.
   b) *Direkt:* Es gibt keine „Wahlmänner", wie z. B. in der amerikanischen Verfassung. Der Bürger wählt direkt seinen Abgeordneten.
   c) *Geheim:* Der Wähler kann auf einem Wahlzettel den Namen eines gewünschten Abgeordneten ankreuzen, ohne daß er dabei beobachtet wird (z. B. in einer Kabine).
   d) *Gleich:* Die Stimme jedes Wählers zählt gleich viel.

   Informiere Dich über das heute geltende Wahlrecht! Was hat sich geändert?

3. Welches sind die heutigen deutschen Nationalfarben? Was schließt du aus dieser Wahl?

Zwei Gesichter Deutschlands

Das Bild *oben* zeigt uns einen der Fürsten, die nach außen hin das Gesicht des Kaiserreiches bestimmten, auf einer Reise durch sein Land, begleitet von zwei weiteren Adligen. Sie alle tragen Uniform. In „gehörigem" Abstand folgt ein Bediensteter; im Hintergrund steht die vierspännige Karosse für die Herrschaften zur Weiterfahrt bereit.

Die Leute aus dem nahen Dorf sind offensichtlich von dem großartigen Ereignis unterrichtet worden. Im Sonntagsstaat säumen sie den Weg, ehrfürchtig den Hut in der Hand. Nur ein Dorfköter wagt zu bellen. – Sicherlich hat es schulfrei gegeben.

Wer dieses Bild sieht, mag das deutsche Kaiserreich für ein bäuerliches Land voll Ruhe und Frieden halten, ein Land mit glücklichen und zufriedenen Untertanen.

Auch dieses bäuerliche Deutschland hat es gegeben. Für die Zukunft bestimmend aber wurde *das industrielle Deutschland* mit seinen großen Fabriken und Städten, die sich jetzt erst richtig entwickelten.

Das Bild *unten* zeigt uns das Innere des Bessemer-Stahlwerkes der Firma Krupp in Essen um 1900. Das Bessemer-Verfahren erlaubte erst den stürmischen Ausbau der Stahlproduktion. Unter den Vordächern im Hintergrund sind die Bessemer-Birnen zu erkennen, in denen das Roheisen zu Stahl veredelt wurde.

Mit den Fabriken wuchs die Zahl der Menschen, die nicht in das Bild vom guten Fürsten und zufriedenen Untertanen passen: der Industriearbeiter. Sie wohnten in den Arbeitervierteln der Großstädte, eng zusammengepfercht in ungesunden, sonnenlosen Mietskasernen und Hinterhöfen. Miete und Lebensunterhalt verschlangen den kärglichen Lohn. So standen sie dem kaiserlichen Deutschland mit seinem Glanz und Gloria meist innerlich fern.

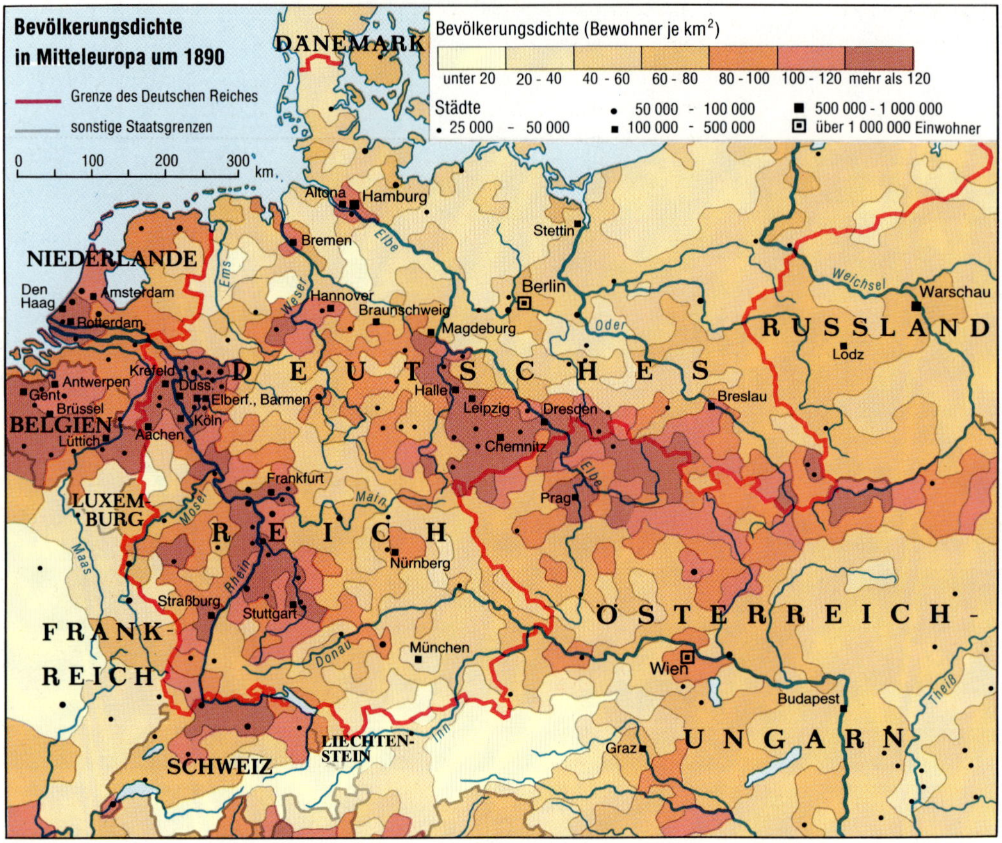

Das Wachstum der Bevölkerung

Du hast bereits die Gründe kennengelernt, die im 19. Jahrhundert zu einer wahren Bevölkerungsexplosion überall in Europa führten. Wie sich die Bevölkerungszahl des Deutschen Reiches (mit einer Fläche von 540 000 km²) entwickelte, kannst du der Tabelle unten entnehmen.

Jahr	1871	1880	1890	1900	1919
Bevölkerung (in Mill.)	41,059	45,234	49,428	56,367	64,926
Einw. je km²	76	84	91	104	120

Die so angewachsene Bevölkerung ballte sich in den neuen Industriezentren: in Rheinland-Westfalen und im mitteldeutschen Raum (Land Sachsen).

Arbeitsvorschläge

1. Bestimme auf der vorstehenden Karte die am dichtesten besiedelten Gebiete um 1890! Welche Gebiete des Deutschen Reiches hatten die schwächste Besiedlung? Prüfe die Bevölkerungsdichte der landwirtschaftlich bedeutendsten Gebiete (Ostdeutschland, Bayern)!
2. Heute leben in der Bundesrepublik Deutschland auf einer Fläche von 249 000 km² insgesamt 61,396 Millionen Menschen, in der Deutschen Demokratischen Republik auf 108 000 km² rund 16,790 Millionen (Stand 1978). Errechne die Bevölkerungsdichte! Vergleiche Flächen, Bevölkerung, Bevölkerungsdichte mit den Zahlen des Deutschen Reiches! Begründe Auffälligkeiten!

Der Weg zum Industriestaat

In der Zeit von der Reichsgründung 1871 bis zum Ersten Weltkrieg 1914 wurde Deutschland zum *Industriestaat.* Immer stärker bestimmte die Industrie die Tätigkeiten und das Zusammenleben der Menschen. Dieser Wandel machte das Deutsche Reich auch zu einer *Wirtschaftsmacht,* die in manchen wichtigen Bereichen England, den ersten Industriestaat Europas, einholte und sogar überholte.

Das Verkehrswesen

Immer größere Schiffe wurden gebaut, immer stärker die Segelschiffe durch Dampfschiffe verdrängt. Immer schneller wuchsen die Schienenwege der Eisenbahnen:

Länge der Eisenbahnstrecken (in km)	1870	1890	1910
Deutschland	18 560	41 818	59 031
England	24 999	32 297	37 579

Kohle und Eisen

Noch immer waren Kohle und Eisen die Grundlagen eines Industriestaates. Die deutsche Steinkohlenförderung stieg schnell an, ebenso die Roheisenproduktion:

	Steinkohle (in Mill. t)		Roheisen (in Mill. t)	
	Deutschland	England	Deutschland	England
1870	23,3	112,2	1,391	6,059
1890	64,4	184,5	4,563	8,030
1910	151,1	268,7	14,793	10,380

Die Entwicklung von Großunternehmen

Die Produktion von Eisen und Stahl und ihre Weiterverarbeitung lohnte sich um so mehr, je größer der Betrieb war. So gingen die größeren deutschen Unternehmen dazu über, die kleineren aufzukaufen oder sich zu *Konzernen* zusammenzuschließen. Sie allein hatten auch die Mittel, kostspielige neue Verfahren und Erfindungen einzuführen. Damit ballte sich die wirtschaftliche Macht immer stärker in den Händen weniger Unternehmer zusammen.

Immer häufiger wurden Großunternehmen als *Aktiengesellschaften* gegründet oder ausgebaut. Immer häufiger arbeiteten sie jetzt auch mit dem Geld der *Großbanken,* die überall ihre Niederlassungen gründeten.

Die Großunternehmen bestimmten zunehmend das Bild des industriellen Deutschlands.

Kartelle, Interessen- und Arbeitgeberverbände

Häufig schlossen sich auch die Unternehmer zusammen, die ein bestimmtes Produkt herstellten: sie bildeten *Kartelle.* Sie vereinbarten, einander nicht im Preis zu unterbieten oder nur bestimmte Mengen ihres Produkts herzustellen, um den Preis hochzuhalten, oder sie teilten die Absatzgebiete unter sich auf. So machten sie sich gegenseitig keine Konkurrenz mehr und drängten den Wettbewerb zurück.

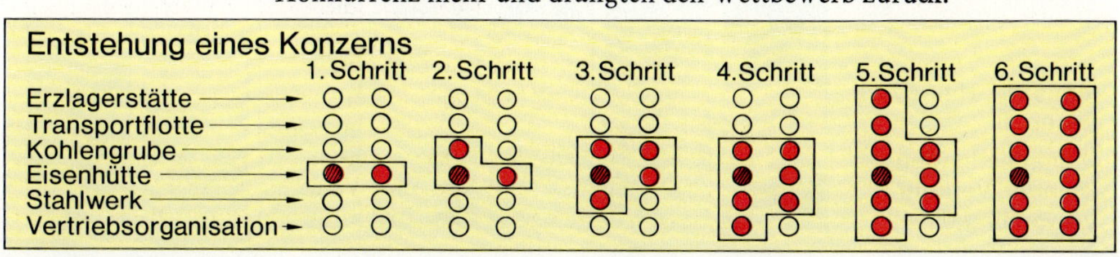

Daneben gründeten die Unternehmer *Interessenverbände*, die sich durch Einflußnahme auf staatliche Stellen oder andere wichtige Abnehmer für einen bestimmten Produktionsbereich einsetzen sollten. So entstand z. B. ein „Verein deutscher Eisen- und Stahlindustrieller" (1874), dessen Ziel zunächst eine günstige Zollpolitik des Reiches war.

Besondere Organisationen der Unternehmer waren schließlich die *Arbeitgeberverbände*, die Antwort auf die Zusammenschlüsse der Arbeiter zu Arbeitervereinen und Gewerkschaften.

Arbeitsvorschläge

1. Setze die auf S. 23 abgedruckten Tabellen in Schaubilder oder Kurvenbilder um!
2. Das Streckennetz der Eisenbahn in Deutschland hatte 1937 eine Länge von 70 450 km. Was kannst du daraus schließen?
3. Vergleiche Steinkohlenförderung und Roheisenproduktion in Deutschland und England!
4. Auch heute gibt es eine Konzentration in vielen Bereichen der Wirtschaft. Achte in den Nachrichten und Zeitungsmeldungen darauf! Überlege die Gefahren einer *schrankenlosen* Konzentration – zum Beispiel im Zeitungswesen oder im Flugtourismus!
5. Heute besteht in der Bundesrepublik ein „Bundeskartellamt", das Kartellbildungen verhindern soll. Verfolge Meldungen über seine Tätigkeiten in den Medien!

Die Umschichtung der Berufstätigkeit

Der Weg Deutschlands zum Industriestaat wird besonders deutlich, wenn man die *Umschichtung in der beruflichen Tätigkeit* untersucht. Immer weniger Beschäftigte waren in der Landwirtschaft tätig, immer größer wurde die Zahl der Arbeiter in Bergbau und Industrie. Immer stärker aber wuchs auch der Anteil derjenigen, die im Bereich der Dienstleistungen ihren Erwerb fanden: in Handel und Verkehr, in Banken und Verwaltungen, im Haushalt oder beim Militär.

Arbeitsvorschläge

1. Prüfe das Schaubild unten!
   a) Seit wann etwa finden prozentual mehr Menschen ihr Auskommen in nichtlandwirtschaftlicher Tätigkeit als in der Landwirtschaft?
   b) Wann etwa hat die Zahl der in der Industrie Beschäftigten die der in der Landwirtschaft Beschäftigten eingeholt?

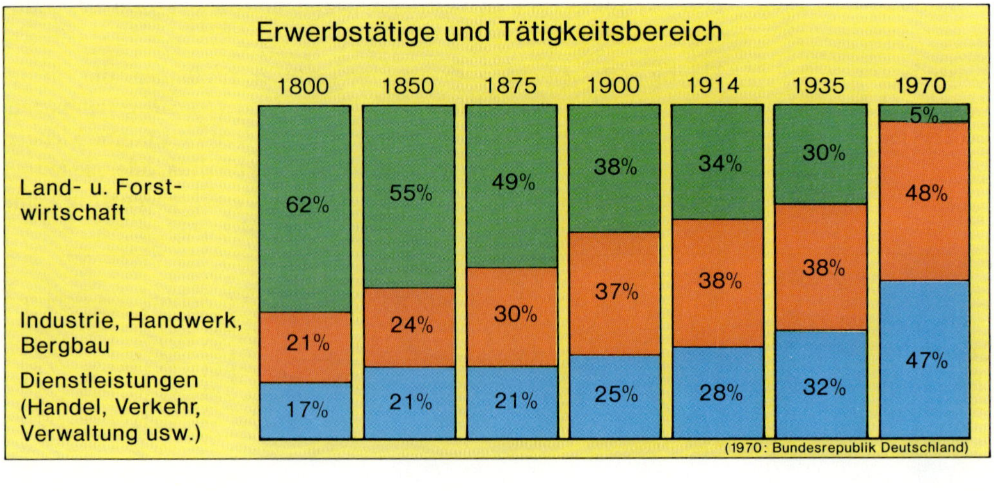

2. Entsprechend der Bevölkerungszunahme wuchs auch die Gesamtzahl der Beschäftigten (in Millionen):

1800	1850	1875	1900	1914	1935	1970
10,5	15,8	18,6	25,5	31,3	29,9	30,1

Prüfe, ob auch in der Landwirtschaft – trotz der prozentualen Abnahme – die absolute Zahl der Beschäftigten zwischen 1875 und 1914 wuchs!

3. Welche Erklärungen findest du für die prozentuale Verschiebung der Berufstätigkeit 1970 gegenüber 1914? Welche statistische Aussage erscheint dir für das Jahr 2000 denkbar?

Die Industrie-arbeiter

Die wachsende Zahl der Arbeiter in den Fabriken und Bergwerken hatte vom Aufschwung der deutschen Wirtschaft nur wenig Vorteile. *August Schmidt,* nach 1945 erster Vorsitzender der Industriegewerkschaft Bergbau, berichtet aus seiner Jugend:

Aus der Jugend des Bergarbeiters August Schmidt

„Wenn ältere Leute aus ihrer Jugendzeit erzählen und diese Jugendzeit in die Ära der Wilhelminischen Kaiserherrschaft fiel, dann sagen sie oft in einem leichten Anflug von Schwärmerei, daß die frühere Zeit eine herrliche, eine gute, eine schöne Zeit war. Es mag sein, daß ich in meinem ganzen Leben immer etwas sehr kritisch war, jedoch könnte es mir in keiner Sekunde einfallen, jemals von einer guten Zeit zu sprechen, wenn ich an meine Jugendjahre zurückdenke.

Ich wurde in dieser oft besungenen ‚guten' Zeit geboren. Es war am 8. Mai 1878, als ich in der damals noch selbständigen Gemeinde Oespel bei Dortmund als drittes Kind geboren wurde. Nach mir schenkte meine Mutter noch weiteren sechs Kindern das Leben, und meine Eltern hatten alle Mühe und Not, um mit ihren neun Kindern und dem Schicksal fertig zu werden.

Mein Vater war – genauso wie meine älteren Brüder und später auch ich – Bergmann, und er bekam damals für eine neunstündige Schichtzeit ganze 2,66 Mark. Damit mußte er seine Familie ernähren und kleiden ...

Nicht selten war es auch noch so, daß der ohnehin karge Lohn durch Fehlschichten infolge Absatzmangels weiter geschmälert wurde.

So war es dann auch wohl kaum ein Wunder, daß wir Kinder keine Lederschuhe kannten, sondern im Sommer barfuß laufen mußten und in der kälteren Jahreszeit uns mit Holzschuhen – die wir auch Klotschen nannten – begnügten. Lederschuhe durften wir manchmal sonntags anziehen; wobei natürlich der Genauigkeit halber erwähnt werden muß, daß diese Lederschuhe sich von einem Kind zum anderen vererbten und deshalb immer ziemlich ausgetragen waren. Nicht anders war es mit der Kleidung, und in einer Hose wuchsen aus Sparsamkeitsgründen gleich mehrere Kinder auf, denn auch die Kleidung vererbte sich von Kind zu Kind weiter. An vielen Bedürfnissen des täglichen Lebens mußte stärkstens gespart werden, ja, ich muß sogar sagen, daß viele Notwendigkeiten nicht einmal in geringstem Maße erfüllt werden konnten. Es fehlte einfach an Geld, um richtig satt werden zu können. Erst lange nach meiner Jugendzeit lernte ich auch Butter in der Praxis kennen. Sie kostete damals 0,90 bis 1,– Mark je Pfund und konnte auch bei bestem Willen und größter Sparsamkeit nicht auf unseren Familientisch gebracht werden. Wenn es aber nur an der Butter gemangelt hätte, dann wären meine Eltern, meine Geschwister und ich sicher noch zufrieden gewesen.

Man kann sich sehr gut vorstellen, daß die in solch schlechten Verhältnissen lebenden Bergarbeiter kaum eine Chance hatten, in ihrem Betrieb auch nur einmal wegen des zu geringen Lohnes, der zu langen Arbeitszeit oder der gröblichen Vernachlässigung der Grubensicherheit aufzumucken. Sie waren im wahrsten Sinne des Wortes abhängig von der Zeche und auf Gedeih und Verderb der Willkür der Unternehmer ausgesetzt."

(*August Schmidt,* Lang war der Weg, Bochum 1958)

Kellerwohnung einer neunköpfigen Arbeiterfamilie 1912

Lebensweise eines Berliner Facharbeiters 1890

„Er ist in einer Bronzewarenwerkstätte als Former beschäftigt, ein fleißiger, achtungswerter Mann, braver Gatte und Vater ... Die Wohnung besteht aus einem ziemlich geräumigen Zimmer, an das sich die Küche schließt. Obwohl Mann, Frau und zwei Kinder hier schlafen und leben, ist alles von peinlicher Sauberkeit. Geblümte Kattunvorhänge sind an den zwei Fenstern angebracht; bescheidene Blumen stehen auf den Brettern. Die eine Langmauer nehmen zwei Betten und ein einfaches Schlafsofa ein, das den Kindern zur Ruhestätte dient; die andere wird von einem ‚Vertikow', einem Kleiderschrank und einem Waschtisch eingenommen. Ein Tisch und Stühle vervollkommnen die Einrichtung ...

Wenn der Former am Samstag seinen Lohn empfangen hat, legt er den Teilbetrag für die Wohnungsmiete, die monatlich vorausbezahlt wird, beiseite. Die Frau erhält 18 Mark für den Haushalt der Woche, also 2,57 für den Tag, 64 Pfennige für den Kopf ...

Stark ist der Verbrauch von Hülsenfrüchten, Kartoffeln, Mehl, Brot und Milch. Von Fleischwaren werden neben billiger Wurst – mit der Brot bestrichen, aber nicht belegt wird – zumeist gehacktes Rindfleisch oder Lungen verwendet zu Fleischklößen (Klops) oder ‚falschen Hasen' ... In Rücksicht auf Sonn- und Festtage wird werktags sehr gespart ... Auf Borg wird nicht das Geringste genommen ...

Der Mann nimmt am Morgen in einem Blechgefäß Kaffee mit, abends und mittags trinkt er 2, höchstens 3 Glas Bier, das Seidel zu 10 Pfennige (Schnaps trinkt er gar nicht). Werktags raucht er 2, sonntags 3 Cigarren zu 3 Pfennige, in das Wirtshaus geht er vielleicht einmal in der Woche, aber ist dann spätestens um 10½ Uhr zu Hause ...

Vergnügungen, die Geld kosten, sind sehr selten. Ausflüge nach dem Zoologischen Garten an ‚billigen Sonntagen', wobei der ‚Freßkober' mitgenommen wird, oder in die Hasenheide, dazu reicht es noch; alle heiligen Zeiten, d. h. in Jahren einmal, geht man in ein billiges Rauchtheater. Damit sind die äußeren Vergnügungen erschöpft. Der Mann hilft sich: er entlehnt Bücher aus den Volksbüchereien und liest des Abends, wenn er nicht zu müde ist; die Frau begnügt sich mit dem Roman und den örtlichen Nachrichten im ‚Blatt' oder redet mit den Nachbarinnen, sobald sie die Kinder zu Bett gebracht hat."

(O. v. *Leixner*, 1888 bis 1891. Soziale Briefe aus Berlin, Berlin 1891, S. 183 ff.)

Diese Haushaltsrechnung bezieht sich auf die gleiche Familie wie der Quellentext der Vorseite. Sicherlich haben wir es hier mit einer besser gestellten Arbeiterfamilie zu tun, die sogar noch eine geringe Summe an Erspartem zum Jahresende übrig behielt. – Aus dem 19. Jahrhundert gibt es nur wenige solcher Zeugnisse über Lebensweise und Haushaltsführung.

Haushaltsrechnung eines Berliner Facharbeiters 1890

Einnahme [Jahreslohn]	Mark 1700,—
Ausgaben:	
Wohnung	259,—
Haushalt	924,—
Steuern	30,—
Krankenkassen- und andere Beiträge	13,—
Heizung, im Mittel	45,—
Winterrock für Mann	30,—
Hut	2,50
Stiefel für Mann	16,—
Stiefel für Frau	11,—
Stiefel für Kinder	10,—
Kleideranschaffungen für Frau und Kinder	23,—
Arzt und Apotheke für Frau	20,—
Zeitung, mit einem anderen zusammen 6 Mark, also	3,—
Verschiedenes (Flickereien, Wäsche, Vergnügungen)	64,—
Mann (Getränke, Tabak, Groschensammlungen u.s.w.)	162,—
Mk.	1612,50

Arbeitsvorschläge

1. Vergleiche die Berichte August Schmidts und des Berliner Facharbeiters!
   a) Worin unterscheiden sie sich hinsichtlich ihrer Entstehung?
   b) Nenne Beispiele für den relativ höheren Lebensstandard des Berliner Arbeiters!
   c) Bezeichne Gründe (vergleiche dazu den ungefähren Tageslohn, die Familiengröße, die Regelmäßigkeit der Einnahmen)!
2. Gliedere die Ausgaben des Berliner Facharbeiters wie folgt: Nahrung – Kleidung – Wohnung – Gesundheit – Staat – Verschiedenes – Ersparnisse! Versuche, eine vergleichbare Haushaltsrechnung unserer Zeit gegenüberzustellen!

Auch heute noch leben Menschen in Deutschland in ähnlich beengten Verhältnissen wie um die Jahrhundertwende – etwa diese türkische Familie in Duisburg um 1980.

Die Verstädterung

Die starke Vermehrung der Bevölkerung und die Entwicklung großer Unternehmen führten dazu, daß sich immer mehr Menschen in den bestehenden größeren Städten zusammenballten. Rasch wuchsen viele von ihnen über die alten Mauerringe hinaus, die zumeist abgerissen oder in Wallanlagen umgewandelt wurden. Andernorts entstanden aus ehemaligen Ackerbürgerstädten reine Industriestädte, vor allem im Ruhrgebiet.

Immer mehr Städte erreichten Einwohnerzahlen über 100 000, wurden *Großstädte*.

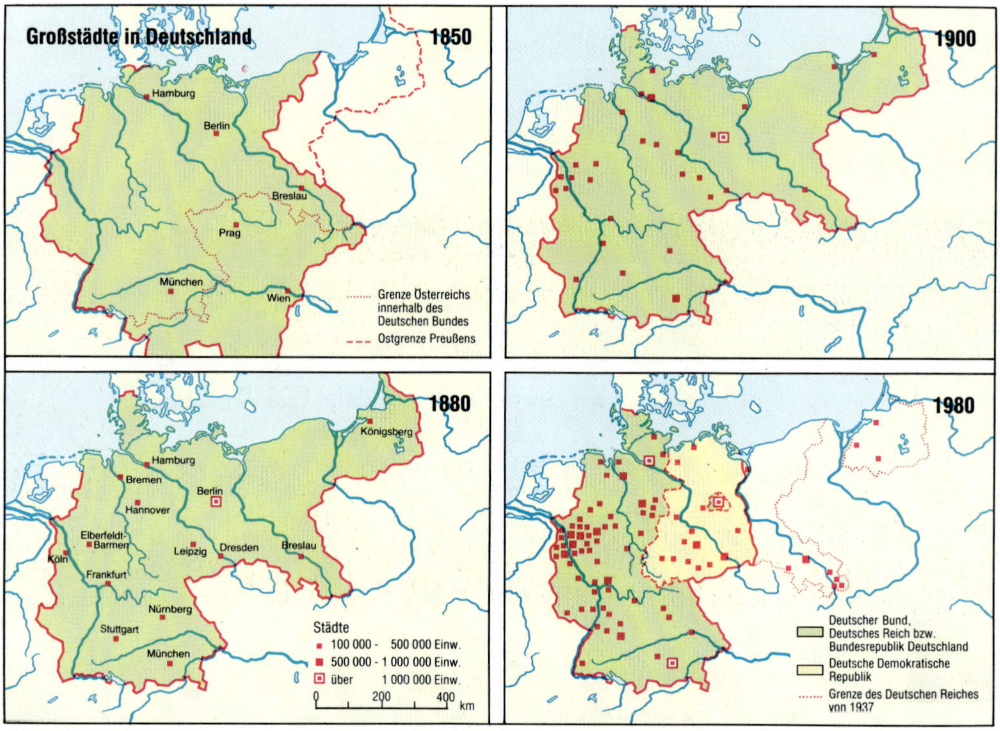

Die große Binnenwanderung

Die städtische Bevölkerung wuchs nicht nur durch die allgemeine Bevölkerungszunahme. Im kaiserlichen Deutschland erfolgte eine starke *Wanderungsbewegung* der ländlichen Bevölkerung Ostdeutschlands nach Westen, vor allem in die neuen Industriestädte und nach Berlin. Sie trug dazu bei, daß 1910 nur noch die Hälfte der Deutschen in ländlichen Siedlungen wohnte:

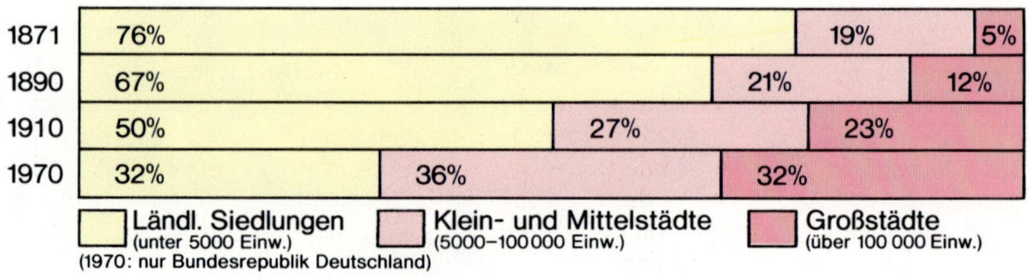

Die Verstädterung und Industrialisierung unserer Welt: Luftaufnahme vom heutigen Braunschweig aus 2000 m Höhe. Um 1840 war Braunschweig nur so groß wie die jetzige „Innenstadt“, die sich deutlich aus dem Kranz der Wallanlagen – dem ehemaligen Befestigungsgürtel – heraushebt. Seitdem wuchs die Einwohnerzahl der Stadt von 35 000 auf über 260 000 (um 1980); ihre von Häusern und Industrieanlagen bestandene Fläche ist zehnmal so groß geworden.

Wie in Deutschland, so veränderte sich überall in Westeuropa das tägliche Leben. So sah es 1881 in London aus. Im Morgendunst liegt eine Geschäftsstraße. Beachte Werbung und Reklame, Verkehr und Passanten! Die hohen Türme im Hintergrund gehören nicht etwa zu einer Kirche, sondern zum Neubau eines Bahnhofs! Welcher mittelalterliche Baustil hat wohl als Vorbild gedient?

Die soziale Militarisierung

In der Gesellschaft des Kaiserreichs spielte der *Adel* immer noch eine wichtige Rolle. Die höchsten Positionen in der staatlichen Verwaltung, vor allem aber im Militär wurden mit Adeligen besetzt.

Innerhalb des *Bürgertums* gab es in beinahe allen Gruppen das Bestreben, sich dem Lebensstil des Adels anzupassen. *Großbürger* – das waren vor allem reiche Industrielle – kauften Güter von verarmten Adeligen, bauten ihre Häuser wie adelige „Herrensitze", bemühten sich um Orden und Titel. Oder sie versuchten, selbst geadelt zu werden, ihren Namen mit einem „von" zu schmücken. So glich sich das Großbürgertum an adelige Lebens- und Herrschaftsformen an – es *feudalisierte* sich.

Aber auch für die übrigen Bürger – die Bildungsbürger, die kleinen Gewerbetreibenden, die Handwerker und die neue Gruppe der Angestellten – blieb der Adel mit seinem militärischen Gehabe ein Vorbild. Reserveoffizier zu werden, das war ein hohes Ziel des *bürgerlichen Mittelstandes*. So zog ein militärisches Sichgeben und Denken in das zivile Leben ein, fand eine soziale Militarisierung statt – anders als in den übrigen Staaten Europas.

Arbeitsvorschlag

Arbeite aus dem nachstehenden Quellentext den entscheidenden Unterschied zwischen dem englischen und dem deutschen Bürgertum heraus! Versuche, Gründe zu benennen!

„Reserveleutnant Müller erzählt seine Manöver-Erlebnisse". Karikatur aus dem Simplicissimus des Jahres 1897. Bringe Bild und Quellentext in Beziehung!

Der Abgeordnete Wendel (SPD) 1914

„In England hat die bürgerliche Klasse nicht nur die politische und wirtschaftliche Macht erobert, sondern die Lebensanschauungen, Sitten und Gebräuche des Volkes sind mit bürgerlichem Geist durchsetzt worden. In England ist auch die feudale Klasse in ihrem Wesen verbürgerlicht ...

Umgekehrt ist es in Deutschland. Die geschichtliche Entwicklung Deutschlands hat es mit sich gebracht, daß die bürgerliche Klasse feudalisiert und militarisiert worden ist. (Sehr gut! bei den Sozialdemokraten.) Nicht der ehrenwerte Bürger ist das vielfach gangbare Lebensideal für die Mittelklasse des deutschen Volkes, sondern der schneidige Herr ‚von' mit dem aufgedrehten Schnurrbart. (Heiterkeit.) Ein junger Kaufmann will bei uns nicht aussehen wie ein junger Kaufmann, sondern womöglich wie ein Leutnant in Zivil. (Heiterkeit.) Und ein Jüngling allerbürgerlichster Herkunft schafft sich, wenn er Ehrgeiz hat, zunächst ein Monokel an und dann diesen imponierenden königlich preußischen Schnarrton. (Heiterkeit.)"

(Stenographische Berichte über die Verhandlungen des Reichstags, Bd. 294, S. 8091)

Von den Schulen in Deutschland

Nach dem Gesetz war bereits seit dem 18. Jahrhundert in den deutschen Ländern eine *allgemeine Schulpflicht* vorgesehen, aber erst im 19. Jahrhundert konnte sie überall verwirklicht werden. Um 1900 fand man kaum noch Analphabeten – Menschen, die nicht lesen und schreiben können. Damit war das Deutsche Reich allen anderen Staaten Europas und der Welt voraus.

Freilich gab es in der Schulbildung große Unterschiede. Die meisten Kinder konnten nur die damalige *Volksschule* besuchen mit acht Pflichtschuljahren. Die Dorfschulen waren sehr oft einklassig, und auch die städtischen Volksschulen vermittelten nur eine beschränkte Bildung. In vielen Städten gab es daneben bereits *Mittelschulen* und *höhere Schulen,* wobei die Mittelschulen freilich zahlenmäßig noch keine große Rolle spielten. Neben den staatlichen bestanden zahlreiche private Schulen, und Kinder reicher Eltern hatten zudem oft ihren eigenen „Hauslehrer".

Mittelschulen und höhere Schulen wurden vor allem von den Kindern des Bürgertums besucht. Landkinder und Arbeiterkinder erhielten nur selten die Chance. Mädchen waren beim Schulbesuch allgemein benachteiligt; eine über Küche und Kochtopf hinaus ausgebildete Frau galt als „Blaustrumpf".

Die nachfolgende Tabelle gibt nur Zahlen für das staatliche Schulwesen in Preußen. Hier jedoch lebten etwa drei Fünftel der deutschen Bevölkerung.

Zahlen für das staatliche Schulwesen in Preußen

	Volksschulen						Höhere Schulen			
Jahr	Schulen	Klassen	Lehrer	Schüler	Schüler pro Klasse	Schüler pro Lehrer	Schulen	Lehrer	Schüler	Schüler pro Lehrer
1871	33 120	–	48 211	3 900 655	–	81	414	5 941	119 641	20,1
1886	34 016	75 097	64 750	4 838 247	64	75	525	8 724	151 541	17,4[1])
1896	36 138	92 001	79 431	5 236 826	57	66	576	8 365	156 472	18,7
1906	37 761	115 902	102 764	6 164 398	53	60	745	11 119	227 349	20,4
1911	38 684	128 725	117 162	6 572 140	51	56	881	13 731	275 165	20,0[2])

Nach: *Hohorst/Ritter/Kocka*, Sozialgeschichtliches Arbeitsbuch, München 1975, S. 157 ff.
Zahlen für höhere Schulen: [1]) 1885, [2]) 1913.

Arbeitsvorschläge

1. Von jeweils 100 Personen konnten um die Jahrhundertwende die Heiratsurkunde nicht unterschreiben (sie machten statt dessen im allgemeinen ein Kreuz auf die Urkunde):

		Bräutigam	Braut			Bräutigam	Braut
Preußen	(1899)	0,70	1,19	Irland	(1895)	18,00	17,41
Baden	(1895)	0,01	0,02	Frankreich	(1895)	7,38	11,18
England	(1895)	5,10	6,00	Italien	(1895)	39,42	56,65
Schottland	(1895)	2,95	4,77	Rumänien	(1882)	80,94	91,34

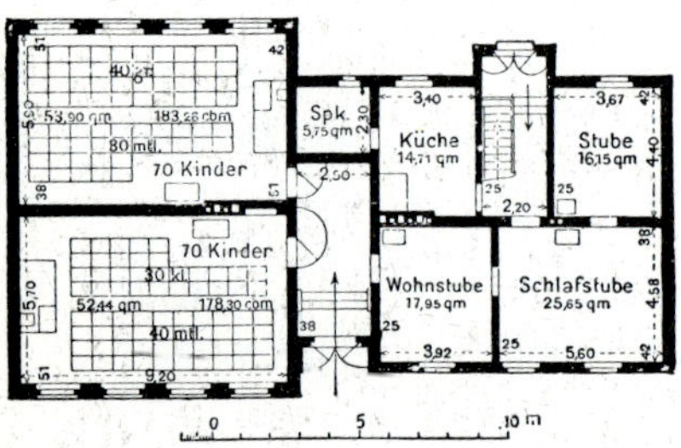

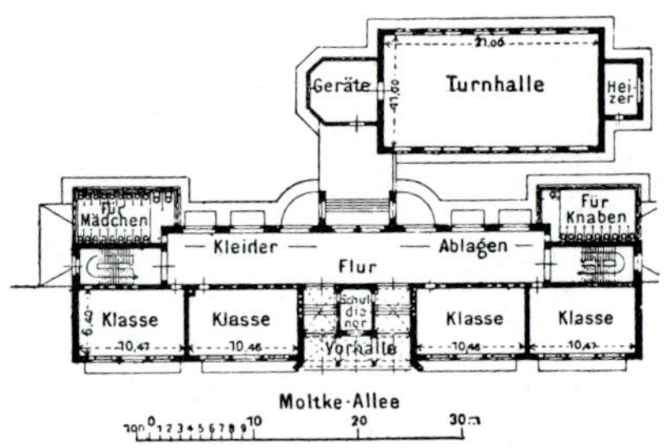

Die Abbildungen zeigen Schulgebäude, wie sie um 1900 in Deutschland gebaut wurden: links Ansicht und Grundriß einer zweiklassigen Dorfschule mit Lehrerwohnung, rechts einer städtischen Volksschule. Schulgebäude aus dieser Zeit gibt es auch heute noch in vielen Orten. Die Abkürzungen im Grundriß der Dorfschule bedeuten gr.: größere, mtl.: mittlere, kl.: kleine (Kinder).

Unterricht in einer Stettiner Volksschule (Spätherbst 1914). Die Abbildung zeigt zahlreiche typische Elemente einer Schulklasse der Kaiserzeit.

   a) Was kannst du diesen Zahlen über das Bildungsgefälle in Europa entnehmen?
   b) Überprüfe die vorstehenden Aussagen über die Schulbildung der Frauen anhand der Tabelle!
   c) Informiere dich in deinem Geschichtsatlas über das Analphabetentum in den Staaten der Welt heute!
2. Analysiere bitte die Abbildungen der Vorseite!
   a) Stelle fest, für wie viele Kinder („größere, mittlere und kleinere“) die Räume der zweiklassigen Schule eingerichtet waren! Wo war der Platz des Lehrers? Wo war Bewegungsraum für die Schüler? Welche Probleme stellt die Unterrichtung von Schülern unterschiedlicher Altersstufen in *einem* Klassenraum durch *einen* Lehrer?
   b) Wie viele Klassenräume hat die Stadtschule in jedem Geschoß? In jedem Klassenraum konnten bis zu 60 Schüler unterrichtet werden. – Vergleiche damit deine Schule! Ist sie ein solcher Altbau oder ein Neubau? Was hat sich verändert, was ist ähnlich, was ist gleich geblieben? Wie viele Schüler kann sie aufnehmen?
3. Untersuche in der Tabelle die für die Volksschulen vorliegenden Zahlen!
   a) Vergleiche die Anzahl der Schulen und der Klassen im jeweiligen Jahr! Sind zwischen 1886 und 1911 wohl vor allem einklassige oder vielklassige Schulen gebaut worden?
   b) Wie entwickelte sich die Zahl der Lehrer zur Schülerzahl, wie das Lehrer-Schüler-Verhältnis zwischen 1871 und 1911? Welche Schlüsse ziehst du?
4. Untersuche ebenfalls die für die höheren Schulen vorliegenden Zahlen! Wie hat sich hier der Schulneubau entwickelt? Wie viele Schüler besuchten durchschnittlich eine Schule? Wie entwickelte sich das Lehrer-Schüler-Verhältnis?
5. Vergleiche nunmehr die Entwicklung der Volksschulen und der höheren Schulen (Schulen, Lehrer und Schüler)! Welche Gründe für die Unterschiede kannst du vermuten? Wie beurteilst du die unterschiedlichen Verhältnisse? – Wie viele Schüler pro Klasse und Lehrer gibt es an deiner Schule?
6. Berechne das jeweilige prozentuale Verhältnis der Schüler an Volksschulen und höheren Schulen in den Bezugsjahren der Tabelle! Wie beurteilst du das Ergebnis deiner Berechnung?
7. Fasse die Resultate dieser statistischen Auswertung in einem Text zusammen!

Innenpolitik im Kaiserreich

Der Reichstag und die Parteien

Erinnern wir uns: Der Reichskanzler war nur dem Kaiser verantwortlich (S. 19). Der Reichstag, in den die Deutschen ihre Abgeordneten wählten, hätte den Reichskanzler ebenso wenig stürzen können wie der Bundesrat, die Vertretung der Länder. So konnte Otto von Bismarck, Kanzler von 1871 bis 1890, das Reich mit einer großen Handlungsfreiheit führen.

Spannungen blieben nicht aus. Es gab sie mit den Ländern im Bundesrat ebenso wie vor allem mit den Parteien im Reichstag.

Neben den Arbeitern hatten sich auch Bürgertum und Adel in Parteien zusammengeschlossen. Im Reichstag gab es außer den Sozialdemokraten noch vier größere Parteien. Die *Fortschrittspartei* wurde von den Bürgern gewählt, die eine parlamentarische Demokratie wollten. Das *Zentrum* war die Partei vor allem der Katholiken. Die *Nationalliberale Partei* wurde von Unternehmern und besitzenden Bürgern gewählt. Hinter der *Konservativen Partei* standen die Großgrundbesitzer und die Offiziere.

Manche dieser Parteien hatten ihre Vorläufer in den ersten Zusammenschlüssen einzelner Abgeordneter bei den Beratungen in der Paulskirche 1848.

Bismarck verstand es, wechselnde Gruppierungen des Reichstags für sich zu gewinnen und mit ihnen seine Politik zu führen. So geschah es auch in den beiden großen gesellschafts- und parteipolitischen Auseinandersetzungen der Kaiserzeit: dem Kulturkampf und dem Kampf gegen die Sozialdemokratie.

Der Kulturkampf

Die Zentrumspartei hatte sich erst während des deutsch-französischen Krieges 1870 gebildet. In ihr sammelten sich neben den Katholiken auch die Gruppen, die dem von Preußen bestimmten Kaiserreich innerlich fern standen. So empfand Bismarck die Zentrumspartei als einen Zusammenschluß von „Reichsfeinden" (neben der Sozialdemokratie).

Der Kampf gegen die Zentrumspartei wurde zu einer Auseinandersetzung mit der katholischen Kirche schlechthin. Ziel der Politik Bismarcks war es, ihren Einfluß zugunsten des Staates zurückzudrängen. Den Kirchen – der katholischen, aber auch der evangelischen – wurde die Aufsicht über die Volksschulen entzogen und diese dem Staat übertragen. Die zivile Eheschließung vor dem Standesamt wurde eingeführt und erhielt alleinige rechtliche Gültigkeit. Die Geistlichen sollten nicht nur eine kirchliche, sondern auch eine staatliche Prüfung ablegen. Der Jesuitenorden wurde im Reich verboten. Ein „Kanzelparagraph" untersagte den Geistlichen die Behandlung dieser Maßnahmen im Gottesdienst und bedrohte sie mit Gefängnis.

Mit der Unterstützung des Papstes weigerten sich viele Bischöfe und Priester, diesen Gesetzen zu gehorchen. Als Antwort ließ Bismarck sie ihres Amtes entheben, so daß um 1876 etwa 1200 katholische Pfarrstellen verwaist waren.

Bismarcks Politik konnte den Widerstand der katholischen Kirche und mit ihr der Zentrumspartei nicht brechen. Die am stärksten umstrittenen Gesetze mußten wieder aufgehoben werden.

Streik der Arbeiter (Holzschnitt von 1886)

Zwei Ergebnisse dieses *„Kulturkampfes"* (1871–1876) blieben bis in unsere Zeit: die Eheschließung vor dem Standesamt und die staatliche Aufsicht über die Schule. Das Zentrum ging aus dem Kampf gestärkt hervor. Die Zahl der Abgeordneten im Reichstag stieg von 58 (1871) auf 93 (1877).

Der Kampf gegen die Sozialdemokratie

Erinnern wir uns: die Anhänger Bebels und Lassalles hatten sich 1875 in einer Partei vereinigt, die seit 1890 den Namen *Sozialdemokratische Partei Deutschlands* (SPD) führt. Bei der Reichstagswahl 1877 hatte sie bereits eine halbe Million Wählerstimmen und konnte 12 Abgeordnete in den Reichstag entsenden, an ihrer Spitze *August Bebel* und *Wilhelm Liebknecht* (1826–1900). Neben dieser Partei bemühten sich erste *Gewerkschaften* um die Verbesserung der Lage der Arbeiter. Erste organisierte Streiks wurden jetzt auch in Deutschland ein Mittel des Arbeitskampfes.

Bismarck, der Kanzler des Reiches, verfolgte diese Entwicklung mit großem Mißtrauen. Er sah in den demokratisch-sozialistischen Zielen der Arbeiterbewegung eine Gefahr für das „Reich der Fürsten" und suchte nach einem Vorwand, diese Bewegung wieder zurückzudrängen.

Zwei Attentate auf den Kaiser gaben ihm die erwünschte Gelegenheit. Obwohl keine Verbindung zwischen den Attentätern und den Sozialdemokraten bewiesen werden konnte, schob er die Anschläge sofort ihrem Einfluß zu und stellte die neue Arbeiterpartei unter Ausnahmerecht. Am 18. Oktober 1878 brachte er im Reichstag das „Gesetz gegen die gemeingefährlichen Bestrebungen der Sozialdemokratie" *(Sozialistengesetz)* ein. Vergeblich sprachen Bebel und Liebknecht dagegen. Die erste große Verfolgungszeit der SPD brach an.

Bismarck vor dem Deutschen Reichstag am 8. Oktober 1878

„So lange die sozialistischen Bestrebungen diese bedrohliche Höhe haben wie jetzt, wird aus Furcht vor der weiteren Entwicklung das Vertrauen und der Glaube im Innern nicht wiederkehren, und deshalb wird die Arbeitslosigkeit auch so lange, wie die Sozialdemokratie uns bedroht, mit geringen Ausnahmen anhalten. Die Arbeiter selbst hätten es in der Gewalt, wenn sie sich von den Agitatoren lossagen, das Vertrauen früher wiederkehren zu lassen ... Um dasselbe zu heben, glaube ich, daß es notwendig ist für den Staat, die Macht der Agitatoren zu brechen. Es ist ja heutzutage die Stellung eines sozialistischen Agitators ein ausgebildeter Gewerbezweig wie jeder andere; man wird Agitator, Volksredner, wie man früher Schmied oder Zimmermann wurde; man ergreift dieses Gewerbe und steht sich dabei unter Umständen sehr viel besser, als wenn man bei dem ursprünglichen geblieben wäre, hat ein angenehmes und freies, vielleicht auch angesehenes Leben in gewissen Kreisen. Aber das hindert nicht, daß wir gegen die Herren, die diese Gewerbetätigkeit ergriffen haben, uns im Stande der Notwehr befinden, und je zeitiger wir diese Notwehr eintreten lassen, mit desto weniger Schaden für die Freiheit der übrigen und für die Sicherheit und den inneren Frieden werden wir, glaube ich, damit zu Ende kommen."

(*Bismarck,* Die gesammelten Werke, Band 12, Berlin 1929, S. 9)

Die Partei selbst wurde zwar nicht verboten, aber 600 Zeitungen und Zeitschriften, 1170 Bücher und Druckschriften beschlagnahmt, 1500 Arbeiterführer ins Gefängnis geworfen und 900 aus dem Deutschen Reich ausgewiesen.

Doch die Sozialdemokraten gaben nicht auf. Ihre Hauptzeitung wurde jetzt in Zürich gedruckt und von da aus über die Grenze geschmuggelt und verteilt. Versammlungen wurden als Kegelklubs, Turnvereine und harmlose Landpartien getarnt.

Die Verfolgungen schmiedeten die Arbeiter nur noch stärker zusammen. Trotz aller Unterdrückung erhielt die Partei bei den Reichstagswahlen von 1890 fast 1,5 Millionen Stimmen. (In diesem Jahr hob der Reichstag das Sozialistengesetz wieder auf.) 1912 wurde die SPD mit 110 Abgeordneten (von 397) die stärkste Partei des Reichstags. Sie hatte mit 4,3 Millionen Stimmen ein Drittel aller Wähler des deutschen Volkes hinter sich.

Die soziale Gesetzgebung

Bismarck hatte gespürt, daß man nicht nur Zwang und Gewalt gegen das Streben von Millionen setzen konnte. Auch er sah, wie berechtigt viele ihrer Forderungen waren. So erließ er eine Reihe von *Arbeiterschutzgesetzen.*

Es traten in Kraft:

1883 ein *Krankenversicherungsgesetz,* durch das alle Arbeiter und Angestellten mit geringem Einkommen im Krankheitsfall Unterstützung erhielten;

1884 ein *Unfallversicherungsgesetz,* das 1886 auch auf die Landwirtschaft und die Staatsbetriebe ausgedehnt wurde;

1889 ein *Invaliden- und Altersversicherungsgesetz,* das dem Arbeitsunfähigen oder Alten eine – wenngleich geringe – Rente sicherte.

Mit diesen Gesetzen, die die Lasten auf Arbeitnehmer und Arbeitgeber sowie den Staat verteilten, wurde der ärgste Druck in Notzeiten von den Arbeitern genommen. Deutschland ging mit dieser Gesetzgebung allen übrigen europäischen Staaten voran.

Das Kaiserreich und die europäischen Großmächte

Arbeitsvorschlag

Das Europa des späten 19. Jahrhunderts ist ein *Europa der Nationalstaaten* mit einer häufig gegeneinander gerichteten Politik. Verfolge auf der Karte S. 38 und in deinem Geschichtsatlas die hier dargestellten Gegensätze und Schwerpunktziele der europäischen Politik!

Das europäische Gleichgewicht

Fünf Großmächte gab es zu Bismarcks Zeit in Europa: Frankreich, England, Deutschland, Rußland und Österreich-Ungarn. Diese fünf Mächte hielten sich in ihrem politischen Gewicht ungefähr die Waage. Strebte eine von ihnen nach größerer Macht, rührten sich sofort die übrigen, weil sie sich dann in ihrer Stellung bedroht fühlten.

„Alle Politik läßt sich in die Formel fassen: Versuche zu Dreien zu sein, solange die Welt durch das unsichere Gleichgewicht von fünf Großmächten bestimmt wird!" Das war Bismarcks Ansicht. Welche zwei aber konnte er sich zu Partnern und Bundesgenossen wählen?

Frankreich

Da war im Westen *Frankreich,* das sich nach dem verlorenen Kriege überraschend schnell wirtschaftlich erholte. Aber es war dem neuen Deutschland, dem Bismarckreiche gegenüber feindselig eingestellt. Einmal würde man, davon war jeder Franzose überzeugt, die abgetretene Provinz Elsaß-Lothringen wieder heimholen und die Niederlage ausgleichen. „Immer daran denken, nie davon sprechen!" so meinte man in Frankreich.

England

England wäre die sicherste Friedensstütze gegenüber Frankreich gewesen – hatte es sich doch seit Jahrhunderten immer wieder als der große Gegner Frankreichs erwiesen, vor allem zur Zeit des Siebenjährigen Krieges und zur Zeit Napoleons! Aber England behielt mit Rücksicht auf sein Weltreich lieber freie Hand, ohne einseitige Bindung in Europa.

Rußland

Im Osten und Südosten Deutschlands lagen *Rußland* und *Österreich-Ungarn.* Beide strebten mit ihrer Politik in die gleiche Richtung: dem Balkan zu. Rußland suchte den freien Zugang vom Schwarzen Meer durch die Dardanellen ins Mittelmeer. Das bedeutete die Aufteilung der Türkei, des „kranken Mannes am Bosporus", wie man spöttisch überall in Europa sagte.
Mit der Herrschaft über die Dardanellen suchte Rußland gleichzeitig die Herrschaft über die slawischen Balkanvölker: die Kroaten, Serben und Bulgaren auf dem türkischen Gebiet – die Tschechen, Slowaken, Ruthenen und Slowenen im Habsburgerreich. Waren sie nicht auch Slawen wie die Völker Rußlands?

Diese Politik, die slawischen Völker unter der Herrschaft Rußlands politisch zu vereinen, wurde „Panslawismus" genannt.

Österreich-Ungarn

Aber auch das aus Deutschland und Oberitalien hinausgedrängte Österreich strebte in die gleiche Richtung, dem Lauf der Donau nach. So hatte es Bismarck selbst schon 1862 dem österreichischen Gesandten empfohlen: Verlegt doch euren Schwerpunkt nach Südosten! – Doch notwendig mußte Österreich hierbei mit Rußland zusammenstoßen.

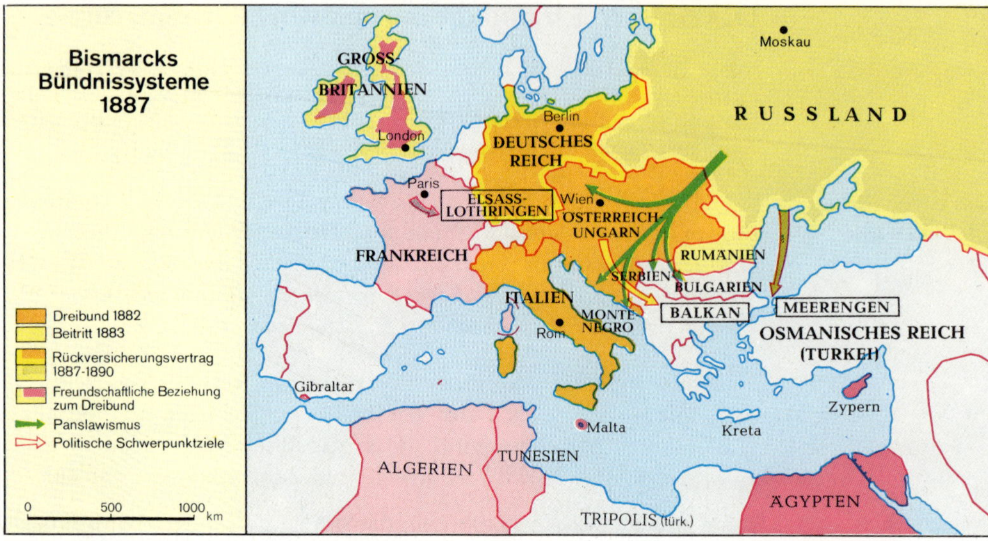

Bismarcks Friedenspolitik

Bismarcks größte Sorge war, daß Deutschland bei einem erneuten Kriege mit Frankreich durch ein west-östliches Bündnis in die Zange genommen werden könnte. *Immer stand Deutschland, in der Mitte Europas gelegen, vor der Gefahr eines Zweifrontenkrieges.*

Hielt er zu Österreich-Ungarn, fand er die Gegnerschaft Rußlands, das sich dann mit Frankreich verbünden würde: der Zweifrontenkrieg war da! Hielt er dagegen mit Rußland, war das Ergebnis ähnlich.

So unternahm Bismarck den beinahe unmöglichen Versuch, mit beiden östlichen Staaten ein gutes Verhältnis zu haben und einen Zusammenstoß dieser beiden Mächte untereinander zu verhindern. Er brachte 1873 ein *Dreikaiserbündnis* zwischen Deutschland, Österreich-Ungarn und Rußland zustande, das bis 1887 bestand. Daneben schloß er noch zusätzlich mit Österreich ein besonderes *Zweibundabkommen*, das er 1887 wieder durch einen *Rückversicherungsvertrag* mit Rußland, ein Neutralitätsabkommen, ergänzte.

Der russische Zarenadler

Aber der „Hexenkessel" Balkan mit seinem Völkergemisch führte zu immer erneuten Krisen und Konflikten. Bismarck hatte große Mühe, als *„ehrlicher Makler"* zwischen den streitenden Parteien, besonders Österreich und Rußland, zu vermitteln, um Deutschland und Europa den Frieden zu erhalten.

England lebte durch sein Weltreich in ständigen Spannungen mit Rußland. Es fürchtete dessen Vordringen durch die Dardanellen ins Mittelmeer (Suez-Kanal!) und in Zentralasien auf Persien, Afghanistan und Indien zu (vgl. Karte S. 42). Ein Bündnis Deutschlands mit England wäre von Rußland sofort als ein feindseliges Bündnis aufgefaßt worden. So unterblieb es; die Beziehungen waren aber sehr freundschaftlich.

Der „Union Jack", die Flagge Englands

1882 trat Italien auf Bismarcks Betreiben dem deutsch-österreichischen Zweibund bei, der damit zum *Dreibund* erweitert wurde.

Arbeitsvorschlag

Versuche, das Netz der Bündnisse und Verträge durch ein Schaubild darzustellen!

Bismarck (1815–1898, Bild oben) wird in der Karikatur rechts als Weichensteller der Politik Europas dargestellt. Zwischen welchen Staaten droht hier ein Zusammenstoß?

Bismarcks Sturz

Im Frühjahr 1888 starb, neunzigjährig, Kaiser Wilhelm I. Für 99 Tage folgte ihm sein todkranker Sohn, Friedrich III. Dann bestieg sein Enkel, der 29jährige *Wilhelm II.*, den Thron.

Von Bewunderung für den großen Staatsmann und Reichsgründer erfüllt, hatte er zunächst ein herzliches Verhältnis zu Bismarck. Doch schon nach kurzer Zeit kam es zu schweren Verstimmungen. Der junge Kaiser, voll eifriger, stolzer Vorsätze und Pläne, wollte sich nicht zu sehr von Bismarck bevormunden lassen. Er wollte allein regieren, „sein eigener Kanzler“ sein. Schon im März 1890 kam es zum Bruch. Bismarck wurde aus allen Ämtern entlassen und lebte noch bis 1898 als Privatmann im Sachsenwald. Rund fünfundzwanzig Jahre hatte er maßgeblich die Geschicke Deutschlands und Europas bestimmt.

„Der Lotse geht von Bord.“ So zeichnete eine große englische Zeitung den Abschied Bismarcks. ▷

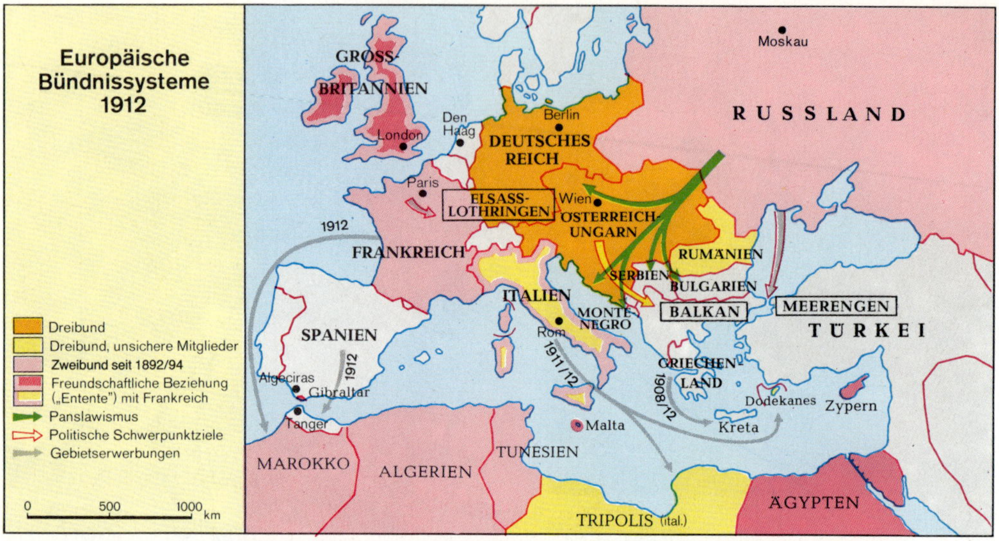

Die wichtigsten Bündnisse und Verträge 1890–1914		
	1890	*Nichterneuerung des Rückversicherungsvertrages Deutschland–Rußland*
	1891	Erneuerung des Dreierbundes Deutschland–Österreich–Italien
	1892	Russisch-französisches Militärabkommen
	1894	*Russisch-französisches Bündnis (Zweibund)*
	1902	Neutralitätsabkommen Italiens mit Frankreich
	1904	*„Entente cordiale“ zwischen Frankreich und England*
	1907	Abkommen zwischen England und Rußland
	1908	Versuch eines Flottenabkommens zwischen England und Deutschland
	1911	Bündnis zwischen England und den USA
	1912	Letzter Versuch Englands zu einem Flottenabkommen mit Deutschland
	1912	Russisch-französisches und englisch-französisches Marineabkommen
	1912–1914	*Verstärkte Aufrüstung aller Mächte*

Die neuen Bündnisse in Europa

Bismarcks Nachfolger versäumten die 1890 fällige Erneuerung des Rückversicherungsvertrages mit Rußland. Der Zar und sein Ministerpräsident waren bestürzt. Wollte Deutschland sich jetzt etwa England zuneigen, dem großen Gegenspieler? Folgerichtig näherte sich Rußland nun Frankreich. Bereits 1892 kam es zu einem russisch-französischen Militärabkommen, dem 1894 ein regelrechter *Zweibund* folgte.

Zögernd trat auch England jetzt aus seiner Zurückhaltung gegenüber den Festlandmächten heraus. Im April 1904 einigte es sich mit Frankreich über die Abgrenzung der kolonialen Interessen in Afrika und Südasien. Es schloß mit ihm ein „herzliches Einvernehmen“, französisch eine *„Entente cordiale“*. Das politische Bündnis wurde schnell durch militärische Absprachen ergänzt.

Drei Jahre später, 1907, folgte ein ähnliches Abkommen zwischen England und Rußland. 1911 schloß England ein Bündnis mit den USA.

So stand am Ende dieser Entwicklung eine Isolierung des Deutschen Reiches, die Bismarcks Nachfolger selbst verschuldet hatten.

Der Imperialismus

Großbritannien, Rußland und die USA

Das große Wettrennen

Was weißt du noch über die Anfänge der europäischen Ausbreitung über die Erde? Denke an Kolumbus, Cortez und Magellan! Lies auch bitte noch einmal auf S. 14 den Abschnitt „Neue Großmächte entstehen“!

Gegen Ende des 19. Jahrhunderts erreichte *die koloniale Ausbreitung der Europäer* ihren Höhepunkt. Die führenden Großmächte teilten einfach alles noch „freie“ Gebiet auf der Erde unter sich auf. Es entspann sich ein förmliches Wettrennen bei der Jagd nach Kolonien, der vorsorglichen Sicherung künftiger Rohstoff- und Absatzgebiete.

Dieses weltweite Wettrennen um die Errichtung neuer Herrschaftsgebiete zwischen 1880 und 1914 bezeichnen wir als *Imperialismus* (von lateinisch imperium = Weltreich).

Großbritannien

England, das allen Staaten der Erde in der industriellen Entwicklung vorangegangen war, bildete zusammen mit Schottland und Irland seit 1800 das „Vereinigte Königreich *Großbritannien*“. Es war das „Mutterland“ seiner Kolonien, das Herz des britischen Weltreiches.

Das britische Weltreich

Dies bestand aus einer Fülle von Gebieten, die über die ganze Erde verstreut lagen. Die wichtigsten von ihnen waren Kanada, Indien und Australien sowie Gebiete in Süd- und Ostafrika. Dazu kam eine Reihe kleinerer Besitzungen.

Sie waren teils europäisch-englische Siedlungsgebiete, wie etwa Kanada und Australien, teils Länder mit eingeborener, farbiger Bevölkerung, die von den Briten regiert und ausgebeutet wurden, wie etwa Indien und große Teile Afrikas. Daneben gab es zahlreiche Flotten- und Handelsstützpunkte.

Dieses britische Weltreich umschloß zu Bismarcks Zeiten *ein Viertel der gesamten Landoberfläche der Erde und ein Viertel der Menschheit* (über 400 Millionen Menschen). Es war das größte, vielgliedrigste und bunteste Reich der Menschengeschichte bisher. Da es sich über alle Zonen und Landschaftsformen der Erde erstreckte, barg es eine ungeheure Fülle von unterschiedlichen Rohstoffen und Wirtschaftsgütern, die genutzt werden konnten. Seine Bewohner waren als Erzeuger oder Verbraucher für die Wirtschaft des Mutterlandes wichtig.

Ziele der britischen Außenpolitik

Es war nicht leicht, ein so vielgliedriges Reich zu regieren und zusammenzuhalten. Vor allem galt es, die Verbindungslinien vom Mutterland zu den einzelnen Gebieten auszubauen und zu sichern. Wer konnte diese Verbindungen gefährden?

Da waren zunächst die Staaten auf dem europäischen Kontinent, die England in der industriellen Entwicklung nachfolgten und dadurch immer stärker wurden. Hier galt es, keinen zur Vorherrschaft in Europa aufsteigen zu lassen, das „Gleichgewicht der Kräfte“ zu erhalten. Diese Sorge der britischen Staatsmänner betraf vor allem Frankreich und Deutschland.

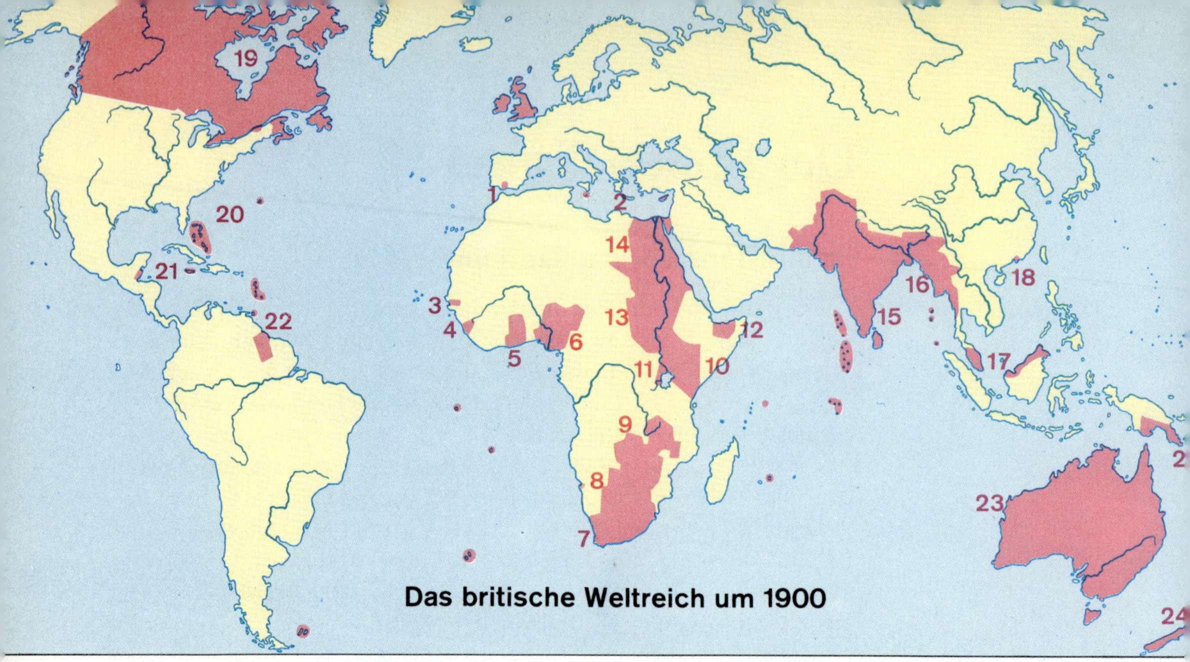

Das britische Weltreich um 1900

Europa	Afrika	Asien	Amerika	Australien
1 Gibraltar 2 Malta und Zypern	3 Gambia 4 Sierra Leone 5 Goldküste 6 Nigerien 7 Kap-Kolonie 8 Betschuana-Land 9 Rhodesien 10 Britisch-Ostafrika 11 Uganda 12 Britisch-Somaliland 13 Anglo-ägyptischer Sudan 14 Ägypten	15 Indien (mit Ceylon) 16 Burma 17 Malaien-Staaten 18 Hongkong	19 Kanada 20 Bahama- und Bermuda-Inseln 21 Jamaika und Brit.-Honduras 22 Britisch-Guayana	23 Australischer Staatenbund 24 Neuseeland 25 Britisch-Neu-Guinea
Weltmeere				
Zahlreiche Inseln in allen Weltmeeren				

Aber auch außerhalb Europas strebten Staaten nach größerer politischer Macht und Ausdehnung. Sie bargen mächtige, zum Teil noch unerschlossene Reserven an Land, Rohstoffen und Menschen und konnten so später einmal als Konkurrenten sehr gefährlich werden. Es waren dies vor allem Rußland und die Vereinigten Staaten von Amerika.

Die Erhaltung des europäischen Gleichgewichts und die Eindämmung der aufstrebenden Konkurrenz Rußlands und der USA waren die Schwerpunktziele der britischen Politik.

Arbeitsvorschläge

1. Übertrage die Gebiete des britischen Kolonialreiches in eine Umrißkarte der Erde und füge statt der Nummern ihre Namen hinzu! Versuche festzustellen, zu welchen Staaten sie heute gehören!

2. Welcher Seeweg nach Indien war für die Engländer besonders wichtig?

3. Vergleiche die Ausdehnung des britischen Kolonialreiches 1900 und 1763 (benutze deinen Geschichtsatlas)! Welche Gebiete gingen verloren, welche kamen hinzu?

Rußland

Die größte Seemacht war England – die größte Festlandsmacht das russische Reich der Zaren.

Peters des Großen Nachfolger hatten die von ihm gewiesene Politik weitergeführt, die „zugenähten Ärmel des russischen Rockes“ zu durchstoßen und freien Ausgang zur Welt und ihren Schiffahrtswegen zu gewinnen.

So drängte auch zu Bismarcks Zeit die russische Politik *den Meeren zu:* zum Pazifik, zum Indischen Ozean und zum Mittelmeer. Diese Politik der Vorstöße vollzog sich unter stetem Wechsel der Fronten in Ostasien, Zentralasien und in Vorderasien.

In *Ostasien* erfolgte 1858 die Besetzung der chinesischen Amurprovinz, 1860 die Gründung des Hafens Wladiwostok, von 1891–1904 der Bau der großen Transsibirischen Eisenbahn, 1900 die Besetzung der Mandschurei. Dann allerdings erlitt Rußland hier im *Russisch-Japanischen Krieg* 1904/05 eine schwere Niederlage.

In *Zentralasien* rückte es zwischen 1850 und 1900 seine Grenzen immer weiter an Indien heran, das der bedeutendste Bestandteil des britischen Weltreichs war.

Das wichtigste Ereignis in *Vorderasien* bildete der *Krimkrieg* 1853 bis 1856, in dem jedoch Rußlands Zugriff auf die Dardanellen durch die europäischen Verbündeten der Türkei verhindert wurde. Nach dem Krimkrieg aber gelang es ihm, seinen Einfluß auf dem Balkan und im Kaukasusgebiet weiter auszudehnen.

Arbeitsvorschlag

Trage die Grenzen Rußlands von 1725 in eine Welt-Umrißkarte ein und stelle die einzelnen Vorstöße durch Pfeile dar!

Die Ausdehnung Rußlands 1725-1914

Die USA

Bis zur Mitte des 19. Jahrhunderts hatten sich die Vereinigten Staaten von Amerika über die ganze Breite ihres Kontinents ausgedehnt und waren bis an die Küste des Pazifiks vorgedrungen. Gleichzeitig hatte in diesem Riesenland die Industrielle Revolution begonnen. Sie nahm hier Ausmaße an, wie sie in den engen Grenzen des kleinstaatlichen Europas nicht möglich waren.

Da trat 1861 eine gefährliche Krise in der Entwicklung des jungen Staatswesens ein: der Bürgerkrieg zwischen den Nord- und Südstaaten.

Die Nordstaaten und die Südstaaten

In den *Nordstaaten* vor allem hatte sich bisher die Industrielle Revolution vollzogen. Hier lagen die großen Kohlen- und Erzgruben. Hier wurden die großen Eisenbahnen und Kanäle gebaut. Hier schossen neue Industriestädte wie Pilze aus der Erde. Hierhin strömte die Masse der Einwanderer und fand hundertfache Möglichkeiten, vorwärtszukommen und reich zu werden.

In den *Südstaaten* lagen die großen Baumwollplantagen. Auf ihnen arbeiteten die Negersklaven, die seit dem 16. Jahrhundert von Afrika hierher verfrachtet und verkauft worden waren. Die Plantagen und diese schwarzen Sklaven waren der Reichtum der südlichen Gebiete. Aber nun war dieser Reichtum in Gefahr. In den Nordstaaten eiferte man gegen die Negersklaverei – war nicht Amerika das Land der Freiheit, der freien Möglichkeiten des Aufstiegs für jedermann? Wie paßte das zu der Sklavenwirtschaft im Süden?

Ein Dokument zur Negersklaverei in den USA aus dem Jahre 1835. Der Plantagenbesitzer Williamson erhält neue „Ware". Mr. Kremer hat verkauft, Mr. Pettman ist offenbar der „Makler".

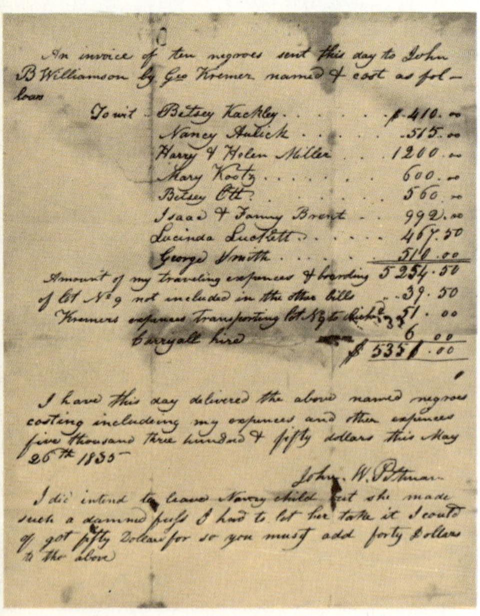

An invoice of ten negroes sent this day to John B Williamson by Geo Kremer named & cost as follows
To wit Betsey Kackley . . . $410.00
Nancy Aulick . . . 515.00
Harry & Helen Miller . . . 1200.00
Mary Kootz . . . 600.00
Betsey Ott . . . 560.00
Isaac & Fanny Brent . . . 992.00
Lucinda Luckett . . . 467.50
George Smith . . . 510.00
5254.50
Amount of my traveling expences & boarding of lot No 9 not included in the other bills . . 39.50
Kremers expences Transporting lot No 9 to Richmond 51.00
Carryall hire 6.00
$5351.00

I have this day delivered the above named negroes costing including my expences and other expences five thousand three hundred & fifty dollars this May 26th 1835

John W. Pettman

I did intend to leave Nancy child but she made such a damned fuss I had to let her take it I could of got fifty Dollars for so you must add forty Dollars to the above

Rechnung über zehn Neger, die heute an John B. Williamson von George Kremer gesandt wurden; Namen und Preise wie folgt:

nämlich:	Betsey Kackley	$ 410.—
	Nancy Aulick	515.—
	Harry & Helen Miller	1200.—
	Mary Kootz	600.—
	Betsey Ott	560.—
	Isaac & Fanny Brent	992.—
	Lucinda Luckett	467.50
	George Smith	510.—
		$ 5254.50
Betrag für meine Reiseauslagen und Unterhalt von Nr. 9, in obiger Aufstellung nicht enthalten		$ 39.50
Kremers Transportkosten nach Richmond		51.—
Fuhrlohn		6.—
		$ 5351.—

Ich habe heute die oben aufgeführten Neger zum Preise von fünftausenddreihundertundfünfzig Dollar einschließlich meiner Auslagen und sonstigen Spesen geliefert.

Den 26. Mai 1835 John W. Pettman

Ich wollte eigentlich Nancys Kind zurücklassen, aber sie machte so ein verdammtes Theater, daß ich es ihr lassen mußte. Da ich dafür hätte fünfzig Dollar kriegen können, so müssen Sie vierzig Dollar zu obigem zulegen.

Der Reichtum der Nordstaaten: Die Hochöfen von Pittsburgh um 1870

Der Reichtum der Südstaaten: Verladung von Baumwollballen im Hafen von New Orleans

Abraham Lincoln

Schon begann man in den Südstaaten an eine Trennung („Sezession") zu denken, an die Aufrichtung eines eigenen großen Südstaates, der alle sklavenhaltenden Einzelstaaten von Texas bis Virginia umfassen sollte.

Und als 1860 ein Mann des Nordens, der Verfechter einer starken, einheitlichen Regierung der USA, zum Präsidenten gewählt wurde, *Abraham Lincoln,* wählten die Südstaaten einen Gegenpräsidenten und traten aus dem Bund der Vereinigten Staaten von Amerika aus. Sie bildeten einen neuen Bund, die „Konföderierten Staaten von Amerika".

Damit erhob sich jetzt – über die Negerfrage hinaus – die grundsätzliche Frage: Was sollte aus Nordamerika werden? Ein Neben- und Gegeneinander von Staaten, wie es sie dutzendfach in Europa und in Südamerika gab? Das wollten die Nordstaaten unter Lincoln auf keinen Fall: „Mein höchstes Ziel ist die Rettung der USA, nicht der Schutz oder die Vernichtung der Sklaverei."

Der Sezessionskrieg 1861–1865

1861 brach der offene Bürgerkrieg zwischen dem Norden und dem Süden aus, der *Sezessionskrieg.* Er wurde der blutigste Krieg des 19. Jahrhunderts. 1865 waren die Südstaaten am Ende ihrer Kraft. Sie mußten nachgeben. Die Sklaverei wurde aufgehoben und das schwer verwüstete Gebiet der Baumwollstaaten den USA wieder eingefügt. Die Einheit war wieder hergestellt. Aber fünf Tage nach Kriegsende fiel Abraham Lincoln der mörderischen Kugel eines haßerfüllten Anhängers der Südstaaten zum Opfer.

Der Sezessionskrieg 1861-1865

Die Wunden vernarbten. Und die große Entwicklung Amerikas, die wirtschaftliche Erschließung des Kontinents, die Industrielle Revolution gingen weiter. 25 Jahre nach dem Bürgerkrieg mit seinen über 700 000 Toten hatte sich die Bevölkerungszahl der USA wiederum verdoppelt, und der spätere Präsident *McKinley* stellte stolz im Kongreß fest: „Wir stehen an der Spitze aller Nationen im Ackerbau, im Bergbau und in der Industrie." Schon ging der Blick der Unternehmer und Politiker dieses Landes über den riesigen Kontinent hinaus. Der amerikanische Senator Beveridge erklärte 1898: „Die amerikanischen Fabriken produzieren mehr, als das amerikanische Volk verbrauchen kann. Der amerikanische Boden bringt mehr hervor, als wir essen können. Das Schicksal hat uns die Wege vorgeschrieben, die wir zu gehen haben."

Der amerikanische Imperialismus

Mit der erneuten Einigung der USA begann der *Aufstieg der Vereinigten Staaten zur Weltmacht.* Neben den englischen und russischen Imperialismus trat jetzt auch der amerikanische, der Ausgriff des knapp 100 Jahre alten Großstaates über das eigene Land hinaus. Die Politik der USA drängte in zwei Richtungen: *über den Pazifik* und *nach Südamerika.*

1853/54 hatte ein amerikanisches Kriegsschiff die Öffnung Japans für den Handel mit den USA erzwungen. Gleichzeitig war ein erster Handelsvertrag mit China unterschrieben und damit die Pforte zu den Millionenreichen Ostasiens aufgesprengt worden. Noch strebte man nicht nach Kolonien, aber man verfocht den Grundsatz der „offenen Tür".

1867 wurde Alaska den Russen für 7 Millionen Dollar abgekauft.

1887 wurde der Perlenhafen (Pearl Harbour) auf Hawaii als Kriegshafen ausgebaut.

1889 wurde ein weiterer Flottenstützpunkt auf Samoa angelegt.

1898 wurden im offenen Kriege mit Spanien dessen Kolonien Guam und die Philippinen den USA einverleibt.

1898 wurden die Hawaii-Inseln annektiert.

1899 teilte man im Verein mit Großbritannien und dem Deutschen Reich die Gruppe der Samoa-Inseln auf.

1900 kämpften amerikanische Truppen Seite an Seite mit europäischen Regimentern einen Aufstand der Chinesen gegen die „Fremden" in China nieder (Boxeraufstand, vgl. S. 50). Amerikanische Firmen begannen mit der Anlage von Kapital in der Mandschurei.

Schritt für Schritt drangen so die USA über den Pazifik nach Osten vor. Asien war das volkreichste Gebiet der Erde. Hier bestanden die größten Aussichten für Wirtschaft und Handel der Zukunft.

"WHAT? YOU YOUNG YANKEE-NOODLE, STRIKE YOUR OWN FATHER!"

▷

In Karikaturen des 19. Jahrhunderts kehren bestimmte Symbolfiguren für die einzelnen Länder immer wieder. Für England stand „John Bull", ein dickbauchiger, feister Kerl. Die Nordamerikaner wurden in Gestalt des „Uncle Sam" (entstanden aus United States) dargestellt: ein Mann mit breitem Trapperhut oder langem Ziegenbart.

1846 hatten sich die Amerikaner in einer Grenzfrage die Einmischung der Engländer verbeten. Ein englischer Zeichner machte sich darüber lustig (Bild oben).

Fünfzig Jahre später stellte ein amerikanischer Zeichner das Verhältnis zwischen „John Bull" und „Uncle Sam" so dar, wie er es sah (Bild unten).

Die andere Stoßrichtung der USA ging nach *Süden*. Bereits 1823 hatte der amerikanische Präsident in der nach ihm benannten *Monroe-Doktrin* verkündet, daß kein Staat Europas das Recht habe, sich in amerikanische Angelegenheiten einzumischen, auch in Mittel- und Südamerika nicht. „Amerika den Amerikanern!" Eindeutig und folgerichtig betrachtete sich „Uncle Sam", der „große Bruder aus dem Norden", als der Schutzherr der neu entstandenen kleinen Staaten Mittel- und Südamerikas.

Vor allem drängten nordamerikanische Industrieunternehmen nach Süden. Sie förderten besonders den Abbau der bedeutenden Rohstoffvorkommen Mittel- und Südamerikas (Erdöl, Gummi, Kupfer usw.) und machten dabei große Gewinne. Freilich kamen diese weniger den Ländern selbst zugute.

Mit dem Geld, das die amerikanischen Firmen hier anlegten, stärkten sie auch den politischen Einfluß der USA. So gerieten große Teile des südamerikanischen Kontinents in Abhängigkeit vom „großen Bruder" – bis heute. Wir nennen diese Form der wirtschaftlich-politischen Durchdringung Südamerikas den *Dollar-Imperialismus*.

Aber die betroffenen Staaten waren durchaus nicht ohne weiteres bereit, sich unter die „Schutzherrschaft" der USA zu stellen, d. h. sich in deren Abhängigkeit zu begeben. So gab es ein wechselndes Hin und Her von Konflikten und Kämpfen, Verträgen und Geschäften.

Das wichtigste Ereignis für die USA in diesem Zusammenhang wurde der Bau des *Panama-Kanals*, der seit 1850 geplant und erst 1914 vollendet wurde. Er beschleunigte den Handel zwischen Nord- und Südamerika und sicherte den Kriegsflotten der USA den schnellen Wechsel zwischen Pazifik und Atlantik.

Noch immer strömten die Einwanderer in das „Land der unbegrenzten Möglichkeiten". – Eine italienische Familie bei ihrer Ankunft in New York 1905

Arbeitsvorschläge

1. Nenne die Kriegsziele der Parteien im Sezessionskrieg!
2. Was weißt du über die Stellung des Negers in der amerikanischen Gesellschaft heute? Wie sollte sie nach deiner Meinung sein?
3. Verfolge das Ausgreifen der USA über den Pazifik in deinem Geschichtsatlas! Fertige eine entsprechende Faustskizze an (notfalls nach deinem Erdkundeatlas)!
4. Untersuche, welche Interessen die Vereinigten Staaten leiteten
   a) beim Vordringen in Asien,
   b) beim Vordringen in Südamerika,
   c) beim Bau des Panama-Kanals!
5. Stelle in zwei Schaubildern den Seeweg zwischen New York und Valparaiso (Chile) vor und nach dem Bau des Panama-Kanals dar!
6. Verfolge in den Nachrichten die Politik der mittel- und südamerikanischen Staaten heute – besonders gegenüber den USA!

Die deutsche „Weltpolitik"

„Weltpolitik" als Imperialismus

Erinnern wir uns: Bismarcks Politik war es gewesen, das neu entstandene deutsche Kaiserreich in das *System des Gleichgewichts der europäischen Mächte* einzuordnen. Unter Wilhelm II. wurden die Weichen in der Außenpolitik neu gestellt. Deutschland sollte *Weltmacht* werden, gleichberechtigt mit dem Britischen Weltreich. „Weltpolitik als Aufgabe, Weltmacht als Ziel, Flotte als Instrument" – das war in Deutschland ein Schlagwort der Zeit. Damit trat das Kaiserreich in den Kreis der imperialistischen Mächte ein – *die „Weltpolitik" wurde die deutsche Form des Imperialismus.*

Im Wettlauf um den „Platz an der Sonne" – um die Kolonialisierung der letzten nicht unterworfenen Gebiete der Erde – blieben die Erfolge freilich gering. Bei der endgültigen Aufteilung Afrikas (hier waren in der Zeit Bismarcks Teile Südwest- und Ostafrikas, Kamerun und Togo erworben worden) ging das Reich leer aus. Nur in China und auf einigen Inseln Südostasiens konnten die Deutschen Fuß fassen.

Wilhelm II. – So sah sich der letzte deutsche Kaiser selbst am liebsten: in ordensüberladener Uniform, mit herrscherlichem Blick, in selbstbewußter Pose.

Mit „Flotte als Instrument" war der Aufbau einer starken Schlachtflotte gemeint. Durch diese Politik aber brachte sich Deutschland in einen immer größeren Gegensatz zur Seemacht England. Versuche der Einigung scheiterten. So war die deutsche Selbstisolierung in Europa in den letzten Jahren vor 1914 die Folge.
Die kleine Karikatur entstand 1912. Der Deutsche wie der Engländer hat den Arm voller Schlachtschiffe. „Wie sollen sie sich da die Hände geben?" fragt der Zeichner.

Die Aufteilung Afrikas

Bei der Aufteilung Afrikas sicherten sich Großbritannien und Frankreich die Hauptanteile. England errichtete eine fast ununterbrochene Landbrücke in Ostafrika, die von Kapstadt bis Kairo reichte. Frankreich besetzte fast ganz Nordwestafrika sowie die Insel Madagaskar. Um 1914 gab es noch zwei selbständige Gebiete in Afrika: den 1848 gegründeten Negerfreistaat Liberia und das alte Kaiserreich Abessinien (das jedoch auch von 1889 bis 1896 von Italien beherrscht worden war).

Der Erwerb dieser Kolonien begann zumeist mit dem Vordringen unternehmungslustiger Großfirmen und Handelshäuser. Sie forderten sodann den „Schutz" ihres Heimatlandes an und hißten dessen Flagge in dem neuentdeckten oder gewonnenen Gebiet. Darauf wurden die Grenzen ohne Rücksicht auf volksmäßige oder kulturelle Zusammenhänge der Eingeborenen festgelegt.

Die Unterwerfung Chinas

Gemeinsam mit den USA versuchten die europäischen Großmächte, auch in China Fuß zu fassen. Um dieses alte Kaiserreich besser ausbeuten zu können, erpreßten sie Stützpunkte an den Küsten und an den großen Strömen („Vertragshäfen").

Die kaiserliche Regierung war gegenüber diesen Eingriffen ohnmächtig. So bildeten sich im chinesischen Volk Gruppen zum Kampf gegen die Fremden. Diese „Boxer", wie sie im Westen genannt wurden, gingen mit Waffengewalt gegen die Weißen vor und ermordeten auch den deutschen Gesandten in Peking. Die imperialistischen Mächte sandten Truppen ins Land, auch das Deutsche Reich. Der Aufstand wurde niedergeschlagen, das Land weiterhin ausgebeutet. Auch wenn China niemals direkter Kolonialbesitz der Europäer wurde, so blieb es doch ihren Einflüssen völlig unterworfen.

Kaiser Wilhelm II. bei seiner Rede in Bremerhaven am 27. Juli 1900

Kaiser Wilhelm II. am 27. Juli 1900 vor den nach China in Marsch gesetzten Truppen

„Aber Ihr sollt auch rächen den Tod unseres Gesandten und so vieler, nicht nur Landsleute, auch anderer Europäer! Kommt Ihr vor den Feind, so wird derselbe geschlagen! Pardon wird nicht gegeben! Gefangene werden nicht gemacht! Wer Euch in die Hände fällt, sei Euch verfallen.

Wie vor 1000 Jahren die Hunnen unter ihrem König Etzel sich einen Namen gemacht, der sie noch jetzt in Überlieferung und Märchen gewaltig erscheinen läßt, so möge der Name Deutscher in China auf 1000 Jahre durch Euch in einer Weise bethätigt werden, daß niemals wieder ein Chinese es wagt, einen Deutschen auch nur scheel anzusehen!

Ihr werdet mit einer Übermacht zu fechten haben; doch dies sind wir gewohnt, unsere Kriegsgeschichte beweist es! Ihr habt es gelernt aus der Geschichte des Großen Kurfürsten und aus Eurer Regimentsgeschichte.

Heftet neuen Ruhm an Eure Fahnen; der Segen des Herrn sei mit Euch! Die Gebete der Euren, eines ganzen Volkes begleiten Euch auf allen Euren Wegen!

Meine besten Wünsche für Euch, für das Glück Eurer Waffen!

Eure Leistungen werden Euch folgen, wohin es auch sei! Und Gottes Segen möge an Eure Fahnen sich heften und dieser Krieg den Segen bringen, daß das Christentum in jenem Lande seinen Einzug hält, damit solch' traurige Fälle nicht mehr vorkommen! Dafür steht Ihr Mir mit Eurem Fahneneid!

Und nun glückliche Reise!

Adieu, Kameraden!"

(Ursprünglicher Wortlaut; wiedergegeben nach *H. E. Hansen*, Kaiser Wilhelm II. in Wilhelmshaven, in: Jahrbuch der Männer vom Morgenstern, Bremen 1969, S. 207 ff.)

Arbeitsvorschlag

Arbeite die Rede des deutschen Kaisers bitte sorgfältig durch!

a) Welche Grundhaltung gegenüber nichteuropäischen Völkern kommt hier zum Ausdruck?
b) Man hat diese Rede als „Hunnenrede" bezeichnet. Begründe! Nimm bitte zu den Anweisungen des Kaisers Stellung!
c) Vergleiche Text und Bild! Der Journalist, der die Ansprache mitstenographierte, saß auf dem Dach des Schuppens.

Der Imperialismus in Selbstzeugnissen

Aus einer Rede des englischen Politikers Joseph Chamberlain 1903

„Unsere nationale Existenz beruht auf unserer industriellen Leistungsfähigkeit und Produktion. Wir sind nicht etwa ein wesentlich ackerbautreibendes Land; dies kann niemals die Hauptquelle unseres Wohlstandes sein. Wir sind ein großes industrielles Land.

Daraus folgt eins: daß der Handel innerhalb unseres Weltreichs für unser Gedeihen in der Gegenwart unbedingt notwendig ist. Geht dieser Handel nieder oder hört er nur auf, im Verhältnis zu unserer Bevölkerung und zu der Abnahme des Handels mit auswärtigen Ländern zuzunehmen, dann sinken wir zu einer Nation fünfter Klasse herab. Unser Schicksal wird dann das Schicksal der Reiche und Königtümer der Vergangenheit sein."

(Nach: Quellen zur Allgemeinen Geschichte, Band 4, Zürich 1966, S. 259)

Erinnerungen von William McKinley, Präsident der USA 1896–1901

„Abend für Abend ging ich bis Mitternacht im Weißen Haus auf und ab und ich schäme mich nicht, meine Herren, zu bekennen, daß ich niederkniete und zum allmächtigen Gott um Erleuchtung und Führung betete ... Eines Nachts wurde mir folgendes klar, ich weiß zwar nicht wie:

1. daß wir die Philippinen nicht an Spanien zurückgeben könnten – das wäre feig und unehrenhaft;
2. daß wir sie nicht Frankreich oder Deutschland, unseren Handelskonkurrenten in Asien, übergeben könnten – das wäre ein schlechtes Geschäft und schimpflich;
3. daß wir sie nicht sich selbst überlassen könnten – denn sie wären unfähig, sich selbst zu regieren, und bald würden sich bei ihnen anarchistische Zustände ausbreiten, schlimmer als unter der spanischen Herrschaft, und
4. daß uns nichts anderes übrigbliebe, als sie selbst in Besitz zu nehmen und die Filipinos zu erziehen, ihre Moral zu fördern, sie zu zivilisieren und zum Christentum zu bekehren und mit Gottes Segen unser Bestes für sie zu tun ...

und dann ging ich zu Bett und fiel in einen tiefen Schlaf."

(Nach: *C. S. Olcott*, The Life of William McKinley, Band 2, Boston 1916)

Aus einem Gedicht des englischen Schriftstellers Rudyard Kipling (1865–1936)

„Nehmt auf Euch des weißen Mannes Bürde, –
schickt die Besten, die Ihr erzieht, hinaus!
Laßt sie schwer bewaffnet wachen
über eine Menge, wankelmütig und wild, –
Eure frisch eingefangenen Völkerschaften,
die halb Kinder sind, halb Teufel.
Nehmt auf Euch des weißen Mannes Bürde, –
gebt den hungernden Mäulern zu essen
und gebietet der Seuche Einhalt."

(Nach: *K. Gaigl*, Triebkräfte und Probleme des Kolonialismus, Paderborn 1970, S. 13)

Aus einem Aufsatz des deutschen Historikers Hans Delbrück 1899

„Mit immer gesteigertem Erfolge und gesteigerter Intensität ist Europa seit 400 Jahren an der Arbeit, sich die übrige Welt zu unterwerfen und in seine Kultursphäre hineinzuziehen ... Die Welt darf weder einmal vollständig englisch noch russisch werden ... Wäre aber einmal die außereuropäische Welt völlig an eine oder zwei Sprachen ... aufgeteilt, so wäre es unmöglich, daß die unbeteiligten europäischen Völker sich gegen solche Riesenmächte auf die Dauer behaupten. Das ist der Grund, warum Deutschland notwendig eine Kolonialpolitik im großen Stile treiben muß ... Es muß große außereuropäische Gebiete schaffen, in denen die deutsche Nationalität, die deutsche Sprache und das deutsche Geistesleben die Möglichkeit weiterer Entfaltung haben ... Die positive Aufgabe des deutschen Reiches ist die Ausbreitung des Deutschtums in den verschiedenen Formen der Kolonisierung ...

Die Kolonialpolitik ist aber auch sozialpolitisch von höchster Bedeutung. Jedes gesunde Volk hat einen Überschuß an Menschenkraft, für den es neue Gebiete zu erwerben trachtet. Am stärksten aber ist dieser Überschuß in den höheren Ständen. Unausgesetzt drängen die tüchtigsten Elemente der Bevölkerung nach oben und gerade für sie einen Bewegungsraum zu schaffen, ist eine der der wichtigsten Bedingungen für ein befriedigtes soziales Dasein ..."

(Preußische Jahrbücher, 95. Band, Berlin 1899, S. 383 f.)

Aus der Rede des Staatssekretärs Fürst von Bülow vor dem deutschen Reichstag 1899

„Wir müssen verlangen, daß der deutsche Missionar und der deutsche Unternehmer, die deutschen Waren, die deutsche Flagge und das deutsche Schiff in China geradeso geachtet werden wie diejenigen anderer Mächte. (Lebhaftes Bravo.) Wir sind endlich gern bereit, in Ostasien den Interessen anderer Großmächte Rechnung zu tragen in der sicheren Voraussicht, daß unsere eigenen Interessen gleichfalls die ihnen gebührende Würdigung finden. Mit einem Worte: Wir wollen niemand in den Schatten stellen, aber wir verlangen auch unsern Platz an der Sonne."

(Nach: *L. Zimmermann,* Der Imperialismus, Stuttgart 1971, S. 36)

Arbeitsvorschläge

1. Arbeite die Selbstzeugnisse bitte zunächst durch. Kläre unbekannte Begriffe und nicht eindeutige Zusammenhänge! Gib den Kern der Ausführungen mit deinen Worten wieder!

2. Ordne die Aussagen den folgenden *Leitvorstellungen imperialistischer Politik* zu:
   a) Absicherung der wirtschaftlichen Machtstellung (Kolonien als Absatz- und Rohstoffgebiete)
   b) Erhöhung des nationalen Ansehens
   c) Sendungsbewußtsein
   d) Unfähigkeit der Nichtweißen zur Selbstregierung
   e) Großmachtstreben
   f) Verhinderung sozialer Spannungen im eigenen Land.

3. Neben Kolonien als unmittelbarer Form der Beherrschung hast du am Beispiel Chinas die Abhängigkeit als mittelbare Form der Beherrschung erkannt. Ordne die imperialistische Politik der USA um 1900 diesen beiden Formen zu! Erläutere den Begriff des „Dollar-Imperialismus"!

4. In welchen Zonen der Welt hat Rußland seine imperialistische Politik betrieben? Inwieweit sind sie auch in unserer Gegenwart wieder Konfliktzonen der Weltpolitik?

5. Stelle die Zahlen der Tabelle unten in Schaubildern dar (Säulen, Faltschnittfiguren usw.)
   a) nach der Bevölkerung,
   b) nach dem Raum.

   Was für einen Rang nahm Deutschland als Kolonialmacht ein?

Mutterland und Kolonialbesitz um 1914

Staat	Mutterland		Kolonien	
	Bevölkerung (Mill. E.)	Raum (1000 km²)	Bevölkerung (Mill. E.)	Raum (1000 km²)
Großbritannien	45	314	425	35 000
Rußland	110	5500	25	17 000
	(europäisches Rußland)		(asiatisches Rußland)	
Frankreich	40	536	60	11 000
Deutsches Reich	66	543	12	3 000
Österreich-Ungarn	50	625	—	—
USA	95	9400	10	300
Japan	52	390	17	300

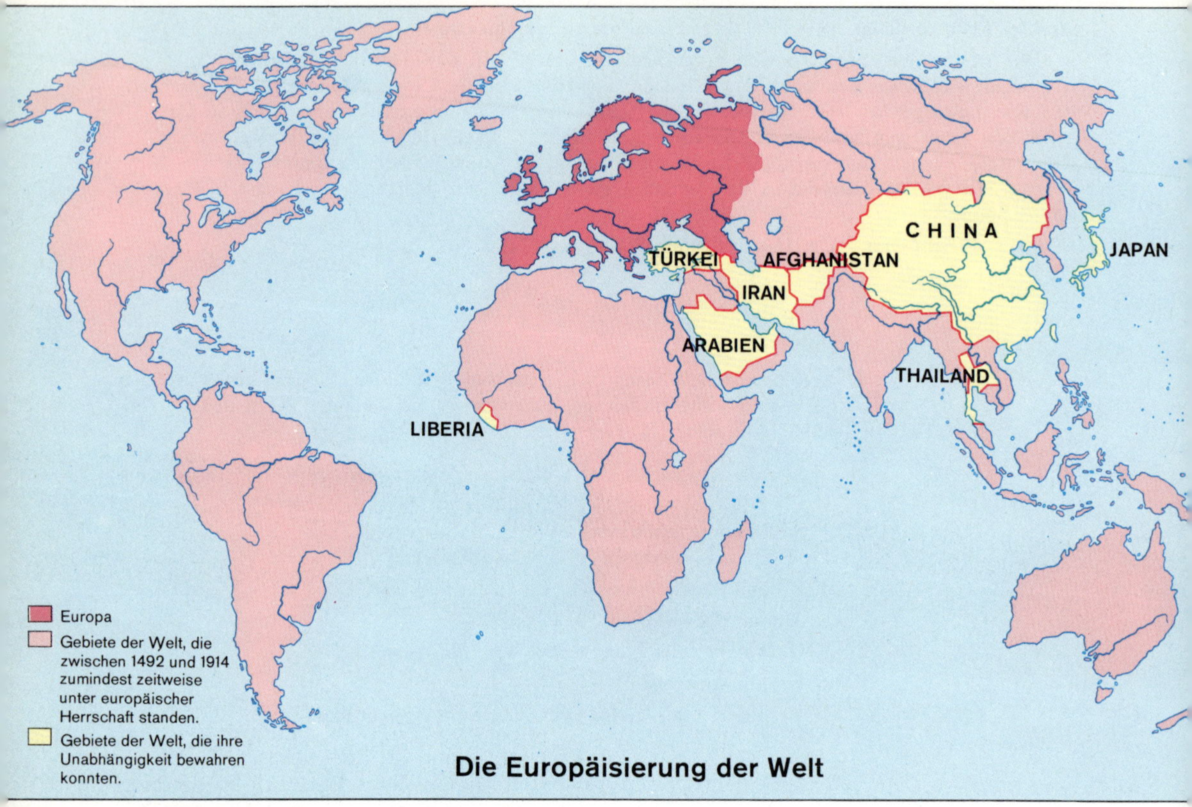

Die Europäisierung der Welt

Die Europäisierung der Welt

„Europäisierung" – was damit gemeint ist, zeigt die Karte. Hier sind alle Gebiete gekennzeichnet, die *irgendwann zwischen 1492 und 1914* unter europäischer Herrschaft gestanden haben. Und auch die Gebiete, die ihre Selbständigkeit bewahren konnten, waren mehr oder weniger den europäischen Zugriffen ausgesetzt, wie wir es gerade an China gesehen haben.

Die weißen „Herrenvölker" hatten dabei kaum einen Blick für die Eigenart und die zum Teil sehr alte und hohe Kultur derer, die unterworfen wurden. Es waren „Farbige", Gelbe, Braune oder Schwarze, die auf jeden Fall *unter* den Weißen standen.

Seit 1914 erleben wir den umgekehrten Vorgang: die Befreiung der Kolonialvölker von der europäischen Herrschaft – eine Entwicklung, die bis heute andauert.

Wir merken uns

In der Zeit von 1880 bis 1914 erreichte die Ausbreitung der Europäer über die Erde ihren Höhepunkt und Abschluß (Imperialismus). Afrika und China waren die Hauptziele. Auch Deutschland erwarb Kolonien.

Die bedeutendste Macht des 19. und beginnenden 20. Jahrhunderts war das britische Weltreich, das rund ein Viertel der gesamten Landoberfläche wie der Erdbevölkerung umfaßte.

Technischer Fortschritt und neue Industrien

Neue industrielle Grundstoffe

Erdöl

Kohle und Eisen waren die wichtigsten Rohstoffe der Industriellen Revolution im 19. Jahrhundert. Um die Wende zum 20. Jahrhundert traten neue Grundstoffe hinzu, besonders *Erdöl* und *Gummi*.

Arbeitsvorschlag

Überlege bitte, für welche Zwecke wir heute Erdöl und Gummi gebrauchen! Welchen anderen Grundstoff hat das Erdöl zunehmend verdrängt? Warum mochte der Bedarf an Erdöl und Gummi vor hundert Jahren noch geringer sein als heute?

Aus unserem heutigen Leben ist das *Erdöl* nicht mehr wegzudenken. In den Jahrtausenden der Menschheitsgeschichte aber wußte man zunächst kaum etwas mit ihm anzufangen. An manchen Stellen der Erde trat es als zähe Masse an die Erdoberfläche und wurde als Wagenschmiere benutzt.

Das Bild links zeigt einen der ältesten Bohrtürme bei Titusville. – Die Zeichnung rechts erklärt, wie ein Bohrloch damals angelegt wurde.

Als 1859 bei Titusville in Pennsylvania (USA) ein Brunnen gebohrt wurde, sprudelte plötzlich aus 21 m Tiefe statt Wasser Erdöl in sehr flüssiger Form heraus. Für dieses flüssige Öl entdeckte man jetzt andere, neue Verwendungsmöglichkeiten.

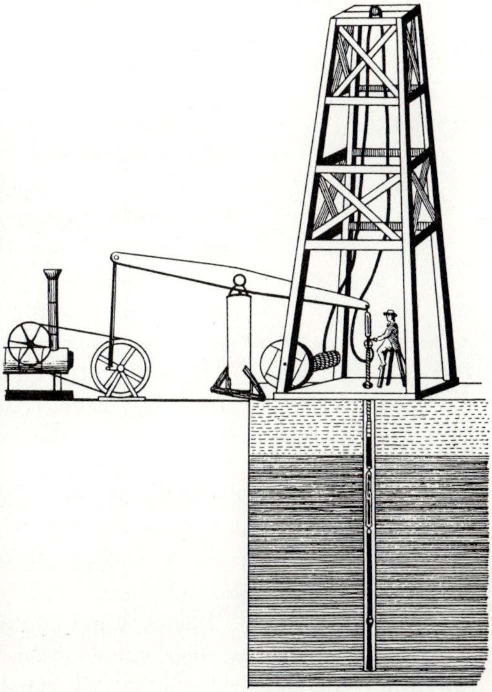

Das Öl wurde gereinigt und als Petroleum an Bürger und Stadtverwaltungen verkauft. Man speiste damit die Lampen in den Wohnungen und in den Straßen der Städte. Selbst der zähflüssige Rückstand in den Reinigungsanlagen, den Ölraffinerien, konnte noch als Schmieröl verkauft werden.

Die große Stunde des Öls schlug jedoch erst, als der Kraftwagen erfunden wurde. Nun brauchte alle Welt zum Betrieb der Automobile Benzin, das man aus Erdöl gewann. Nach der Erfindung des Schwerölmotors durch *Rudolf Diesel* konnte dann auch das Öl selbst als Antriebsstoff eingesetzt werden. Lastwagen, Lokomotiven und Ozeandampfer wurden mit „Dieselöl" betrieben. Aus dem „Leuchtöl" wurde jetzt das „Treiböl", bald auch das „Heizöl".

Wenn vorher ein Frachtdampfer von Norwegen bis China gefahren war, hatte er unterwegs achtmal Kohle an den englischen Kohlestationen übernehmen müssen. Jetzt pumpte er einmal vor der Abfahrt seine Tanks mit Öl voll und konnte damit die ganze Strecke ohne Unterbrechung durchfahren. Das sparte Zeit und Geld. Immer mehr stellten die seefahrenden Großmächte der Erde ihre Flotten auf Ölfeuerung oder Motorenkraft um. An den großen Häfen und Schiffahrtsstützpunkten erhoben sich jetzt die mächtigen Öltanks.

Seit den Ölfunden bei Titusville wurde vor allem die amerikanische Industrialisierung auf dem Erdöl aufgebaut. Aber auch an vielen anderen Stellen der Welt spürten Suchtrupps Erdölvorkommen auf, und der weltweite Industrialisierungsprozeß griff auf diesen scheinbar unerschöpflichen Rohstoff zurück. Erdölförderung und -verbrauch stiegen vor allem in der zweiten Hälfte unseres Jahrhunderts steil an. Die Weltförderung überstieg 1977 zum ersten Male die Grenze von 3 Milliarden Tonnen.

Das Ende der Ölzeit?

Hundertzwanzig Jahre nach den Funden bei Titusville aber deutet alles darauf hin, daß es in dieser Weise nicht mehr weitergehen kann. Stehen wir am Ende der Ölzeit? Die Förderländer befürchten, daß ihre Reserven viel zu rasch aufgebraucht sein werden; sie drosseln ihre Förderung und verkaufen sie zu immer höheren Preisen. Die Verbraucherländer werden vor schwere Probleme gestellt: Erdöl (und Erdgas) decken inzwischen drei Fünftel des Weltenergieverbrauchs – nun droht der wichtigste Rohstoff knapp zu werden. Fieberhaft wird nach unerschlossenen Vorkommen und Ersatzenergien gesucht.

Die wichtigsten Ölvorkommen finden sich in den großen Trockenräumen der Erde, besonders im Nahen Osten, in Nordafrika und in Mittelamerika (Mexiko). Ölsucher durchforschen inzwischen die tropischen Gebiete mit ihrem dichten Dschungel ebenso wie die arktischen Zonen mit ihrem ewigen Eis. Die Erschließung der Vorkommen unter dem Meeresboden hat zur Konstruktion von Förderinseln mit gewaltigen Ausmaßen geführt. Ölhaltiger Sand und Schiefer wird ähnlich wie Braunkohle im Tagebau abgebaut und ausgebeutet.

Wasser, Wind und Sonne – die natürlichen Kräfte in der Natur – werden neu entdeckt. Die *Wasserkraft* kann weit mehr Energie als bisher erzeugen: durch den Bau von Staudämmen an den Flüssen,

Modernes Ölfeld

durch den Bau von Gezeiten-Kraftwerken, die Ebbe und Flut ausnutzen, an den Ozeanen. Die *Windkraft* kann nicht nur Korn zerkleinern, sondern auch Generatoren antreiben und so eine zusätzliche Stromausbeute erbringen. Die *Sonnenenergie* wird schon heute in Kollektoren auf Hausdächern eingefangen und zum Betrieb der Warmwasserheizung gespeichert.

Die *Kohle*, vom Erdöl zurückgedrängt, gewinnt wieder größere Bedeutung. Aus Kohle läßt sich – ebenso wie aus Erdöl – Benzin erzeugen, wenngleich mit viel höheren Kosten. Und schließlich finden sich in Pflanzen und Abfällen Flüssigkeiten und Gase, mit denen Autos angetrieben werden können (Methanol u. a.).

Welchen Anteil die friedliche Nutzung der *Kernkraft* an der künftigen Energieversorgung haben wird, ist noch ungewiß.

Moderne Ölraffinerie

Die Erdölförderung der Welt	1928	1957	1967	1970	1979	1980
Gesamte Förderung	200 Mill. t	882 Mill. t	1757 Mill. t	2334 Mill. t	3189 Mill. t	3065 Mill. t
Anteil einzelner Länder und Regionen						
USA	68,2 %	40,0 %	25,1 %	22,9 %	15,0 %	15,8 %
Venezuela	8,0 %	16,5 %	10,5 %	8,3 %	3,8 %	3,7 %
UdSSR	6,7 %	11,1 %	16,5 %	15,1 %	18,4 %	19,7 %
Naher Osten	3,2 %	19,8 %	28,7 %	29,3 %	34,2 %	31,2 %
Übrige Welt	•	•	•	•	•	•

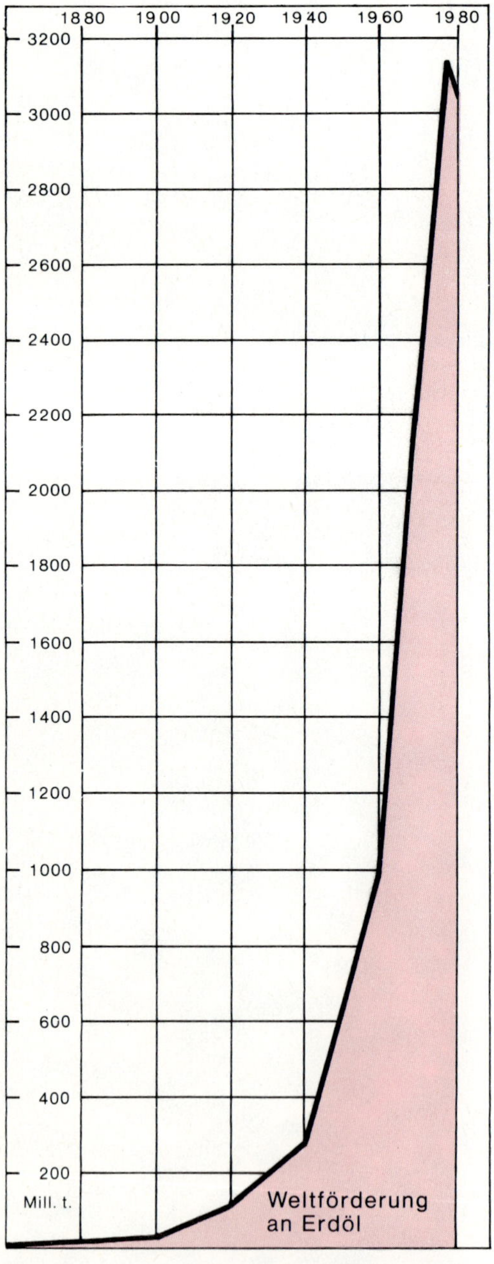

Arbeitsvorschläge

1. Werte die Tabelle oben aus!
   a) Errechne den durchschnittlichen jährlichen Anstieg der Weltförderung zwischen 1957 und 1967, zwischen 1970 und 1979! Vergleiche ihn mit der Entwicklung von 1979 auf 1980 und versuche, das Ergebnis zu begründen!
   b) Wie entwickelte sich der Anteil einzelner Regionen an der Weltförderung seit 1928 prozentual und in Mill. t? Versuche festzustellen, welche wichtigen neuen Ölstaaten unter dem Begriff „Übrige Welt" zusammengefaßt sind!
   c) Versuche, die jährliche Erdölförderung der Welt seit 1980 zu ermitteln! Ergänze das Schaubild auf dieser Seite entsprechend!

2. Bei der internationalen Erdölgewinnung und -verteilung spielen multinationale Unternehmungen (Multis) wie Esso und Shell eine besondere Rolle. Verfolge bitte die Diskussion um ihre Politik in den Medien!

3. In der Tabelle oben findest du ein südamerikanisches Erdölland aufgeführt: Venezuela.
   a) An der Erdölförderung Venezuelas 1970 (193 Millionen t) war eine Tochtergesellschaft der Esso mit etwa 40 % beteiligt. Der Reingewinn, den diese ausländische Ölgesellschaft aus dem Land herausziehen konnte, betrug rund 650 Millionen DM. Andere ausländische Gesellschaften verbuchten ähnliche Gewinne.
   b) In Venezuela ist jeder vierte Bewohner, der älter als 14 Jahre ist, ein Analphabet, d. h. er kann nicht lesen und schreiben.

   Nimm bitte Stellung! Lies noch einmal auf S. 42 über den Begriff des „Dollar-Imperialismus" nach!

4. Suche in deinem Geschichtsatlas nach Karten
   a) über das Analphabetentum der Welt,
   b) über wichtige Erdölvorkommen.

5. Wie mögen sich die Weltkriege unseres Jahrhunderts auf die Erdölförderung ausgewirkt haben?

Die Erdöllieferanten der Bundesrepublik Deutschland				
Ursprungsland	1977	1978	1979	1980
1. Iran	15 770	17 290	11 525	5 653
2. Libyen	19 163	14 638	17 340	14 983
3. Saudi-Arabien	20 042	14 606	17 920	24 579
4. Nigeria	8 980	10 352	14 543	10 964
5. Algerien	9 857	9 885	9 739	6 300
6. Vereinigte Arabische Emirate	8 573	6 526	7 556	6 305
7. Großbritannien	3 477	6 395	11 804	14 673
8. Sonstige	11 638	15 975	16 928	14 463
(in 1000 t) insgesamt	97 500	95 667	107 355	97 920

6. Werte die vorstehende Übersicht aus!
   a) Arbeite die prozentualen Veränderungen heraus! Suche Erklärungen!
   b) Verbinde auf einer Umrißkarte die Bundesrepublik Deutschland und die einzelnen Ursprungsländer durch Pfeile! Zeichne die Pfeile entsprechend dem prozentualen Anteil in unterschiedlicher Stärke!
7. Welche der im Text als „Ersatzenergien" bezeichneten Kraftquellen haben bereits in der vorindustriellen Zeit eine Rolle gespielt? Warum lassen sie sich heute in ungleich stärkerer Weise ausnutzen als damals?
8. Welche dieser Ersatzenergien könnte für das Verkehrswesen, insbesondere für den Autoverkehr, eine nennenswerte Bedeutung erlangen? Warum die anderen wohl nicht? Begründe deine Auffassung!
9. Was würde es für dich, deine Familie, die Bundesrepublik Deutschland bedeuten, wenn die Erdöllieferungen von einem Tag zum anderen aufhörten?

Gummi

Als Kolumbus von seiner zweiten Entdeckungsreise zurückkehrte, erzählten seine Mitfahrer, die Indianer hätten mit kleinen Bällen gespielt, die hüpften, wenn sie auf der Erde aufschlügen. Im 18. Jahrhundert brachte ein Gelehrter ein Stück des seltsamen elastischen Stoffes mit, aus dem diese Bälle gefertigt waren. Es war der geronnene Milchsaft eines Urwaldbaumes. Die Indianer nannten ihn kau-utschu, d. h. „Weinender Baum".

Doch dann blieb der Kautschuk lange Zeit eine kaum beachtete, riechende, klebrige Sache. Man benutzte ihn zwar schon als Radiergummi, aber der war sehr teuer: ein würfelförmiges Stück von 12 mm Kantenlänge kostete zu Goethes Zeiten 3 Mark! Erst um 1840 fand ein Forscher heraus, wie man den Kautschuk bearbeiten mußte, damit er geruch- und klebfrei wurde und vor allem auch bei Kälte elastisch blieb. Man mußte ihn erhitzen und ihm Schwefel beifügen, „vulkanisieren". Jetzt ergaben sich immer neue Anwendungsmöglichkeiten – von Schläuchen und Regenmänteln bis hin zu Bällen und Kaugummi!

Mit dem aufblühenden Kraftfahrzeug- und Flugwesen aber wurde Gummi zu einer der wichtigsten Vorbedingungen für den industriellen Aufschwung der Völker.

Um 1900 wurden etwa 45 000 t Kautschuk in der ganzen Welt gewonnen, 1970 dagegen 2 900 000 t. Inzwischen war es aber gelungen, Kautschuk auch „künstlich" (synthetisch) herzustellen. Synthetischer Kautschuk wird heute viel häufiger verwendet als das Naturprodukt. Hier betrug die Weltproduktion 1970 sogar zwischen 5 und 6 Millionen Tonnen!

Neue Industriezweige

Die chemische Industrie

Auf vielen Gebieten waren im vergangenen Jahrhundert die Forscher tätig. Ihre Forschungsergebnisse ließen völlig neue Industriezweige entstehen, zum Beispiel die *chemische Industrie.*

Aus Steinkohlenteer, der als Nebenprodukt bei der Umwandlung von Kohle in Koks anfiel, wurden *künstliche Farben und Arzneimittel* gewonnen. Aus Kalisalzen und der bei der Stahlerzeugung anfallenden Schlacke wurde *künstlicher Dünger* hergestellt. Aus Kochsalz wurde *Soda* gewonnen, ein wichtiger Grundstoff vieler chemischer Erzeugnisse – vor allem in der Seifenindustrie.

Um die Wende zum 20. Jahrhundert entwickelte sich Deutschland zu einem der führenden Länder im Bereich der Chemie. Die in großen Werkanlagen erzeugten Produkte gingen in alle Welt. Auch heute hat die Chemie einen hohen Anteil am Export der Bundesrepublik. Aber ihre Produktionsanlagen tragen gegenwärtig viel zur Verschmutzung unserer Umwelt bei.

Eines des großen deutschen Chemiewerke ist die „Badische Anilin- und Soda-Fabrik" am linken Rheinufer bei Mannheim/Ludwigshafen. 1865 wurde sie auf freiem Feld gegründet. Damals waren 30 Arbeiter in dem Werk beschäftigt. 16 Jahre später hatten sich die Anlagen schon weit ausgedehnt und umfaßten zahlreiche Fabrikgebäude, in denen Tausende von Arbeitern tätig waren. Produziert wurden vor allem künstliche Farbstoffe (Anilinfarben), Soda, Schwefelsäure usw.
In diesem Jahre – 1881 – hielt der Maler Robert Stieler das Bild der Werkanlagen in einem Gemälde fest. Was kannst du über das Fabrikwesen und den Rheinverkehr in dieser Zeit ablesen?

Die Elektroindustrie

Der deutsche Techniker *Werner Siemens* baute 1866 die erste *Dynamomaschine* und erschloß damit die elektrische Energie als Antriebskraft. Dreizehn Jahre später konstruierte der Amerikaner *Thomas A. Edison* die ersten brauchbaren *Glühbirnen.* Sechzehn Jahre später – 1882 – gelang es, den Strom über große Entfernungen hinweg durch Hochspannungsleitungen zu übertragen.

Jetzt konnte neben der Dampfkraft die elektrische Kraft genutzt werden. Gewaltige Dynamos in den Elektrizitätswerken dienten als Antriebsmaschinen. Die Übertragung der Kraft erfolgte durch Stromleitungen, so daß keine komplizierten Übertragungseinrichtungen

Die neue Lichtfülle hat den Maler Carl Saltzmann so begeistert, daß er 1884 die „Erste elektrische Straßenbeleuchtung in Berlin“ in einem Gemälde festhielt. Er zeigt, daß damals das elektrische Licht noch sehr kalt und weiß war. Aber er läßt auch eindrucksvoll den Sieg des neuen Lichts über die alten Gaslaternen deutlich werden, die noch im Bilde zu sehen sind. Saltzmann malte den Potsdamer Platz.

Heute ist dieser Platz verödet, zieht sich quer über ihn die „Berliner Mauer“ hinweg.

(Transmissionsriemen usw.) mehr notwendig waren. Eine Fülle von Arbeitsmaschinen (Elektromotoren) konnte angeschlossen werden. Auch war es jetzt möglich, Straßen und Plätze elektrisch zu beleuchten und schließlich auch die einzelnen Haushaltungen mit elektrischer Energie zu versorgen. In Berlin erstrahlten 1882 die ersten Glühlampen.

Aus dieser Erschließung der elektrischen Energie erwuchs eine riesige Industrie mit immer neuen Erzeugnissen: Straßenbahnen, Elektroloks, Waschmaschinen, Rasierapparate usw.

Arbeitsvorschläge

1. Zeige in einer Schemazeichnung den Weg des elektrischen Stroms vom Dynamo zur Arbeitsmaschine bzw. Glühlampe auf!
2. Welche Berufe kennst du, die nur durch die Erfindung von Siemens entstehen konnten?
3. Welche neue Energie haben die Forscher seitdem noch erschlossen?

Nachrichtenwesen und Bildübermittlung

Zu Anfang des vorigen Jahrhunderts, zur Zeit Napoleons und Goethes, erfolgte die Übermittlung von Nachrichten nicht anders als zur Zeit der ägyptischen Pharaonen drei- und viertausend Jahre zuvor: man mußte Boten schicken oder Signale geben. So wurde die Ankunft von Fremden oder Feinden an den Grenzen durch Fackelzeichen, Leuchtfeuer, Trommeln, Böllerschüsse oder Glockenläuten weitergemeldet.

Ging es um längere und schwierigere Nachrichten, war man auf reitende Boten angewiesen. Einen gewissen Rekord hierfür hatte die Stafettenschnellpost des Mongolenkhans in seinem Weltreich dargestellt. Ging die Botschaft übers Meer, kam man nicht über die Geschwindigkeit von Ruder- oder Segelschiffen hinaus. So erfuhr König Georg III. von England die Nachricht von der Niederlage seiner Truppen im amerikanischen Unabhängigkeitskriege erst einen vollen Monat nach ihrer Kapitulation.

Der Fortschritt...

Jetzt wurde es innerhalb eines Jahrhunderts dem Menschen möglich, Vorgänge auf einem beliebigen Teil der Erde in Gedankenschnelle an allen möglichen Orten der Welt sicht- und hörbar, miterlebbar zu machen. Ja selbst das Unsichtbare und Verborgene wurde jetzt durch technische Hilfsmittel sichtbar: durch Röntgenstrahlen, Fotografie der infraroten Strahlen, Elektronenmikroskope, Radar.

Worte, Klänge und Bildeindrücke wurden für die Zukunft bewahrt und aufgespeichert, in Filmen, Schallplatten, Ton- und Bildbändern konserviert. Die allzu schnelle Bewegung wurde im Film durch künstliche Verzögerung, durch die „Zeitlupe", die allzu langsame durch Beschleunigung, durch den „Zeitraffer", erfaßt. Die Grenzen von Zeit und Raum erschienen damit aufgehoben.

...und seine Gefahren

Aber auch hier – wie so oft – hat der Fortschritt seine Kehrseite. Aufgrund dieser Entwicklung des Nachrichtenwesens und der Bildübermittlung stürmt auf den Menschen von heute eine Fülle verwirrender Eindrücke ein. Zeitungen, Nachrichtenagenturen, Rundfunk- und Fernsehanstalten sammeln in Gedankenschnelle die Neuigkeiten, stellen sie in Wort und Bild zusammen und überschütten in unaufhörlicher Folge den Leser und Zuschauer. Kann der Mensch diese hetzende Fülle der Eindrücke überhaupt noch aufnehmen und verarbeiten?

Und ein zweites kommt hinzu. Mit Rundfunk und Fernsehen, mit Zeitungen und Illustrierten sind die Millionenmassen der Menschen zu „manipulieren": zu lenken, zu beeinflussen, zu verhetzen. Es gibt offene Machthaber der Erde: Diktatoren, die aus den Sendestationen und Redaktionsstuben ihrer Machtbereiche nur die Informationen hinauslassen, die in ihrem Sinne sind. Es gibt aber auch geheime Machthaber der Erde: Zeitungskonzerne zum Beispiel, die den Lesern ihrer Blätter nur immer eine bestimmte Meinung vorlegen.

Wir müssen heute achtgeben, daß unsere Freiheit der Information durch „Nachrichtenwesen und Bildübermittlung" nicht verlorengeht!

Zeittafel zur Entwicklung des modernen Nachrichtenwesens

1833	Erster Nadeltelegraf (Gauß und Weber)
1839	Erfindung des „Lichtbildes“, der Fotografie (Daguerre)
1840	Morsealphabet
1861	Telefon (Reis)
1866	Erstes Atlantikkabel (Field)
1877	Plattenspieler (Edison)
1895	Entdeckung der sog. X-Strahlen durch Röntgen
1895	Erfindung der „Kinematografie“, des Stummfilms (Lumière)
1895	Antenne (Popow)
1896	Erste Filmvorführungen in Berlin und Paris
1897	Drahtlose Telegrafie (Marconi)
1897	Erfindung der Kathodenstrahlröhre, Voraussetzung des modernen Fernsehgeräts (Braun)
1901	Drahtlose Überbrückung des Atlantik (Marconi)
1902	Farbenfotografie
1903	Schnelltelegraf, Vorläufer des heutigen Fernschreibers (Siemens)
1907	Zeitlupe (Musger)
1918	Funkverbindung um den ganzen Erdball
1919	Tonfilm (Vogt und Massolle)
1923	Rundfunk in Deutschland
1925	Bildtelegrafie (Korn, Karolus)
1928	Magnetofon, Vorläufer des Tonbandgeräts
1930	Fensehen (Karolus-Telefunken)
1942	Elektronische Rechenmaschine („Elektronenhirn“)
1943	Radar
1946	Computer mit Speicherung von Nachrichten
1948	Erfindung des Transistors (Bell-Laboratorien)
1960	Laser-Strahlenbündelung
1965	Interkontinentale Nachrichten- und Bildübermittlung durch künstliche Erdsatelliten

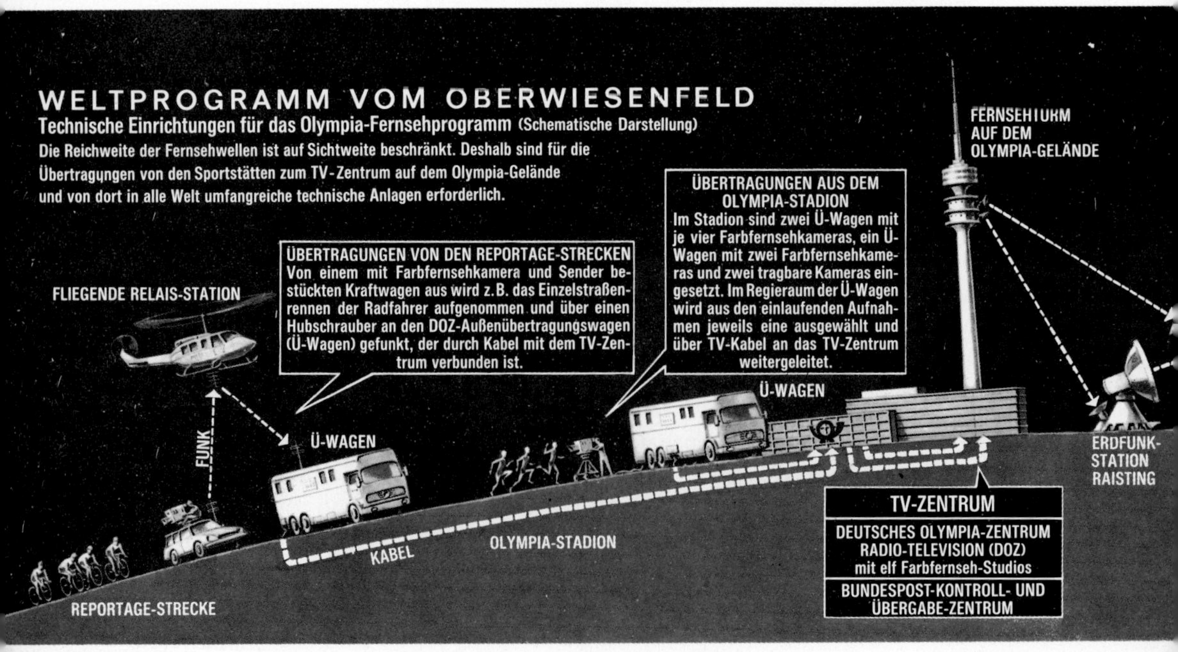

So wurde eine sportliche Übung um das Jahr 1880, vor der Erfindung des Films, festgehalten ...

Arbeitsvorschläge

1. Stelle bitte zusammen, auf welche Weise du dich über Vorgänge in der Welt informierst!

2. Mache mit deinen Klassenkameraden einmal folgenden Versuch: Kauft drei verschiedene Tageszeitungen eines beliebigen Tages und vergleicht die Überschriften der ersten Seite! Überlegt: Was wollen die Redaktionen mit diesen „Schlagzeilen" erreichen? Welche Vorstellungen haben sie wohl von ihren Lesern?
   Vergleicht umgekehrt die Darstellung einer *bestimmten* Nachricht in den drei Zeitungen! Wie genau wird berichtet, was wird nicht erwähnt? Welche Schwerpunkte in der Berichterstattung lassen sich erkennen?
   Man sollte sich gut überlegen, für welche Zeitung man sein Geld ausgibt!

3. Versuche dich zu informieren, wie man einseitige Berichterstattung bei uns im Rundfunk und Fernsehen zu vermeiden sucht!

4. Gib nach der Darstellung unten den Weg des Wettkampfgeschehens von der Kampfbahn bis zum Bildschirm in Übersee wieder!

... und so wurden 1972 die Olympischen Spiele aus München in alle Welt übertragen.

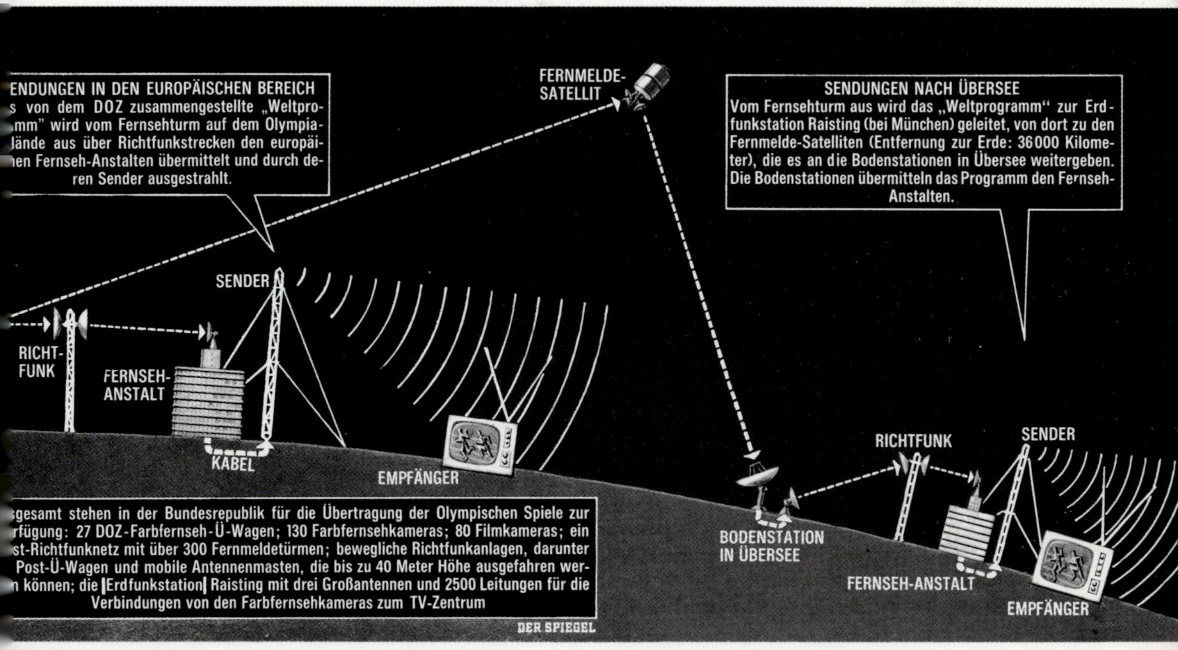

Carl Benz auf seinem ersten dreirädrigen Automobil, das eine Höchstgeschwindigkeit von 30 Stundenkilometern erreichte. Ehrfürchtig betrachten zwei Männer im Hintergrund das Luxusgefährt. Sie bedienen sich ebenfalls „moderner" Fortbewegungsmittel: eines „Hochrades" und eines „zweirädrigen Niederrades".

Neue Verkehrsmittel: Auto und Flugzeug

Automobile rollen über die Straßen

Eine neue Revolution des Verkehrswesens setzte ein, als 107 Jahre nach der Dampfmaschine der *Verbrennungsmotor* erfunden wurde. Um 1885 wendeten die beiden Deutschen *Gottfried Daimler* und *Carl Benz* diese Erfindung praktisch an: Sie konstruierten unabhängig voneinander die ersten *Automobile* (Selbstfahrer). Diese frühen Automobile sahen noch ungefähr so wie Pferdedroschken aus. Doch bald wurde der Bau der Kraftwagen immer mehr verbessert und neben dem Auto das Motorrad entwickelt. Durch die Erfindung des *Diesel*-Motors 1897 wurde es möglich, Lastkraftwagen usw. mit billigem Öl anstelle von teurem Benzin anzutreiben.

Wenige Jahre später sahen die Autos unseren heutigen Modellen schon viel ähnlicher. Bei Ford in den USA wurden sie seit 1913 sogar schon auf einer Fließband-Fertigungsstraße hergestellt. – Von dem abgebildeten Modell der „Tin-Lizzy" aus dem Jahre 1914 wurden über 15 Millionen Exemplare gebaut. Erst der VW-Käfer hat diesen Rekord 1972 überholt.

Der „Spaghetti-Knoten" bei Duisburg – ein Beispiel moderner Verkehrsführung

Die stärkste Entwicklung des Kraftfahrwesens brachte der 1. Weltkrieg. Überall entstanden nun riesige Automobilfabriken. Das Bild der Erde wandelte sich: ein Netz von neuen breiten Autostraßen und Autobahnen aus Asphalt oder Beton begann alle Erdteile zu überziehen – über Gebirge hinweg, durch Wüsten und Steppen.

Die Weltproduktion an Kraftfahrzeugen (Pkw und Lkw) betrug	
1938 . . . . 4,0 Mill. Stück	1963 . . . . 20,7 Mill. Stück
1956 . . . . 11,5 Mill. Stück	1970 . . . . 28,5 Mill. Stück
1959 . . . . 13,4 Mill. Stück	1978 . . . . 32,4 Mill. Stück

1978 gab es über 350 Millionen Autos auf der Erde, davon in der Bundesrepublik Deutschland etwa 22 Millionen. Jeder dritte Einwohner der Bundesrepublik hatte also nach der Statistik ein Kraftfahrzeug (in den USA jeder zweite).

Arbeitsvorschläge

1. Vielleicht besitzt du kleine Nachbildungen von Oldtimern. Versuche doch einmal, dir mit ihrer Hilfe einzelne Schritte in der Entwicklung des Automobils klarzumachen!
2. Gib nach der Tabelle die Entwicklung der Kraftfahrzeug-Weltproduktion in einem Kurvenbild wieder!
3. Vor welche Probleme stellt uns der rasche Anstieg in der Produktion von Kraftfahrzeugen? Diskutiere die Lösungsmöglichkeiten!
4. a) Suche das Autobahnkreuz Duisburg auf einer Atlaskarte!
   b) Welche Gegebenheiten fanden die Straßenbauplaner vor? Achte besonders auf bestehende Wohngebiete, Wasserläufe und Gleisanlagen!
   c) Wie unterscheidet sich die Anlage von einem Autobahn-„Kleeblatt"?
   d) Welche einzelnen Baumaßnahmen haben die Landschaft verändert?
   e) Was bedeutet dieses Autobahnkreuz für den Verkehrsteilnehmer, für den Anwohner? Welche positiven, aber auch negativen Auswirkungen hat der Bau großer Autostraßen allgemein?

Otto Lilienthal mit seinem „Gleitflieger“

Einer der Gebrüder Wright steuert seine „Flugmaschine“.

Ein Zeppelin aus dem Jahre 1909

Der Mensch erhebt sich in die Lüfte

Jahrtausendelang hatte der Mensch davon geträumt, sich wie ein Vogel auf Schwingen in die Luft erheben zu können. Gegen Ende des 18. Jahrhunderts gelang es zwar, mit Heißluftballons aufzusteigen, aber erst seit unserem Jahrhundert kann der Mensch wirklich fliegen.

Der große Pionier der Flugmaschinen wurde der Berliner Ingenieur *Otto Lilienthal.* Seit seiner Jugendzeit beobachtete er das Rätsel des Vogelfluges. Er baute sich Flügelgestelle, ein erstes Segelflugzeug, und ließ sich einen 15 m hohen Abflughügel aufschütten. Schon gelangen ihm in den Rhinower Bergen bei Berlin 350 m lange Gleitflüge, da stürzte er 1896 tödlich ab. Seine letzten Worte waren: „Opfer müssen gebracht werden."

Andere griffen sein Beispiel auf. Die *Gebrüder Wright* in Amerika bauten einen Automotor in den Segelflieger ein, und sieben Jahre nach Lilienthals Tod gelang der erste menschliche Flug von 12 Sekunden Dauer auf einem „Drachenflieger" mit 8 PS Motorenkraft. Das Zeitalter der Luftfahrt begann.

Graf Zeppelin baute seit 1900 am Bodensee seine großen starren Luftschiffe, die nach ihm ihren Namen erhielten. 1928 flog eines von ihnen in drei Tagen von Friedrichshafen nach Lakehurst in den USA und im folgenden Jahr um die ganze Erde.

Für den Passagierverkehr – zumal zwischen den Kontinenten – hatten die Flugzeuge und Zeppeline jedoch noch keine Bedeutung. Hier reisten Auswanderer, Geschäftsleute und erste Touristen auf Dampfschiffen, die immer größer und schneller wurden.
Der Luftverkehr überholte den Schiffsverkehr erst in unserem „Düsenzeitalter".

Ein Düsen-Passagierflugzeug unserer Tage (Schnitt durch einen „Jumbo-Jet")

Ein Blick in das Jahr 2000

1900, um die Jahrhundertwende, war es für viele ein vergnüglicher Zeitvertreib, sich das Leben im Jahre 2000 vorzustellen. Ein französischer Zeichner hielt seine Zukunftsideen in einer Reihe von Bildchen fest, die er mit der Aufschrift „Vorwegnahme“ versah.

Vieles von dem, was heute für uns selbstverständlich ist, steckte 1900 noch in den Kinderschuhen oder war noch gar nicht erfunden. So sehen wir mit Vergnügen, wie nahe die Phantasie des Zeichners in vielem unserer heutigen Wirklichkeit kommt.

Die französischen Bildunterschriften heißen übersetzt:

1 Radfahrender Spähtrupp
2 Ein rollendes Sommerfrische-Haus
3 Ein vergnüglicher Fischfang
4 Elektrischer Bauplatz
5 In der Schule
6 Ein Gleitboot (durch Propeller angetrieben)
7 Ein sehr beschäftigter Ackersmann
8 Rasen-Tennis
9 Briefdiktat
10 Ein Astronom
11 Dame bei der Toilette
12 Ein Elektrobohnerbesen

Welche Erfindungen seiner Zeit haben den Zeichner wohl besonders angesprochen?

Éclaireurs Cyclistes.

Une Maison roulante de Villégiature

Une Pêche amusante.

Chantier de Construction électrique.

l'École.

Dictant son Courrier.

n Hydroplane.

Un Astronome.

n Agriculteur très occupe.

Madame à sa Toilette.

Le Lawn-Tennis.

Un Frotteur électrique.

Ohne daß die meisten Menschen etwas davon ahnten, zeichnete sich um die Jahrhundertwende bereits das eigentlich bestimmende Element unserer Gegenwart ab: Forscher wie der Franzose Henry Becquerel (1896), das französisch-polnische Ehepaar Pierre und Marie Curie (1898), die Deutschen Max Planck (1900) und Albert Einstein (1905), der Engländer Ernest Rutherford (1911) und der Däne Nils Bohr (1913) leisteten Beiträge zur Erforschung kleinster Weltteilchen, der Atome. – Auf einen Entwurf Rutherfords aus dem Jahre 1911 geht dieses Modell eines Uran-Atoms zurück.

Wir merken uns

Eine Fülle von Erkenntnissen und Erfindungen zwischen 1880 und 1918 wurde zur Grundlage unseres heutigen Lebens.

Zu ihnen gehören
die Ausnutzung von Erdöl und Gummi;
die Voraussetzungen für die Entstehung einer chemischen Industrie und einer Elektroindustrie;
die Fortschritte im Bereich des Nachrichtenwesens;
die Erfindung des Verbrennungsmotors und damit der Beginn des modernen Verkehrswesens (Auto, Flugzeug);
schließlich auch die Anfänge der Atomwissenschaft.

Mit ihnen entstanden zugleich Gefahren, die heute unser Leben bedrohen (z. B. Nachrichtenmanipulation, Umweltverschmutzung, Atombombe).

Der Weltkrieg 1914 – 1918

Der Krieg

Arbeitsvorschläge

1. Stelle nach dem Text Seite 40 die Beziehungen Englands, Frankreichs, Rußlands, Österreich-Ungarns und Deutschlands in einem Schemabild dar (Stand 1912)!
2. Stelle auf der Karte S. 40 fest, welche Krisenherde („politische Schwerpunktziele") zu diesem Zeitpunkt in Europa bestanden!
3. Unterscheide nach dem folgenden Text Ursache und Anlaß des Krieges!

Ursache und Anlaß

Seit Jahrzehnten war das deutsche Kaiserreich mit Österreich-Ungarn verbündet. Das Habsburgerreich war ein „Vielvölkerstaat". Vor allem die zu diesem Reich gehörenden Serben waren unzufrieden und voller Nationalismus. Viele von ihnen forderten den Anschluß an das Königreich Serbien und einen serbischen Großstaat auf dem Balkan. Am 28. Juni 1914 erschoß ein serbischer Student den österreichischen Thronfolger, Erzherzog Franz Ferdinand, und seine Frau bei einer Fahrt durch die Stadt Sarajewo.

Dieser Mord von Sarajewo wurde der äußere Anlaß zum Ersten Weltkrieg, der die Völker Europas und fast der ganzen Welt von 1914 bis 1918 verheerend schlug. Die Ursache waren die ständigen machtpolitischen Spannungen der Großmächte, die zu immer neuen Bündnissen untereinander und zu immer verstärkter Rüstung geführt hatten. Jeder der Staaten hatte Pläne für den Kriegsfall ausgearbeitet, nach dieser und nach jener Seite hin, um für jede Möglichkeit vorbereitet zu sein.

Nun begann das erregte Hin und Her in dem vielfältig geflochtenen Netz der geheimen und öffentlichen Bündnisse. Der deutsche Kaiser versprach dem österreichischen Bundesgenossen uneingeschränkte Hilfe zur Sühne des Attentats auf den Thronfolger. Wien richtete ein *Ultimatum,* eine scharfe befristete Forderung an Serbien: Österreichische Beamte sollten die Hintergründe des Mordanschlags *in Serbien selbst* untersuchen. Serbien lehnte entrüstet ab. Die diplomatischen Beziehungen zwischen Österreich und Serbien wurden abgebrochen. Schon machten beide Staaten mobil. Gleichzeitig befahl Rußland die Mobilmachung seiner Armee zum Schutze Serbiens.

Damit erfaßte die Kriegsgefahr ganz Europa: Jetzt fühlten sich Deutschland und Österreich bedroht, und jetzt wurden die Bündnisse zwischen Rußland, Frankreich und England akut.

Am 1. August 1914 erfolgte die deutsche Kriegserklärung an Rußland, am 3. August an Frankreich. Deutschland stand vor einem Zweifrontenkrieg.

Warum gingen die deutschen Politiker diese ersten Schritte?

Der Schlieffen-Plan

Seit 1905 lag der deutsche Kriegsplan für einen Zweifrontenkrieg bereit. Der Chef des deutschen Generalstabes, Graf *Schlieffen* hatte ihn sorgfältig in allen Einzelheiten ausarbeiten lassen. Man rechnete damit, daß der russische Koloß, schwerfälliger als die westlichen Staaten, die längste Zeit für seine Mobilmachung brauchte. So galt es, in einem schnellen Feldzug zunächst den französischen Gegner zu schlagen, um sich dann mit ganzer Kraft dem Feind im Osten zuzuwenden.

Aber Frankreich hatte sich seit Jahrzehnten mit dem immer stärkeren Ausbau seiner Festungen gegen einen Einmarsch deutscher Heere gesichert. Deshalb müßte man, meinten die deutschen Militärs, mit starkem rechtem Flügel durch Belgien hindurch diese Festungskette umgehen, hinter ihrem Rücken einschwenken und sie von hinten her aufrollen.

Doch Belgien war neutral, und Verträge fast aller europäischen Mächte sicherten ausdrücklich diese Neutralität. Auch das Deutsche Reich hatte diese Verträge mitunterschrieben. Wenn man Schlieffens Plan durchführen wollte, mußte man die Verträge brechen und Belgiens Neutralität mißachten. Am 2. August teilte Deutschland Belgien mit, daß es seine Truppen durch das kleine Land schicken müsse. Man wolle nach dem Kriege alle Schäden ersetzen. Belgien rief sofort den Schutz der anderen Vertragspartner an. Am 4. August überreichte der englische Botschafter in Berlin die Kriegserklärung Großbritanniens an Deutschland, nachdem er noch einmal nachdrücklich die belgische Neutralität gefordert hatte.

Arbeitsvorschläge

1. Im Zusammenhang mit dem Ausbruch des Ersten Weltkrieges wird von einem „Mechanismus der Bündnisse“ gesprochen. Erläutere bitte!
2. Inwiefern engte der Schlieffen-Plan den Handlungsspielraum der deutschen Politiker ein?

Die Frage nach der Kriegsschuld

Hat Deutschland, hat eine andere europäische Macht 1914 diesen Krieg gewollt? Im Friedensvertrag nach dem Ende des Krieges haben die ehemaligen Gegner die Deutschen und ihre Verbündeten als Alleinschuldige bezeichnet (vgl. S. 116). Später fanden Worte des englischen Staatsmannes *Lloyd George* vielfaches Interesse, der gesagt hatte: „Keiner der führenden Staatsmänner hat den Krieg tatsächlich gewollt. Sie glitten gewissermaßen hinein, oder besser sie taumelten oder stolperten hinein, vielleicht aus Torheit.“

In der Geschichte aber steht selten etwas ein für allemal fest, es gibt immer wieder neue Quellen, neue Forschungen, neue Ansätze der Beurteilung. So ist auch die Frage nach der *deutschen* Schuld am Kriege in letzter Zeit wieder neu gestellt worden, und bis heute stehen unterschiedliche Antworten nebeneinander.

Die Kriegsschuldfrage

Aus einer gemeinsamen Erklärung deutscher und französischer Historiker vom Oktober 1951

„Die Dokumente erlauben es nicht, im Jahre 1914 irgendeiner Regierung oder einem Volk den bewußten Willen zu einem europäischen Kriege zuzuschreiben ... Die deutsche Politik zielte 1914 nicht auf die Entfesselung eines europäischen Krieges; sie war in erster Linie bedingt durch die Bündnisverpflichtung gegenüber Österreich-Ungarn. Um der als gefährlich empfundenen Auflösung dieses Staates entgegenzuwirken, hat man der Wiener Regierung Zusicherungen gegeben, die einer Blankovollmacht gleichkamen. Die deutsche Regierung war von der Vorstellung beherrscht, eine Lokalisierung [Begrenzung] des Konfliktes mit Serbien würde wie 1908/09 möglich sein; gleichwohl war sie bereit, nötigenfalls die Gefahr eines europäischen Krieges auf sich zu nehmen. Infolgedessen hat sie es versäumt, rechtzeitig mäßigend auf die Politik Österreichs einzuwirken."

(In: Geschichte in Wissenschaft und Unterricht, 3. Jahrg./1952, S. 294)

Die Auffassung des Historikers Fritz Fischer 1961

„Bei der angespannten Weltlage des Jahres 1914, nicht zuletzt als Folge der deutschen Weltpolitik, mußte jeder begrenzte (lokale) Krieg in Europa, an dem eine Großmacht beteiligt war, die Gefahr eines allgemeinen Krieges unvermeidbar nahe heranrücken. Da Deutschland den österreichisch-serbischen Krieg gewollt, gewünscht und gedeckt hat, und, im Vertrauen auf die deutsche militärische Überlegenheit, es im Jahre 1914 bewußt auf einen Konflikt mit Rußland und Frankreich ankommen ließ, trägt die deutsche Reichsführung einen erheblichen Teil der historischen Verantwortung für den Ausbruch des allgemeinen Krieges ..."

(In: Griff nach der Weltmacht, Düsseldorf 1961, S. 97)

Die Auffassung des Historikers Walter Hubatsch 1973

„Der Ausbruch dieses gewaltigen Ringens stellt sich als ein Bündel von vielerlei Ursachen dar: die großserbische Idee und die innere Schwäche Österreich-Ungarns; der Panslawismus und die alten Expansionsziele Rußlands auf dem Balkan; die Gelegenheit für Frankreich, seine 1870 eingebüßte Position europäisch wieder zu begründen; die englische Sorge vor einer Hegemonialstellung [Vormachtstellung] Deutschlands auf dem Kontinent und die Sicherung Belgiens. Hinzu trat die Furcht [der Deutschen], die Bundesgenossenschaften zu verlieren und dann in der Krise isoliert zu sein; alles dieses bremste die Friedensbemühungen, die zu spät einsetzten und durch die Technik der einander bedingenden Mobilmachung rasch wirkungslos wurden."

(In: Handbuch der Deutschen Geschichte, Bd. IV/1, Frankfurt 1973, S. 7)

Die Auffassung des Historikers Immanuel Geiss 1975

„Nach einer Kette von diplomatischen Krisen, die an den Rand des Krieges führten, entstand Ende 1912 in Berlin der Entschluß, die wachsenden inneren und äußeren Schwierigkeiten bei nächster Gelegenheit durch die Flucht nach vorn zu überspielen. Im Sommer 1914 nahm die deutsche Reichsleitung das Attentat von Sarajewo zum Anlaß, über Österreich-Ungarn die große Auseinandersetzung herbeizuführen. Der Erste Weltkrieg begann am 1. August 1914."

(In: Historische Dokumentation des Historischen Museums Frankfurt, 43.01.1, Frankfurt 1975)

Arbeitsvorschläge

1. Analysiere die Texte sorgfältig! Erläutere bitte:
   a) In welchem Text wird Deutschland unterstellt, den europäischen Krieg *absichtlich* entfesselt zu haben?
   (In welchem Text wird das Gegenteil festgestellt?)
   b) In welchem Text wird Deutschland unterstellt, einen begrenzten Krieg (Österreich–Serbien) gewollt, einen europäischen Krieg aber riskiert zu haben?
   c) Wie wird der Anteil Deutschlands an der Verantwortung für den Krieg in den beiden anderen Texten eingegrenzt?
2. Stelle bitte die Begründungen für die jeweiligen Thesen heraus! Vergleiche!
3. Wo werden in diesem Arbeitsbuch die Zusammenhänge angesprochen, die Walter Hubatsch als „Bündel von Ursachen" stichwortmäßig aufführt?
4. Und zu welcher Auffassung kommst du?

Die Ausweitung zum „Welt"-Krieg

Die Kriegsmaschine lief an. Sie riß immer mehr Völker und Staaten in die Auseinandersetzungen hinein.

Das waren die Gegner

Die „Mittelmächte"	Die „Alliierten"
Deutschland, Österreich-Ungarn und ihre Verbündeten: Türkei (1914) Bulgarien (1915)	Rußland, Frankreich, Großbritannien und ihre Verbündeten: Japan (1914) Italien (1915) die USA (1917) dazu viele weitere Staaten

Schließlich waren insgesamt fast 70 Millionen Menschen unter Waffen, 25 Millionen gegen 45 Millionen. Und hinter den Kämpfenden standen die Wirtschaftskräfte der beiden Kriegsblöcke, die alles zum Kriege Notwendige liefern mußten: Lebensmittel, Rohstoffe, Waffen und Munition, Kriegsgerät aller Art, Transportmittel – und immer neuen Ersatz an Menschen.

Dieser Krieg zeigte ein ganz anderes Gesicht als alle früheren. Er wurde nicht mit Tausenden und Hunderttausenden Soldaten wie bisher geführt, sondern mit Millionenheeren. Er ergriff alles – Erde, Meer und Himmel, den Soldaten wie den Bürger, die Front wie die Heimat.

Ausmarsch der Soldaten in Berlin. Es ist für uns heute nicht mehr vorstellbar, welche Kriegsbegeisterung damals die meisten Menschen erfüllte. Viele Tausende meldeten sich freiwillig zum Kriegsdienst. Jeder glaubte an die Kriegsschuld der Gegner, und jeder zog aus, sein bedrohtes Land zu verteidigen.

Stellungskrieg im Westen: Aus Granattrichtern wehren deutsche Soldaten einen französischen Angriff ab.

Der Kriegsverlauf

Er begann wie die Kriege zuvor. Die Kolonnen marschierten, planmäßig gelenkt von den Heerführern und ihren Stäben. Ihr Ziel war, die Armee des Gegners einzukesseln, ihre Front zu durchbrechen und aufzurollen, sie in die Flucht zu schlagen oder zu vernichten. Man nannte das den *Bewegungskrieg*.

Der Bewegungskrieg

Für den einzelnen Soldaten, den deutschen Landser, den französischen Poilu, den englischen Tommy, den russischen Muschik hieß das vor allem: marschieren. Mit Waffen und Gepäck – 30, 40, bisweilen auch 80 Pfund schwer – marschieren – in Sonnenglut, in Regengüssen, in dunkler Nacht, gegen Schneesturm und eisigen Wind. Hinterdrein rasselte die Artillerie. Hinterdrein rasselte der Troß: die Feldküche, das Gerät, die Munition, das Gepäck.

Und dann kam das Gefecht, die Schlacht. Das hieß: Deckung nehmen, Schießen, Laufen, Springen. Das hieß Todesfurcht, Einsatz letzter Kraft.

Der Stellungskrieg

Doch dann liefen sich im Westen, auf belgischem und französischem Gebiet, die Fronten fest. Die feindlichen Truppen lagen einander gegenüber. Sie gruben sich in Schützengräben ein. Der Krieg erstarrte. Man belagerte sich gegenseitig auf einer 700 km langen Grabenfront – dreieinhalb Jahre lang!

Der Bewegungskrieg wandelte sich zum *Stellungskrieg*. Das Ziel war, an irgendeiner schwachen Stelle die Front des Gegners zu durchbrechen und sie im neuen Bewegungskrieg aufzurollen. Dreieinhalb Jahre lang versuchte man, unter Aufbietung aller Kräfte und allen Materials, diesen Durchbruch zu erzwingen. Als es den Deutschen endlich, im vierten Kriegsjahr, gelang, reichten die erschöpften Kräfte nicht mehr aus, den Gegner zu schlagen.

Im Osten und auf den anderen Kriegsschauplätzen kam es weiterhin zu neuen, weit ausholenden Feldzügen und Bewegungen, ohne daß damit jedoch die Entscheidung erzwungen werden konnte.

Nach dem Trommelfeuer: Alliierte Soldaten in der „umgepflügten“ Landschaft

Die Hölle der Materialschlacht

Langsam, unablässig wandelte sich in diesem neuartigen Stellungskrieg das Gesicht des Krieges. Man rechnete nicht mehr mit Menschen, sondern nur mit dem seelenlosen vernichtenden Material: mit Kanonen, Granaten, Minen, Giftgas, Tanks, wie die Panzer damals nach der englischen Bezeichnung genannt wurden.

Der Stellungskrieg steigerte sich zur *Materialschlacht.* Sie wurde wochen- und monatelang vorbereitet. Der ganze Hinterraum der Front füllte sich mit Gerät und Menschen. Geschütz stand neben Geschütz. Und dann schlug das alles, urplötzlich losbrechend, planmäßig mit Uhr und Karte und Tabelle gelenkt, auf einen bestimmten Abschnitt der gegnerischen Front los – stundenlang, tagelang, wochenlang. *„Trommelfeuer“* nannte man das.

Die grüne, lebendige Landschaft verwandelte sich in eine Landschaft des Todes. Wald und Feld, Ortschaften und Straßen verschwanden. Sie wurden von den Granaten umgepflügt. Trichter lag neben Trichter.

Und dann begann der Angriff der Infanterie. Doch aus der umgepflügten Erde erhoben sich noch immer gegnerische Soldaten, Überlebende der „Feuerwalze“. Mit Maschinengewehren und Handgranaten warfen sie sich gegen den angreifenden Feind, schlugen ihn vielleicht zurück. Manchmal hatten die Angriffe auch Erfolg: ein paar hundert Meter Bodengewinn, dann begann das blutige Spiel von neuem, diesmal von der anderen Seite.

Diese Materialschlachten wurden die entsetzlichen Höhepunkte des Krieges. Der Kampf um *Verdun* 1916 dauerte allein sechs Monate und kostete 300 000 Franzosen und 280 000 Deutschen das Leben.

Blockade und U-Boot-Krieg

Obwohl unter Wilhelm II. ein großer Lärm um die deutsche Schlachtflotte gemacht worden war, blieb sie der englischen stets unterlegen. Unnütz lagen diese großen teuren Schiffe zumeist in ihren Häfen. So konnte England ungestört die Seewege zu den deutschen Welthäfen absperren, „blockieren". Es wollte die Deutschen auf diese Weise aushungern und durch Rohstoffmangel zwingen, den Krieg aufzugeben.

Nun setzte die deutsche Führung ihre Hoffnungen auf eine kleine, neu entwickelte Wunderwaffe, die *Unterseeboote* (U-Boote). Mit ihnen wurde eine „Gegenblockade" durchgeführt: alle Schiffe, die sich der englischen Insel und den Küsten der anderen Alliierten näherten, mußten mit ihrer Versenkung rechnen.

Sofort erhoben die neutralen USA Einspruch gegen diese Behinderung ihres Handels. So wurde der U-Boot-Krieg noch einmal unterbrochen. Aber als die Frontlage 1917 kritisch und der Rohstoffmangel in Deutschland immer fühlbarer wurde, setzte er erneut und *uneingeschränkt* ein. Schiff auf Schiff wurde durch U-Boote und Minen im Sperrgebiet versenkt.

Der Kriegseintritt der USA

Die Antwort war der Eintritt der USA in den Krieg. *Dieses Ereignis entschied seinen weiteren Verlauf.* Trotz des U-Boot-Krieges konnten 2 Millionen amerikanischer Soldaten nach Europa gebracht werden, dazu unzählige Mengen an Munition, Waffen, Geräten und Lebensmitteln. Das waren frische Reserven für *eine* Seite der ausgebluteten Westfront.

Deutsche Unterseeboote im Ersten Weltkrieg

Kohlrüben-Karte

— Stadt Erfurt —

2 Pfund Kohlrüben 31. Woche 18.–24. März 1917	2 Pfund Kohlrüben 32. Woche 25.–31. März 1917
2 Pfund Kohlrüben 29. Woche 4.–10. März 1917	2 Pfund Kohlrüben 30. Woche 11.–17. März 1917
2 Pfund Kohlrüben 27. Woche 18.–24. Februar 1917	2 Pfund Kohlrüben 28. Woche 25 Febr. 3. März 1917
2 Pfund Kohlrüben 25. Woche 4.–10. Februar 1917	2 Pfund Kohlrüben 26. Woche 11. 17 Februar 1917

Das Leben in der „Heimat“

Die deutschen Pläne für den Kriegsfall waren auf einen schnellen Sieg über die Gegner abgestellt gewesen. Für einen langen Krieg waren keine Vorbereitungen getroffen worden. So wurden von Jahr zu Jahr immer weniger Nahrungsmittel ausgegeben. „General Hunger“ regierte in Deutschland.

Besonders schlimm wurde der Winter 1916/17. Es gab kaum noch Kartoffeln; statt dessen wurden Kohlrüben verteilt, streng rationiert. Die Menschen lebten von Kohlrübensuppe, Kohlrübenmarmelade, Kohlrübenkaffee. Wer keine Sonderzuteilungen bekam oder sich heimlich zusätzliche Lebensmittel besorgen konnte, litt bittere Not. Besonders alte und kranke Menschen in den Städten starben in diesem „Kohlrübenwinter“ an Unterernährung.

Immer mehr Raum nahmen auch in den Zeitungen die Todesanzeigen von Gefallenen ein. Kaum eine Familie gab es, in der nicht der Vater oder ein Bruder gefallen war. Die Lazarette füllten sich mit Verwundeten, von Gas erblindet oder zu Krüppeln geschossen. Immer mehr Männer wurden eingezogen. An ihre Arbeitsplätze in den Fabriken und auf den Äckern rückten die Frauen, die Kinder und die Alten. – Ähnlich wie in Deutschland sah es auch in den anderen kriegführenden Ländern Europas aus.

Frauen in einem Rüstungsbetrieb. – In einem Gedicht dieser Zeit heißt es: „Mir ist der Kopf, das Herz so schwer, / ich denke, ich fühle, ich hoffe nicht mehr, / ich drehe Granaten, Granaten!“ ▷

◁

In endlosen Schlangen mußten die Menschen anstehen: nach Kohlen, Lebensmitteln, Kleidung . . .

Um einen neuen Frieden

Siegfrieden oder Verständigungsfrieden?

Eine schwere Kriegsmüdigkeit lag, vor allem von 1917 an, über den Völkern. In Frankreich meuterten große Truppenteile hinter der Front. In Rußland brach die Revolution aus und stürzte die Herrschaft des Zaren. Im Februar 1918 revoltierte die österreichische Kriegsflotte. In Deutschland kam es zu großen Streiks der Munitionsarbeiter. Im Juli 1918 streikte eine halbe Million Menschen in England.

Jetzt ging es um die Frage: Wer wird zuerst mürbe? Wer gibt als erster den Kampf auf? Wie soll dieser Krieg enden? Alle hatten zur „Verteidigung ihres angegriffenen Vaterlandes“ das Gewehr ergriffen. Für welche Ziele focht man nun, da sich der Krieg immer mehr hinzog und ausweitete? Wie sollte ein etwaiger Friede jetzt aussehen?

Durch den schnellen Vormarsch der deutschen Truppen war es gelungen, den Krieg weit vor den Grenzen des Reiches, in Frankreich, in Polen und Rußland, auf dem Balkan und am Südrand der Alpen zu führen. Ein großer Teil des deutschen Bürgertums war sich darüber einig, daß diesem „siegreichen Kriege“ ein „ehrenvoller“ Frieden, ein „*Siegfrieden*“ folgen müsse.

◁ *Eine Zuteilungskarte aus dem „Kohlrübenwinter“ 1916/17. Mache dir bitte ganz klar, was sie aussagt!*

Viele Vertreter eines solchen Siegfriedens mochten selbst 1917 noch nicht von ehrgeizigen Kriegszielen lassen. Auf den Stammtischen daheimgebliebener Bürger, aber auch auf den Schreibtischen der Reichsregierung lagen noch immer Pläne und Karten, die zeigten, welche anliegenden Feindgebiete dem Deutschen Reich angegliedert werden sollten. Besonders die gegnerischen Bodenschätze (z. B. Eisenerz und Erdöl) sollten deutscher Besitz werden.

Anders wollte es die deutsche Sozialdemokratie. Sie kämpfte für den Bestand des Vaterlandes, aber nicht für Eroberungen. Das Ziel sollte nicht neuer Haß, sondern Wiederverständigung sein.

In leidenschaftlichen Appellen wandten sich ihre Führer an die Verantwortlichen, mit dem Blutvergießen aufzuhören, darunter der Reichstagsabgeordnete *Philipp Scheidemann.* Die Anhänger einer Siegfriedenspolitik sprachen daraufhin verächtlich von einem „Scheidemann-Frieden". Ihre eigenen Ziele aber bezeichneten sie stolz als einen „Deutschen Frieden".

Je länger der Krieg andauerte, um so schroffer standen sich die Ansichten über das Kriegsende gegenüber. Ein *Siegfrieden* oder ein *Verständigungsfrieden* – das war die entscheidende Frage.

Seit Ende August 1916, seit der ergebnislosen blutigen Schlacht um Verdun, hatten der Generalfeldmarschall von Hindenburg und sein Stabschef, General Ludendorff, die Gesamtleitung des Krieges übernommen. Vor allem *Ludendorff* war für eine rücksichtslose Kriegführung unter Einsatz aller Mittel, um damit einen Siegfrieden zu erkämpfen. Diesem Ziele hatte sich alles unterzuordnen, auch alles Leben daheim.

Ein Flugblatt aus dem Ersten Weltkrieg

Auf der gegenüberliegenden Seite findest du ein Flugblatt aus dem Ersten Weltkrieg abgedruckt. Lies es zunächst einmal durch!
Versuche dann, mit Hilfe der nachfolgenden Fragen, die Aussagen des Blattes herauszuarbeiten!

Philipp Scheidemann (1865–1939)

1. Welchen Frieden wollen die Verbreiter dieses Flugblatts: „Siegfrieden" oder „Verständigungsfrieden"?

2. Sie haben ihren Forderungen jeweils den Tatbestand bei einem „Scheidemann-Frieden" gegenübergestellt. Ziehe bitte zunächst stichwortartig heraus, welche Sachfragen sie im einzelnen aufgreifen!

3. Fasse die Ergebnisse der Gegenüberstellung in einer Tabelle zusammen!

4. Welche allgemeine Begründung geben sie für ihre Forderungen an?

5. Wie bezeichnen sie geringschätzig den Frieden, den ihre politischen Gegner anstreben?

6. Welche Gebietsforderungen rund um die deutschen Grenzen vor 1914 werden also angemeldet? Womit werden diese begründet? Unterscheide dabei genau die Begründungen zu Belgien, zu Briey und Longwy, zu den „alten deutschen Ostseeprovinzen" (Kurland, Litauen, Livland, Estland), zu Rumänien!
   Nimm deinen Geschichtsatlas zu Hilfe!

Unabhängiger Ausschuß für einen Deutschen Frieden, Ortsgruppe

Wie gestaltet sich unser Friede?

„Der Scheidemannsche Friede" will:

daß bei Friedensschluß alles bleibt, wie es war, und jeder seine Lasten trägt.

Das würde der Untergang Deutschlands sein. Denn während der Zehnverband mit seinem Ueberschuß an Land und Stützpunkten zur See leicht auf Ausdehnung und Grenzverbesserung verzichten kann, bedeutet es für uns einen faulen Frieden, der mit sich bringt:

daß Belgien das Einfallstor für England und Frankreich bleibt;

daß Deutschland nur mit Englands Erlaubnis das Meer befahren darf und jederzeit von seinen Rohstoff liefernden Kolonien abgeschnitten werden kann;

Handelsflotten bei einem faulen Frieden:

der Mittelmächte: 5,4 Mill. Tonnen

des Zehnverbandes: 23,2 Mill. Tonnen

daß Frankreich feste Einfallspunkte an unserer Grenze behält, unter deren Kanonen ein großer Teil unserer Stahl- und Roheisenerzeugung liegt;

Eisenerzvorräte der Mittelmächte vor dem Kriege: 3892 Mill. Tonnen

daß Rußland jederzeit die ungeschützten deutschen Ostmarken verwüsten kann, daß 2 Millionen Deutsche in Rußland erbarmungslos vernichtet werden und andere Millionen Deutsche, für die das Mutterland keinen Platz hat, im Auslande zu Kulturdünger werden;

In einem Jahrzehnt beschaffbare deutsche Siedlerfamilien aus dem Reich, Rußland, sonstigem Europa und Uebersee

466 000

38 680

Bei einem faulen Frieden:

gibt es für diese nur Siedlerland im alten Reichsgebiet 471 500 ha = 38 680 Siedlerstellen

Deutschlands Erdöl-Bedarf: 1 360 000 Tonnen

Bedarf 1 360 000 t

fehlt

Erzeugung 140 000 t

Bei einem faulen Frieden: Deutschlands Erdöl-Erzeugung 140 000 Tonnen

daß Deutschland mit einer Kriegslast von weit mehr als 100 Milliarden und vervielfachten Steuern aus diesem Kriege herausgeht und dadurch vollständig verarmt, arbeitslos und wirtschaftlich vernichtet wird.

Bei einem faulen Frieden: 170 Milliarden Schulden

= 2557 Mark auf den Kopf der Bevölkerung

172 Mark Reichssteuern auf den Kopf der Bevölkerung

Volksvermögen = 200 Milliarden Mark

Bei einem faulen Frieden ein Lohnsklave Englands mit 170 Milliarden Schulden

„Der Deutsche Friede" will:

nach den ungeheuren Opfern an Blut und Gut das Mindestmaß fordern, das zu Deutschlands Bestehen und Entwickelung nötig ist,

daß Belgien, insbesondere die flandrische Küste mit Antwerpen, in Deutschlands militärischer, wirtschaftlicher und politischer Abhängigkeit bleibt;

daß wirkliche Seefreiheit für alle Völker geschaffen wird, und daß wir unsere Kolonien und Flottenstützpunkte in vergrößertem Maßstabe wiederbekommen;

Handelsflotten bei einem Deutschen Frieden:

der Mittelmächte: 17,8 Mill. Tonnen

des Zehnverbandes: 10,9 Mill. Tonnen

das Erzbecken von Briey und Longwy, das Frankreich seine Angriffswaffen lieferte, und Grenzverbesserungen, besonders in den Vogesen, je nach militärischer Lage und Beurteilung;

Eisenerzvorräte der Mittelmächte bei einem Deutschen Frieden: mindestens 6954 Mill. Tonnen

eine leicht zu verteidigende Grenze, will die alten deutschen Ostseeprovinzen und reichen Boden als neues Getreideland für deutsche Bauernansiedelung, um das Reich vor künftiger Aushungerungsgefahr zu schützen; (Einfuhr 1912/13 für 3 Milliarden Nahrungsmittel, ¼ Milliarde Vieh usw.).

In einem Jahrzehnt beschaffbare deutsche Siedlerfamilien aus dem Reich, Rußland, sonstigem Europa und Uebersee

466 000

520 300 Siedlerstellen

Bei einem Deutschen Frieden gibt es 7 270 000 ha = 520 300 Siedlerstellen, neues Ansiedelungsland: Kurland, Litauen, russ. Grenzstreifen, Livland, Estland

Deutschlands Erdöl-Bedarf: 1 360 000 Tonnen

Bedarf 1 360 000 t

1 500 000 t

Bei einem Deutschen Frieden: 1 500 000 Tonnen rumänische Erdöl-Erzeugung zur Verfügung

daß die Feinde, die das friedliche Deutschland überfielen, die Lasten des Krieges in Rohstoffen, Schiffen, bar und durch Landabtretung bezahlen.

Bei einem Deutschen Frieden:

5 Milliarden Schulden vor wie nach dem Kriege

=

75 Mark auf den Kopf der Bevölkerung

36 Mark Reichssteuern auf den Kopf der Bevölkerung

Volksvermögen = 400 Milliarden Mark

Bei einem Deutschen Frieden ein freies Volk mit nur 5 Milliarden Schulden

Ein fauler Friede, auch wenn er sofort geschlossen würde, bringt uns kein Pfund Brot mehr und schließt jegliche Zufuhr fremden Getreides für lange Zeit aus. Nur bei einem Deutschen Frieden können wir die rumänischen Ernten, die England bereits bezahlt hat, hereinschaffen. Der Sieger ißt zuerst.

Hindenburg und Ludendorff und unsere braven Unterseeboote geben uns die Sicherheit, daß wir die Sieger sein werden.

Jeder Deutsche, der einen Deutschen Frieden will, trete uns bei *

und helfe damit beweisen, daß nicht „9/10 aller Deutschen" einen Scheidemannschen Frieden wünschen.

Das Zahlenwort ist der vorzüglichen Flugschrift „Deutschlands Zukunft bei einem guten und bei einem schlechten Frieden". J. F. Lehmanns Verlag, München (Einzelpreis 1 Mark, in Partien billiger) entnommen. Anschaffung dringend empfohlen!

Ortsgruppe:	Anmeldungen, Werbeschriften
Geschäftsstelle:	daselbst. Kein Beitragszwang.

Dieses Aufklärungs- und Werbe-Blatt ist durch die nebenstehende Geschäftsstelle jederzeit zu beziehen

Herausgegeben von [illegible] Schriftführer des Unabhängigen Ausschusses für einen Deutschen Frieden [illegible] Dresden [illegible] Druck und Verlag Lehmannsche Buchdruckerei und Verlagsbuchhandlung, Dresden

Um Weiterverbreitung dieses Blattes wird dringend gebeten. Gegebenenfalls sichtbar aufhängen.

7. Warum erscheint ein Grundstoff, der in Rumänien gefunden wird, wohl als so besonders wichtig?
8. Wie verstehst du den Satz: Wir wollen „unsere Kolonien in vergrößertem Maße wiederbekommen“?
9. Was soll offensichtlich mit der Handelsflotte des „Zehnverbandes“ (der Alliierten) geschehen?
10. Betrachte die beiden Zeichnungen unten auf dem Bild und lies den Text daneben! Wer soll also die deutschen Lasten des Krieges tragen? Wie hoch sind die deutschen Kriegsschulden inzwischen?
11. Was soll mit der rumänischen Ernte geschehen? Wer hat sie bezahlt? Wer ißt zuerst?
12. Lies die letzten Sätze unter den beiden Kästen aufmerksam! Wann mag dieses Blatt entstanden sein?
13. Fasse in einer kurzen Niederschrift alles zusammen, was du über dieses Flugblatt erarbeitet hast!
14. Nimm Stellung!

Der Frieden von Brest-Litowsk

Die Frage nach einem Siegfrieden oder einem Verständigungsfrieden wurde zuerst im Osten Europas aktuell. In Rußland war 1917 die absolute Herrschaft des Zaren zusammengebrochen, die Regierung des Reiches von den Bolschewiki übernommen worden (vgl. S. 98).

Im März 1918 schlossen die Bolschewiki nach langen Verhandlungen in Brest-Litowsk den Frieden mit Deutschland. Er wurde, trotz des Widerspruches weiter Teile des deutschen Volkes, ein deutscher „Siegfrieden“, wie ihn Ludendorff und seine Anhänger wünschten. Rußland sollte Finnland, Estland, Lettland, Litauen, Polen und die Ukraine abtreten. Sie sollten als Pfand von deutschen Truppen besetzt bleiben, bis ein allgemeiner, umfassender Friedensschluß die endgültige Regelung brachte.

Vergeblich sprach der führende Abgeordnete der SPD, Scheidemann, im Reichstag gegen solche Regelung: „Wir kämpften zur Verteidigung unseres Vaterlandes gegen den Zarismus. Wir kämpfen noch gegen die Eroberungspläne der Entente. Wir kämpfen aber sowenig für die Zerstückelung Rußlands wie für die Unterdrückung der belgischen Unabhängigkeit . . .“ Um der deutschen Regierung und Heeresleitung nicht in den Rücken zu fallen, enthielt sich die SPD als stärkste Reichstagsfraktion bei der Abstimmung über den Friedensvertrag der Stimme.

Wilsons 14 Punkte

Am 8. Januar 1918 verkündete der amerikanische Präsident *Wilson* in 14 Punkten die Grundzüge eines von ihm geplanten kommenden Friedens. Die wichtigsten Gesichtspunkte waren

a) die *Selbstbestimmung* der Völker über Form und Grenzen ihrer Staaten,
b) die allgemeine *Abrüstung* in der Welt und
c) die Gründung einer Friedensliga, eines allgemeinen *Völkerbundes,* der hinfort alle aufkommenden Streitigkeiten schlichten sollte.

Für die deutsche Regierung, für die Oberste Heeresleitung (Hindenburg und Ludendorff) und die Siegfriedensanhänger hießen seine 14 Punkte aber nur: kein „ehrenvoller“ Friede. – So ging der Kampf weiter.

Der deutsche Zusammenbruch

Die Entscheidung freilich, ob sie nicht doch einer Friedensregelung zustimmen sollte, glitt der deutschen militärischen Führung zunehmend aus den Händen. Der U-Boot-Krieg erreichte sein Ziel nicht. Der Sommer 1918 brachte das Scheitern der letzten großen deutschen Offensive in Frankreich, der Herbst den Zusammenbruch der Front gegen Italien und im Südosten Europas.

Am 29. September fand in Spa, dem Sitz des deutschen Hauptquartiers in Belgien, eine Besprechung zwischen Heeresleitung und Regierung statt. General Ludendorff berichtete: Es müßten sofort Waffenstillstandsverhandlungen angeknüpft werden, um einen Zusammenbruch aller Fronten zu vermeiden.

Auch die Führer der deutschen Parteien erfuhren jetzt – nach Siegesmeldungen bisher – zum ersten Male den ganzen Ernst der Kriegslage.

Brief Hindenburgs an den Reichskanzler Prinz Max von Baden vom 3. Oktober 1918

„Die Oberste Heeresleitung bleibt auf ihrer am Sonntag, dem 29. September d. J. gestellten Forderung der sofortigen Herausgabe des Friedensangebotes an unsere Feinde bestehen.

Infolge des Zusammenbruchs der mazedonischen Front, der dadurch notwendig gewordenen Schwächung unserer Westreserven und infolge der Unmöglichkeit, die in den Schlachten der letzten Tage eingetretenen sehr erheblichen Verluste zu ergänzen, besteht nach menschlichem Ermessen keine Aussicht mehr, dem Feinde den Frieden aufzuzwingen. Der Gegner seinerseits führt ständig neue, frische Reserven in die Schlacht.

Noch steht das deutsche Heer festgefügt und wehrt siegreich alle Angriffe ab. Die Lage verschärft sich aber täglich und kann die Oberste Heeresleitung zu schwerwiegenden Entschlüssen zwingen. Unter diesen Umständen ist es geboten, den Kampf abzubrechen, um dem deutschen Volke und seinen Verbündeten nutzlose Opfer zu ersparen. Jeder versäumte Tag kostet Tausenden von tapferen Soldaten das Leben."

gez. von Hindenburg, Generalfeldmarschall

(Nach: Ursachen und Folgen, Band II, Berlin 1959, S. 331)

Für die politische Führung des Reiches war dies eine böse Überraschung. Bisher hatte die Heeresleitung alle Fehlschläge verschleiert, denn die deutschen Truppen standen ja noch „tief in Feindesland"! So war kaum jemand auf diese sich abzeichnende Niederlage vorbereitet – weder in der Regierung noch im deutschen Volk!

Am 4. Oktober gab die Reichsregierung an die Gegner die Bitte um Waffenstillstand heraus. Sie sei bereit, auf der Grundlage von Wilsons 14 Punkten über den Frieden zu verhandeln.

Am 11. November überreichte der französische Marschall Foch, der Führer der vereinigten Ententetruppen, in einem Eisenbahnwagen mitten im Walde von Compiègne bei Paris den deutschen Unterhändlern die *Waffenstillstandsbedingungen.*

Die Bedingungen lauteten unter anderem:
Sofortige Räumung Frankreichs, Belgiens und Luxemburgs.
Räumung und Übergabe Elsaß-Lothringens innerhalb von 15 Tagen.
Aufhebung des Friedensvertrages mit Rußland.

Soldatenfriedhof des Ersten Weltkriegs in Nordfrankreich

Die Bilanz des Krieges

Das war das Ergebnis des vier Jahre währenden Kampfes: Mehr als 8 500 000 Männer aus vielen Ländern der Erde waren an den Fronten gefallen oder in den Lazaretten der Heimat gestorben, darunter 1 800 000 Deutsche, 1 700 000 Russen und 1 400 000 Franzosen. Dazu kamen die auf der Flucht oder vor Entkräftung umgekommenen Menschen – auch mehr als eine Million – und die vielen Millionen Verwundeten, die zu Krüppeln und Invaliden geworden waren.

Der Krieg hatte etwa 200 Milliarden Dollar gekostet – eine unvorstellbare Summe. Man hat ausgerechnet, daß für diese Summe jeder Familie in den kriegführenden Ländern ein neues, voll eingerichtetes Wohnhaus hätte gebaut werden können.

Insbesondere Frankreich und Belgien, aber auch Rußland und weite Gebiete des Balkans waren als Kriegsschauplätze furchtbar verwüstet worden. – Auch die Siegermächte trugen schwer an der Last des Krieges.

Arbeitsvorschläge

1. Stelle nach deinem Geschichtsatlas den Verlauf des Ersten Weltkrieges in Faustskizzen dar!
2. Vielleicht gibt es auch in deiner Familie noch Zeugnisse (Briefe, Bilder, Zeitungen) aus der Zeit des Ersten Weltkrieges. Forsche doch einmal danach!
3. Unterscheide: Waffenstillstandsabkommen – Friedensvertrag!
4. Vergleiche die Zahl der Toten des Ersten Weltkrieges mit der Einwohnerzahl deines Heimatortes, der Bundesrepublik!

Wir merken uns

Die zunehmenden Spannungen zwischen den Großmächten in Europa führten im August 1914 zum Ausbruch des Ersten Weltkrieges. Der vier Jahre dauernde Kampf wurde mit allen Mitteln der modernen Technik geführt. Blutige Höhepunkte waren die Materialschlachten im Westen (Verdun). Der Krieg forderte auch von der Zivilbevölkerung Einsatz, Opfer und große Entbehrungen.

Das Jahr 1917 brachte durch den Kriegseintritt der USA die Wende. Der Krieg endete im November 1918 mit der Niederlage Deutschlands und seiner Verbündeten.

Die Russische Revolution

2

Bolschewisten stürmen den Winterpalast in Petersburg (7. November 1917)

Vom Zarenadler zur roten Fahne

Im 19. Jahrhundert nahm Rußland unter den Staaten Europas eine Sonderstellung ein. Es war und blieb ein absolutistisch regierter Staat wie in der Zeit Peters des Großen. An seiner Spitze stand der Zar. Er knechtete das Volk mit Hilfe seiner Beamten und seiner Soldaten.
Und er duldete, daß seine Adligen ebenso verfuhren.

Im Oktober/November 1917 verschwand überall in Rußland der Zarenadler, das Symbol dieser absolutistischen Herrschaft. An seine Stelle trat die rote Fahne, das Sinnbild der kommunistischen Revolution. Wie es dazu kam, wird in diesem Teil unseres Arbeitsbuches berichtet.

Der Ursprung der Sowjetherrschaft

Rußland unter den Zaren

Die soziale Lage im Zarenreich

So setzte sich die russische Bevölkerung um 1850 zusammen (in Mill.):

Rußland (ohne Polen, Finnland, Sibirien)	50
Adlige Gutsbesitzer	0,5
Geistliche, Beamte, Kaufleute, Handwerker	4,5
Leibeigene auf staatlichen Gütern der Krone	20
Leibeigene auf adligen Gütern	25

Die Not der Bauern

Unter einer dünnen Schicht von Gutsbesitzern lebte die Masse des russischen Volkes als Bauern. Sie waren ihren Grundherren völlig ausgeliefert, *„leibeigen":* sie konnten gekauft und verkauft, verschenkt und (nach Sibirien) verbannt, gefoltert und geprügelt, ja, getötet werden. Einige Adelsherren hatten mehr als 500 000 „Seelen" zu eigen. Man ließ sie im Sommer 14–16 Stunden auf den Feldern und Höfen des Gutsherrn arbeiten, fünf, sechs und sieben Tage die Woche. Man vermietete sie, wenn möglich, im Winter an Manufakturen und Fabriken. Der Durchschnittspreis zu Anfang des 19. Jahrhunderts betrug 200 Rubel pro Leibeigenen, bei Frauen nur etwa ein Drittel davon.

Das alles hieß für den größten Teil des russischen Volkes: Rechtlosigkeit, Armut, Dahinleben ohne Hoffnung auf eine bessere Zukunft.

Verbannte Bauern auf dem Wege nach Sibirien (1888). – Unablässig wurde im 19. Jahrhundert der sibirische Riesenraum erschlossen, vor allem durch Verbannte. Die Bevölkerung Sibiriens stieg zwischen 1815 und 1915 von 0,5 auf 8 Millionen Menschen.

In Sibirien, im übrigen asiatischen Rußland und im Kaukasus aber lebten auch die vielen nichtrussischen Völker des Reiches. Das russische Großreich war, wie Österreich-Ungarn, ein Vielvölkerstaat.

Der Zar verfügte zwar 1861 die *Aufhebung der Leibeigenschaft*. Die Bauern wurden jetzt persönlich frei und erhielten auch Land zugeteilt. Aber dafür mußten sie so hohe Entschädigungen zahlen, daß die große Masse darüber verelendete. Nur eine kleine Gruppe konnte Äcker und Wiesen dazukaufen und wohlhabend werden.

Die Not der Fabrikarbeiter

Seit der Mitte des 19. Jahrhunderts gab es auch in dem Bauernland Rußland die ersten Vorboten der Industriellen Revolution. Zunächst arbeiteten, wie wir gesehen haben, Leibeigene in den Fabriken. Nach 1861 strömten dann auch viele der „befreiten" Bauern in die ersten Industriegebiete: nach Petersburg und Moskau, in das Donez-Becken und in das Ölgebiet von Baku.

Auch diese Fabrikarbeiter lebten in erbärmlichen Verhältnissen.

Die Lage der Arbeiter um 1900

„Die Lage der Lohnarbeiterklasse war in Rußland außerordentlich beklagenswert. Alle Formen brutalster Ausbeutung, wie sie in England, Frankreich, Deutschland in der ersten Hälfte des 19. Jahrhunderts beobachtet worden waren, traten nun auch in Rußland nicht minder akut auf. In den 1880er Jahren betrug die tägliche Arbeitsdauer der Textilindustrie 12¹/₂ bis 15 Stunden. Die meisten Arbeiter verdienten 7 bis 8 Rubel monatlich; die höchstbezahlten Metallarbeiter brachten es auf 35 Rubel ... Für die geringsten Fehlleistungen, Verspätungen usw. zogen die Fabrikanten vom Lohn beträchtliche Bußen ab, die sie bis zum Jahre 1886 in die eigene Tasche durften fließen lassen ... Viele Unternehmer richteten den Lohn nicht in bar aus: sie zwangen die Arbeiter, Lebensmittel oft sehr schlechter Qualität zu weit übersetzten Preisen in Gegenrechnung zu nehmen (Trucksystem). Mancherorten waren die Arbeiter gezwungen, sich für enorm hohen Zins in Häusern einzumieten, die dem Fabrikanten gehörten. Eine Fabrikgesetzgebung existierte nicht. Finanzminister Bunge verbot zwar 1882 die Beschäftigung von Kindern unter zwölf Jahren; 1885 wurde in einigen Industrien die Nachtarbeit für Frauen und für Jugendliche bis zum Alter von 17 Jahren untersagt. Diese Vorschriften wurden aber praktisch kaum eingehalten, da die Fabrikinspektion sehr mangelhaft war ... Die Wohnungsverhältnisse der Proletarier waren fatal. Nur ‚gutsituierte' Arbeiter (meistens solche aus der Metallbranche) besaßen eine Ein- oder Zweizimmerwohnung. Der größte Teil der Arbeiterfamilien bewohnte nur eine ‚Ecke', das heißt den vierten Teil eines Zimmers oder Kellerraumes. In kleinen Kammern hausten oft zehn bis zwölf Menschen. Es schliefen nicht selten drei bis fünf Personen in einem Bett. Nicht gering war die Zahl jener Proletarier, die sich Nacht für Nacht eine Schlafstelle mieteten.

Die Arbeiter besaßen weder das Koalitions- noch das Streikrecht. Arbeitsniederlegung wurde, nahezu wie Meuterei, mit Gefängnis und Deportation bestraft. Dennoch fanden in den Jahren 1878–1880 etwa dreißig aufsehenerregende Streiks statt, an denen sich zeitweise rund 35 000 Arbeiter beteiligten. Ungeachtet aller polizeilichen Verfolgungen wurden auch Arbeitervereine organisiert."

(*V. Gitermann*, Geschichte Rußlands, 3. Band, Hamburg 1949, S. 316 f.)

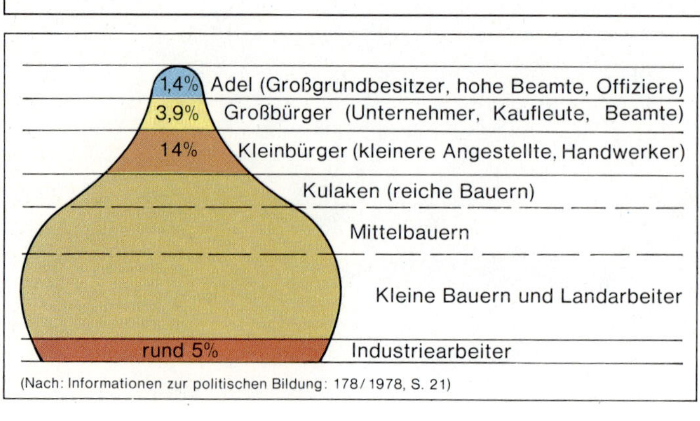

Die soziale Schichtung in Rußland um 1913.– Bis 1913 hatte sich die Zusammensetzung der Bevölkerung gegenüber 1850 verändert. Das russische Reich zählte jetzt rund 140 Millionen Einwohner, von denen etwa 120 Millionen im europäischen Rußland lebten. Errechne bitte die ungefähre Zahl der Bauern, der Industriearbeiter!

1. Sieh dir bitte die Tabelle auf S. 89 genau an:
   a) Wie ist das durchschnittliche Zahlenverhältnis zwischen adligen Gutsbesitzern und Leibeigenen auf ihren Gütern?
   b) Was kannst du über das zahlenmäßige Verhältnis von Stadt- und Landbevölkerung zu dieser Zeit erschließen?
2. Wie hat sich die soziale Schichtung bis 1913 verändert? Welches für die Landbevölkerung bedeutende Ereignis liegt dazwischen?
3. Suche die Industriegebiete Rußlands um 1900 auf der Karte S. 88! Welche Bodenschätze waren schon erschlossen? Wo lagerten sie?
4. Stelle die Lebensbedingungen der russischen Arbeiter um 1900 in einer Tabelle zusammen (Arbeitszeit, Arbeitslohn, Arbeitsbedingungen, Sicherheit am Arbeitsplatz, Frauen- und Kinderarbeit, Interessenvertretung, Wohnverhältnisse, Versorgung mit Lebensmitteln)!
5. Vergleiche diese Lebensbedingungen mit denen der englischen Arbeiter zu Beginn der Industriellen Revolution!
6. Vergleiche das Verhältnis der Stadt-Land-Bevölkerung in Rußland und in Deutschland (S. 28)! Welche Feststellung wird belegt?
7. Was weißt du über die Lage der Bauern in Frankreich, Deutschland, den USA im 19. Jahrhundert?
   Was weißt du noch über die Anfänge der Erschließung Sibiriens?

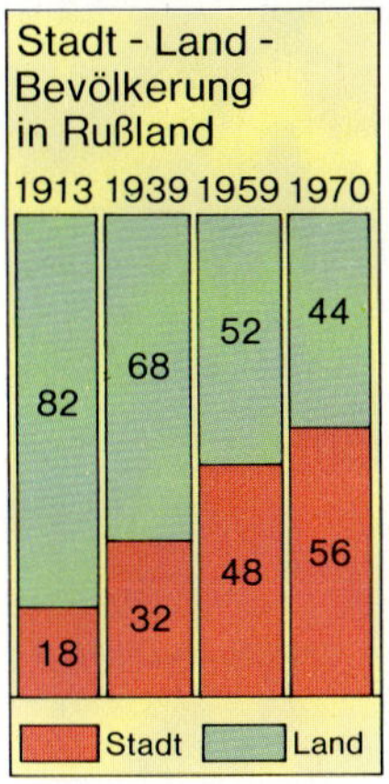

Vorboten einer Revolution

Eine Erneuerung ging zunächst vom russischen Adel aus. Junge, aufgeschlossene *Offiziere,* die den Blick nach „draußen“ hatten, faßten als erste im 19. Jahrhundert den Plan, das Land zu modernisieren und es den westeuropäischen Verhältnissen anzunähern.

Die „Volksfreunde“

Ihnen folgten nach 1860 bürgerliche *Studenten.* Es muß in unserem Vaterland anders werden, sagten sie. Und da der Zar und die herrschenden Kreise jede Reform ablehnten und unterdrückten, griffen sie zu Verschwörung und Gewalt.

„Land und Freiheit!“ hieß ihre Parole – Land für die Bauern durch Aufteilung des gesamten Großgrundbesitzes; Freiheit für das ganze Volk! Sie gingen auf die Dörfer, um die Bauern über die Ursachen ihrer Not aufzuklären und um das Volk zur Erhebung aufzurufen.

Diese jungen Menschen waren zum letzten entschlossen. Kinder der vornehmsten Familien brachen mit ihren Eltern, um dieser Aufgabe zu dienen. Söhne und Töchter von hohen Beamten und Offizieren schleuderten Bomben auf Minister, Generäle und die Familie des Zaren. Reihenweise standen sie vor Gericht, wurden ausgepeitscht und an den Galgen gehängt. Reihenweise wurden sie nach Sibirien in die Verbannung geschickt.

Im März 1881 fiel Zar Alexander II. dem lange vorbereiteten Bombenanschlag einiger „Volksfreunde“, wie sie genannt wurden, zum Opfer. Aber der Umsturz, zu dem die jungen Leute das Zeichen geben wollten, erfolgte nicht. Es bedurfte noch langer, schwerer Erschütterungen, bevor die absolutistische Herrschaft des Zaren fiel. Es waren das vor allem zwei Kriege, die der Zar (Nikolaus II.) verlor: der *Russisch-Japanische Krieg* 1904–05 und der *Erste Weltkrieg.*

22. Januar 1905: Petersburger Arbeiter auf dem Marsch zum Palast des Zaren. Sie tragen Bilder der Zarenfamilie und die blau-weiß-roten Fahnen Rußlands.

Der „Blutsonntag von Petersburg"

Im Krieg 1904–05 geriet die russische Wirtschaft in Unordnung. Die Versorgung der Städte mit Lebensmitteln versagte, und die Unzufriedenheit unter der Bevölkerung wuchs. In Petersburg streikten die Arbeiter und zogen schließlich zum Palast des Zaren, um eine Bittschrift zur Verbesserung ihrer wirtschaftlichen und sozialen Lage zu überreichen.

Als sie auf dem Platz vor dem Palast zusammenströmten, schossen die zaristischen Soldaten in die Menschenmenge. 1000 Menschen – Frauen, Kinder und Arbeiter – wurden getötet, etwa 2000 verwundet.

Nach diesem „Blutsonntag von Petersburg" kam Rußland nicht mehr zur Ruhe. Die Regierung machte jetzt zwar schrittweise Zugeständnisse – so gestattete sie 1906 zum Beispiel die *Einrichtung eines Parlaments* mit geringfügigen Rechten –, doch das Grollen im Volk ließ sich nicht wieder beschwichtigen.

Das Ende der Zarenherrschaft

Erinnern wir uns: Das zaristische Rußland gehörte zu den Staaten, die sich zum Kampf gegen die Mittelmächte verbündet hatten. Als 1917 eine allgemeine Kriegsmüdigkeit die Völker Europas ergriff, waren die Friedensrufe in Rußland am lautesten. Millionen russischer Männer waren gefallen, die deutschen Armeen bis tief ins Land vorgedrungen. In den Städten hungerten die Menschen. In großen Umzügen forderten sie den Frieden.

▷

Zar Nikolaus II. und Zarin Alexandra im Krönungsornat. Mit ihnen ging die Zarenherrschaft in Rußland 1917 zu Ende.

Schließlich gehorchten im März 1917 auch die Soldaten nicht mehr. Als ihnen wieder einmal befohlen wurde, auf streikende Petersburger Rüstungsarbeiter zu schießen, erschossen sie statt dessen ihre eigenen Offiziere. Arbeiter und Soldaten verbündeten sich, stürmten Waffenlager und besetzten öffentliche Gebäude. Die Beamten des Staates verkrochen sich. Wenige Tage später dankte der Zar ab.

Die jahrhundertelange Zarenherrschaft war beendet.

„Gesellschaftspyramide des Zarenreichs. – Auf diesem Flugblatt, das um 1900 entstanden ist, sind Herrscher und Beherrschte im zaristischen Rußland dargestellt. Analysiere die einzelnen Schichten der Pyramide! Von wem wird sie getragen? (Das Spruchband auf der Fahne lautet: „Wir arbeiten für Euch, wir ernähren Euch.“) Welche Herrschaftsgruppen werden symbolisch dargestellt? Wie unterscheidet sich diese „Gesellschaftspyramide“ von dem Schaubild der sozialen Schichtung S. 90?

Lenin und der „Rote Oktober“

Die Provisorische Regierung

In dieser Situation bildeten die Abgeordneten des Parlaments aus ihren Reihen eine neue Regierung: die *Provisorische Regierung*. Es waren – wie auch die Mehrheit der Parlamentsmitglieder – sämtlich wohlhabende Bürger: Fabrikherren, Journalisten, Rechtsanwälte, Bankbesitzer. Sie wollten den Krieg gegen Deutschland weiterführen, weil sie glaubten, ihr Vaterland bis zu einem siegreichen Ende verteidigen zu müssen.

Dagegen revoltierten die Arbeiter und Soldaten. Hatten sie dafür die verhaßte Zarenherrschaft gestürzt, um nun doch weiterkämpfen zu müssen? Überall wählten sie jetzt aus ihren eigenen Reihen Vertreter (Deputierte), deren Zusammenschlüsse sie „*Sowjets*“ (Räte) nannten. Diese Sowjets stellten sich offen gegen die Provisorische Regierung.

Jetzt war die große Stunde eines Mannes gekommen, den bisher nur wenige kannten: Wladimir Iljitsch Uljanow – mit dem Decknamen *Lenin*.

1. Ordne die Vorgänge in Rußland in das Gesamtgeschehen des Ersten Weltkriegs ein! Arbeite Gleichzeitigkeiten heraus, indem du eine Tabelle anlegst!
2. Eine der Parolen Lenins war: „Alle Macht den Räten!“ Welches Ziel verfolgte er mit dieser Forderung?

Abstimmung in einem Petersburger Sowjet 1917. Solche Aufnahmen sind sehr selten.

Lenin und die Bolschewiki

Lenin, 1870 geboren, war der Sohn eines Schulrats in einer kleinen Stadt an der Wolga. Schon als Schüler las er die Schriften von *Karl Marx* und wurde sein leidenschaftlicher Anhänger. Er studierte Jura und ließ sich 1893 als Rechtsanwalt in Petersburg nieder. Aber diesen Beruf übte er kaum aus; Lenin wurde *Berufsrevolutionär.*

Er war nicht bereit, den von Marx verkündeten Verlauf der Geschichte abzuwarten; zu warten, bis das „Proletariat" eines Tages *von sich aus* alle Produktionsmittel in den Besitz der Allgemeinheit überführen würde. Er wollte Geschichte *machen:* eine *sozialistische Revolution herbeizwingen.*

Bei der Masse der russischen Arbeiter glaubte er, nur wenig Begeisterung für einen solchen *radikalen* Umsturz zu finden. Zudem hinkte Rußland hinter der industriellen Entwicklung Westeuropas her, war also die Zahl der Arbeiter um 1900, wie wir wissen, verhältnismäßig klein.

Jugendbildnis Lenins (1870–1924)

Um eine solche Revolution herbeizuzwingen, bedurfte es einer Schar entschlossener, unbedingt zuverlässiger Revolutionäre. Sie mußten sich in einer zahlenmäßig kleinen, aber straff organisierten Partei zusammenfinden, die bedingungslos gehorchte. Diese Minderheit aber mußte für die Mehrheit des Proletariats handeln, die *„Diktatur des Proletariats"* für sie errichten.

Lenin war fanatisch besessen von der Wahrheit und Richtigkeit seiner Überzeugungen. Rücksichtslos setzte er sich durch. Wer nicht für ihn war, war sein Feind, mußte bekämpft werden.

Schon 1895 schlossen sich in Petersburg unter seiner Führung verschiedene marxistische Gruppen zu einem *Kampfbund zur Befreiung der Arbeiterklasse* zusammen; 1898 erfolgte die Gründung der *Russischen Sozialdemokratischen Partei* in Minsk. Zu dieser Zeit war Lenin in der Verbannung, aber auch aus Sibirien kamen seine Weisungen, behielt er seinen Einfluß.

Aus der Verbannung zurück, verließ er 1900 Rußland und lebte von nun an fast ständig im Exil. Hier schrieb er seine Bücher und Zeitungen, die nach Rußland geschmuggelt wurden und seine Lehre verbreiteten.

In London versammelten sich 1903 insgesamt 43 Delegierte zum zweiten Parteitag der Russischen Sozialdemokratischen Partei. Vor allem Lenins Auffassung über die Parteistruktur stieß auf erbitterte Ablehnung. Trotzki, sein damaliger Gegenspieler und späterer Kampfgefährte, fürchtete, daß Lenin eine „Diktatur *über* das Proletariat" anstrebte.

So kam es zur Spaltung der Partei. Nach einer zufälligen Abstimmungsmehrheit nannte sich die Gruppe um Lenin hinfort *Bolschewiki* (Mehrheitsgruppe), während die anderen die Bezeichnung *Menschewiki* (Minderheitsgruppe) hinnahmen. – Die Bolschewiki blieben bis 1917 eine Partei mit wenigen Mitgliedern und nur geringem Einfluß.

Im März 1917, als die Zeitungen von den Ereignissen in Petersburg und dem Ende der Zarenherrschaft berichteten, lebte Lenin in der neutralen Schweiz. Diese „bürgerliche" Regierung aber war alles andere als das, was er und seine Freunde erreichen wollten!

„Lenin raste", wie Trotzki schrieb, „in seinem Züricher Käfig, einen Ausweg suchend umher." Wie kam er heraus aus der Schweiz, um die herum überall der Krieg tobte? Wie kam er zurück nach Petersburg? Schließlich ging er zur Deutschen Botschaft in Bern und erbat für sich und seine Freunde eine Genehmigung zur Durchreise, um auf dem Wege über Stockholm seine Heimat zu erreichen.

Die deutsche Regierung genehmigte diesen Antrag! Und so rollte mitten im Krieg ein Sonderzug mit verhängten Fenstern durch Deutschland, mit 33 Russen besetzt.

Arbeitsvorschlag

Im Verständnis von Marx ist das *Proletariat* die Klasse der Industriearbeiter, die nichts besitzt als ihre Arbeitskraft, die sie gegen Lohn an die Kapitalisten verkauft. Achte bitte im folgenden darauf, mit welcher Klasse sich nach Lenins Vorstellungen das Industrieproletariat verbünden sollte!

Lenins Rückkehr nach Petersburg

Im April 1917 kam Lenin, von Schweden aus, in Petersburg an. Der Bahnhofsplatz und die angrenzenden Straßen waren mit Tausenden von Menschen gefüllt. Lenin kletterte auf ein Panzerauto und rief der versammelten Menge zu: „Es lebe die sozialistische Weltrevolution!"

Denn das, was in den letzten acht Wochen in Rußland geschehen war, erschien ihm nur als Vorspiel, als der „bürgerliche Auftakt" zur eigentlichen Musik, die er nun spielen würde: *Zur revolutionären Umgestaltung Rußlands und später der ganzen Welt,* im Sinne seiner Lehre und der von Marx.

Aus Lenins Programmrede vom 17. April 1917 („April-Thesen")

„1. In unserer Stellung zum Krieg, der auch unter der neuen Regierung ein räuberischer, imperialistischer Krieg bleibt, sind auch *die geringsten Zugeständnisse an die ‚revolutionäre Vaterlandsverteidigung‘* unzulässig.

2. Die gegenwärtige Lage in Rußland besteht im Übergang von der *ersten Etappe der Revolution,* in der das Besitzbürgertum auf Grund eines ungenügend entwickelten Klassenbewußtseins und der ungenügenden Organisiertheit des Proletariats die Macht gewonnen hat, zur *zweiten Etappe der Revolution,* die die Macht in die Hände des Proletariats und der ärmsten Schichten der Bauernschaft legen muß.

3. Keinerlei Unterstützung der Provisorischen Regierung.

4. Aufklärung der Massen darüber, daß die Sowjets der Arbeiterdeputierten die einzig mögliche Form der revolutionären Regierung sind.

5. Keine parlamentarische Republik – von den Sowjets der Arbeiterdeputierten zu dieser zurückzukehren, wäre ein Schritt rückwärts. Wir brauchen eine *Republik der Sowjets der Arbeiter-, Landarbeiter- und Bauerndeputierten* im ganzen Lande, von unten bis oben.

6. Beschlagnahme der gesamten Ländereien der Gutsbesitzer. *Nationalisierung des gesamten Bodens im Lande.* Die Verfügungsgewalt über den Boden steht den örtlichen Sowjets der Landarbeiter- und Bauerndeputierten zu. Schaffung besonderer Sowjets von Deputierten der armen Bauern. Errichtung von Musterwirtschaften aus allen großen Gütern."

(Nach: *H. J. Lieber/K.-H. Ruffmann,* Der Sowjetkommunismus, Dokumente Band I, Köln 1963, S. 130 ff. – Stark gekürzt)

Arbeitsvorschläge

1. Stelle die Entstehung der Partei der Bolschewiki in einem Schaubild dar!
2. Überlege bitte, aus welchen Gründen die deutsche Reichsregierung Lenin die Rückkehr nach Rußland ermöglicht haben mag!
3. Warum spielt Petersburg 1917 eine so bedeutende Rolle?
4. Arbeite bitte die „April-Thesen" durch:
   These 1: Welche Haltung nimmt Lenin in der Frage einer Weiterführung des Krieges ein? Welche Wirkung konnte er sich davon versprechen?
   These 2: Wie charakterisiert er die erste Etappe der Revolution? In wessen Hände soll die Macht in der zweiten Etappe fallen? (Welche Gruppe stellt er also gleichberechtigt neben das Proletariat?)
   These 3: Welches ist nach Lenin die einzig mögliche Form einer revolutionären Regierung?
   These 4: Welches politische System lehnt Lenin ab? (Vgl. hierzu das Schaubild S. 112!) – Wer soll sich außer den Industriearbeitern in „Sowjets" zusammenschließen?
   These 5: Was soll mit den enteigneten Ländereien geschehen?
5. Stelle alle Textstellen zusammen, die auf Lenins Ziel verweisen, einen *Arbeiter- und Bauernstaat* zu errichten!

Der „Rote Oktober“

Planmäßig durchsetzte Lenin jetzt in Petersburg den „Sowjet“, den Arbeiter- und Soldatenrat, mit seinen Anhängern. Immer heftiger kämpfte er mit seiner Hilfe gegen die Provisorische Regierung. Er versprach, den Krieg zu beenden, *und er versprach vor allem den Bauern das von ihnen bewirtschaftete Land als Besitz* – entgegen seinen April-Thesen! So wurde die Zahl seiner Gefolgsleute und Anhänger immer größer.

Am 7. November 1917 (der damalige russische Kalender zeigte den 25. Oktober) besetzten die ihm ergebenen Soldaten alle wichtigen Straßenzüge in Petersburg. Der Winterpalast des Zaren, Sitz der Provisorischen Regierung, wurde umstellt und mit Geschützen beschossen. Nach Mitternacht stürmten die Soldaten den Palast. Die Minister wurden verhaftet. Nach wenigen Tagen war die Herrschaft in Rußland weitgehend in der Hand der Bolschewiki. Mit dem „Roten Oktober“ hatte Lenin *seine* Revolution eingeleitet.

Die siegreichen Bolschewiki bildeten eine neue Regierung. Freilich, „Minister“ sollte es nicht mehr geben – sie nannten sich *„Rat der Volksbeauftragten“*. Ihr Vorsitzender war Lenin. – Als erste Maßnahmen wurden die russischen Gutsbesitzer entschädigungslos enteignet und der Grund und Boden an die kleinen Bauern verteilt; Trotzki reiste im Auftrag des „Rates der Volksbeauftragten“ nach Brest-Litowsk, um mit den Deutschen über einen Friedensvertrag zu verhandeln.

Arbeitsvorschläge

1. Mache in einem Schaubild deutlich: „Von der Zarenregierung zum Rat der Volksbeauftragten!“
2. Stelle noch einmal heraus: Welche Forderungen hatte das russische Volk 1917 erhoben? Wie hatte sich die Provisorische Regierung dazu gestellt, wie Lenin?
3. Lies noch einmal auf S. 84 nach, welche Friedensbedingungen dem bolschewistischen Rußland in Brest-Litowsk gestellt wurden! Was haben die Bolschewiki mit dem Friedensschluß erreicht, was die deutsche Reichsregierung?

Lenin spricht vor revolutionären Arbeitern und Soldaten (1920). An der Rednertribüne rechts lehnt Trotzki.

4. Die Landverteilung an die armen Bauern war ein taktisches Manöver Lenins. Mit welchem Ziel? – Lies bitte auf S. 255 f. nach, welche Politik in der heutigen DDR nach 1945 gegenüber den Bauern angewandt wurde!

5. Die Erstürmung des Winterpalasts hat in der Geschichte Sowjetrußlands eine ähnliche symbolische Bedeutung wie die Erstürmung der Bastille 1789. – Vergleiche bitte das Bild auf S. 87 mit dem Bild auf S. 15!

Die Verteidigung der Revolution

Lenins Revolution war eingeleitet, gewonnen war sie noch nicht. Auf drei Seiten erhoben sich sofort die *Gegner der Revolution.*

Leo Trotzki, Organisator der Roten Armee

1. Die Alliierten wollten das Ausscheiden ihres großen Bundesgenossen aus dem Kriege nicht dulden und die Revolution rückgängig machen. So rückten sie ihrerseits in das Riesenreich ein. Vor allem von Osten her, von Wladiwostok aus, drangen sie tief in Sibirien vor.

2. Dazu kamen die Gegner des neuen Regimes, die Generäle, die Grundbesitzer, die bürgerlichen Schichten, die jetzt in dem Umsturz enteignet und entrechtet wurden.

3. Dazu kamen die *Freiheitsbestrebungen* der westlichen Völker des Reiches, der Polen, Litauer, Letten, Esten, Finnen sowie der Ukrainer, die jetzt die erwünschte Gelegenheit sahen, von dem verhaßten Rußland loszukommen. Hatte nicht der amerikanische Präsident *Wilson* als neue Parole das Selbstbestimmungsrecht aller Völker verkündet?

Dazu kamen aber auch viele Millionen russischer Arbeiter und Bauern, die gegen diese alleinige Parteiherrschaft der Bolschewiki waren.

Ein fürchterlicher Bürgerkrieg entbrannte und tobte fast drei Jahre lang (1918–20). Er hat etwa fünf Millionen Menschen das Leben gekostet. Aber mit grausamer Härte setzten sich Lenin und die Bolschewiki gegen ihre Gegner durch. Nur die Freiheitsbestrebungen der meisten westlichen Völker des Zarenreiches waren erfolgreich.

In diesem Bürgerkrieg entstand die „Rote Armee“, die neue Wehrmacht der Sowjetunion. Ihr Aufbau war vor allem Trotzkis Verdienst.

Terror und Gewalt

Nach dem Sieg ihrer Revolution nannten sich die Bolschewiki *Kommunistische Partei der Sowjetunion* (KPdSU). „Sowjetunion“ war der neue Name Rußlands (genau: „Union der Sozialistischen Sowjet-Republiken“, UdSSR) und Moskau, die alte Hauptstadt, der Regierungssitz.

Auch nach Beendigung des Bürgerkrieges begegnete der neue Staatsführer allen Widerständen mit Terror und Gewalt.

Wie in der Zeit des Zaren bespitzelte und terrorisierte eine *Geheimpolizei* die Russen. Verfolgt wurde jeder, der von der „Parteilinie“ abwich, die Lenin vorschrieb.

Das Lenin-Mausoleum vor dem Kreml auf dem Roten Platz in Moskau

Die Sozialisierung

In ganz Rußland wurde nunmehr die *Sozialisierung* durchgeführt: die „Überführung des Privateigentums an Produktionsmitteln in das Volkseigentum". Industrielle und handwerkliche Betriebe, Bergwerke und Banken, Transport- und Handelsunternehmen wurden enteignet, überall „Sowjets" als Träger der neuen Herrschaft eingesetzt. Sie vollzogen die Weisungen des „Rates der Volksbeauftragten" in Moskau.

Auch der gesamte Grund und Boden, das eben erst gewonnene Eigentum der kleinen Bauern, wurde zum „Volkseigentum" erklärt. Die Regierung ließ die Ernte so rücksichtslos beschlagnahmen, daß den Bauern kaum das Notwendigste zum Leben blieb.

Ein Aufruf zur Hilfe für die verhungernden Bauern des Wolgagebietes (Plakat aus dem Jahre 1921)

Kompromißlos führte Lenin diese Maßnahmen durch. In den Jahren 1921 und 1922 aber brach als Folge von Krieg, Zwangseintreibung und Mißernte eine große *Hungersnot* aus. Sie zwang den Staatsführer, die Sozialisierung etwas zu stoppen.

Mit der „neuen Wirtschaftspolitik" (NEP) wurde den Bauern erlaubt, gewisse Überschüsse nicht mehr abzuliefern, sondern für den eigenen Vorteil zu verkaufen. Das gab der tief darniederliegenden Landwirtschaft einigen Auftrieb. Langsam führte der Weg des russischen Volkes wieder bergan.

Aber mitten in der Arbeit starb Lenin, knapp 54 Jahre alt. Sein Grabmal ist heute noch ein Wallfahrtsort für Millionen Menschen. Ihm zu Ehren benannte man Petersburg, seit Peter dem Großen die Hauptstadt des Zarenreiches, in „Leningrad" um.

Wir merken uns

Das zaristische Rußland war im wesentlichen ein Bauernland. Der Zusammenbruch dieser absolutistischen Herrschaft erfolgte während des Ersten Weltkrieges.

Auf den Trümmern des Zarenreichs errichtete Lenin (1870–1924) mit Terror und Gewalt die Herrschaft der Bolschewiki („Oktober-Revolution" 1917). Gegen vielfachen Widerstand von innen und außen verteidigte er die Revolution und leitete die Umwandlung Rußlands in eine sozialistische Republik ein (UdSSR).

Die Sowjetunion nach Lenins Tod

Der Stalinismus

Der Nachfolger Lenins

In Rußland diktierte nun die bolschewistische Partei, herrschten die Sowjets. Aber wer würde unter den Kampfgenossen Lenins die Nachfolge antreten? Die fähigsten unter ihnen waren *Leo Trotzki* und *Josef* Dschugaschwili, genannt *Stalin*.

Stalin stammte aus ärmlichsten Verhältnissen. Er war der Sohn eines kleinstädtischen Schusters in Tiflis und sollte zunächst Priester werden. Wegen seiner sozialistischen Einstellung geriet er, wie Lenin, früh in Konflikt mit den zaristischen Behörden und brachte insgesamt fast sieben Jahre in Gefängnissen, in der sibirischen Verbannung oder auf der Flucht zu.

Nach Lenins Tod gelang es ihm mehr und mehr, die Oberhand in der Partei und in der Staatsführung zu gewinnen. Vor allem drängte er seinen Nebenbuhler aus seinen Ämtern hinaus. Im Januar 1929 erreichte er dessen Ausweisung und Verbannung aus Rußland. (Trotzki wurde schließlich 1940 in Mexiko ermordet.)

Die Gewaltherrschaft

Auch alle anderen Mitglieder der ersten Sowjetregierung beseitigte er, zum Teil durch große „Schauprozesse". So stieg er schließlich zum Alleinherrscher in der Sowjetunion auf. Kein Zar war so mächtig und gefürchtet gewesen wie er. Unter ihm erreichten der Terror und die diktatorische Gewalt von Partei und Staat über den einzelnen Bürger ihren schrecklichen Höhepunkt. Allein zwischen 1936 und 1938 wanderten mindestens 8 Millionen sowjetische Bürger – Angehörige aller Berufe, aller politischen Richtungen – in die Untersuchungsgefängnisse und die sibirischen Straflager der Geheimpolizei.

29 Jahre lang, bis zu seinem Tode 1953, lastete die Gewaltherrschaft Stalins schwer auf dem russischen Volk.

Stalin (1879–1953, rechts im Bild) bald nach Lenins Tod

Der russische Schriftsteller Alexander Solschenizyn (geb. 1918) war selbst als Häftling in einem der sibirischen Straflager Stalins. In seiner Erzählung „Ein Tag im Leben des Iwan Denissowitsch" hat er seine Erlebnisse verarbeitet. Er schildert den Tageslauf des Sträflings Iwan Denissowitsch Schuchow mit der Lagernummer S-854, hier den Ausmarsch zur Baustelle und eine Arbeitspause.

„Hier, hinter dem Lager, biß der Frost bei dem sich versteifenden Wind kräftig in Schuchows an alles gewöhntes Gesicht. Da ihm geschwant hatte, daß es einem auf dem ganzen Weg zum Kraftwerk ins Gesicht pfeifen würde, zog er das Läppchen über. Diesen Lappen trug er – wie auch viele andere – für den Fall bei sich, daß es windig wurde. Die Sträflinge hatten erprobt, daß ein solcher Lappen hilft. Schuchow umhüllte das Gesicht bis zu den Augen, führte die Streifen unter den Ohren durch und band sie am Nacken fest. Dann bedeckte er den Nacken mit dem Umschlag der Mütze und krempelte den Kragen der Wattejacke hoch. Außerdem zog er noch die vordere Klappe der ollen Mütze in die Stirn. Und so blieben nur noch seine Augen unbedeckt. Die Wattejacke zog er mit einem dünnen Strick fest an. Jetzt ist alles in Ordnung, aber die Fäustlinge taugen nichts, die Hände sind bereits erstarrt. Er rieb sie aneinander und schlug sie sich um den Körper, weil er wußte, daß man sie gleich auf den Rücken nehmen und sie den ganzen Marsch über dort behalten mußte.

Der Begleitkommandoführer leierte das tägliche Häftlings-‚Gebet' herunter, das allen zum Hals heraushing: ‚Achtung, Strafgefangene! Während des Marsches ist in der Kolonne auf Ordnung zu achten! Keine zu großen Abstände, nicht zu nahe aufrücken, nicht von einer Fünferreihe zur anderen überwechseln, sich nicht unterhalten, nicht zur Seite blicken, Hände stets auf dem Rücken! Ein Schritt nach links oder rechts gilt als Fluchtversuch; die Wachmannschaft eröffnet ohne Warnung das Feuer! Kolonnenführer, marsch!'

Und, wie's sein mußte, marschierten zwei Begleitposten die Straße voraus. Die Marschkolonne schaukelte vorwärts, mit den Schultern auf und ab wippend, während die Begleitposten rechts und links im Abstand von etwa zwanzig Schritt von der Kolonne, gegenseitig etwa zehn Schritt Abstand haltend, marschierten, die Maschinenpistolen im Anschlag. Schon eine Woche hatte es nicht geschneit, der Weg war fest ausgetreten. Sie bogen um das Lager, und der Wind pfiff ihnen jetzt von der Seite ins Gesicht. Die Hände auf den Rücken verschränkt, die Köpfe gesenkt, marschierte die Kolonne wie zur Beerdigung. Zu sehen bekam man die Beine von zwei, drei Vordermännern und noch ein Fleckchen festgetrampelten Bodens, wohin man seine Füße setzte. Dann und wann schrie ein Posten laut:

‚Ju-Achtundvierzig! Hände auf den Rücken!', ‚B-Zweiundfünfzig! Aufrichten!' Dann werden die Schreie seltener, denn der Wind zwackte auch die Posten und behinderte die Sicht. Ihnen war es nicht erlaubt, Lappen umzubinden. Auch kein angenehmer Dienst . . .

. . .

Mit dem Hinterteil seiner bereits überall durchgesessenen Wattehose richtete sich Schuchow auf der Kante einer Verschalung ein und lehnt den Rücken an die Wand. Als er ein wenig abrutscht, spannen sich Wattejacke und Weste und er spürt, wie ihn irgend etwas Hartes an der linken Brustseite, am Herzen, drückt. Dieses Harte ist die Ecke des Brotkantens, der halben Morgenportion im Innentäschchen, die er sich für den Mittag mitnahm. Es war immer die gleiche Menge, die er zur Arbeit mitnahm, ohne sich vor Mittag daran zu vergreifen . . . Jetzt packte ihn die Gier, die Portion hier . . . auf der Stelle zu verzehren. Bis zum Mittag waren es noch fünf lange Stunden.

Schuchow legte die Fäustlinge auf die Knie, knöpfte die Jacke auf, band seinen vereisten Gesichtsschutz vom Nacken los, knickte ihn ein paarmal und steckte ihn in die Tasche. Dann zog er den armseligen Brotkanten aus dem weißen Lappen hervor und begann, das Läppchen im Brusttäschchen haltend, damit kein Krümelchen neben den Lappen falle, kleine Bissen abzubeißen und ganz langsam zu kauen. Er hatte das Brot unter zwei Kleidungsstücken getragen, es mit seinem eigenen Körper gewärmt, und so war es nicht gefroren.

In den Lagern hatte Schuchow so manches Mal daran gedacht, wie man früher im Dorf gegessen hatte: Kartoffeln – ganze Bratpfannen voll; Brei – Eisentöpfe voll, und noch früher Fleisch – anständige Batzen. Sich obendrein mit Milch vollgepumpt – mochte der Bauch ruhig platzen. In den Lagern hatte Schuchow begriffen, daß man es so nicht hätte tun sollen. Essen muß man so, daß die Gedanken ausschließlich beim Essen sind. Gerade so, wie du jetzt diese kleinen Bissen abbeißt, sie mit der Zunge ausquetschst und in den Backen aussaugst, und wie duftig dir dann dieses schwarze, nasse Brot erscheint. Das Schuchow nun [1951] schon acht Jahre ißt . . ." (München 1969, S. 47 ff.).

Die Formung des Sowjetmenschen

Stalin regierte nicht allein durch Terror und Gewalt. Mit großem Geschick brachte er es dahin, daß auch viele Russen ihn fast so wie Lenin verehrten.

In unablässiger *Propaganda* wurde ihnen das Bild vom treusorgenden „Väterchen Stalin" eingehämmert: auf riesigen Spruchbändern an Häuserfronten und Wänden, bei Aufmärschen und Versammlungen, durch Kino, Theater, Rundfunk, Zeitungen, Illustrierte und Bücher, durch Schulungen und Aufklärungsvorträge, im Unterricht der Schulen, Betriebe und Verbände. Sorgfältig wurde alles abgeschirmt, was diese Arbeit stören konnte. Ein *„Eiserner Vorhang"* senkte sich zwischen die Menschen der Sowjetunion und die übrige Welt.

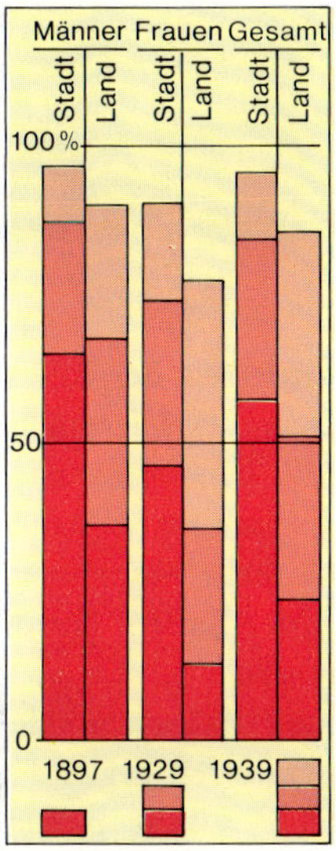

Schreib-Lesekundige in Prozenten zur Gesamtbevölkerung. – Heute gibt es in der Sowjetunion praktisch keine Analphabeten mehr.

Erziehung und Volksbildung bekamen jetzt eine ganz neue Bedeutung. Unter dem letzten Zaren hatte die größere Zahl der Russen nicht lesen und schreiben können. Jetzt besuchten *alle Kinder die Schule,* und der Besuch der höheren Schule und der Universität war nicht mehr abhängig vom Geldbeutel des Vaters, sondern von der Intelligenz, dem Eifer – und der Einsatzbereitschaft des jungen Menschen für die Partei.

Nur durch eine breite Volksbildung konnte Stalin auch einen fähigen Nachwuchs heranziehen: vor allem *Facharbeiter und Techniker,* um die Industrialisierung des Landes voranzutreiben, und *„Funktionäre"*, die bedingungslos und gehorsam die Befehle der Partei ausführten.

So erreichte Stalin die umfassende Macht der Partei – und das war letztlich seine eigene Macht – über alle Bereiche des Lebens. Diese umfassende Diktatur der Partei bzw. der Parteiführung bezeichnen wir als Stalinismus.

Als 1945 ein Teil Deutschlands unter stalinistische Herrschaft kam, wurde der „Stalin-Kult" auch hier zur Pflicht. – Bei einem großen Aufmarsch trägt die „Freie Deutsche Jugend" Fahnen mit seinem Bild.

Bäuerinnen und Bauern gründen „freiwillig“ einen Kolchos. Beachte ihre Gesichter. – Stelle in einem Schaubild dar: Vom Leibeigenen zum Kolchosbauern! – Weise durch die „April-Thesen“ nach, daß Stalin nur die ursprünglichen Absichten Lenins in die Tat umsetzte!

Kollektivierung und Industrialisierung

Die Kollektivierung der Landwirtschaft

Der sozialisierte Grund und Boden Rußlands wurde seit der Revolution durch etwa 25 Millionen Bauernhöfe bewirtschaftet. Diese selbständigen Bauernwirtschaften ließ Stalin seit 1927 nach und nach zerschlagen und an ihrer Stelle *Kolchosen* errichten. Das waren landwirtschaftliche Großbetriebe, von denen aus die nunmehr zusammengeschlossenen Felder bestellt wurden. Auch das Vieh der Bauern wurde in den großen Stallungen der Kolchosen zusammengefaßt.

So sollten aus den gerade selbständig gewordenen Bauern wieder abhängige Landarbeiter werden. Sie wehrten sich verzweifelt gegen das ihnen zugedachte Schicksal. Hunderttausende mußten dafür büßen, indem sie zwangsweise nach Sibirien umgesiedelt wurden, wo die meisten von ihnen umkamen. Die übrigen traten schließlich „freiwillig“ in die Kolchosen ein. Bis 1937 war die zwangsweise Kollektivierung der Landwirtschaft praktisch abgeschlossen.

Der Musterkolchos „Lenin“ in unserer Gegenwart (an der unteren Wolga, vgl. die Karte S. 88)

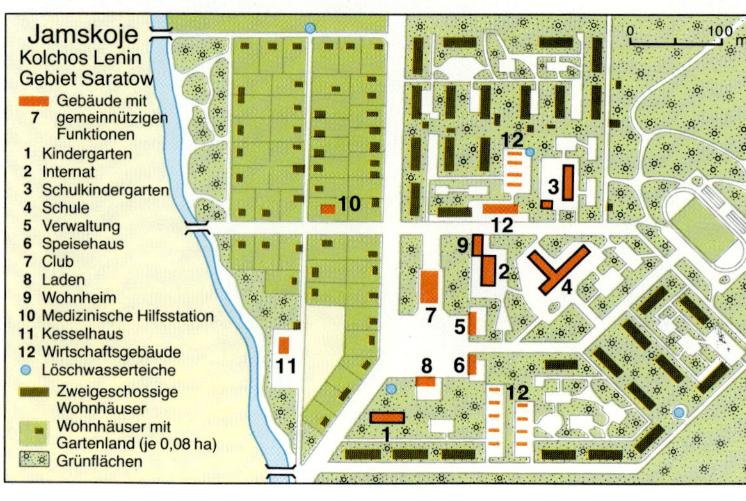

Traktorenwerk in Stalingrad (heute Wolgograd)

Der Aufbau der Industrie

Lenin auf dem 8. Gesamtrussischen Sowjetkongreß 1920

„Kommunismus – das ist Sowjetmacht plus Elektrifizierung des ganzen Landes. Sonst wird das Land ein kleinbäuerliches Land bleiben, und das müssen wir klar erkennen. Wir sind schwächer als der Kapitalismus, nicht nur im Weltmaßstab, sondern auch im Innern unseres Landes ... Wir werden es dahin bringen, daß die wirtschaftliche Grundlage aus einer kleinbäuerlichen zu einer großindustriellen wird. Erst dann, wenn das Land elektrifiziert ist, wenn die Industrie, die Landwirtschaft und das Verkehrswesen eine moderne großindustrielle technische Grundlage erhalten, erst dann werden wir endgültig gesiegt haben."

(Nach: *H. Raupach*, Geschichte der Sowjetwirtschaft, Hamburg 1964, S. 177)

Karikatur aus einem sowjetischen Schulbuch. Die Unterschrift lautet: „Das sozialistische Pferd und der kapitalistische Klepper".

Die westliche, kapitalistische Welt, Westeuropa und Nordamerika, waren hochindustrialisiert. Darin lag ihre Kraft und Stärke, dadurch beherrschten sie bisher die Welt. Nun galt es, ihren Vorsprung einzuholen, ihre Leistungen zu überholen. „Elektrifizierung", das hieß: Industrialisierung, Technisierung, Maschinisierung.

Aber durch Bürgerkrieg, Hungersnot, den unablässigen Kampf im Innern hatte Lenin nicht Zeit gefunden, der sozialistischen Revolution in Rußland die Industrielle Revolution folgen zu lassen. Sie wurde das Werk Stalins.

Was in Westeuropa in jahrhundertelanger Entwicklung gewachsen war, was sich in den USA in einem Jahrhundert vollzogen hatte, das sollte jetzt in Rußland in wenigen Jahren nachgeholt und übertroffen werden.

Arbeitsvorschlag

Überlege bitte: Vor welchen konkreten Aufgaben stand das sowjetische Großreich, um aus einem Bauernland einen Industriestaat zu machen?

Fünfjahrespläne

Kolchosbäuerin und Industriearbeiter – auf überlebensgroßen Denkmälern werden die Träger des „Arbeiter- und Bauernstaats“ zu siegreich vorwärtsstürmenden Übermenschen. Beachte Hammer und Sichel, die Symbole des Sowjetstaats!

1928 begann der erste *„Fünfjahresplan“* Stalins zur Industrialisierung Rußlands. Mit ihm begann die ungeheuerlichste Aufgabe, die einem Volk von einer Regierung bis dahin gestellt worden war. Rücksichtslos ging Stalin an diese Aufgabe heran.

Was hieß Industrialisierung der Sowjetunion? Das hieß:
Neue Bodenschätze mußten aufgespürt und erschlossen werden – selbst im Eisboden der Tundra, in den unzugänglichen Gebirgen, den Steppen und Wäldern Sibiriens.

Es mußten Autostraßen, Eisenbahnen und Kanäle zu diesen Gebieten gebaut werden. Die riesigen Ströme mußten für eine geordnete moderne Schiffahrt reguliert werden.

Man brauchte Kraftstrom: riesige Kraftwerke waren in den Bergen und an den aufgestauten großen Strömen zu bauen. Hochspannungsleitungen mußten durch ganz Rußland und Sibirien gezogen und unterhalten werden.

Die alten, schon vorhandenen Industriegebiete und -werke mußten ausgebaut, erweitert und mit den neuen – sich ergänzend – verbunden werden. So entstanden die großen *Kombinate,* die verschiedene Industriezweige über Tausende von Kilometern hinweg zu einer neuartigen, riesigen Produktionseinheit zusammenschlossen.

Große Industriegebiete und Städte entstanden binnen weniger Jahre und Jahrzehnte an Orten, wo bisher niemand gewohnt hatte. Mitten im Zweiten Weltkrieg vollzog sich eine mächtige industrielle Erschließung Innerasiens.

Welch ein Unterfangen, das alles von einer einzigen zentralen Stelle aus zu planen und zu lenken! Und wer sollte, an den unwirtlichsten Stellen der Erde, unter fast unerträglichen Daseinsbedingungen, solche Aufbauarbeit leisten?

Wie viele Bauernsöhne, Fabrikarbeiter aus Moskau, Leningrad, Kiew oder Charkow, wie viele Techniker und Ingenieure gingen freiwillig etwa in die Tundra Nordsibiriens oder die Steppengebiete Zentralasiens, wo es zunächst fast nichts gab, was man zum Leben brauchte? Zur Durchsetzung solcher Pläne bedurfte es des Zwanges, des rücksichtslosen Einsatzes von Menschen – ganzer *Zwangsarbeiterheere.* Millionen von Menschen mußten mit Gewalt umgesiedelt und verpflanzt werden. Riesige Völkerwanderungen wurden durchgeführt, Millionenheere von Gefangenen – politischen Gegnern und Kriegsgefangenen des Zweiten Weltkrieges – zum Aufbau dieser Industrien verbraucht.

Wir merken uns

Unter Stalin (Herrschaftszeit 1924–1953) bestand in der Sowjetunion eine Gewaltherrschaft. Terror und Zwangsarbeit lasteten schwer auf dem russischen Volk. Unter ihm wurden die russischen Bauern enteignet (Kollektivierung der Landwirtschaft), gleichzeitig aber Rußland industrialisiert (Fünfjahrespläne).

Um Frieden und Demokratie 1918–1933

3

Stresemann spricht auf der Vollversammlung des Völkerbundes in Genf.

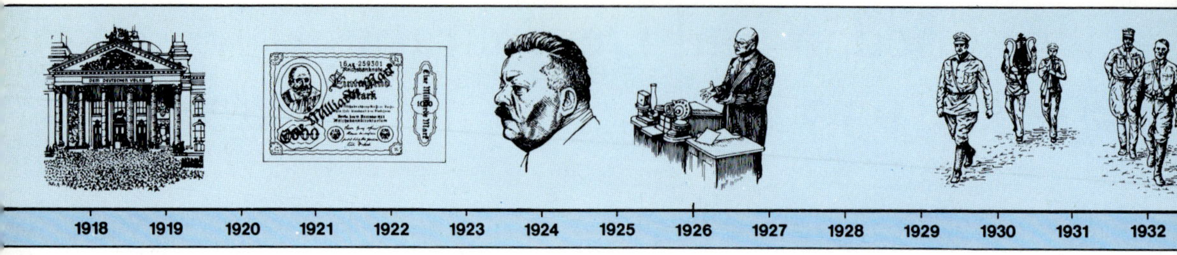

Der Weg einer Demokratie

In den Jahren 1918 und 1919 betrat das deutsche Volk den Weg einer *demokratischen* Neuordnung Deutschlands. Dieser Weg war außerordentlich schwer. Auf ihm lagen die *Belastungen*, die ein *Erbe des Kaiserreiches* waren: Hunger und Elend als Folge der vorausgegangenen Kriegsjahre, Einbußen und Verpflichtungen aufgrund eines harten Friedensvertrages. Auf ihm lagen aber auch die *Gefährdungen*, denen diese junge demokratische Ordnung durch ihre *inneren Feinde* immer wieder ausgesetzt war. Schließlich ist sie zugrunde gegangen, weil die Mehrheit unseres Volkes sich in Jahren neuer schwerer Not enttäuscht von ihr abwandte.

Über diesen Weg berichtet Teil 3 des Arbeitsbuches.

Versuchte Neuordnungen in Europa

Die deutsche Revolution 1918/19

Arbeitsvorschlag

Lies bitte noch einmal auf S. 85 über das Ende des Kriegsgeschehens 1918 nach! Trage die einzelnen Ereignisse nach dem 29. September 1918 mit genauen Daten in eine Tabelle ein und füge entsprechende Eintragungen für die Ereignisse hinzu, von denen du nachfolgend erfährst (bis zum 19. Januar 1919)!

Revolution in Deutschland

Blenden wir noch einmal in den Herbst des Jahres 1918 zurück: Der Erste Weltkrieg ging auch im Westen auf das Ende zu; die deutsche Reichsregierung hatte am 4. Oktober 1918 um Waffenstillstand nachgesucht. Seit diesem Tage mußte nun jeder wissen, daß der Krieg verloren war. Schon zogen sich die deutschen Truppen in Richtung auf die deutsche Grenze zurück, gefolgt von den alliierten Soldaten. Noch immer gab es Kämpfe, Verluste.

Die deutsche Hochseeflotte aber lag in der Nordsee zum Einsatz gegen England bereit. Ruhmreich sollte sie ihren letzten Kampf bestehen – so wollten es die Offiziere. Doch die Matrosen, die Heizer, die Kanoniere murrten: Die Offiziere wollen uns jetzt, da es zu Ende geht, nur opfern. Löscht das Feuer unter den Kesseln! Macht mit dem Wahnsinn Schluß! Auf einigen Kreuzern kam es zur offenen Auflehnung. Die Schiffe kehrten in die Häfen zurück.

In den Morgenstunden des 3. November stiegen in Kiel die roten Fahnen der Revolution über den Kriegsschiffen auf, dem Stolz des Kaiserreichs. Demonstrationszüge in den Straßen Kiels – Matrosen und Heeressoldaten verbündeten sich, Arbeiter schlossen sich an, Schüsse fielen. Am 4. November war Kiel in der Hand der Aufständischen. Die spontane revolutionäre Welle erfaßte andere Hafenstädte: Lübeck und Brunsbüttel, Hamburg und Cuxhaven, Bremen und Wilhelmshaven.

Meuternde Matrosen in Wilhelmshaven vor ihren Schiffen (Anfang November 1918)

Die Aufstände griffen zwischen dem 6. und 9. November auf das Reich über. Auf großen Kundgebungen trugen die Redner ihre Forderungen vor: „Wir wollen Frieden! Kein Blutvergießen mehr! Weg mit dem Kaiser! Nieder mit der Monarchie! Wir wollen Demokratie! Es lebe die Republik! Wir wollen eine Räteregierung wie in Rußland! Alle Macht den Arbeiter- und Soldatenräten!"

Arbeitsvorschläge

1. Mache dir bitte ganz klar: Das revolutionäre Geschehen vollzog sich *nach* dem Ersuchen um Waffenstillstand, aber noch *vor* dessen Abschluß!
2. Versuche bitte, Argumente für die Handlungsweise der Seeoffiziere und der Matrosen zu sammeln und gegenüberzustellen!
3. Untersuche bitte die Forderungen der Redner! Sie haben unterschiedliche Ziele. Welche Forderungen gehören dabei wohl zusammen?

Die Abdankung des Kaisers

In einem waren sich die Revolutionäre einig: der Kaiser sollte auf seinen Thron verzichten, damit es Frieden geben konnte. Politiker und Generäle legten ihm diesen Schritt nahe. Aber er zögerte und zögerte.

Schließlich verkündete *Prinz Max von Baden,* der letzte Kanzler des Kaiserreichs, eigenmächtig am 9. November 1918 die Abdankung des Kaisers und aller Hohenzollern. Die Entwicklung war inzwischen über Wilhelm II. hinweggegangen. Mit seiner Familie setzte er sich nach Holland ab, wo ihm ein Schloß als Aufenthaltsort zur Verfügung gestellt wurde. Hier starb er 1941.

Das deutsche Kaiserreich von 1871 hatte aufgehört zu bestehen.

Die „Revolution von oben"

Wie aber sollte es weitergehen? Zwei wichtige Entscheidungen waren bereits gefallen:

1. Schon im Oktober 1918 war die Verfassung in einem wesentlichen Punkt geändert worden: *Die Regierung wurde vom Vertrauen des Reichstags abhängig gemacht!* Das Parlament konnte von nun an den Reichskanzler stürzen sowie über Krieg und Frieden mitbestimmen.

2. Der letzte Kanzler des Kaiserreichs hatte am Morgen des 9. November 1918 sein Amt an den Vorsitzenden der stärksten Partei im Reichstag übergeben, an den Sozialdemokraten *Friedrich Ebert.*

Das waren Entscheidungen weniger Menschen gewesen, eine „Revolution von oben". Wie würden sich jedoch die revolutionären Massen auf den Straßen dazu stellen? An den Forderungen der Redner in den ersten Novembertagen haben wir schon erkannt, daß sie unterschiedliche Ziele verfolgten.

Seit 1917 hatte sich die SPD gespalten: in eine größere, gemäßigte Gruppe unter der Führung von Ebert und Scheidemann – die eigentliche *Sozialdemokratische Partei;* in eine radikalere Gruppe – die *Unabhängige Sozialdemokratische Partei* (USPD) und in eine Minderheit der Radikalsten – den *Spartakus-Bund* (nach dem Führer eines Sklavenaufstands im alten Rom).

Die Spartakisten wurden von dem Berliner Rechtsanwalt *Karl Liebknecht* geführt, dem Sohn des Reichstagsabgeordneten Wilhelm Liebknecht (vgl. S. 35), und von einer Frau, *Rosa Luxemburg.* Mit allen Kräften drängte diese Gruppe auf einen ähnlichen Umsturz wie in Rußland hin.

Arbeitsvorschlag

Betrachte noch einmal das Schaubild der Verfassung des Bismarckreiches auf S. 19! Was müßten wir nach der „Revolution von oben" darin ändern?

Volksmassen vor dem Reichstagsgebäude in Berlin. Von einem Fenster des Gebäudes rief Philipp Scheidemann am 9. November 1918 die Republik aus: „Das Alte, Morsche ist zusammengebrochen; der Militarismus ist erledigt. Die Hohenzollern haben abgedankt! Es lebe die deutsche Republik! ... Ruhe, Ordnung und Sicherheit, das ist das, was wir jetzt brauchen!"

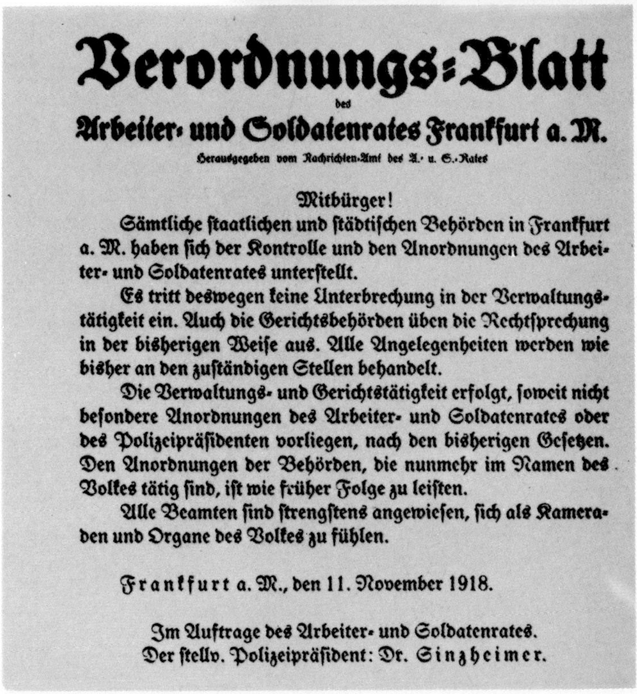

Verordnungs-Blatt

des

Arbeiter- und Soldatenrates Frankfurt a. M.

Herausgegeben vom Nachrichten-Amt des A.- u. S.-Rates

Mitbürger!

Sämtliche staatlichen und städtischen Behörden in Frankfurt a. M. haben sich der Kontrolle und den Anordnungen des Arbeiter- und Soldatenrates unterstellt.

Es tritt deswegen keine Unterbrechung in der Verwaltungstätigkeit ein. Auch die Gerichtsbehörden üben die Rechtsprechung in der bisherigen Weise aus. Alle Angelegenheiten werden wie bisher an den zuständigen Stellen behandelt.

Die Verwaltungs- und Gerichtstätigkeit erfolgt, soweit nicht besondere Anordnungen des Arbeiter- und Soldatenrates oder des Polizeipräsidenten vorliegen, nach den bisherigen Gesetzen. Den Anordnungen der Behörden, die nunmehr im Namen des Volkes tätig sind, ist wie früher Folge zu leisten.

Alle Beamten sind strengstens angewiesen, sich als Kameraden und Organe des Volkes zu fühlen.

Frankfurt a. M., den 11. November 1918.

Im Auftrage des Arbeiter- und Soldatenrates.
Der stellv. Polizeipräsident: Dr. Sinzheimer.

In den Tagen der Revolution hatten vielerorts Arbeiter in ihren Betrieben und Soldaten in der Armee aus ihren eigenen Reihen Vertreter gewählt: Räte. Arbeiterräte kontrollierten Fabriken und Behörden; die Soldatenräte setzten sich besonders für die Rechte der Mannschaften ein. In vielen Städten, vor allem in den Großstädten, schlossen sie sich zu Arbeiter- und Soldatenräten zusammen und übernahmen die Aufgaben der Regierung.
Auch in Frankfurt am Main hatte sich am 8./9. November 1918 ein solcher Arbeiter- und Soldatenrat gebildet.

Rätestaat oder parlamentarische Demokratie?

Wie sollte es nun weitergehen? Führer und Anhänger der USPD setzten sich in ihrer Mehrheit dafür ein, künftig die politische Willensbildung auf der Grundlage der Arbeiter- und Soldatenräte aufzubauen. Ihnen ging es um den *Ausbau eines Rätesystems.*

Für Ebert und seine Partei aber waren diese Arbeiter- und Soldatenräte etwas Provisorisches. Seit Jahrzehnten hatte die Sozialdemokratie den Übergang zu einem *vollen parlamentarischen System* angestrebt, in dem alle Bürger ein Parlament wählen sollten und dieses Parlament – nach dem Mehrheitswillen des Volkes – eine Regierung stellte. Sie drängten darum auf die Wahl einer konstituierenden (verfassunggebenden) Nationalversammlung.

Die Diskussion wurde 1918 leidenschaftlich geführt.

Ernst Däumig (USPD) vor dem Vollzugsrat der Berliner Arbeiter- und Soldatenräte (November 1918)

„Mit dem 9. 11. ist das alte Regierungssystem zusammengebrochen ... An die Stelle dieses Systems muß das System der Arbeiter- und Soldatenräte treten. Hier muß die Macht liegen, die wir uns erobert haben. Gehen wir von dieser Voraussetzung aus, so kann sich die Neuordnung Deutschlands aufbauen auf die durch die Revolution geschaffene Regierungsgewalt, auf die Arbeiter- und Bauernräte. Wir nennen es eine sozialistische Republik, das ist vorläufig nur dekorativ. Wir haben keine Monarchie mehr, aber noch keine Republik. Die sozialistische Staatsform muß erst geschaffen werden. Auch darüber müssen wir uns klar sein. Was wir bis jetzt zurückgelegt haben, ist nur der erste Schritt. Die Klassenkämpfe bleiben nicht aus. Wir müssen heute unbedingt zur Klarheit kommen, welche Stellung wir in der ersten und wichtigsten Frage einnehmen. Es handelt sich darum, ob das, was wir erkämpft haben, eine bürgerlich-demokratische oder eine sozialistische Republik werden soll ...

Wir können uns auch nicht auf den Standpunkt einer konstituierenden Nationalversammlung stellen. Die Institution der Arbeiter- und Soldatenräte muß die gesetzgebende und gewalthabende Körperschaft bleiben."

(Nach: *Jens Flemming* (Hrsg.), Die Republik von Weimar, Bd. 1, Düsseldorf 1979, S. 16 f.)

Max Cohen (SPD) auf dem Allgemeinen Kongreß der Arbeiter- und Soldatenräte in Berlin (Dezember 1918)

„Der Volkswille kann nur festgestellt werden durch die Nationalversammlung, zu der jeder Deutsche mit gleichem Rechte wählen kann. Die Arbeiter- und Soldatenräte drükken immer nur einen Teilwillen aus, niemals aber den Willen des ganzen Volkes. Diesen festzustellen, darauf kommt es an ...

Es sollte eigentlich für jeden Sozialisten selbstverständlich sein, und das war es auch bisher, daß der Volkswille so schnell wie möglich zur Geltung kommt ... Erst den Bolschewisten war es vorbehalten, hierin eine Änderung eintreten zu lassen ... Was hat der Bolschewismus, die Diktatur des Proletariats, in Rußland erreicht? Nach meiner Überzeugung nichts, was zur Förderung des Sozialismus, sondern nur, was dazu dienen kann, den Sozialismus auf Jahrzehnte hinaus zu diskreditieren. Rußland friert und hungert ... Man kann eben Sozialismus durch Gewalt und Dekrete nicht einführen; das hat uns das russische Beispiel gezeigt. Sozialismus ist ein organischer Entwicklungs- und Umbildungsprozeß, bei dem neue Wirtschaftsformen neben werdenden und auch alten Formen zusammen existieren werden ... Es wird nicht mehr Sozialismus durchführbar sein, als die Mehrheit des Volkes will."

(Nach: Dokumente der deutschen Politik und Geschichte ..., Band II, S. 423 f.)

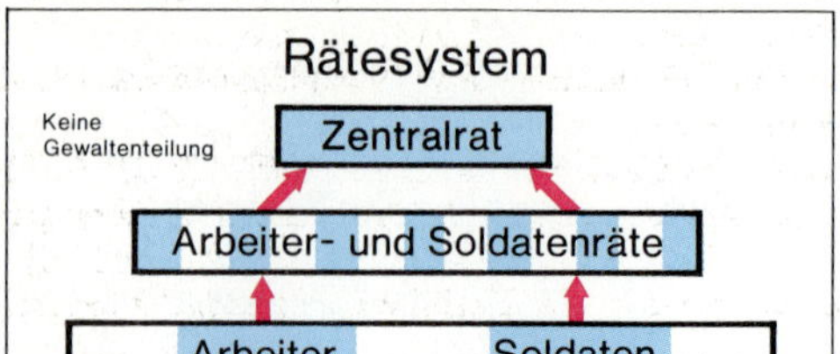

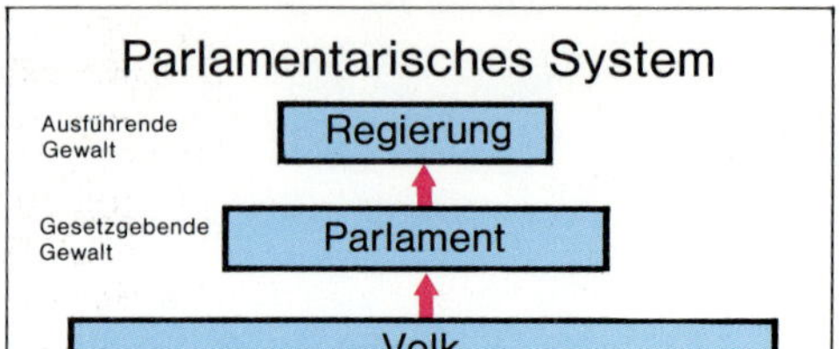

Demonstration in Berlin gegen eine Nationalversammlung (wohl Dezember 1918). Welche Forderungen erheben die Demonstranten? Aus welchem Werk kommen sie?

Arbeitsvorschläge

1. Arbeite die unterschiedlichen politischen Absichten von Spartakus, USPD und SPD heraus!
2. Welche Argumente werden von den beiden Rednern jeweils für ihre Position genannt? – („Bauernräte" gab es kurzzeitig in Bayern.)
3. Benenne die Unterschiede von Rätestaat und parlamentarischer Demokratie – nach den Ausführungen von Max Cohen, nach den Schaubildern! Nimm Stellung!
4. Diskutiere die Forderung: Nicht „alle Macht den Räten", sondern „die ganze Macht dem ganzen Volk"! Sie stand 1918 in der sozialdemokratischen Zeitung „Vorwärts".

Die großen Probleme

Unterdessen hatte Friedrich Ebert am 10. November aus Vertretern der SPD und der USPD eine vorläufige Regierung gebildet. Sie stand vor schwierigen Aufgaben des Augenblicks.

Es galt vor allem, die wirtschaftliche Not nicht zu groß werden zu lassen. Die Arbeit in den lebenswichtigen Betrieben mußte weitergehen, die Versorgung der Stadtbevölkerung mit Lebensmitteln sichergestellt werden. Die Blockade der deutschen Seehäfen (vgl. S. 79) war trotz des Waffenstillstands von den Alliierten noch nicht aufgehoben worden; vielerorts herrschte größerer Hunger als im Kriege.

Unmittelbar zu lösen war auch die Rückführung der Fronttruppen und die Beschaffung von Arbeitsplätzen für die entlassenen Soldaten. Mehr als fünf Millionen Männer marschierten von Westen über die Rheinbrücken, kamen aus dem Osten zurück. Die Industrie hatte bis zuletzt fast ausschließlich für den Krieg gearbeitet, Frauen standen an den Werkbänken. Die Umstellung auf die Friedenswirtschaft aber konnte nicht von heute auf morgen erfolgen.

Für die Regierung stand fest, daß sie diese fast unlösbaren Probleme nur mit Hilfe der bestehenden Verwaltungen und des bestehenden Offizierskorps bewältigen konnte. So wurden die kaiserlichen Beamten und Offiziere mit Aufgaben für einen Staat betraut, dem sie eher ablehnend gegenüberstanden.

Hinzu kam die Entscheidung über die künftige Gestalt der Republik. Sie fiel im Sinne der SPD-Führer um Friedrich Ebert, als auch ein Reichskongreß der Arbeiter- und Soldatenräte in Berlin (16.–21. Dezember 1918) sich für die *parlamentarische Demokratie* aussprach.

Im nun beginnenden Wahlkampf formierten sich auch die außerhalb der Arbeiterparteien stehenden Kräfte wieder. – Der Spartakus-Bund ging am 30. Dezember 1918 in der neu gegründeten *Kommunistischen Partei Deutschlands* (KPD) auf.

Oben: Wahl-Demonstration in Frankfurt am 18. Januar 1919. Für welche Partei wird demonstriert? Welche Ziele werden herausgestellt? – Rechts: Die Spaltung der SPD. Die USPD löste sich Ende 1922 praktisch auf, wobei die Mehrheit zur SPD, eine starke Minderheit zur KPD überging.

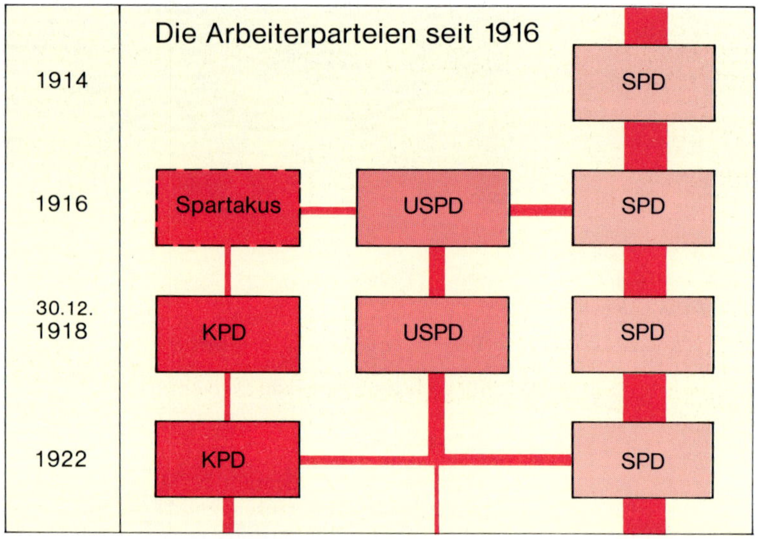

Die Wahlen zur Nationalversammlung

Die Wahlen zur Nationalversammlung fanden am 19. Januar 1919 statt. Sie ergaben einen eindrucksvollen Sieg derjenigen Parteien, die sich eindeutig zu dieser Republik bekannten: Die Sozialdemokratische Partei (SPD) erhielt 38 %, die Deutsche Demokratische Partei (DDP) 19 %, das Zentrum (Z) 20 % der Stimmen.

„Links“ von diesen Parteien stand die USPD, die nur knapp 8 % der Stimmen erreichte. Die DKP auf der äußersten Linken hatte sich an den Wahlen nicht beteiligt.

Auf der „Rechten“ standen die *Deutsche Volkspartei* (DVP), die damals noch die Republik ablehnte, mit 4 % der Stimmen und die *Deutschnationale Volkspartei* (DNVP), die den Kaiser wiederhaben wollte, mit 10 %.

Die Wahlen zur Nationalversammlung zeigten, daß die große Mehrheit des Volkes bereit war, den Weg einer demokratischen Neuordnung Deutschlands zu gehen.

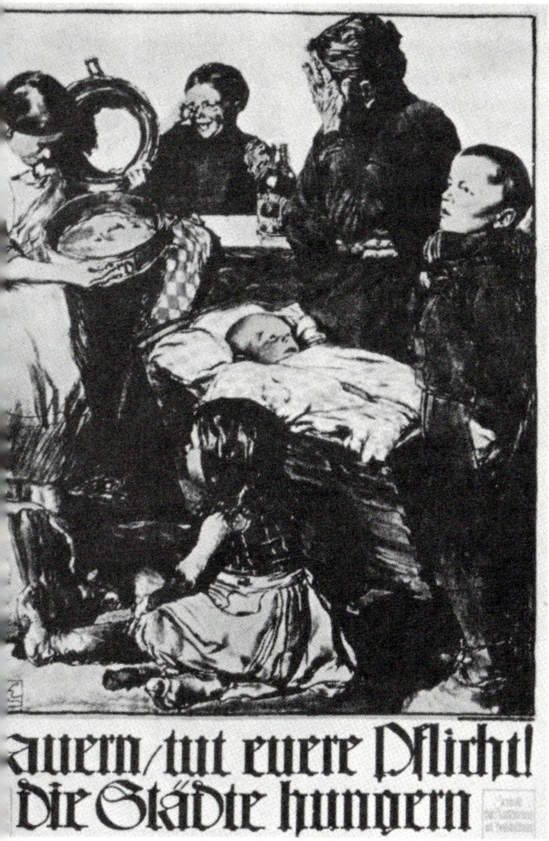

Plakate aus dem Jahre 1918/19. – Das Plakat rechts wirbt für die Nationalversammlung.

Arbeitsvorschläge

1. Vergleiche Oktoberrevolution in Rußland und Novemberrevolution in Deutschland! Wie weit gibt es Übereinstimmungen? Kann man eigentlich die Vorgänge in Deutschland nach deiner Meinung als *Revolution* bezeichnen?
2. Erläutere bitte das Schaubild S. 114 nach dem Text dieses Arbeitsbuches!
3. Setze das Ergebnis der Wahlen vom 19. Januar 1919 in ein Schaubild um! Ordne die Parteien „von links nach rechts": USPD, SPD, DDP, Z, DVP DNVP!
   (Die Bezeichnungen „linke" und „rechte" Parteien haben ihre Ursprung in der Sitzordnung des Deutschen Reichstags von 1871 und auch bereits früherer Parlamente. Dort saßen die „fortschrittlichen" Parteien links vom Rednerpodium und die Parteien, die das Bestehende bewahren wollten, rechts.)
4. Die Mitglieder der DDP kamen hauptsächlich aus der Fortschrittspartei der Kaiserzeit. Lies auf S. 34 noch einmal über das *Parteienspektrum* vor 1918 nach!
5. Wie entwickelte sich das Stärkeverhältnis innerhalb der Arbeiterparteien? Untersuche das Schaubild auf S. 140/141 zunächst für das Jahr 1920! Welche Rückschlüsse auf die Veränderung der politischen Haltung kannst du aus der Wählerwanderung ziehen? – Was kannst du über das Verhältnis SPD-KPD im gesamten Verlauf der Weimarer Republik aussagen?

Versailles und der Völkerbund

Der Vertrag von Versailles

Am 7. Mai 1919, sechs Monate nach Beginn des Waffenstillstandes, wurden die Vertreter der neuen deutschen Republik in Versailles empfangen. Versailles – das war das Schloß Ludwigs XIV., der Ort der größten Prachtentfaltung Frankreichs. Das war das Schloß, in dem achtundvierzig Jahre zuvor unter Bismarck das deutsche Kaiserreich gegründet worden war. Dort hatten sich jetzt die Vertreter der westlichen Alliierten zu Friedensverhandlungen versammelt.

Die Bestimmungen des Friedensvertrages

Am 28. Juni 1919 – es war der fünfte Jahrestag des Mordes von Sarajewo – wurde der *Friedensvertrag von Versailles* unterzeichnet. Die wichtigsten Bestimmungen waren:

Errichtung eines Völkerbundes.

Festsetzung der neuen Grenzen der deutschen Republik und Regelung der europäischen Besitzverhältnisse. Im einzelnen hieß das:
Abtretung Elsaß-Lothringens.
Besetzung und Ausnützung des Saargebietes durch Frankreich auf 15 Jahre; nach Ablauf dieser Frist Volksabstimmung über die politische Zugehörigkeit.
Abtretung der Provinzen Posen und Westpreußen an einen neuen, unabhängigen Staat Polen; unter Umständen – je nach dem Ausfall einer Volksabstimmung – auch Oberschlesiens.
Abtretung des Memellandes.
Errichtung eines Freistaates Danzig. (Ostpreußen wurde somit völlig vom Reich abgetrennt, es wurde eine „Insel" im Ausland.)
Abtretung Nordschleswigs an Dänemark (nach Volksabstimmung).

Verbot der Vereinigung Österreichs mit dem Deutschen Reich.

Verlust der Kolonien, die unter die Siegermächte verteilt wurden.

Deutschlands Einbußen durch den Versailler Vertrag

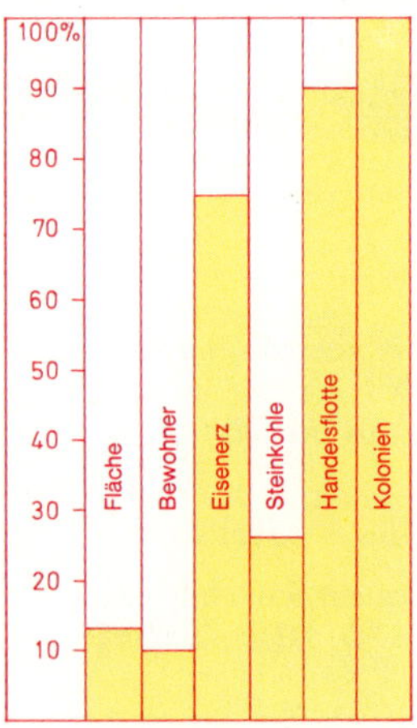

Entwaffnung Deutschlands:
Abschaffung der allgemeinen Wehrpflicht, Beschränkung der Heeresstärke auf 100 000 Berufssoldaten, Verbot aller schweren Waffen und der Luftstreitkräfte, starke Beschränkung der Marine.
Überwachung der Abrüstung durch alliierte Kontrollkommissionen.
Entmilitarisierung des gesamten linken Rheinufers und einer 50 km breiten Zone rechts des Rheins.
Besetzung des linken Rheinufers und rechtsrheinischer Brückenköpfe um Köln (5 Jahre), Koblenz (10 Jahre) und Mainz (15 Jahre).

Internationalisierung der Ströme Rhein, Elbe, Oder, Memel, Donau und des Nord-Ostsee-Kanals.

Der Kriegsschuldparagraph

Der grundlegende Paragraph des Versailler Vertrages war der § 231, der die *Kriegsschuld* einseitig auf Deutschland und die Mittelmächte legte. Deutschland mußte damit anerkennen, daß es für alle Schäden verantwortlich zeichnete, die durch den Krieg entstanden waren. Es wurde zur *Wiedergutmachung* verpflichtet, zu *Reparationen* in Form von Geldzahlungen und Warenlieferungen.

Nach einem Beschluß der Siegermächte von 1921 sollten 132 Mrd. Goldmark in 42 Jahresraten aufgebracht werden. Eine Neuregelung 1924 sah Jahresraten von etwa 2,5 Mrd. RM vor. Davon wurden bis zum Ende der Reparationen 1931/32 etwa 11 Mrd. tatsächlich bezahlt.

Die Karte zeigt die Gebietsveränderungen, die durch die Friedensverträge mit den Mittelmächten festgelegt wurden. Bezeichne im einzelnen, welche Staaten neu entstanden, zu welchen Staaten sie vorher gehörten! Bezeichne ebenso Gebietsabtretungen im einzelnen!

Die Verträge mit den übrigen Mittelmächten

Auch mit den ehemaligen Verbündeten Deutschlands wurden Friedensverträge abgeschlossen und aufgrund des Selbstbestimmungsrechts der Völker das bisherige Österreich-Ungarn in selbständige Einzelstaaten aufgeteilt. Neu entstanden jetzt die Tschechoslowakei, Ungarn und Jugoslawien.

Von dem ehemals österreich-ungarischen Staatsgebiet fielen an Polen: Galizien und das Gebiet um Teschen; an Italien: Südtirol bis zum Brenner und das Gebiet von Triest; an Rumänien: Siebenbürgen und die Bukowina (dazu Bessarabien als ehemals russisches Staatsgebiet).

Bulgarien mußte ebenfalls Gebietsverluste hinnehmen; die Türkei verlor den größten Teil ihrer bisherigen asiatischen Besitzungen.

Ebenfalls aufgrund des Selbstbestimmungsrechts der Völker erhielten Polen, Litauen, Lettland, Estland und Finnland ihre Selbständigkeit. Eine völlig neue Gebietsverteilung war damit im östlichen Europa, von der Ostsee bis zu den Dardanellen, durchgeführt. *Ein Gürtel von Klein- und Mittelstaaten war zwischen der kommunistischen Sowjetunion und den Großmächten des europäischen Westens eingeschoben.* Statt 26 europäischer Staaten zuvor gab es jetzt 33, statt 37 000 km Grenzen jetzt 53 000 km.

Arbeitsvorschläge

1. Ziehe bei einer Untersuchung des Versailler Vertrages die Karte S. 108 heran! Ordne die Vertragsbestimmungen tabellarisch (Gebietsabtretungen, Rüstungsbeschränkungen, Sonstiges).
2. Zwei Meinungen zum Vertrag von Versailles:
   A: „Das ist nun einmal so, wer den Krieg verliert, muß zahlen! Wie ein Friedensvertrag bei einem Sieg der Deutschen ausgesehen hätte, zeigt ja das Flugblatt auf S. 83 sehr deutlich!“
   B: „Aber man kann doch nicht von der *alleinigen Kriegsschuld* einer Seite sprechen. Aufgerüstet, und damit den Krieg geplant, haben doch schließlich alle!“
   Wie stehst du dazu?
3. Untersuche und werte mit Hilfe von Informationen in Teil 4 dieses Buches (S. 172/173) die nebenstehende Tabelle!

Fläche des Deutschen Reiches (in 1000 qkm)

1910	540
1920	469
1938 (Okt.)	583

Der Völkerbund

Das entsetzliche Elend, das der Weltkrieg 1914–1918 mit sich gebracht hatte, ließ vielen Menschen den Frieden als das höchste Gut erscheinen. Der Vorschlag, einen Bund aller Völker zu schaffen, der Frieden und Freiheit in der Welt garantieren sollte, fand breite Zustimmung. *Verhandlungen statt Krieg* – so lautete die Parole.

Im Januar 1920 trat in Genf der *Völkerbund* erstmals zusammen, von dreißig Nationen begründet. Jedes Jahr sollte eine Vollversammlung der Vertreter aller Mitgliedstaaten stattfinden; daneben gab es den ständigen Völkerbundsrat und eine Reihe von Ausschüssen und Einrichtungen. – Die besiegten Mittelmächte freilich durften vorerst nicht beitreten.

Manches Segensreiche hat dieser Völkerbund geleistet – in der internationalen Hilfe für Flüchtlinge zum Beispiel, die es auch nach dem Ersten Weltkrieg schon gab. Auf seinem eigentlichen Gebiet, der Friedenssicherung, aber war er nicht erfolgreich. Einige große Staaten traten ihm gar nicht oder erst sehr spät bei, zum Beispiel die USA (1934) und die Sowjetunion (1934). Und auch bei den Mitgliedstaaten siegten immer wieder der Eigennutz und das „nationale Interesse“ über alle Bemühungen friedlichen Ausgleichs. Im Zweiten Weltkrieg (1939–1945) stellte der Völkerbund seine Tätigkeit schließlich ein und wurde 1946 auch formal aufgelöst.

Und dennoch war er nicht vergeblich gewesen. Der französische Außenminister Briand hat es einmal so ausgedrückt: „Jeder kleine Schritt in der Richtung des Friedens bedeutet schon einen großen Erfolg für die Völker. Mag der Schritt auch noch so klein sein, wenn man nur gewillt ist, morgen wieder einen zu tun und übermorgen noch einen und so fort, jeden Tag seines Lebens.“

Wir merken uns

In der Revolution 1918/19 fiel die Entscheidung über den künftigen Weg Deutschlands zugunsten einer parlamentarischen Demokratie.

Im Juni 1919 wurde der Friedensvertrag von Versailles abgeschlossen. Er bedeutete für Deutschland neben hohen Reparationszahlungen Gebietsabtretungen an Frankreich und Polen sowie den Verlust seiner Kolonien. Gleichzeitig entstand der Völkerbund (1919–1946) als ein erster, vergeblicher Versuch, alle Staaten der Erde zu einer friedlichen Gemeinschaft zusammenzufassen.

Die Weimarer Republik

Der schwere Anfang (1919-1923)

Die Nationalversammlung in Weimar

Am 19. Januar 1919 hatte das deutsche Volk seine Abgeordneten zur Nationalversammlung gewählt. Nun rief der amtierende Reichskanzler Ebert sie zu Verfassungsberatungen nach *Weimar*. In Berlin war es zu unruhig. Von den radikalen Linken war ein Generalstreik ausgerufen worden; immer wieder gab es Krawalle und bewaffnete Zusammenstöße in der Reichshauptstadt.

Am 11. Februar wählte die Nationalversammlung mit 328 (von 421) Stimmen Friedrich Ebert zum *ersten Präsidenten* der ersten deutschen Republik. Die Ansprache des neuen Staatsoberhauptes ist nachfolgend wiedergegeben:

Ansprache des Reichspräsidenten Ebert am 11. Februar 1919

„... Der Ruf, den Sie soeben an mich richten, ist ein Ruf zur Pflicht. Ich folge ihm in dem Bewußtsein, daß heute mehr denn jemals jeder Deutsche auf dem Platz, auf den er gestellt wird, seine Schuldigkeit zu tun hat. Mit allen meinen Kräften und mit voller Hingabe werde ich mich bemühen, mein Amt gerecht und unparteiisch zu führen, niemand zuliebe und niemand zuleide.

Ich gelobe, daß ich die Verfassung der Deutschen Republik getreulich beachten und schützen werde. Ich gelobe und werde als der Beauftragte des ganzen deutschen Volkes handeln, nicht als Vormann einer einzigen Partei.

Ich bekenne aber auch, daß ich ein Sohn des Arbeiterstandes bin, aufgewachsen in der Gedankenwelt des Sozialismus, und daß ich weder meinen Ursprung noch meine Überzeugung jemals zu verleugnen gesonnen bin. Indem Sie das höchste Amt des deutschen Freistaates mir anvertrauen, haben Sie – ich weiß es – keine einseitige Parteiherrschaft aufrichten wollen. Sie haben aber damit den ungeheuren Wandel anerkannt, der sich in unserem Staatswesen vollzogen hat, und zugleich auch die gewaltige Bedeutung der Arbeiterklasse für die Aufgaben der Zukunft ...

Freiheit und Recht sind Zwillingsschwestern. Die Freiheit kann sich nur in fester staatlicher Ordnung gestalten. Sie zu schützen und wiederherzustellen, wo sie angetastet wird, das ist das erste Gebot derer, die die Freiheit lieben. Jede Gewaltherrschaft, von wem sie auch komme, werden wir bekämpfen bis zum Äußersten.

Dem Gewaltprinzip zwischen den Völkern haben wir feierlich abgesagt; auch dort wollen wir, daß das Recht und die Freiheit zur Geltung komme. Niemand soll in den Verband der Deutschen Republik gezwungen werden, aber es soll auch niemand mit Gewalt von ihr getrennt werden, den es zu ihr zieht und drängt. Nur auf das freie Selbstbestimmungsrecht wollen wir unseren Staat gründen, nach innen und außen. Wir können aber um des Rechts willen nicht dulden, daß man unseren Brüdern die Freiheit der Wahl raubt.

Die Freiheit aller Deutschen zu schützen, mit dem äußersten Aufgebot von Kraft und Hingabe, dessen ich fähig bin, das ist der Schwur, den ich in dieser Stunde in die Hände der Nationalversammlung lege. Den Frieden zu erringen, der der deutschen Nation das Selbstbestimmungsrecht sichert, die Verfassung auszubauen und zu benützen, die allen deutschen Männern und Frauen die politische Gleichberechtigung unbedingt verbürgt, dem deutschen Volke Arbeit und Brot zu schaffen, sein ganzes Wirtschaftsleben so zu gestalten, daß die Freiheit nicht Bettlerfreiheit, sondern Kulturfreiheit werde, das sei unser Streben und Ziel ..."

(Nach: *G. Haschke/N. Tönnies,* Friedrich Ebert, Hamburg 1961, S. 128 ff.)

Arbeitsvorschläge

1. Wiederhole bitte: Welche Aufgabe hatte die Nationalversammlung? (Sie blieb anschließend bis zur Wahl des ersten Reichstags 1920 das Parlament der Republik.)

2. Wo sind dir schon einmal „Nationalversammlungen“ in der Geschichte begegnet? (Denke an 1789, 1848!)

3. Welche Parteien mögen Ebert zum Reichspräsidenten gewählt haben, welche nicht? Vergleiche S. 144!

4. Erkläre bitte, wie die *Weimarer* Republik zu ihrem Namen kam!

5. Arbeite die Antrittsrede Friedrich Eberts doch einmal durch! Beantworte dabei bitte folgende Fragen:
   a) Warum nimmt Ebert den Ruf der Nationalversammlung an?
   b) Wie will er sein Amt führen?
   c) Als wessen Beauftragter fühlt er sich?
   d) Wie stellt er sich zu seiner Herkunft?
   e) Wie will er die Freiheit im Staat schützen?
   f) Wen mag Ebert meinen, wenn er davon spricht, „daß man unseren Bürgern die Freiheit der Wahl raubt“? (Du kannst auf S. 116 über das Vereinigungsverbot nachlesen.)
   g) Wie umreißt er abschließend seine Ziele?

Der Adler – Symbol auch der Weimarer Republik

6. Vergleiche den nebenstehenden Adler als Sinnbild der Weimarer Republik mit dem Reichsadler von 1871 auf S. 19!

Die Verfassung

Am 31. Juli beendete die Nationalversammlung in Weimar die langen, mühseligen Verhandlungen über die neue, demokratische *Verfassung* des Deutschen Reiches. Ein feierlicher Vorspruch (Präambel) leitete diese ein:

> „Das deutsche Volk, einig in seinen Stämmen und von dem Willen beseelt, sein Reich in Freiheit und Gerechtigkeit zu erneuern und zu festigen, dem inneren und dem äußeren Frieden zu dienen und den gesellschaftlichen Fortschritt zu fördern, hat sich diese Verfassung gegeben.“

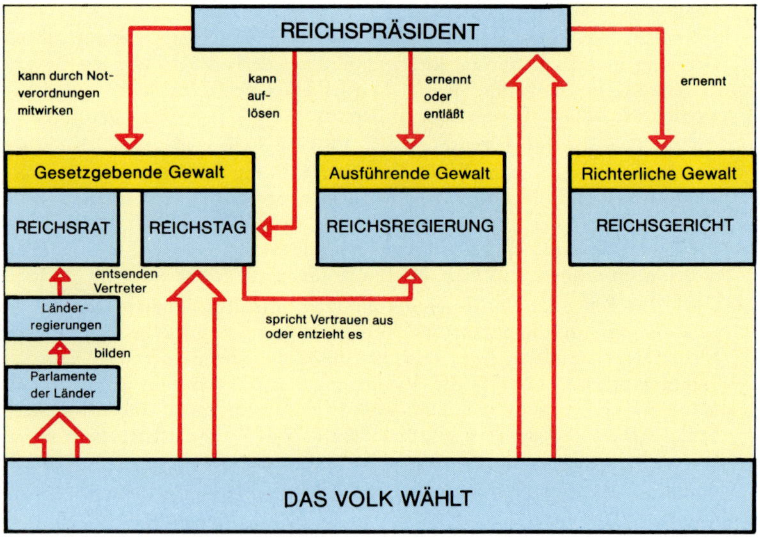

Die Verfassung der Weimarer Republik. Für den Reichspräsidenten sah die Verfassung eine besonders starke Stellung vor. In Notzeiten hatte er das Recht, unabhängig vom Reichstag sogenannte Notverordnungen zu erlassen. Die Wahl des Reichspräsidenten durch das Volk war ein Element „direkter“ Demokratie. Ebenso konnte das Volk durch „Volksbegehren“ und „Volksentscheid“ unter Umständen ein Gesetz auch gegen den Willen des Reichstags erzwingen.

„*Friedrich Ebert,* am 4. Februar 1871 in Heidelberg geboren, wächst als Sohn eines Schneidermeisters in bescheidenen Lebensverhältnissen heran. Den Wunsch zu studieren muß sich der Junge aus dem Kopf schlagen. Er lernt das Handwerk eines Sattlers. Als Geselle geht er nach alter Sitte auf Wanderschaft und lernt in Mannheim das Elend des Industrieproletariats kennen (1889). Seit dieser Zeit beschäftigt er sich, tief bewegt von der sozialen Not, mit den Ideen von Marx und Engels. Der Wille, sich in den Dienst notleidender Menschen zu stellen, bestimmt von nun an sein Handeln. Er widmet sich der Gewerkschaftsarbeit und wird Mitglied der SPD. 1905 beruft die SPD ihn in die zentrale Parteileitung nach Berlin. Nach dem Tode Bebels (1913) wird Ebert mit großer Mehrheit zum Vorsitzenden der SPD gewählt. Gegen den radikalen Flügel der Partei erklärte die SPD unter Eberts Führung 1914, daß ‚die sozialistische Arbeiterschaft das Vaterland in der Stunde der Gefahr nicht im Stich lasse'. Zwei Söhne Eberts sind im Ersten Weltkrieg gefallen" *(Cäsar Hagener).*

Arbeitsvorschläge

1. Was bedeuten die einzelnen Formulierungen in der Präambel der Verfassung?
2. Lies aus dem Schaubild S. 120 den Aufbau der Weimarer Republik!
3. Wie heute die Bundesrepublik, bestand auch die Weimarer Republik aus einzelnen „Ländern". Stelle sie nach der Karte S. 108 zusammen! (Die drei freien Reichsstädte sind ebenfalls „Länder".)
4. Worin unterscheidet sich die Stellung eines Reichspräsidenten von der eines Kaisers?
5. Vergleiche noch einmal die Verfassungen von 1871 und 1919! Worin bestanden entscheidende Unterschiede?

Umsturzversuche und Gewalttaten

Kaum war die junge Republik geboren, da erhoben sich auch schon ihre Gegner.

Auf der einen Seite standen die *Anhänger des alten Kaiserstaates,* die nicht einsehen wollten, daß das Kaiserreich den Krieg verloren hatte. Nun sprachen sie vom „Verrat der Heimat an einem unbesiegten Feldheer" und nannten alle, die sich am 9. November 1918 für eine Republik ausgesprochen hatten, „Novemberverbrecher". Zu ihnen gesellten sich die *Anhänger eines „Führerstaates"*, die zwar keinen Kaiser, aber einen starken Mann an der Spitze sehen wollten und die „feigen Demokraten" verachteten.

Auf der anderen Seite arbeiteten diejenigen am Sturz dieser Republik, denen die deutsche Revolution von 1918 nicht weit genug gegangen war.

Bürgerkrieg in Berlin: Spartakisten im Berliner Zeitungsviertel (Januar 1919)

Rosa Luxemburg (1871–1919)

Bereits um die Jahreswende 1918/19 erhoben sich die Spartakisten in Berlin zum bewaffneten Kampf, um die Wahlen zur Nationalversammlung zu verhindern (Bild oben). Sie wurden von nationalistisch-monarchistischen Freiwilligenverbänden (Freikorps) im Auftrag der Regierung niedergeworfen. Dabei ermordeten Angehörige von Freikorps Rosa Luxemburg und Karl Liebknecht (15. Januar 1919). Diese Vorgänge verbitterten viele Arbeiter, auch solche, die keine Kommunisten waren. Aufstände in den Industriegebieten an der Ruhr und in Mitteldeutschland waren die Folge.

Zu besonders schweren Unruhen kam es im März 1919 bei einem Generalstreik in Berlin. Wieder griffen Regierungstruppen ein. Das Ergebnis waren 1200 Tote. – Der Versuch, eine Räterepublik in Bayern zu errichten, wurde ebenfalls schnell erstickt (April/Mai 1919).

Im März 1920 fand der *Kapp-Putsch* statt: der Versuch militärischer Verbände unter Führung von monarchistischen Offizieren und Beamten, die Regierungsgewalt in ihre Hände zu bekommen. Die Antwort der Arbeiterschaft war ein Generalstreik in ganz Deutschland, nachdem die Reichswehr ihrer Verpflichtung zur Niederwerfung des Putsches nicht nachgekommen war. Der Putsch scheiterte nach vier Tagen. In Westdeutschland aber ging der Generalstreik in den bewaffneten Aufstand einer „Roten Armee" über, die das ganze Ruhrgebiet besetzte und die Reichswehr in heftige Kämpfe verwickelte. Auch in Sachsen und Thüringen kam es zu ähnlichen Aufständen. Die Aufstände wurden niedergeschlagen.

Regierungstruppen gehen gegen sie vor.

Berliner Gedenkmarke zu Ehren Walther Rathenaus (1867–1922)

Morde an führenden Politikern der neuen Republik kennzeichnen die Jahre 1921 und 1922. Im Juni 1922 fiel einer der fähigsten Staatsmänner dieser Zeit, *Walther Rathenau*, rechtsradikalen Terroristen zum Opfer.

Das Jahr 1923 brachte – wiederum in Sachsen und Thüringen – den Versuch der KPD, in einer militärischen Aktion den „deutschen Oktober" zu erreichen – den Umsturz in Deutschland nach dem Vorbild der russischen Oktoberrevolution. Bewaffnete „Proletarische Hundertschaften" wurden für den Kampf gegen die Reichswehr gebildet, Vorbereitungen für die Übernahme der Regierungsgewalt getroffen. Der Einmarsch starker Reichswehrverbände verhinderte diesen Bürgerkrieg.

Im folgenden Monat war München der Schauplatz eines erneuten rechtsradikalen Putsches, zu dem sich General Ludendorff (vgl. S. 82) mit einem bis dahin in Deutschland kaum bekannten Politiker und seiner Partei zusammengetan hatte. Dieser Politiker hieß Adolf Hitler, und diese letzte größere Aktion gegen die Weimarer Republik trägt seinen Namen (vgl. S. 145).

Arbeitsvorschläge

1. Ordne die Umsturzversuche und Gewalttaten tabellarisch! Arbeite Zusammenhänge heraus!
2. Auch in unserer Gegenwart gibt es immer wieder Beispiele für die Anwendung von Mord und Gewalt in der Auseinandersetzung mit politischen Gegnern. Berichte bitte und nimm Stellung!

Geld der Inflationszeit. – Aus einer Zeitungsanzeige 1923: „Der Bezugspreis des ‚Berliner Tageblattes' beträgt für die Woche vom 11. bis 17. November 500 Milliarden Mark bei freier Zustellung durch die Botenfrau. Wir bitten, den Betrag mit möglichst großen Scheinen zu bezahlen."

Die Inflation

„Banknoten waren vor dem Ersten Weltkrieg durch Goldreserven gedeckt. Diese Reserven wurden im Krieg verbraucht. Trotzdem druckte die Notenpresse weiterhin Geldscheine. Das vermehrte Papiergeld besaß keine Deckung mehr. Die ‚Kaufkraft' der deutschen Mark sank. Seit 1918 wurde das Geld mit jedem Jahr, dann mit jedem Monat wertloser. Denn die Wirtschaftsgüter des Reiches waren verzehrt, aufgebraucht, oder sie mußten als Reparationen abgeliefert werden. Die ständigen Unruhen und Streiks lähmten überdies die beschränkte Wirtschaft, so daß dem Staat geringere Steuern zuflossen. Mit diesem schmalen Steueraufkommen mußte das Reich die hohen Kriegsfolgelasten begleichen. Der Staat hatte für die Kriegerwaisen und -witwen, die Kriegsversehrten, für die Alten und die Erwerbslosen zu sorgen. Die Reichsregierungen hatten einen vorläufigen Ausweg darin gesucht, einfach mehr Papiergeld zu drucken. Aber dieses Papiergeld hatte im internationalen Zahlungsverkehr längst seine Kaufkraft verloren. Ein Dollar, der 1913 einen Wert von 4,20 Mark gehabt hatte, kostete im November 1923 4 200 000 000 Mark . . .

Die Teuerung traf die Armen besonders hart.

Die Geldentwertung stieg im Jahre 1923 so rasch, daß jede Woche, und schließlich sogar jeden Tag Löhne und Preise neu festgesetzt werden mußten. Die Notenpresse konnte mit der Geschwindigkeit der Entwertung nicht mehr Schritt halten und half sich, indem sie durch einen Aufdruck Tausenderscheine in Millionen-Mark-Scheine, dann Millionen-Mark-Scheine in Milliarden-Mark-Scheine umwertete . . .

Im Herbst 1923 wurde in jedem Betrieb und an den Fürsorgestellen jeden Nachmittag Geld ausgezahlt. Kinder und Mütter standen schon an der Straßenecke bereit, den ‚Ernährer' zu empfangen und nach einem genauen Einkaufsplan alles Geld sofort in Ware umzusetzen. Schon am nächsten Morgen waren die Scheine, die man nicht ausgegeben hatte, so gut wie wertlos. – Wenn ein Betrieb hundert Leuten den Tageslohn auszahlen mußte, brauchte er einen großen Waschkorb voll Geld. Einmal ließen die beiden Kassenboten einer Fabrik einen solchen Waschkorb voll Geld einige Minuten unbewacht im Fabrikhof stehen. Als sie zurückkamen, war der Waschkorb gestohlen, das Papiergeld hatten die Diebe zurückgelassen. Der Korb war ihnen wertvoller als sein Inhalt.

Die Inflation verschärfte die Spannungen zwischen arm und reich. Denn die Gruppen im Volk, die Sachwerte besaßen, die Gutsbesitzer, die Großbauern, die Besitzer von Werkstätten und Betrieben, wurden durch die Inflation kaum geschädigt. Im Gegenteil! Grundbesitz, Fabrikgelände, Maschinen und Wohnhäuser blieben wertbeständig, und die Eigentümer konnten 1923 mit fast wertlosem Geld ihre Schulden leicht bezahlen. *‚So wurden die Reichen reicher, während die Armen noch ärmer wurden'* (Golo Mann) – eine Entwicklung, die den radikalen Parteien von links und rechts einen Massenzulauf von enttäuschten und verzweifelten Menschen brachte" *(C. Hagener)*.

Preise aus der Inflationszeit

Preise für 1 kg Brot

im Dezember 1913	26 Pfennig
im Dezember 1914	32 Pfennig
im Dezember 1915	40 Pfennig
im Dezember 1916	34 Pfennig
im Dezember 1917	45 Pfennig
im Dezember 1918	53 Pfennig
im Dezember 1919	80 Pfennig
im Dezember 1920	2,37 Mark
im Dezember 1921	3,90 Mark
im Dezember 1922	163 Mark
im Januar 1923	250 Mark
im Februar 1923	389 Mark
im März 1923	463 Mark
im April 1923	474 Mark
im Mai 1923	482 Mark
im Juni 1923	1 428 Mark
im Juli 1923	3 465 Mark
im August 1923	69 000 Mark
im September 1923	1 512 000 Mark
im Oktober 1923	1 743 000 000 Mark
im Nov. 1923	201 000 000 000 Mark

Lebensmittel- und andere Preise in Berlin (Juni 1923)

1 Pfund Rindfleisch	8 500–12 000 Mark	
1 Pfund Kalbfleisch	6 800–10 000 Mark	
1 Pfund Hammelfleisch	7 000– 9 000 Mark	
1 Pfund Schweinefleisch	9 000–10 500 Mark	
1 Pfund Molkereibutter	13 000–15 000 Mark	
1 Pfund Margarine	7 600– 9 600 Mark	
1 Pfund Schmalz	12 000–12 400 Mark	
1 Pfund Rindertalg, ausg.	9 200–10 000 Mark	
1 Pfund Pflanzenfett, lose	9 000– 9 500 Mark	
1 Pfund Speisekartoffeln	112– 130 Mark	
1 Pfund Kaffee, geröstet	26 000–36 000 Mark	
1 Pfund Tee	30 000–48 000 Mark	
1 Pfund Kakao	7 500–14 000 Mark	
1 Pfund Zucker	1 400– 1 550 Mark	
1 Pfund Weizenmehl	1 900– 2 600 Mark	
Markenbrot (1900 g)	2 500 Mark	
Markenschrippe	80 Mark	
Milch, 1 Liter	1 440 Mark	
Briketts, 1 Zentner	11 430 Mark	(frei Keller)
Gas, 1 cbm	1 200 Mark	
Strom (Licht und Kraft)	2 000 Mark	

Straßenbahn: 600, Kind 300 Mark
Hochbahn: III. Kl. 250 und 350 Mark
II. Kl. 350 und 450 Mark
Omnibus: 600 und 800 Mark (ab Montag)
Droschken: Kraftdroschke 7000 Mark,
Pferd 4000 Mark Taxe
Brief (Porto): Berlin 40 Mark, außerhalb 100 Mark
Automatengespräch: 60 Mark

Nach: *Hans Ebeling* (oben); Ursachen und Folgen, Band V, München 1960, S. 532 f. (rechts)

Geldtransport in Waschkörben

Der Ruhrkampf

Bild oben: Französische Truppen bei der Besetzung Duisburgs (Rathausplatz). Darunter ein Plakat mit dem Aufruf zum passiven Widerstand

Die wirtschaftliche Not und besonders die Inflation hingen eng mit der äußeren Bedrängung der deutschen Republik durch die Siegermächte zusammen.

Am 26. Dezember 1922 stellte die „Internationale Reparationskommission“ Rückstände in der Holzablieferung fest, desgleichen am 7. Januar 1923 in der Kohlenablieferung. Am 10. Januar rückten daraufhin französische Truppen in das Ruhrgebiet ein. Nun wollten die Franzosen selbst die Abfuhr der Ruhrkohle übernehmen. Die Reichsregierung rief zum *passiven Widerstand* aller Deutschen des Ruhrgebietes gegen die Gewalt auf.

Der *„Ruhrkampf“* entbrannte. Die Franzosen antworteten mit harten Maßnahmen: Es gab Verhaftungen und Standgerichtsurteile; es kam zu Schießereien und Todesopfern. Tausende „widerspenstiger“ Beamter und Angestellter wurden ausgewiesen.

Aber die zerrüttete deutsche Währung zwang die Reichsregierung, den Ruhrkampf am 26. September 1923 erfolglos abzubrechen; alle Streikenden und Ausgewiesenen mußten ja vom Reich unterhalten werden.

Arbeitsvorschläge

1. Arbeite bitte die Preistabellen auf S. 125 durch!
   a) Wie entwickelte sich der Brotpreis in der Kriegszeit? Wann begann die Inflation zu „galoppieren“?
   b) Welche Preise der Berliner Markthallen erscheinen dir im Vergleich besonders niedrig, welche besonders hoch? Welche zusätzlichen Informationen über Berliner Verkehrsverhältnisse kannst du der Tabelle entnehmen?
2. Auch heute wird das Wort *Inflation* häufig gebraucht, manchmal in der Formulierung „schleichende Inflation“. Was mag damit gemeint sein? Wie unterscheidet sich unsere Zeit aber von der Inflationszeit 1923?

Der französische Außenminister Briand und der deutsche Außenminister Stresemann. Beide Staatsmänner setzten sich leidenschaftlich für die Verständigung ihrer Völker ein und erhielten 1926 gemeinsam den Friedensnobelpreis.

Bild unten: Der „Simplicissimus" (vgl. S. 31) feierte auf seiner Titelseite den „Retter Stresemann".

Die Jahre der Stabilisierung (1924–1929)

Die Wende zum Besseren

Die Jahre von 1919 bis 1923 waren die *Krisenzeit,* in der es immer wieder um die Frage ging: wird die junge deutsche Republik diese Notzeit durchstehen? Dann begann die Zeit des Aufstiegs.

Unter *Gustav Stresemann* vollzog sich die Wende. Er übernahm im August 1923, in der schwersten Zeit des Ruhrkampfes, als Reichskanzler und Außenminister die Hauptlast der Regierung. Er beendete den vergeblichen Widerstand gegen die Ruhrbesetzung und leitete eine Neuordnung der Finanzen ein.

Stresemann wußte, daß ihm und seiner Regierung das Aufgeben des Ruhrkampfes schwere Angriffe eintragen würde: „Der Mut, die Aufgabe . . . verantwortlich auf sich zu nehmen, ist vielleicht mehr national als die Phrasen, mit denen dagegen angekämpft wurde . . . Aber was fehlt uns im deutschen Volke? Es fehlt der Mut zur Verantwortlichkeit." Wenig später wurde seine Regierung gestürzt; Stresemann konnte jedoch als Außenminister in der neuen Koalition weiterarbeiten.

Der ungedeckte Fehlbetrag des Reiches betrug 589 Trillionen Mark. Ende November 1923 erfolgte eine *Währungsreform:* eine neue Mark, die sogenannte „Rentenmark" (später „Reichsmark"), wurde eingeführt. Sie ersetzte jeweils 1 Billion Papiermark. Mit dem *„Wunder der Rentenmark"* begann die allmähliche wirtschaftliche Erholung Deutschlands.

Verständigungs-politik

Nach dem Ruhrkonflikt ging Stresemann einen anderen Weg, den der *Verständigungspolitik.* In unablässigen, mühsamen Verhandlungen mit den Staatsmännern der Alliierten erreichte er langsam ein besseres Verständnis für die Notlage der Republik. In zahllosen Konferenzen wurden die Reparationen gesenkt. Neue Handels- und Wirtschaftsverträge wurden abgeschlossen: mit England, der Sowjetunion, Italien, schließlich auch mit Frankreich. Die vorzeitige Räumung der besetzten Gebiete des Rheinlandes wurde durchgesetzt. 1926 erreichte Stresemann als seinen größten Erfolg die Aufnahme Deutschlands in den Völkerbund. Seine Verständigungspolitik wurde freilich nicht von allen Deutschen anerkannt; auch Schmähungen und Beschimpfungen waren das Echo.

Reim der politischen Gegner Stresemanns um 1925:

„Stresemann – verwese man!“

Bericht des Chefdolmetschers Schmidt über die Aufnahme Deutschlands in den Völkerbund

Die Vollversammlung tagte bereits seit einer halben Stunde. Soeben war von dem Präsidenten der formelle Beschluß dieses Weltparlamentes verkündet worden, daß Deutschland (in den Völkerbund) aufgenommen worden sei. – „Ich bitte die deutschen Delegierten, nunmehr ihre Plätze einzunehmen“, tönte seine Stimme aus dem Lautsprecher in der engen Wandelhalle, wo wir, die deutsche Delegation, warteten. Der große Augenblick war gekommen. Eine kleine Tür öffnete sich, die den Blick in einen großen, dunkel getönten Saal mit mehreren übereinanderliegenden Rängen freigab ... Die Tribünen waren überfüllt. Die hellen Sommerkleider der Frauen und einige weiße Turbane aus Indien oder Arabien leuchteten als bunte Flecken in der Menge auf, die fast regungslos und schweigend dasaß.

Ich sah noch, wie Stresemann sich plötzlich aufrichtete und dann als erster Deutscher – im wahrsten Sinne des Wortes – über die Schwelle der kleinen Tür hinweg in den Völkerbund eintrat. Bei seinem Erscheinen setzte im ganzen Saal ein wahrer Beifallssturm ein. Von allen Seiten wurde geklatscht und Bravo gerufen. Nur mit Mühe konnten sich die drei deutschen Delegierten durch die Masse der ausländischen Völkerbundsvertreter den Weg zu ihren Plätzen bahnen. Alle wollten ihnen die Hände schütteln und ihnen persönlich zu diesem großen Ereignis Glück wünschen. Inzwischen tobte das Publikum auf den Tribünen, Tücherwinken, Hüteschwenken, „Bravo, Stresemann!“ – Zurufe mit fremdländischen Akzentuierungen. Eine Szene, wie sie sich im Völkerbund noch nie abgespielt hatte ...

Atemlose Spannung herrschte, als Stresemann auf die Rednertribüne zuschritt. Verhalten, fast scheu begann er zu sprechen, doch nach wenigen Sätzen bekam seine Stimme einen warmen Ton ... „Es kann nicht der Sinn einer göttlichen Weltordnung sein, daß die Menschen ihre nationalen Höchstleistungen gegeneinander kehren und damit die allgemeine Kulturentwicklung immer wieder zurückwerfen ... Deutschland wünscht mit allen Nationen, die im Rate des Völkerbundes vertreten sind, auf der Grundlage gegenseitigen Vertrauens zusammenzuarbeiten ...“

Dann betrat der französische *Außenminister Briand* die Rednertribüne, leicht gebeugt, mit etwas struppigem Haar und herabhängendem Schnauzbart. Ein kleiner unscheinbarer Mann. Aber schon nach den ersten Worten wurde er ein anderer. Er kannte keine Rednerpose, jeder im Saal hatte zunächst das Gefühl, als wenn sich Briand mit ihm persönlich unterhielte. „Was bedeutet nun dieser heutige Tag für Deutschland und für Frankreich? Das will ich Ihnen sagen: Es ist jetzt Schluß mit jener langen Reihe schmerzlicher und blutiger Auseinandersetzungen, die die Seiten unserer Geschichte beflecken, es ist Schluß mit dem Krieg zwischen uns, Schluß mit den langen Trauerschleiern, keine Kriege, keine brutalen Gewaltlösungen soll es von jetzt ab mehr geben. Ich weiß, daß Meinungsverschiedenheiten zwischen unseren Ländern auch heute noch bestehen, aber in Zukunft werden wir sie genauso wie die Einzelpersonen vor dem Richterstuhl in Ordnung bringen. Deshalb sage ich: fort mit den Gewehren ..., den Kanonen! Freie Bahn für die Versöhnung, die Schiedsgerichtsbarkeit und den Frieden!“

(*P. Schmidt,* Statist auf diplomatischer Bühne 1923–1945, Bonn 1954, S. 115 ff.)

Dieses Plakat druckte die Deutschnationale Volkspartei Ende 1924.

Der Tod Friedrich Eberts

Ein anderer großer Politiker der Weimarer Republik war inzwischen durch die Angriffe seiner Gegner von rechts und links förmlich zu Tode gehetzt worden: Reichspräsident Friedrich Ebert.

Hier ist eine Auswahl der Schimpfwörter, mit denen haßerfüllte Deutsche in Zeitungen und Flugblättern, an ihren Arbeitsplätzen und Stammtischen über ihn herzogen: „Schusterjunge", „versoffener Sattlergeselle", „Dolchstoßmörder", „Landesverräter", „vollgefressener Lump", „roter Hund", „Arbeiterverräter", „Judas der Arbeiter".

Am härtesten traf es ihn, daß er in einer sächsischen Zeitung als „Landesverräter" beschimpft wurde, weil er sich 1918 an einem Munitionsarbeiterstreik in Berlin beteiligt hatte. Er hätte, so hieß es, damit zum „Dolchstoß" in den Rücken der kämpfenden Front und so zur deutschen Niederlage im Ersten Weltkrieg beigetragen. Daß Ebert in Wahrheit der Streikleitung nur beigetreten war, um den Streik zu beenden, wurde verschwiegen.

Ebert stellte Strafantrag. Der Prozeß fand in Magdeburg statt und dauerte vom 9. bis zum 23. Dezember 1924. Das Gericht vertrat in seinem Urteilsspruch die Auffassung, daß Friedrich Ebert mit seinem Eintritt in die Streikleitung tatsächlich Landesverrat begangen hätte!

Jetzt durfte jeder den deutschen Reichspräsidenten als „Verräter" bezeichnen. Eine Flut hetzerischer Schmähungen ergoß sich seit Weihnachten 1924 – seit der Verkündung des Gerichtsurteils – über ihn.

Ebert legte Berufung ein und kämpfte ohne Rücksicht auf die angegriffene Gesundheit um seine Ehre. Ehe jedoch erneut verhandelt werden konnte, starb der erste Präsident der Weimarer Republik am 28. Februar 1925 an einer verschleppten Krankheit.

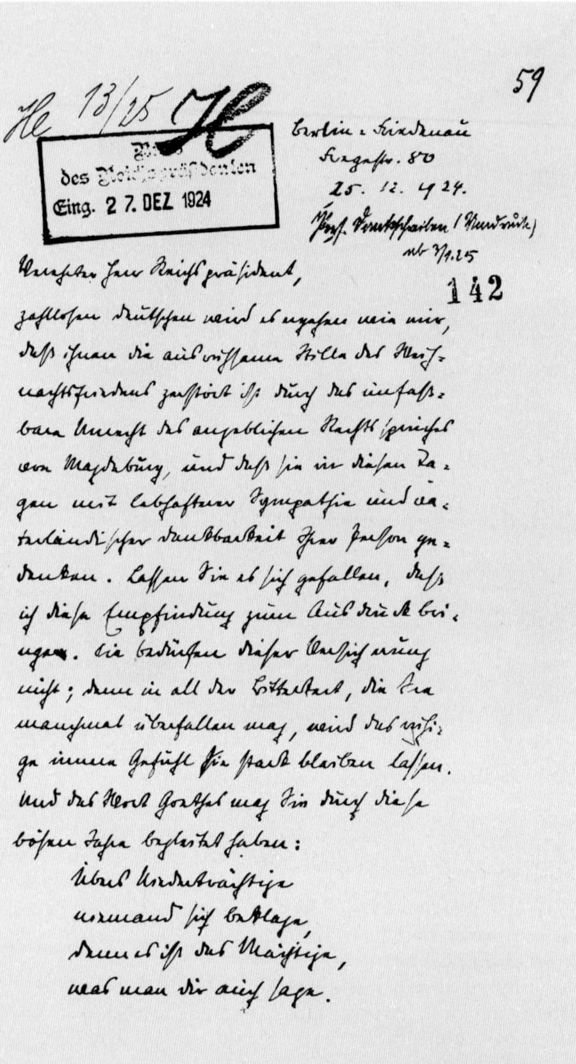

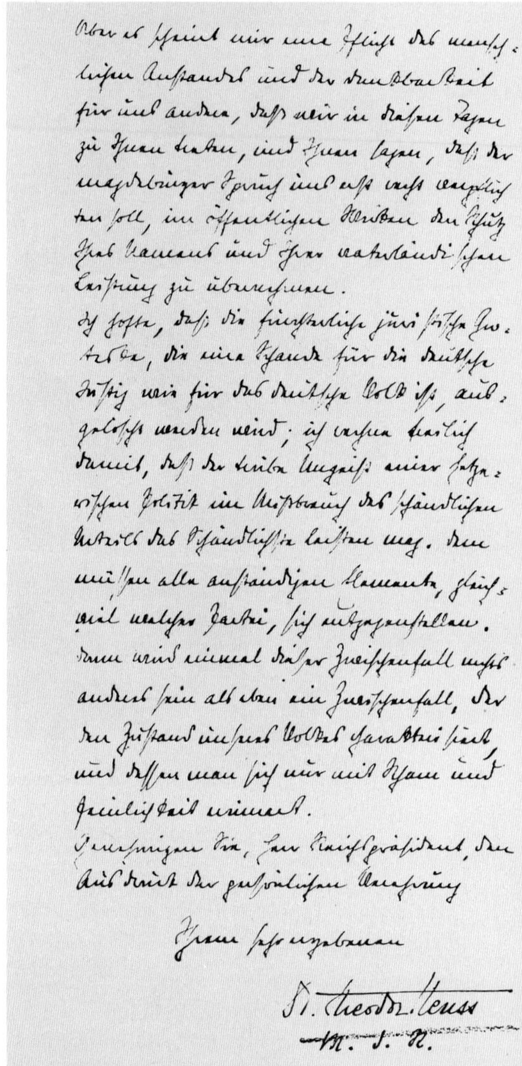

Ein Brief

Unter dem Eindruck des unwürdigen Gerichtsurteils schrieb ein junger Reichstagsabgeordneter der Deutschen Demokratischen Partei an Friedrich Ebert. Sein Name war *Theodor Heuss.* Er wurde 25 Jahre später der erste Präsident der Bundesrepublik Deutschland.

Der Brief, den Theodor Heuß an Friedrich Ebert schrieb, ist nicht vernichtet worden. Beamte des Präsidentenbüros haben ihn „zu den Akten genommen". Mit diesen Akten ist er schließlich in ein wichtiges deutsches Archiv gekommen, das Bundesarchiv in Koblenz. Hier haben ihn Historiker wiederentdeckt.

Untersuche bitte die *Bearbeitungsvermerke,* die nachträglich auf diesem Brief angebracht worden sind! Sie reichen vom Eingangsstempel über eine Notiz („Persönliches Dankschreiben – Umdruck") und das Datum der Beantwortung bis hin zu Zeichen für die Ablage in den Akten. – Solche Bearbeitungsvermerke sind für den Historiker oft sehr wichtige Hilfen bei seiner Archivarbeit.

Berlin-Friedenau
Fregestraße 80
25. 12. 1924

Verehrter Herr Reichspräsident,

zahllosen Deutschen wird es ergehen wie mir, daß ihnen die ausruhsame Stille des Weihnachtsfriedens zerstört ist durch das unfaßbare Unrecht des angeblichen Rechtsspruches von Magdeburg, und daß sie in diesen Tagen mit lebhafterer Sympathie und vaterländischer Dankbarkeit Ihrer Person gedenken. Lassen Sie es sich gefallen, daß ich diese Empfindung zum Ausdruck bringe. Sie bedürfen dieser Versicherung nicht; denn in all der Bitterkeit, die Sie manchmal überfallen mag, wird das ruhige Gefühl Sie stark bleiben lassen. Und das Wort Goethes mag Sie durch diese bösen Jahre begleitet haben:

Übers Niederträchtige
niemand sich beklage,
denn es ist das Mächtige,
was man dir auch sage.

Aber es scheint mir eine Pflicht des menschlichen Anstandes und der Dankbarkeit für uns andere, daß wir in diesen Tagen zu Ihnen treten, und Ihnen sagen, daß der magdeburger Spruch uns erst recht verpflichten soll, im öffentlichen Wirken den Schutz Ihres Namens und Ihrer vaterländischen Leistung zu übernehmen.

Ich hoffe, daß die fürchterliche juristische Groteske, die eine Schande für die deutsche Justiz wie für das deutsche Volk ist, ausgelöscht werden wird; ich rechne freilich damit, daß der trübe Ungeist einer hetzerischen Politik im Mißbrauch des schändlichen Urteils das Schändlichste leisten mag. Dem müssen alle anständigen Elemente, gleichviel welcher Partei, sich entgegenstellen. Dann wird einmal dieser Zwischenfall nichts anderes sein als eben ein Zwischenfall, der den Zustand unseres Volkes charakterisiert, und dessen man sich nur mit Scham und Peinlichkeit erinnert.

Genehmigen Sie, Herr Reichspräsident, den Ausdruck der persönlichen Verehrung
Ihrem sehr ergebenen

Dr. Theodor Heuss
M.d.R.

Arbeitsvorschläge

1. Gib die Ausführungen Stresemanns und Briands vor dem Völkerbund mit deinen Worten wieder!
2. Seit 1973 gehören die Bundesrepublik Deutschland und die Deutsche Demokratische Republik dem heutigen „Bunde der Völker", den *Vereinten Nationen,* als 134. und 135. Mitglied an. Welche Gründe für eine so späte Aufnahme kannst du vermuten?
3. Im Jahre 1972 wurde der Friedensnobelpreis ebenfalls einem deutschen Staatsmann verliehen, dem damaligen Bundeskanzler Brandt. Informiere dich im Kapitel „Die Bundesrepublik Deutschland" über die Gründe!
4. Versuche, die aufgeführten Schmähungen Eberts zu ordnen! Welche mögen von rechts, welche von links gekommen sein?
5. Lies den Brief von Theodor Heuß an Friedrich Ebert sorgfältig durch! Was kannst du diesem Arbeitsbuch über den Verfasser entnehmen? Welche Motive nennt er für seinen Brief? Wie versucht er, Ebert Mut zuzusprechen, ihn zu trösten?

Zwei Aufnahmen aus dem Jahre 1928. – Den Personenwagen links brachte die Firma Hanomag heraus (Spitzname: Kommißbrot). Auch dieses kleine billige Auto trug zur Motorisierung in Deutschland bei. Rechts der Flughafen Tempelhof in Berlin mit einer Ganzmetall-Verkehrsmaschine der Fa. Junkers. Zur „Lufthansa" hatten sich 1926 mehrere private Gesellschaften zusammengeschlossen.

Der wirtschaftliche Aufstieg

Die Stabilisierung der Mark brachte die deutsche Wirtschaft in einen deutlichen Aufwind. Das Vertrauen in die Währung förderte die Bereitschaft zur Investition.

Die Industriewerke wurden mit neuen Maschinen ausgestattet und „rationalisiert", die Verkehrsverbindungen ausgebaut, der Mittellandkanal quer durch Deutschland gezogen. Der Autoverkehr entwickelte sich, die Luftfahrt nahm einen Aufschwung (Ganzmetall-Flugzeuge, Zeppelinflüge nach Amerika und um den Erdball).

In der Elektrotechnik und der Chemie wurde Deutschland wieder führend auf dem Weltmarkt. 1929 hatte die Ausrüstung der Landwirtschaft mit Maschinen den zehnfachen Stand der Vorkriegszeit erreicht.

Der soziale Fortschritt

Neben diesem wirtschaftlichen Wiederaufstieg waren die *Sicherung des Arbeitsfriedens* und der *Ausbau der sozialen Fürsorge* beachtenswerte Leistungen dieser Zeit.

In den Betrieben wurde jetzt grundsätzlich die tägliche Arbeitszeit auf 8 Stunden verkürzt. Die Gewerkschaften wurden als *berufene Vertreter der Arbeitnehmer* anerkannt. Die Löhne wurden nicht mehr vom Fabrikherrn festgesetzt, sondern in allgemeinen *Tarifverträgen* ausgehandelt. Schlichtungsstellen und Arbeitsgerichte sorgten für friedliche und gerechte Beilegung von Konflikten. 1927 wurde schließlich eine gesetzliche *Arbeitslosenversicherung* eingeführt.

Industrie und Technik in der deutschen Malerei. – In der Industrie wurde der Mensch immer stärker zum Abhängigen der Maschinen; und dieses Problem Maschine–Mensch forderte auch die Künstler jener Jahre heraus. In seinem Gemälde „Die Arbeitsmänner" stellt der Maler Franz Wilhelm Seiwert (1894–1933) Mensch und Maschine in gleichartigen Grundformen dar, verwandelt er die Menschen in roboterhafte Typen. Das Bild hängt im Düsseldorfer Kunstmuseum.
Anders setzte Adolf Erbslöh (1881–1947) die kühne Technik der Schwebebahn in Wuppertal um: „Erbslöh isoliert das unheimlich wirkende schwarze Gerüst der Schwebebahnkonstruktion und läßt es in einer einzigen Kurve durch den Farbraum schwingen" (Siegfried Salzmann).

DIE ARBEITSMÄNNER

Alles das erscheint uns heute als selbstverständlich. Aber es war, gegenüber der Zeit vor dem Weltkriege, ein wahrhaft revolutionärer Fortschritt. Jetzt fanden auch Bismarcks Arbeiterschutzgesetze ihre entscheidende Fortführung. Für viele Arme und Hilflose war zu sorgen: für 1,4 Millionen Kriegsverletzte, die nur zum Teil noch arbeitsfähig waren, für 2,5 Millionen Witwen und Waisen, für die Deutschen aus dem Ausland und den verlorengegangenen Kolonien, für über 300 000 Kleinrentner, deren mühsam gespartes Alterskapital in der Inflation zerflossen war!

Liebenswerter Humor der Zeit: George Grosz, sonst ein bissiger Sozialkritiker, entwarf diesen „Schutzmann" 1922 als Vorlage für die Figur eines Theaterstücks.

Ein sehr großer Teil der Einnahmen des Reiches floß jetzt in die Fürsorge hinein. Die Sozialversicherung, die Krankenversicherung, die Hilfe für werdende Mütter, für Säuglinge, Krüppel und andere Hilfsbedürftige wurden durch neue Gesetze von Staats wegen festgelegt und ausgebaut. Bald hob sich die Volksgesundheit, die in den Kriegs- und ersten Nachkriegsjahren so gelitten hatte, wieder auf den Vorkriegsstand. Die Sterblichkeit der Säuglinge und der Tbc-Kranken sank durch diese Maßnahmen auf die Hälfte der Vorkriegsziffer.

Die Jugendfürsorge und Jugendpflege wurden ausgebaut. Überall baute man jetzt Jugendherbergen. 1930 besaß Deutschland die fünffache Zahl von Sport- und Spielplätzen gegenüber 1914.

Gegen den Preiswucher wurden Mieterschutzgesetze erlassen, die die Mietpreise und die Unkündbarkeit der Wohnung sicherten. Wichtiger aber war die unablässige Schaffung neuen Wohnraumes. Viele Wohnviertel in unseren Städten stammen aus dieser Zeit; man erkennt sie meist schon an ihrer (damals neuartigen) „aufgelockerten" Bauweise.

Sozialer Wohnungsbau in der Weimarer Republik: Die Hufeisensiedlung Berlin-Britz, 1925–1931 erbaut

Die ersten weiblichen deutschen Volksvertreterinnen (Weimar 1919)

Die Gleichberechtigung der Frauen

Die neue Republik sicherte den Frauen die politische Gleichberechtigung. Wie die Männer durften sie hinfort bei politischen Wahlen und Entscheidungen ihre Stimme abgeben. Sie konnten auch selbst gewählt werden – und gleich in der „Nationalversammlung" zu Weimar 1919 saßen 41 (im Bundestag 1980: 44 Frauen) als Abgeordnete.

Die politische Gleichberechtigung der Frauen war das Ergebnis eines langen Bemühens der *Frauenrechtlerinnen,* die seit Jahrzehnten sich dafür eingesetzt hatten. Besonders in England hatte es regelrechte „Kämpfe" darum gegeben.

Während des Krieges hatten die Frauen in fast allen kriegführenden Ländern ihren „Mann" stehen müssen. Sie hatten die Männerarbeit mit übernehmen müssen. Nun drängten in der Zeit der Weimarer Republik immer mehr Mädchen und Frauen in das Erwerbsleben hinein. Sie wählten und erlernten einen Beruf, um selbständig zu sein. 1925 betrug ihre Zahl schon 11,5 Millionen – das waren mehr als ein Drittel aller Berufstätigen.

Die Gleichberechtigung der Frauen: Verkäuferinnen als Streikposten vor einer Filiale der Berliner Schuhfirma Leiser im Januar 1931

Volksbildung, Wissenschaft und Kunst

Schon 1925/26 gab die Republik für die Förderung der Volksbildung, für Kunst und Wissenschaften doppelt soviel aus wie das Kaiserreich 1913/14. 1929/30 waren diese Ausgaben dreieinhalbmal so hoch.

Für alle deutschen Kinder wurde 1920 eine gemeinsame „Grundschule" eingerichtet. Bisher hatten die Gymnasien eigene Vorschulen. Jetzt sollte jeder gleiche Aufstiegsmöglichkeiten haben.

Von den 28 wissenschaftlichen Nobelpreisen zwischen 1919 und 1927 fielen neun auf deutsche Gelehrte. Das war der größte Anteil, den eine Nation stellte. Viele deutsche Dichter, Musiker, Maler und Bildhauer jener Zeit waren in der ganzen Welt hoch angesehen.

Man strebte danach, jetzt das ganze Volk an Künste und Wissenschaften heranzuführen. So wurden Volkshochschulen und Volksbühnen gegründet, Führungen durch Museen und Ausstellungen veranstaltet.

Zeugnis der neuen „expressionistischen“ (Ausdrucks-) Kunst, die mit dem Ersten Weltkrieg anbrach: Plastik von R. Belling „Dreiklang“.

Als *Adolf Hitler* 1933 zur Macht kam, verkündete er überall, daß die Weimarer Republik überhaupt nichts geleistet hätte. Ihre Zeit sei nur eine Zeit der Schande, der Not und der Unfähigkeit und Verderbtheit gewesen. Unablässig bemühte er sich, diese Behauptung vor allem der jungen, unerfahrenen und gläubigen Generation einzuprägen. Und die Menschen vergaßen – wie so oft – nur allzu schnell, was sie selbst erlebt hatten.

Schattenseiten und Gefahren

Stabilisierung der wirtschaftlichen Verhältnisse hieß zugleich: Stabilisierung der politischen Verhältnisse. Die Reichstagswahlen 1928 brachten den Parteien der Mitte Gewinne zu Lasten der Radikalen.

Freilich zeigten sich auch dunkle Flecken in dem Bild der „Goldenen Zwanziger“, wie man diese Zeit der Weimarer Republik nannte. Es gab Arbeitslosigkeit. Nicht immer konnten soziale Konflikte friedlich beigelegt werden: es gab Streiks und Aussperrungen. Nach der Währungsreform Ende 1923 war Deutschland für ausländisches Kapital wieder interessant geworden, flossen Kredite besonders aus den reichen USA in das Land. Diese Kredite vor allem erfüllten die verantwortlichen Politiker mit Sorge.

Stresemann auf einer Pressekonferenz am 14. 11. 1928

... Ich möchte Sie bitten, bei Ihren Beurteilungen der wirtschaftlichen Lage Deutschlands und auch der anderen hiermit zusammenhängenden Fragen den Gedanken zugrunde zu legen, daß wir in Deutschland in den letzten Jahren von gepumptem Gelde gelebt haben. Wenn einmal eine Krise bei uns kommt und die Amerikaner ihre kurzfristigen Kredite abrufen, dann ist der Bankerott da. Was wir an Steuern erheben, geht bis an die Grenzen dessen, was ein Staat überhaupt tun kann. Ich weiß nicht, woher neue Steuern geholt werden können. Die Statistiken zeigen, wieviel die Städte gebraucht haben, wieviel die Industrie gebraucht hat, wieviel fremdes Geld wir überhaupt aufgenommen haben, um uns aufrecht zu erhalten. Wir sind nicht nur militärisch entwaffnet, wir sind auch finanziell entwaffnet. Wir haben keinerlei eigene Mittel mehr ...

(*Gustav Stresemann,* Vermächtnis, Band III, Berlin 1932, S. 385)

Der Kreislauf des Geldes 1924 bis 1932: Deutschland zahlte Reparationen an seine Kriegsgegner, vor allem an Frankreich. Frankreich bezahlte damit die Waren- und Waffenlieferungen, die es während des Krieges von den USA erhalten hatte. Ein Teil dieser Gelder floß als Kredit nach Deutschland zurück.

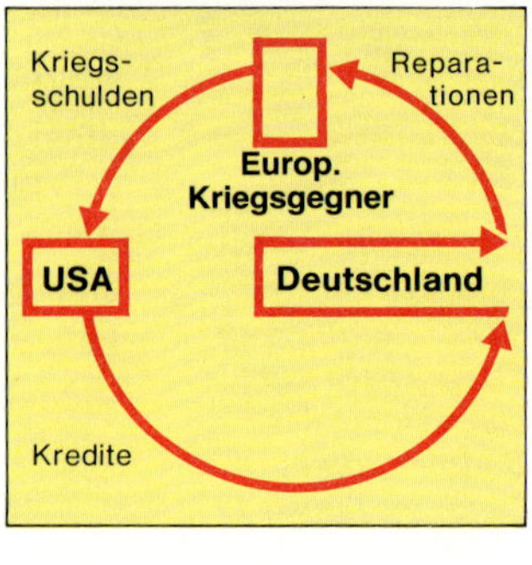

Zahlen zur deutschen Sozial- und Wirtschaftsgeschichte

Beschäftigte und Arbeitslose (in Tausend)							
(Jahresdurchschnitt)	1919	1920	1921	1922	1923	1924	1925
Erwerbspersonen	16 950	18 367	19 126	20 184	20 000	19 122	20 176
davon							
Arbeitslose (1000)	–	–	346	215	818	927	682
Arbeitslose (%)	–	–	1,8	1,1	4,1	4,9	3,4
(Jahresdurchschnitt)	1926	1927	1928	1929	1930	1931	1932
Erwerbspersonen	20 287	21 207	21 995	22 418	21 916	20 616	18 711
davon							
Arbeitslose (1000)	2 025	1 302	1 391	1 899	3 076	4 520	5 603
Arbeitslose (%)	10,0	6,2	6,3	8,5	14,0	21,9	29,9

Nach: *D. Petzina,* Sozialgeschichtliches Arbeitsbuch III, München 1978, S. 119

Arbeitslose in Großstädten Westdeutschlands

Städte	Anzahl der Arbeitslosen 1928	Anzahl der Arbeitslosen 1932	je 1000 Einw. 1932	Städte	Anzahl der Arbeitslosen 1928	Anzahl der Arbeitslosen 1932	je 1000 Einw. 1932
Aachen	4 800	16 200	100	Gelsenkirchen	10 900	35 100	105
Bochum	7 100	36 200	115	Hagen	2 100	20 700	140
Dortmund	12 000	73 600	136	Krefeld	3 500	15 000	92
Düsseldorf	9 800	56 100	112	Münster	1 500	6 100	50
Duisburg	11 000	63 805	145	Oberhausen	3 100	22 900	119
Essen	16 600	76 801	117	Wuppertal	8 500	56 100	137

Nach: Statistisches Handbuch von Deutschland, München 1949, S. 485

Soziale Konflikte in der Weimarer Republik

	1920	1922	1924	1926	1928	1930	1932
Anzahl der Streiks	3 693	4 348	1 581	316	687	342	643
Höchstzahl der Streikenden (1000)	1 418	1 638	666	57	327	208	129
Anzahl der Aussperrungen	114	437	392	40	72	29	16
Höchstzahl der Ausgesperrten (1000)	91	213	981	39	451	16	2

Nach: *D. Petzina,* Sozialgeschichtliches Arbeitsbuch III, München 1978, S. 114

Zahlen aus dem staatlichen Schulwesen

Jahr	Volksschulen Schüler (1000)	Volksschulen Schüler pro Klasse	Volksschulen Schüler pro Lehrer	Mittelschulen Schüler (1000)	Mittelschulen Schüler pro Klasse	Mittelschulen Schüler pro Lehrer	Höhere Schulen Schüler (1000)	Höhere Schulen Schüler pro Klasse	Höhere Schulen Schüler pro Lehrer
1921/22	8 894	43	45	329	26	27	799	30	19
1926/27	6 662	35	37	259	–	21	844	–	19
1931/32	7 590	39	40	230	25	20[1])	787	–	16
1938	7 596	40	42	259	32	30[2])	662	26	15

Nach: *D. Petzina,* Sozialgeschichtliches Arbeitsbuch III, München 1978, S. 165 ff.

[1]) Zahlen Mittelschulen: 1930/31 [2]) Zahlen Mittelschulen: 1939

Arbeitsvorschläge

1. Betrachte bitte noch einmal das Demonstrations-Plakat auf S. 114! Die Forderungen nach Enteignung von Grund und Boden, Gruben und Bergwerken kann man als *sozialistische*, die nach guten Schulen, Wohnungen und Renten als *sozialpolitische* bezeichnen.
Zur Geschichte der Weimarer Republik wurde festgestellt: „Sozialpolitik siegte über Sozialismus!" Wie urteilst du über diese Aussage?
2. Versuche bitte festzustellen, ob es auch in deinem Heimatort Wohnviertel aus der Zeit der Weimarer Republik gibt!
3. Wie beurteilst du den Anteil der Frauen als Abgeordnete in der Nationalversammlung und im Bundestag?
4. Untersuche nun bitte die Ausführungen Stresemanns!
   a) Wer war vor allem Kreditnehmer?
   b) Warum lösen die kurzfristig gegebenen Kredite Stresemanns besondere Sorge aus?
5. Arbeite die Aussagen der vorstehenden Tabellen sorgfältig durch! Übernimm auch folgende Auswertungshilfen:
   a) Worauf führst du die unterschiedliche Stärke der Arbeitslosigkeit in Städten wie z. B. Münster und Duisburg zurück?
   b) Bringe die Häufigkeit der sozialen Konflikte in Beziehung zu den einzelnen Abschnitten der Weimarer Republik!
   c) Ziehe zur Schul-Tabelle auch S. 32 heran!
   d) Prüfe in den Tabellen S. 161, in welchen Jahren der Weimarer Republik die deutsche Arbeiterschaft die Spitze der Löhne erreichte!
6. Vergleiche die Zahlen zum Stand der Motorisierung in Deutschland und den USA!

Bestand an Personenwagen in Deutschland	
1914	60 800
1922	82 700
1925	175 600
1927	268 000
1930	501 200
in den USA	
1925	15,6 Mill.
1929	23,1 Mill.

Der Niedergang (1930–1933)

Die Weltwirtschaftskrise

Im Oktober 1929 trat ein, was Stresemann befürchtet hatte. Ein „Börsenkrach" in New York, ausgelöst durch eine Überproduktion der amerikanischen Industrie, führte zu einer schweren Wirtschaftskrise in den USA.

Der Erste Weltkrieg hatte den USA große Gewinne beschert. Auch hier wurde investiert, modernisiert, rationalisiert. Wer auch immer Geld hatte, Hausfrau oder Millionär, legte es an, kaufte Aktien und Wertpapiere, um an den zu erwartenden Gewinnen teilzuhaben. Entsprechend stiegen die Kurse. Die Fabriken konnten viel mehr produzieren als bisher, und die Waren konnten auch lange Zeit gut verkauft werden. Es war eine Zeit der *Hochkonjunktur.*

Plötzlich ließ die Nachfrage nach. Allein 1929 waren 5,4 Millionen Autos produziert worden – sie fanden nur zum Teil Käufer. Unternehmen gerieten in Schwierigkeiten. Und jetzt brach eine große Krise aus: Jeder wollte sein Geld wiederhaben, seine Aktien verkaufen – um jeden Preis. Die Kurse sanken. Auch die Banken verloren Millionen am Sturz der Kurse.

Jetzt forderten die Banken kurzfristig ihr Geld samt Zinsen zurück: Deutschland geriet in den Sog der großen *Depression* in den USA.

In der Folge wurde das Geld knapp. Die Unternehmer und Handwerker erhielten von den Banken keine Betriebsdarlehen mehr, um Maschinen und Rohstoffe zu kaufen. Sie mußten ihre Produktion verringern und zum Teil ganz einstellen, zumal nun auch der Absatz der Waren überall im Ausland stockte. Sie mußten ihren Arbeitern kündigen. Die Krise weitete sich zu einer *Weltwirtschaftskrise.*

Szene auf einem Berliner Hinterhof: Eine alte Frau näht Säcke – die jungen Männer sind arbeitslos und stehen herum.

So setzte 1930 in Deutschland, wie auch in den USA und anderen Ländern, eine große *Arbeitslosigkeit* ein. Immer mehr Erwerbslose mußten bei den Arbeitsämtern und Fürsorgestellen „stempeln gehen". Das bedeutete erneute, unproduktive Ausgaben für die Republik.

Die politischen Folgen

Jetzt hatten es diejenigen leicht, die sich von Anfang an gegen diese Republik gestellt hatten. Die Wirtschaftskrise war weltweit – auch in den USA gab es Millionen Arbeitslose –, aber wer jetzt erklärte, die Arbeitslosigkeit in Deutschland sei das Ergebnis der Demokratie, der fand offene Ohren und gläubige Zuhörer!

Not und Hoffnung trieben Millionen Menschen seit 1930 dazu, die Parteien zu wählen, die Feinde der Republik waren, aber allen „Arbeit und Brot" versprachen.

Über der Weltwirtschaftskrise zerfiel 1930 die Regierung, die seit den Reichstagswahlen 1928 aus Mitgliedern der SPD, DDP, DVP und des Zentrums gebildet worden war. Eine neue *Koalition* – ein Zusammenschluß mehrerer Parteien zur Bildung einer Regierung – kam nicht wieder zustande: Die im Reichstag vertretenen Parteien fanden kein Programm, auf das sich eine Mehrheit hätte einigen können. Fortan setzte der Reichspräsident Regierungen von sich aus ein. Gesetze wurden kaum noch vom Reichstag verabschiedet. An ihre Stelle traten *„Notverordnungen"* mit Gesetzeskraft, die der Reichspräsident – seit dem Tode Eberts der ehemalige Generalfeldmarschall von Hindenburg – unterschrieb. So wurde die Stellung des Reichspräsidenten immer stärker, die Stellung des Reichstags aber immer schwächer.

Vier Wahlplakate aus den Jahren 1930 und 1932. – In der „Mitte" warnen die demokratischen Parteien – Sozialdemokraten und Zentrum – verzweifelt vor den Zerstörern der Republik. Aber von „links" wie von „rechts" werden diese immer stärker. Die einen kämpfen gegen den „Klassenfeind" und das parlamentarische „System". Die anderen aber ap-

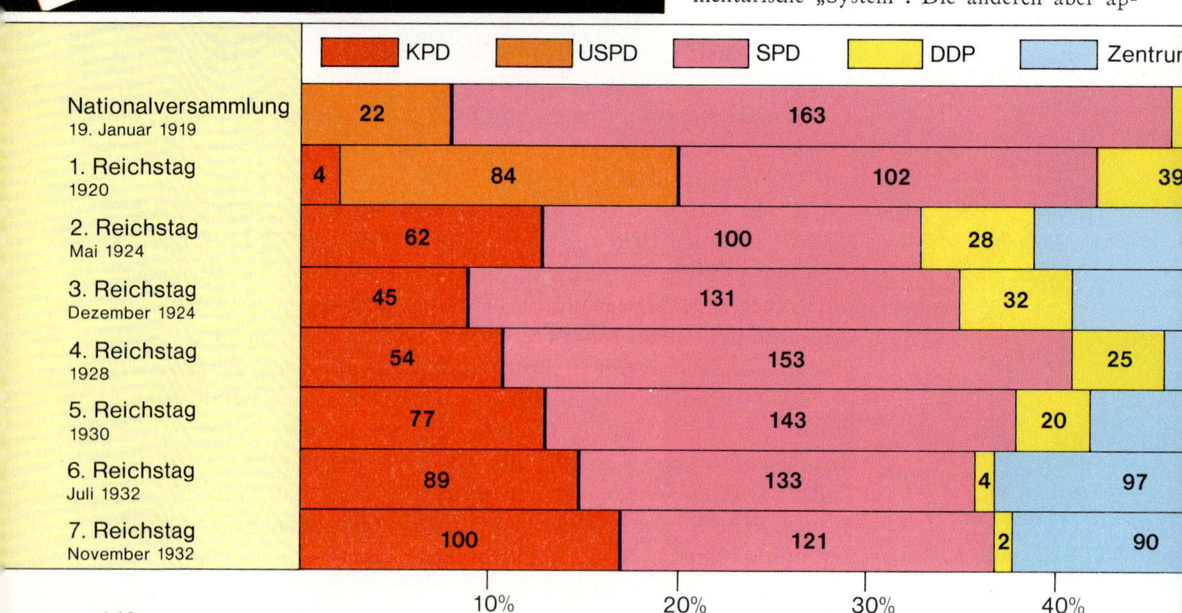

pellieren geschickt an die Not und das Elend der Menschen in dieser Zeit. Sie stellen ihren „starken Mann“ heraus, der alles zum Besseren wenden wird.

Das Schaubild *unten* zeigt die Wahlergebnisse zur Nationalversammlung und zum Deutschen Reichstag 1919–1932. Dargestellt ist der Anteil der abgegebenen Stimmen in Prozent.

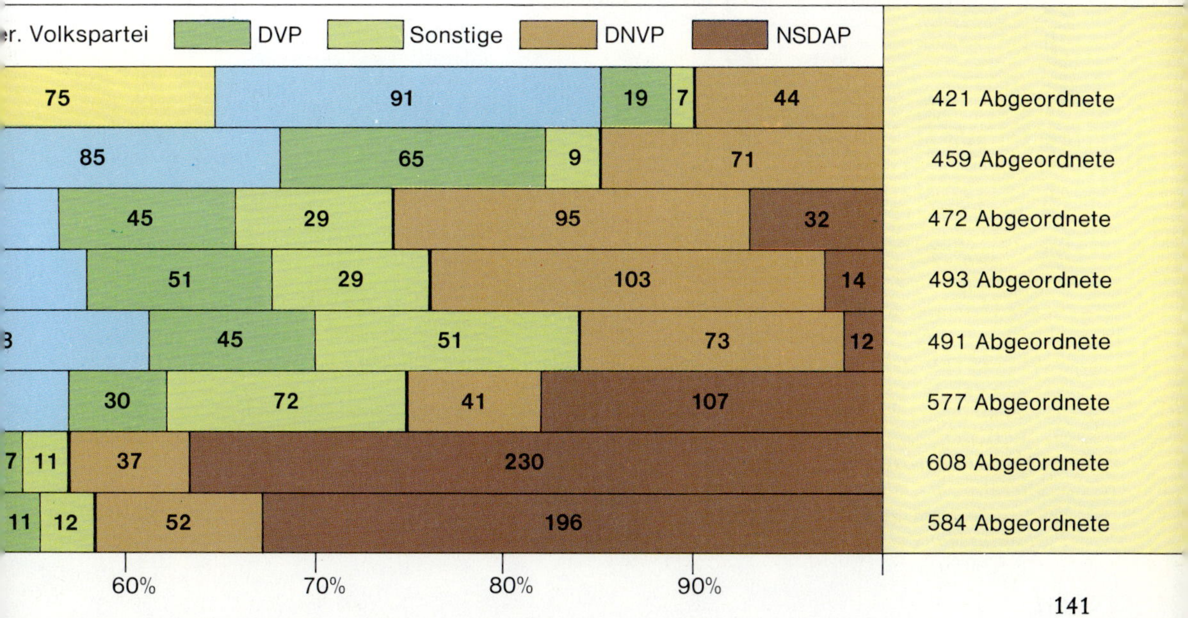

Reichstagswahl
Wahlkreis 12 (Thüringen)

1	Nationalsozialistische Deutsche Arbeiter-Partei (Hitler-Bewegung) Dr. Frick — Dr. Zunkel — Trübenbach — Triebel	1	◯
2	Sozialdemokratische Partei Deutschlands (S.P.D.) Frölich — Dietrich — Frau Wurm — Petrich	2	◯
3	Kommunistische Partei Deutschlands Thälmann — Schiel — Creutzburg — Schumann	3	◯
4	Deutsche Zentrumspartei Dr. Brüning — Pradel — Wand — Hülsmann	4	◯
5	Deutschnationale Volkspartei Graef — von Goldacker — Popp — Frau von Porembsky	5	◯
5a	Radikaler Mittelstand Mylius — Dr. Wörbelauer	5a	◯
7	Deutsche Volkspartei Dr. Pfeffer — Branckhoff — Klump — Abbaß	7	◯
8	Deutsche Staatspartei Lemmer — Dr. Ehlers — Frau Hild — Bozberger	8	◯
9	Christlich-sozialer Volksdienst (Evangelische Bewegung) Behrens — Küfner — Dr. Winne — Frau Lehmann	9	◯
9a	Deutsch-hannoversche Partei Prelle — Meyer	9a	◯
10	Reichspartei des deutschen Mittelstandes Bredt — Köster — Dr. Wilhelm — Mollath	10	◯
13	Thüringer Landbund Abicht — Breitenstein — Etzold — Frhr. von Seebach	13	◯
14	Volksrecht-Partei Bauser — Frau Tenffert — Brink	14	◯
17	Sozial-Republikanische Partei Deutschlands (Hörsing-Bewegung für Arbeitsbeschaffung) Hörsing — Pape — Hesse — Müller	17	◯
18	Sozialistische Arbeiter-Partei Deutschlands Dr. Rosenfeld — Dr. Siemsen — Frau Lücke — Schwarzbold	18	◯
20a	Großdeutsche Volkspartei (Liste Schmalix) Schmalix — Dr. Massig — Kellotat — Rommel	20a	◯
20b	Nationalsoziale Partei der Mitte (Handel, Handwerk, Gewerbe, Landwirte, Haus- und Grundbesitzer) Rast — Klinz — Wilke — Borchert	20b	◯
21	Freiwirtschaftliche Partei Deutschlands F.P.D. (Partei für krisenfreie Volkswirtschaft) Sterzing — Leder — Thierfelder — Rennecke	21	◯
25	Kampfgemeinschaft der Arbeiter und Bauern Schmidt — Fienold — Henke — Gebhardt	25	◯
26	Radikaldemokratische Partei Enke — Becker — Müller — Frau Strasser	26	◯
27	Kleinrentner, Inflationsgeschädigte und Vorkriegsgeldbesitzer Beer — Sielmann — Huhn — Bungert	27	◯
28	Für Hindenburg und Papen (Nationalistische Kampfbewegung) Preukschat — Frau Langermann — Buja	28	◯
29	Enteigneter Mittelstand Krämer — Hellwig — Herfort	29	◯
30	Nationalistische Partei Schmidt — Albold — Krapohl — Schorcht	30	◯

In der Weimarer Republik hatten auch die kleinsten Parteien die Möglichkeit, in den Reichstag einzuziehen. Die „Väter der Verfassung“ wollten damit erreichen, daß jede Meinung im Volk auch im Parlament zu Wort kommen konnte. So kam es zu ständigen Partei-Neugründungen. Die Zersplitterung aber machte Regierungsbildungen schwer und setzte das Ansehen des Parlaments im Volk herab.

Arbeitsvorschläge

1. Unterscheide Ursachen und Erscheinungsformen der Wirtschaftskrise von 1930 in Deutschland!

2. Betrachte jedes einzelne der vier Wahlplakate auf den Vorseiten genau! Suche die folgenden Fragen zu beantworten:
   a) Welche Parteien stellen sich selbst durch Sinnbilder dar? Welche Sinnbilder wählen sie dafür?
   b) Welche Gegner stellen die Parteien auf ihren Plakaten heraus? Welche Sinnbilder wählen sie für diese?
   c) Welche Farben werden bevorzugt? Warum wohl?
   d) Welches Plakat mag damals am stärksten gewirkt haben? Begründe bitte!

3. Werte das Schaubild auf den Vorseiten ebenfalls aus! Folgende Fragen werden dir dabei helfen:
   a) Eine normale „Sitzungsperiode“ umfaßte vier Jahre. Welche Perioden kannst du ablesen? Was mögen abgekürzte Zeiten bedeuten?
   b) Wann zogen neue Parteien in das Parlament ein? Welche?
   c) Verfolge die Entwicklung jeder Partei nach ihrer prozentualen Stärke! Welche Parteien wuchsen, sanken oder stürzten sogar ab? Welche Erklärungen hast du dafür?
   d) Zeichne Kurvenbilder für die Entwicklung jeder einzelnen Partei!
   e) Prüfe und überlege, zu welchen Parteien die Wähler der absinkenden Parteien übergegangen sein mögen. Welche Gründe siehst du?

4. Zeichne auch ein Kurvenbild für die Entwicklung der Arbeitslosenzahlen nach der Tabelle auf S. 137! Vergleiche es mit den Kurvenbildern der rechten und linken Parteien!

5. Durch die uneingeschränkte Zulassung aller Parteien kam es zu solchen Wahlzetteln, wie ihn die nebenstehende Abbildung zeigt. Ziehe die 24 Parteien und Interessengruppen heraus, die 1932 in Thüringen für den Reichstag kandidierten!

6. Heute verhindert die Fünf-Prozent-Klausel eine solche Parteienzersplitterung. Ist das nur vorteilhaft, oder siehst du auch Nachteile? Überlege bitte, vor welchen Schwierigkeiten neue, noch nicht etablierte Parteien stehen!

Links ein Aufmarsch des kommunistischen „Rotfront-Kämpferbundes" in Berlin 1930 mit Ernst Thälmann (links) an der Spitze; rechts Adolf Hitler und einige Führer seines Kampfbundes SA (Sturm-Abteilung) in Bad Harzburg 1931.

Die Radikalisierung

Während der Krisenzeit formierten sich die Gegner der Republik. Es waren jetzt vor allem die Kommunisten und die Nationalsozialisten. Sie kämpften gegen alle, die für die Republik waren, aber auch gegeneinander. Ihre Kampfbünde schlugen sich in Saalschlachten und auf den Straßen.

Die Kommunisten

Die *Kommunistische Partei Deutschlands* (KPD) war inzwischen völlig von Moskau abhängig. Unter ihrem Anführer *Ernst Thälmann* kämpfte sie für ein „Sowjetdeutschland" und für die Weltrevolution. Trotz Saalschlachten und Straßenkämpfen mit den Nationalsozialisten war ihr Hauptgegner die SPD, denn mit dieser konkurrierte sie um die Stimmen der Arbeiter. Aber die Mehrheit der Arbeiter bekannte sich auch weiterhin zur parlamentarischen Demokratie.

Die Nationalsozialisten

Den größten Anstieg unter den radikalen Parteien zeigte die *Nationalsozialistische Deutsche Arbeiterpartei* (NSDAP) unter ihrem Parteiführer *Adolf Hitler*. Jahrelang war sie klein geblieben – bis die Weltwirtschaftskrise ihr fruchtbaren Boden bereitete. Jetzt wurden die Unzufriedenen, die Arbeitslosen, die verarmten Handwerker und Kleinbürger zu Wählern Hitlers.

Arbeitsvorschlag

1. Vergleiche im Schaubild S. 140/141 die Entwicklung von KPD und NSDAP!
   a) In welcher Reichstagswahl machte die KPD ihren großen Sprung nach oben? Vergleiche für die Gründe vor allem S. 122–124!
   b) Prüfe die Behauptung: In den guten Jahren der Republik hatte die NSDAP keine Chance!
2. Untersuche das politische Verhalten der KPD! Welche Alternative wäre denkbar gewesen? Wem nützte letztlich diese KPD-Politik?
3. Welche Konsequenz hat die Existenz von Kampfbünden einzelner Parteien für das politische Klima?

Symbole faschistischer Bewegungen in Europa. – Obere Reihe von links nach rechts: Joch und Pfeile der spanischen Falange; Donnerkeil der British Union of Fascits (Großbritannien) unter Oswald Mosley; Liktorenbündel der italienischen Faschisten
Mitte: Hakenkreuz
Untere Reihe von links nach rechts: Keltenkreuz, Abzeichen der „Jeune Nation" in Frankreich; Pfeilkreuz der ungarischen Faschisten

Der Weg zum 30. Januar 1933

Faschistische Bewegungen in Europa

In der Zeit nach dem Ersten Weltkrieg entwickelten sich in vielen Staaten Europas politische Gruppierungen, die sich von der bisherigen Parteienlandschaft abhoben. Bestimmte Grundeinstellungen verbanden sie: Sie waren *antidemokratisch, antiparlamentarisch, antikommunistisch,* bisweilen auch betont *antisemitisch* (vgl. S. 145 f.). Ein *starker Staat,* ein starker *Führer an der Spitze* eines *in sich geschlossenen Volkes* – das waren ihre Ziele.

In Italien eroberte diese Bewegung 1922 unter ihrem Führer Mussolini zuerst die Macht im Staat. Der Begriff *Faschismus* bezeichnete zunächst nur diese italienische Gruppierung; später wurde er auch auf die anderen übertragen. So können wir auch vom Nationalsozialismus in Deutschland als von einer *faschistischen* Bewegung sprechen.

Benito Mussolini (1883–1945), Führer der italienischen Faschisten

Das Reservoir zur Bildung einer Massenbewegung fanden sowohl *Mussolini* als auch *Hitler* zunächst in den Jahrgängen der Kriegsgeneration, die den „Frontkämpfergeist" in die innenpolitische Arena übertrugen. Besonders anfällig erwiesen sich weiterhin die vom Ausgang des Krieges enttäuschten Nationalisten und Entwurzelten aller Schichten der Bevölkerung (z. B. Versailles-Problematik und Reparationstrauma in Deutschland; unerfüllt gebliebene Gebietserweiterungen in Italien; ungelöste nationale Fragen und Minderheitenprobleme in verschiedenen ostmitteleuropäischen Staaten usw.) und vor allem die von Inflation und Weltwirtschaftskrise deklassierten Schichten des Mittelstandes und der Landwirtschaft. Gerade die Ängste der sich durch eine veränderte Welt bedroht fühlenden Angehörigen des Kleinbürgertums ergaben einen idealen Nährboden für die Gemeinschaftsideologie faschistischer Führer. Zu einem nicht geringen Teil war die Entstehung des Faschismus aber auch ein Ausdruck eines heftigen Generationskonflikts (Schlagworte: „Dynamik der Jugend", Kampf gegen „vergreiste Repräsentanten der verrotteten bürgerlichen Demokratie" usw.). Alle faschistischen Bewegungen waren in sich selbst höchst widersprüchliche Gruppierungen.

(*Wolfgang Scheffler,* in: Politik des 20. Jahrhunderts, Braunschweig 1974, S. 119 f.)

Arbeitsvorschläge

1. Arbeite aus dem vorstehenden Text heraus, welche Gründe Deutsche und Italiener zu „Faschisten“ werden ließen! Welche Schichten waren für den Faschismus besonders anfällig?
2. Verfolge und beurteile den Gebrauch des Wortes „faschistisch“ in der politischen Auseinandersetzung unserer Gegenwart!

Die Anfänge der NSDAP

Wer waren nun die Nationalsozialisten, wer war Adolf Hitler?

Adolf Hitler (1889–1945) war von Geburt Österreicher. Er hatte eigentlich Kunstmaler werden wollen. Jahrelang lebte er als Gelegenheitsarbeiter in Wien. Von 1914–1918 nahm er als Gefreiter am Ersten Weltkrieg teil. Bei Kriegsende, das er ausschließlich als Folge eines *Dolchstoßes in den Rücken der kämpfenden Front* begriff, lag er in einem Lazarett in Pommern.

Plakatanschlag in München am 9. November 1923

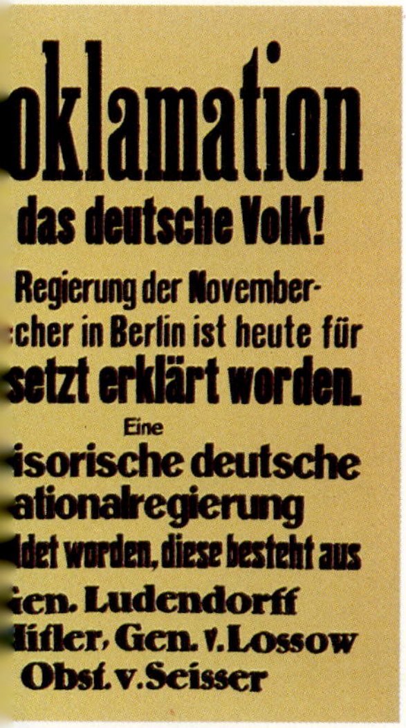

> „Dort mußte ich – die Revolution erleben! . . . Matrosen kamen auf Lastkraftwagen und riefen zur Revolution auf, ein paar Judenjungen waren die ‚Führer‘ in diesem Kampfe um die ‚Freiheit, Schönheit und Würde‘ unseres Volksdaseins. Keiner von ihnen war an der Front gewesen . . . Nun zogen sie . . . den roten Fetzen auf . . .
>
> Die nächsten Tage kamen, und mit ihnen die entsetzlichste Gewißheit meines Lebens . . . Elende und verdammte Verbrecher! . . . In diesen Nächten wuchs mir der Haß gegen die Urheber dieser Tat . . . Mit dem Juden gibt es kein Paktieren, sondern nur das harte Entweder-Oder.
>
> Ich aber beschloß, Politiker zu werden.“
>
> (*Adolf Hitler*, Mein Kampf, München 1934, S. 221 ff.)

Hitler wurde in München Mitglied einer der vielen nationalistischen Splittergruppen der Nachkriegszeit, die er unter dem Namen *Nationalsozialistische Deutsche Arbeiterpartei* (NSDAP) sehr bald seinem Willen unterordnete. Zusammen mit Nationalisten und Monarchisten unternahm die NSDAP 1923 einen Putsch gegen die „Regierung der Novemberverbrecher in Berlin“. Der Demonstrationszug, der den Umsturz einleiten sollte, brach jedoch im Feuer der Münchener Polizei zusammen. Hitler wurde zu einer Haftstrafe verurteilt. Auf der Festung Landsberg schrieb er 1924 das Buch „Mein Kampf“, in dem er seine politischen Vorstellungen (er nannte sie seine „Weltanschauung“) und seine Ziele darlegte.

Nationalsozialistische „Weltanschauung“

Im Mittelpunkt dieser „Weltanschauung“ Hitlers steht die *Rassenlehre.* Danach gibt es höherwertige und minderwertige Rassen, von denen allein eine, die „arische“, in der Geschichte die großen Leistungen vollbracht hat. Der Kern dieser arischen Rasse waren die Germanen; aus den Germanen wiederum sind die Deutschen als Kernvolk hervorgegangen. Aus dieser Gleichsetzung (arisch = germanisch = deutsch) leitete Hitler einen Anspruch der Deutschen auf eine Führungsrolle in der Welt her.

Immer droht die Gefahr einer Vermischung der Rassen. Deshalb ist es wichtig, das „Rassenbewußtsein“ zu pflegen, das „deutsche Blut rein zu halten“, damit die arische Rasse auch künftig bestehen und ihren Herrschaftsanspruch durchsetzen kann.

Die größte Gefahr für die „arische“ Rasse aber ist die „semitische“ Rasse. Hier, im *Judentum*, sind für Hitler die Kräfte des Bösen und Zerstörerischen verdichtet, hier sitzen die großen Kulturzerstörer – in der Geschichte wie in der Gegenwart. Hier gibt es eine „jüdische Weltverschwörung“: ihre Waffen sind Demokratie und Parlamentarismus, Marxismus und Kommunismus, Pazifismus und Liberalismus. Mit ihnen betreibt sie die „Zersetzung“ des deutschen Volkes. Was auch an Negativem geschieht: „Die Juden sind an allem schuld“, und ihnen muß der Kampf gelten.

Seinen „Lebenskampf“ kann das deutsche Volk nur bestehen, wenn es dafür den notwendigen „*Lebensraum*“ hat. Diesen kann es nur im Osten finden, wo es rassisch minderwertige Völker – die Slawen – gibt, die als Sklavenvölker für die deutschen „Herrenmenschen“ bereitstehen.

Aus dem Buch „Mein Kampf“ von Adolf Hitler

„Die völkische Weltanschauung [erkennt] die Bedeutung der Menschheit in deren rassischen Urelementen ... Sie glaubt somit keineswegs an eine Gleichheit der Rassen, sondern erkennt mit ihrer Verschiedenheit auch ihren höheren oder minderen Wert und fühlt sich durch diese Erkenntnis verpflichtet, ... den Sieg des Besseren, Stärkeren zu fördern, die Unterordnung des Schlechteren und Schwächeren zu verlangen.“

„Menschliche Kultur und Zivilisation sind auf diesem Erdteil unzertrennlich gebunden an das Vorhandensein des Ariers. Sein Aussterben oder Untergehen wird auf diesen Erdball wieder die dunklen Schleier einer kulturlosen Zeit senken.“

„Alle großen Kulturen der Vergangenheit gingen zugrunde, weil die ursprünglich schöpferische Rasse [an] Blutvergiftung starb.“

„Wer leben will, der kämpfe also, und wer nicht streiten will in dieser Welt des ewigen Ringens, verdient das Leben nicht.“

„Im russischen Bolschewismus haben wir den im zwanzigsten Jahrhundert unternommenen Versuch des Judentums zu erblicken, sich die Weltherrschaft anzueignen, genau so, wie es in anderen Zeitperioden durch andere, wenn auch innerlich verwandte Vorgänge, dem gleichen Ziel zuzustreben suchte.“

„Deutschland wird entweder Weltmacht oder überhaupt nicht sein. Zur Weltmacht aber braucht es jene Größe, die ihm in der heutigen Zeit die notwendige Bedeutung und seinen Bürgern das Leben gibt.

Damit ziehen wir Nationalsozialisten einen Strich unter die außenpolitische Richtung unserer Vorkriegszeit. Wir setzen dort an, wo man vor sechs Jahrhunderten endetete. Wir stoppen den ewigen Germanenzug nach dem Süden und Westen Europas und weisen den Blick nach dem Land im Osten. Wir schließen endlich ab die Kolonial- und Handelspolitik der Vorkriegszeit und gehen über zur Bodenpolitik der Zukunft.

Wenn wir aber heute in Europa von neuem Grund und Boden reden, können wir in erster Linie nur an Rußland und die ihm untertanen Randstaaten denken ... Das Riesenreich im Osten ist reif zum Zusammenbruch. Und das Ende der Judenherrschaft in Rußland wird auch das Ende Rußlands als Staat sein.“

(Mein Kampf, S. 316, 317, 420 f., 421, 742 f., 751)

Der Weg zur Macht

Nach seiner vorzeitigen Entlassung aus der Haft 1925 entschloß sich Hitler zu einer anderen Form der Machteroberung: über den Stimmzettel. Langsam, aber systematisch sollten die Massen des Volkes gewonnen werden. Eine besondere Befähigung half ihm dabei:

> „Hitler besitzt die außergewöhnliche, einmalige Begabung für Propaganda ... In öffentlichen Versammlungen zeigt er sich nicht eher, als bis die Atmosphäre genügend erhitzt und ein ihm entsprechendes Klima geschaffen ist ... Ich glaube nicht, daß er die Menge hypnotisiert, ebensowenig wie den einzelnen Menschen, den er vor sich hat. Aber das Ergebnis ist das gleiche. Er reagiert außerordentlich fein, schaltet sich in den Stromkreis der Massen ein ..., er sagt das, was sie halb unbestimmt empfindet, er drückt es so blendend aus, daß er sie hinreißt und fasziniert. Damit fesselt er sie unweigerlich an sich; sie liebt in ihm die Verkörperung des eigenen Ichs."
>
> (*R. Coulondre,* Von Moskau nach Berlin 1936–1939, Bonn 1950)

In den ruhigen und guten Jahren der Republik blieb der Erfolg dennoch gering. Dann gelang 1930 der Durchbruch: Die Nationalsozialisten stellten die zweitstärkste Partei im Reichstag. Dadurch wurden Hitler und seine Partei auch für diejenigen interessant, die zwar nicht seine Anhänger, aber auch rechtsgerichtet waren.

Das waren einmal die DNVP und der ebenfalls republikfeindliche, nationale Frontkämpferbund „Der Stahlhelm". Sie schlossen sich mit Hitler zu einer gemeinsamen *„Harzburger Front"* gegen die Demokratie zusammen. Das war zum anderen eine Reihe von *Großindustriellen,* die glaubte, ihn benutzen zu können, um die Kommunisten aus dem Felde zu schlagen, und ihn danach wieder beiseite schieben wollte. So übernahmen sie einen großen Teil der Schulden der NSDAP und finanzierten auch die Wahlpropaganda.

Soziale Schichtung von NSDAP-Mitgliedern und Reichsbevölkerung 1930 (in Prozent)

Berufsgruppe	Anteil an den NSDAP-Mitgliedern	Anteil an der Reichsbevölkerung
Arbeiter	28,1	45,1
Landwirte	14,1	6,7
Handwerker und Gewerbetreibende	9,1	5,5
Selbständige im Handel	8,2	3,7
Freie Berufe	3,0	1,5
Lehrer	1,7	1,0
Sonstige Beamte	6,6	3,3
Angestellte	25,6	15,9
Mithelfende Familienangehörige (meist weiblich)	3,6	17,3

(Nach: *M. Broszat,* Der Staat Hitlers, München 1969, S. 51)

„Der Sinn des Hitlergrußes" (Plakat von John Heartfield). – Wie legt Heartfield die Hitlerworte „Millionen stehen hinter mir" aus?

Stimmen für die NSDAP (in 1000)	
Mai 1924	1 918
Dez. 1924	907
1928	810
1930	6 380
Juli 1932	13 766
Nov. 1932	11 737

Bei den Reichstagswahlen im Sommer 1932 wurde Hitlers Partei von 13,7 Millionen Wählern unterstützt. Sie zog mit 230 Abgeordneten als stärkste Partei in den Reichstag ein. Unablässig drängte Hitler jetzt, Reichskanzler zu werden.

Am 30. Januar 1933 berief Reichspräsident von Hindenburg nach langem Zögern Hitler zum Reichskanzler einer Regierung, die sich aus Mitgliedern der NSDAP und der DNVP sowie aus „Stahlhelm"-Mitgliedern und aus Parteilosen zusammensetzte.

Als Hitler am Abend, bleich und erregt, in die Reichskanzlei fuhr, um hier einen Fackelzug seiner Anhänger abzunehmen, sagte er: „Hier bringt mich lebend niemand wieder heraus!"

Arbeitsvorschläge

1. Setze die Auszüge aus „Mein Kampf" zu den drei Leitlinien der „Weltanschauung" Hitlers
   - Rassenlehre
   - Antisemitismus
   - Lehre vom Lebensraum

   in Beziehung!
2. Was heißt „Machteroberung über den Stimmzettel"?
3. War die NSDAP eine *Arbeiter*partei? Stelle anhand der Tabelle fest, welche Berufsgruppen in der NSDAP 1930 (120 000 Mitglieder) über- bzw. unterrepräsentiert waren!
4. Noch am 18. November 1932 hatte die SPD-Zeitung „Vorwärts" geschrieben: „Hitler soll Reichskanzler werden? Er hat in drei Monaten zwei Millionen Stimmen verloren. Macht er in demselben Tempo weiter, so ist er in fünfzehn Monaten fertig." – Womit hätte der Schreiber seine Hoffnung noch begründen können? Betrachte den Zahlenspiegel oben!
5. Lies bitte noch einmal den Text auf S. 108! Stelle die wirtschaftlichen, außenpolitischen und innenpolitischen Gründe für das Scheitern der Weimarer Republik zusammen!

Wir merken uns

Die neue deutsche Republik erhielt ihre Gestalt durch die Weimarer Verfassung (1919). Friedrich Ebert (1871–1925) war der erste Reichspräsident.

Die Republik war dreifach belastet:
durch ihre innenpolitischen Gegner, vor allem KPD und NSDAP;
durch außenpolitische Schwierigkeiten (Versailles, Ruhrkampf);
durch wirtschaftliche Notlagen (Inflation, Weltwirtschaftskrise).

In der Geschichte der Weimarer Republik lassen sich drei große Abschnitte erkennen:
die Zeit des mühsamen Anfangs (1919–1923);
die Zeit des Aufstiegs (1924–1929);
die Zeit des Niedergangs und Scheiterns (1930–1933).

Die Republik endete am 30. Januar 1933 mit der Machtergreifung Adolf Hitlers.

Wohin? (Englische Karikatur 1933)

Die nationalsozialistische Diktatur 1933-1945

4

Einmarsch deutscher Truppen in Prag 1939

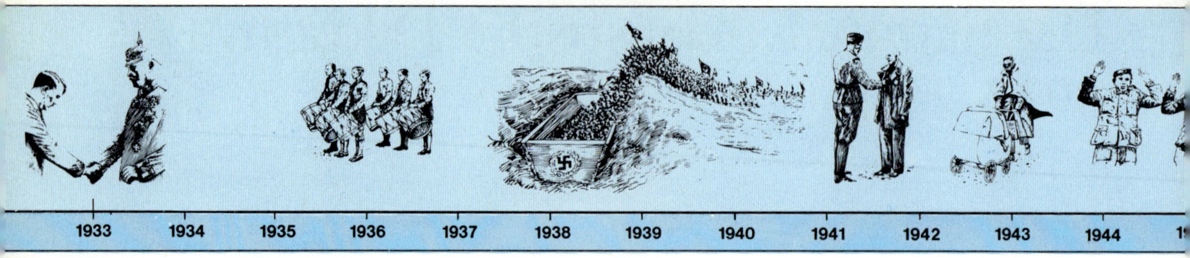

Ein Bild aus dem Frühjahr 1939

Sieh dir bitte das Bild auf S. 149 genau an! Betrachte jedes einzelne Gesicht der abgebildeten Personen! Was meinst du, kannst du aus ihnen herauslesen?

Für diejenigen, die für dich dieses Arbeitsbuch geschrieben haben, ist dieses Bild immer ein Symbol der nationalsozialistischen Diktatur gewesen, von der in diesem Teil des Buches die Rede ist.

Es ist der 15. März 1939. In der Welt ist fast überall tiefer Friede, und die Menschen gehen ihrer gewohnten Arbeit nach. Nur in einem kleinen Land fast in der Mitte Europas stehen die Uhren still. Panzer und andere Militärfahrzeuge rollen durch die Straßen von *Prag*, der Hauptstadt der Tschechoslowakei. Mit unbewegten Gesichtern sitzen die Soldaten Hitlers am Steuer; sie „handeln auf Befehl". Ob sie sich wohl und froh fühlen in ihrer Haut? Wir wissen es nicht.

Am Straßenrand haben tschechische Polizisten eine Kette gebildet. Sie haben den Auftrag, diejenigen voneinander zu trennen, die auf der Straße rollen, und die sich hinter ihnen drängen. Auch ihre Gesichter sind steinern, unbewegt, ernst, verbittert. Sie erfüllen ihre Aufgabe: unsinniges Blutvergießen zu vermeiden.

Und die sich hinter ihnen drängen? Es sind zumeist junge Leute, die da fassungslos, weinend, wütend, haßerfüllt auf die Eindringlinge starren und in ohnmächtiger Wut ihre Fäuste ballen. Sie mögen zwischen 1915 und 1925 geboren sein, so alt sein wie eure Großväter, wie manche eurer Väter.

Ein Diktator hatte befohlen – mitten in einer Zeit, die man Frieden nannte.

Am 30. Januar 1933 hatte Adolf Hitler die politische Herrschaft in Deutschland übernommen. Am 1. September 1939 entfesselte er den neuen, den zweiten großen Weltkrieg. Am 8. Mai 1945 war die nationalsozialistische Diktatur zu Ende.

Von dieser Zeit soll berichtet werden.

Nationalsozialistische Herrschaft 1933-1939

Sicherung und Ausbau der Macht

Hitlers Programm 1933

Seit dem 30. Januar war Hitler Reichskanzler. Am 3. Februar 1933 legte er vor führenden Offizieren der Reichswehr seine Absichten und Ziele offen. Ein General schrieb Hitlers Ausführungen in Stichworten mit.

„Ziel der Gesamtpolitik allein: *Wiedergewinnung der pol. Macht.* Hierauf muß gesamte Staatsführung eingestellt werden . . .

1. *Im Innern.* Völlige Umkehrung der gegenw. innenpol. Zustände in D[eutschland]. Keine Duldung der Betätigung irgendeiner Gesinnung, die dem Ziel entgegensteht (Pazifismus!). Wer sich nicht bekehren läßt, muß gebeugt werden. Ausrottung des Marxismus mit Stumpf und Stiel. Einstellung der Jugend u. des ganzen Volkes auf den Gedanken, daß nur d. Kampf uns retten kann u. diesem Gedanken gegenüber alles zurückzutreten hat. (Verwirklicht in d. Millionen d. Nazi-Beweg. Sie wird wachsen.) Ertüchtigung der Jugend und Stärkung des Wehrwillens mit allen Mitteln. Todesstrafe für Landes- u. Volksverrat. Straffste autoritäre Staatsführung. Beseitigung des Krebsschadens der Demokratie!

2. *Nach außen.* Kampf gegen Versailles . . . aber zwecklos, wenn Volk nicht auf Wehrwillen eingestellt. Sorge für Bundesgenossen.

3. *Wirtschaft!* Der Bauer muß gerettet werden! Siedlungspolitik! Künft. Steigerung d. Ausfuhr zwecklos. Aufnahmefähigkeit d. Welt ist begrenzt u. Produktion ist überall übersteigert. Im Siedeln liegt einzige Mögl[ichkeit], Arbeitslosenheer z. T. wieder einzuspannen. Aber braucht Zeit u. radikale Änderung nicht zu erwarten, da Lebensraum für d[eutsches] Volk zu klein.

4. *Aufbau der Wehrmacht* wichtigste Voraussetzung für Erreichung des Ziels: Wiedererringung der pol. Macht. Allg. Wehrpflicht muß wieder kommen. Zuvor aber muß Staatsführung dafür sorgen, daß die Wehrpflichtigen vor Eintritt nicht schon durch Pazif[ismus], Marxismus, Bolschewismus vergiftet werden oder nach Dienstzeit diesem Gifte verfallen.

Wie soll pol. Macht, wenn sie gewonnen ist, gebraucht werden? Jetzt noch nicht zu sagen. Vielleicht Erkämpfung neuer Export-Mögl., vielleicht – und wohl besser – Eroberung neuen Lebensraums im Osten u. dessen rücksichtslose Germanisierung. Sicher, daß erst mit pol. Macht u. Kampf jetzige wirtsch. Zustände geändert werden können. Alles, was jetzt geschehen kann – Siedlung – Aushilfsmittel.

Wehrmacht wichtigste u. sozialistischste Einrichtung d. Staates. Sie soll unpol. u. überparteilich bleiben. Der Kampf im Innern nicht ihre Sache, sondern der Nazi-Organisationen . . . Keine Verquickung v. Heer u. SA beabsichtigt . . ."

(Nach: *H. A. Jacobsen*, 1939–1945, Darmstadt 1961, S. 95 f.)

Arbeitsvorschläge

1. Arbeite den Quellentext genau durch! Löse Abkürzungen auf, erkläre unbekannte Begriffe!
2. In welchen Formulierungen wird Hitlers Absicht deutlich, eine Diktatur zu errichten? Welche innenpolitischen Gegner stellt er besonders heraus? – Welche Forderungen mögen den Interessen der Generale entsprechen?
3. Welches ist das eigentliche und letzte Ziel Hitlers nach der Wiedererringung der politischen Macht?
4. Vergleiche Hitlers Aussagen mit den Ausführungen in „Mein Kampf" (S. 146)!
5. Vergleiche die im folgenden dargestellte Politik Hitlers nach 1933 mit diesen geheimen Ausführungen!

Der Reichstagsbrand

Hitler hatte genau erkannt: Um seine politischen Ziele durchzusetzen, war zweierlei wichtig
- die Zusammenfassung aller Macht in seiner Hand,
- die Ausschaltung der Gegner in Staat und Partei.

Der erste Schritt zur Erreichung dieser Ziele sollte eine erneute Reichstagswahl sein. Es war die Hoffnung Hitlers, damit wirklich die Mehrheit der Deutschen hinter sich zu bringen. Bisher war er ja nur Anführer der stärksten Partei. Mit einer Reichstagsmehrheit aber konnte er seine geplanten Maßnahmen nach außen als rechtmäßig hinstellen.

Am 5. März 1933 sollte die Neuwahl stattfinden. Am Abend des 27. Februar stand plötzlich das Gebäude des Reichstages in Flammen. Hitler ließ sofort verkünden, die Kommunisten hätten diesen Brand gelegt; er sollte das Signal zu einem Umsturz sein.

Noch in der Nacht unterzeichnete daraufhin Hindenburg eine Notverordnung „zur Abwehr kommunistischer Gewaltakte", in der die wichtigsten *Grundrechte* der Weimarer Verfassung außer Kraft gesetzt wurden. Nun konnten – nach außen hin ganz rechtmäßig – Kommunisten und andere Gegner verhaftet, Zeitungen und Versammlungen verboten; Briefe geöffnet und Telefongespräche abgehört werden.

Vieles spricht heute dafür, daß ein junger Holländer den Brand gelegt hatte, ohne Auftrag und ohne Hintermänner. Die „Brandverordnung" aber wurde nicht wieder aufgehoben. Noch zehn Jahre später mußte zum Beispiel diese Notverordnung als „rechtliche Grundlage" zur Verhaftung katholischer Priester herhalten!

Hindenburg begrüßt Hitler bei einem Staatsakt in Potsdam am 21. 3. 1933. Wie tritt Hitler auf, wie Hindenburg? Was soll dieses Bild wohl symbolisch darstellen? Überlege bitte, welche Gruppen der deutschen Bevölkerung durch diesen Vorgang und durch derartige Bilder für den neuen Reichskanzler eingenommen werden sollten!

Das Ermächtigungsgesetz

Trotz aller Anstrengungen und aller Propaganda während des Wahlkampfs brachten die Reichstagswahlen am 5. März der NSDAP nur 44 % der abgegebenen Stimmen. Durch das Bündnis mit der DNVP (8 %) erreichte sie jedoch eine knappe Mehrheit. Nun ging Hitler einen anderen Weg.

Als der neue Reichstag zu seiner ersten Sitzung zusammentrat, forderte er von den Abgeordneten die *Ermächtigung*, zunächst vier Jahre ohne ihre Mitwirkung Gesetze erlassen zu können. Unter der Androhung eines Bürgerkrieges stimmten alle Parteien außer der SPD zu (die KPD war bereits verboten).

Damit hatte sich der Reichstag selbst ausgeschaltet. Für Hitler aber bedeutete dieses *Ermächtigungsgesetz*, daß *gesetzgebende und ausführende Gewalt in seiner Hand vereinigt* waren. *Es war der Totenschein der Republik.*

Aus der Rede des Abgeordneten Wels für die SPD am 23. 3. 1933

„Nach den Verfolgungen, die die Sozialdemokratische Partei in der letzten Zeit erfahren hat, wird billigerweise niemand von ihr verlangen oder erwarten können, daß sie für das eingebrachte Ermächtigungsgesetz stimmt. Die Wahlen vom 5. März haben den Regierungsparteien die Mehrheit eingebracht und damit die Möglichkeit gegeben, streng nach Wortlaut und Sinn der Verfassung zu regieren. Wo diese Möglichkeit besteht, besteht auch die Pflicht. Kritik ist heilsam und notwendig. Noch niemals, seit es einen Deutschen Reichstag gibt, ist die Kontrolle der öffentlichen Angelegenheiten durch die gewählten Vertreter des Volkes in solchem Maße ausgeschaltet worden, wie es jetzt geschieht, und wie es durch das neue Ermächtigungsgesetz noch mehr geschehen soll. Eine solche Allmacht der Regierung muß sich um so schwerer auswirken, als auch die Presse jeder Bewegungsfreiheit entbehrt ... Das Sozialistengesetz hat die Sozialdemokratie nicht vernichtet. Auch aus neuen Verfolgungen kann die deutsche Sozialdemokratie neue Kraft schöpfen."

(Nach: Geschichte in Quellen V, München 1961, S. 283)

Arbeitsvorschläge

1. Hitler begründete das Ermächtigungsgesetz wie folgt: „Ein Teil der beabsichtigten Maßnahmen erfordert die verfassungsändernde [Zweidrittel-] Mehrheit ... Es würde dem Sinn der nationalen Erhebung widersprechen ..., wollte die Regierung sich für ihre Maßnahmen von Fall zu Fall die Genehmigung des Reichstags erhandeln oder erbitten."
   Welche unterschiedlichen Vorstellungen vom Wert des Reichstags (und damit des Parlamentarismus überhaupt) kommen in den Ausführungen von Wels und Hitler zum Ausdruck?
2. Prüfe die Behauptung: Nach 1945 haben in freien Wahlen prozentual mehr Deutsche die CDU oder die SPD gewählt als jemals die NSDAP!

Die „Gleichschaltung"

In den folgenden Monaten des Jahres 1933 wurde Deutschland „gleichgeschaltet": Die SPD wurde jetzt ebenfalls verboten; die Gewerkschaften zerschlagen, indem die Gewerkschaftshäuser besetzt, die Beitragsgelder beschlagnahmt und die Funktionäre verhaftet wurden; die übrigen Parteien lösten sich selbst auf. Nur eine blieb übrig: die NSDAP.

Ein neues Ministerium für „Volksaufklärung und Propaganda" wurde geschaffen. Sein Leiter, *Joseph Goebbels*, herrschte jetzt uneingeschränkt über Rundfunk und Presse, Kunst und Kultur. Er bestimmte hinfort, welche Nachrichten gesendet, welche Zeitungen erscheinen, welche Filme gedreht werden und welche Künstler noch arbeiten durften – und vieles andere mehr.

Propaganda und Wirklichkeit: Mit Plakaten feierte die NSDAP die Gemeinschaft von „Arbeitertum" und „Volk und Vaterland" – in Gewerkschaftshäusern prügelten und erschlugen ihre Mitglieder die Gewerkschaftssekretäre.

Die Gleichschaltung der Gewerkschaften am Beispiel Duisburgs

„Am 1. Mai wurde der ‚Tag der Deutschen Arbeit' gefeiert, der später gewöhnlich ‚Tag der Nationalen Arbeit' hieß, und zwar, wie die Regierung betonte, nicht mehr als ein Tag des Klassenkampfes, sondern als Tag der Einheit aller ‚Arbeiter der Stirn und der Faust'. Es sollten daher laut Anordnung auch die Führer (früher Leiter) der Betriebe und die Eigentümer an den Kundgebungen teilnehmen ... Das war nach dem 30. Januar die erste wohlorganisierte Massenversammlung, die – wie überall – auch in Duisburg veranstaltet wurde ... Geschickt gewählt war daher das Datum des 2. Mai 1933 für die Aktion der NSDAP, nämlich durch die SA in ganz Deutschland alle Büros und sonstigen Niederlassungen der freien Gewerkschaften zu besetzen. Am anderen Tag las man in der Rhein- und Ruhrzeitung: ‚Die einheitliche Aktion zur Gleichschaltung der Gewerkschaften ist auch in Duisburg-Hamborn durchgeführt worden'. 19 Gewerkschaftler, darunter August Seeling [1948–1969 Oberbürgermeister der Stadt Duisburg], ... wurden verhaftet, im ‚Haus des deutschen Metallarbeiterverbandes', Ruhrorter Straße 11, stundenlang verhört, durch die Straßen getrieben und geprügelt. Sie mußten u. a. ein Schild tragen mit den Worten: ‚Wir haben die Arbeiter verraten.' Einer der Verhafteten wurde noch auf der Ruhrorter Straße erschlagen. Drei weitere erlitten bei den ‚Vernehmungen' den Tod. Es waren die Gewerkschaftssekretäre Julius Birk, Emil Rentmeister, Johann Schlösser und Michael Rodenstock, von dem es am 9. Mai lakonisch hieß, er sei zur Ratssitzung nicht erschienen. Durch Zufall fand man ihre Leichen ein Jahr später im Hünxer Wald im Kreise Dinslaken. Auch dann noch wurden die Vorfälle totgeschwiegen, nachdem man bis dahin den Angehörigen erklärt hatte, die Vermißten seien ins Ausland geflohen, von wo sie gegen das Dritte Reich hetzten."

(*G. von Roden,* Geschichte der Stadt Duisburg, Band II, Duisburg 1974, S. 383)

Arbeitsvorschläge

1. Der 1. Mai war bisher von der europäischen Arbeiterschaft als *ihr* Feiertag begangen worden. Prüfe bitte, in welcher Weise der Charakter dieses Feiertages verändert worden ist!
2. Nimm zu dem hier dokumentierten Umgang mit dem politischen Gegner Stellung! Diskutiere Parallelen in unserer Gegenwart!

Der „Röhm-Putsch“

Fast überall waren die Gegner ausgeschaltet – nur noch nicht in den eigenen Reihen. In dem Chef der SA, *Ernst Röhm*, sah Hitler einen gefährlichen Konkurrenten, der überdies andere Vorstellungen von einer künftigen Zusammenarbeit mit der Wehrmacht hatte als er. Röhm schwebte vor, Reichswehr und SA zu einem Volksheer unter seiner Führung zu vereinigen.

Unter dem Vorwand, Röhm und einige SA-Führer hätten einen Putsch (Staatsstreich) geplant, ließ er sie am 30. Juni 1934 einfach niederschießen – ohne Gericht und Urteil! Gleichzeitig wurde eine Reihe politischer Gegner bei dieser Gelegenheit durch Beauftragte Hitlers kaltblütig niedergemetzelt, in ihren Wohnungen oder Amtsstuben. Insgesamt fielen etwa 200 Menschen dieser „Reichsmordwoche“, wie man im Volk bereits heimlich sagte, zum Opfer.

Die Zusammenfassung der Staatsmacht

Am 2. August 1934 starb Hindenburg. Hitler vereinigte sofort die Ämter des Reichspräsidenten und des Reichskanzlers. Nun war er auch das „Staatsoberhaupt“, und von nun an nannte er sich *„Führer und Reichskanzler“*. Noch weittragendere Bedeutung hatte, daß er jetzt auch *Oberbefehlshaber der Wehrmacht* war. Noch am Todestage Hindenburgs schworen Deutschlands Soldaten:

> „Ich schwöre bei Gott diesen heiligen Eid, daß ich dem Führer des Deutschen Reiches und Volkes, Adolf Hitler, dem Oberbefehlshaber der Wehrmacht, unbedingten Gehorsam leisten und als tapferer Soldat bereit sein will, jederzeit für diesen Eid mein Leben einzusetzen.“

Alle Macht im Staate war nun in der Hand dieses Führers vereinigt.

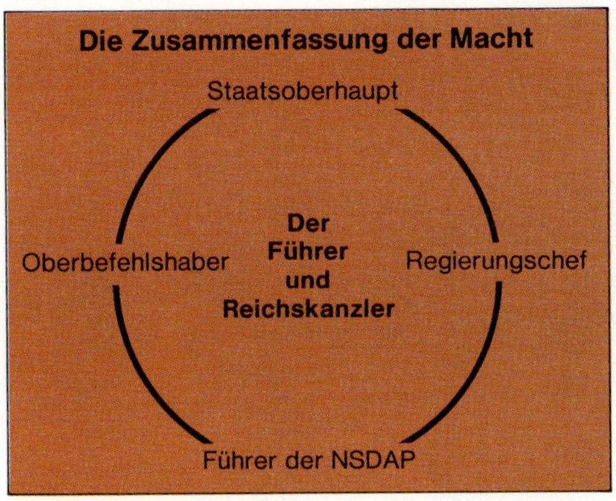

Dieses Bild ihres „Führers“ sollte sich fortan den Deutschen einprägen. Es hing in unzähligen Klassenräumen, aber auch in Ämtern, Büros und Wohnzimmern.

Welche Eigenschaften des „Führers“ sollte wohl der Betrachter aus dem Gemälde herauslesen?

Das anläßlich des Besuchs Mussolinis festlich geschmückte Berlin 1937. Im Hintergrund das Brandenburger Tor

Gesellschaft und Wirtschaft im nationalsozialistischen Staat

Die Uniformierung des Lebens

Sehr bald wurde das Bemühen der Nationalsozialisten erkennbar, alle Bereiche des Lebens zu durchdringen. Uniformen und Fahnen beherrschten das Straßenbild – besonders bei festlichen Anlässen.

Braune Hemden hatten zuerst die SA-Leute in der frühen Weimarer Republik getragen. Braune Uniformen trugen nun auch die „politischen Leiter“: Parteigenossen mit bestimmten Aufgaben innerhalb der NSDAP. Daneben wurde eine Anzahl weiterer Unterorganisationen der Partei ausgebaut, und alle erhielten eigene Uniformen:

das „Deutsche Jungvolk“ (DJ),
die „Hitlerjugend“ (HJ),
der „Bund Deutscher Mädel“ (BDM),
die „Schutzstaffeln“ (SS),
das „Nationalsozialistische Kraftfahrerkorps“ (NSKK),
das „Nationalsozialistische Fliegerkorps“ (NSFK)
und viele andere mehr.

Das Abzeichen der Partei war das schwarze Hakenkreuz in weißem Kreis auf rotem Grund. Das Hakenkreuz war ein altes Sonnenzeichen aus der Bronzezeit. Hitler verstand es als Sinnbild der Erneuerung Deutschlands aus altem „germanischen“ Geist. Die Hakenkreuzfahne ersetzte das Schwarz-Rot-Gold der Weimarer Republik.

Die „Erfassung" der Deutschen

Eine unablässige *Propaganda* rieselte auf die deutschen Bürger hernieder. Sorgsam wurde abgeschirmt, was an anderen Meldungen, etwa vom Ausland her, ins Volk dringen konnte. Jedermann war irgendwie von der Partei „erfaßt": im Betrieb, in der Hausgemeinschaft, in den nationalsozialistischen Organisationen, in den Vereinen, in den Schulen. Alles Leben war „gleichgeschaltet", auf den „Führer ausgerichtet". So sahen und hörten viele deutsche Bürger nur die eine, *vordergründige Seite:*

die riesigen, begeisternden Aufmärsche, Jubel, Musik, Sprechchöre, Fahnen,

große Worte von der „Ehre der Nation", vom „blutsmäßigen Adel des deutschen Herrenmenschen", von der Auslöschung der „Schmach von Versailles", von der „neu erstehenden Größe Deutschlands",

die Paraden einer neuen Wehrmacht, die „das Ansehen Deutschlands in der Welt garantiere" . . .

„Ein Führer für jedermann" – Serienfertigung von Hitlerbüsten aus Kunststein

Und wie standen die deutschen Bürger zu der anderen, der wahren Seite?

Gewiß, sie hörten von dem einen oder anderen Nachbarn, der verschwunden war. Konzentrationslager – das war so ein Wort, das seit 1933 des öfteren aufklang. Sie wurden für kurze Zeit nachdenklich, als die Nachrichten von der „Reichsmordwoche" 1934 durch das Land gingen. Sie bedauerten, daß ihr Hausarzt 1936 plötzlich seine Praxis schließen mußte, weil er ein Jude war. Sie sahen mit ungutem Gefühl, wie in ihrer Stadt 1938 das Gotteshaus der Juden in Flammen aufging und die Feuerwehr dabeistand, ohne den Brand zu löschen. Und es beklemmte sie, daß im Sommer 1939 immer häufiger das Wort *Krieg* in den Zeitungen stand.

Aber das waren zunächst für viele Deutsche nur kurze Augenblicke der Besinnung und des Nachdenkens, die sie schnell überwanden. „Der Führer wird es schon wissen", war ihre bequeme Erklärung, die sie jeder eigenen Verantwortung enthob. Und so erfüllten die meisten deutschen Bürger brav die kleinen Aufgaben, die ihnen irgendeine Dienststelle des Parteiapparats aufgetragen hatte,

kamen sie sich plötzlich wichtig vor, weil sie eine (braune) Uniform oder irgendein Abzeichen trugen,

hängten sie die Hakenkreuzfahne über das Balkongitter, wenn der Führer dazu aufrief,

jubelten sie schließlich im Chor: *„Führer befiehl! Wir folgen!"*

Die Jugend

Es war ein besonderes Anliegen der Nationalsozialisten, die Jugend für sich zu gewinnen. In einer staatlichen Jugendorganisation, der „Hitler-Jugend", wurde sie straff zusammengefaßt. Zeltlager und Lagerfeuer, Aufmärsche und Geländeübungen, Kleinkaliberschießen und Handgranatenwerfen sollten vor allem die Jungen „zusammenschweißen" und auf ihre Aufgabe als „Garanten der Zukunft" vorbereiten.

Aufmarsch des „Deutschen Jungvolks" mit Trommeln und Fanfaren. Zum Jungvolk gehörten alle zehn- bis vierzehnjährigen Jungen.

Aufmarsch des „Bundes Deutscher Mädel". Die zehn- bis vierzehnjährigen Mädchen hießen „Jungmädel" und wurden in eigenen Gruppen zusammengefaßt. Mädchen zwischen vierzehn und achtzehn gehörten dann zum BDM.

Adolf Hitler über Jugenderziehung

„Der völkische Staat wird dafür sorgen müssen, *durch eine passende Erziehung der Jugend dereinst das für die letzten und größten Entscheidungen auf diesem Erdball reife Geschlecht zu erhalten . . .*"

„Die gesamte Erziehung und Ausbildung muß darauf angelegt werden, den jungen deutschen Volksgenossen die Überzeugung zu geben, anderen unbedingt überlegen zu sein . . ."

„Eine gewalttätige, herrische, unerschrockene, grausame Jugend will ich . . . Es darf nichts Schwaches und Zärtliches an ihr sein. Das freie, herrliche Raubtier muß erst wieder aus ihren Augen blitzen . . . Mit Wissen verderbe ich mir die Jugend. Aber Beherrschung müssen sie lernen. Sie sollen mir in den schwierigsten Proben die Todesfurcht besiegen lernen . . ."

(Mein Kampf, S. 456, 457; *H. Rauschning*, Gespräche mit Hitler, Zürich 1940, S. 237)

Adolf Hitler vor der Reichenberger Hitlerjugend am 4. Dezember 1938

„Diese Jugend, die lernt ja nichts anderes als deutsch denken, deutsch handeln! Und wenn diese Knaben mit 10 Jahren in unsere Organisation hineinkommen und dort oft zum erstenmal überhaupt eine frische Luft bekommen und fühlen, dann kommen sie vier Jahre später vom Jungvolk in die Hitlerjugend, und dort behalten wir sie wieder vier Jahre. Und dann geben wir sie erst recht nicht zurück in die Hände unserer alten Klassen- und Standeserzeuger (Lachen), sondern dann nehmen wir sie sofort in die Partei, in die Arbeitsfront, in die SA oder in die SS, in das NSKK usw. Und wenn sie dort zwei Jahre oder eineinhalb Jahre sind und noch nicht ganze Nationalsozialisten geworden sein sollten (Lachen), dann kommen sie in den Arbeitsdienst und werden dort wieder 6 und 7 Monate geschliffen, alles mit einem Symbol, dem deutschen Spaten (Beifall). Und was dann nach 6 oder 7 Monaten noch an Klassenbewußtsein oder Standesdünkel da oder da noch vorhanden sein sollte, das übernimmt dann die Wehrmacht zur weiteren Behandlung auf zwei Jahre (Beifall), und wenn sie nach zwei, drei oder vier Jahren zurückkehren, dann nehmen wir sie, damit sie auf keinen Fall rückfällig werden, sofort wieder in die SA, SS usw., *und sie werden nicht mehr frei ihr ganzes Leben . . .*"

(Nach: Lautarchiv des Deutschen Rundfunks, Nr. C 1326)

Das „Fahnenlied" der Hitlerjugend

„Vorwärts! Vorwärts! schmettern die hellen Fanfaren. Vorwärts! Vorwärts! Jugend kennt keine Gefahren. Deutschland, du wirst leuchtend stehn, mögen wir auch untergehn. Vorwärts ... Ist das Ziel auch noch so hoch, Jugend zwingt es doch."

„Unsre Fahne flattert uns voran, in die Zukunft ziehn wir Mann für Mann. Wir marschieren für Hitler durch Nacht und Not, mit der Fahne der Jugend für Freiheit und Brot. Unsre Fahne flattert uns voran. Unsre Fahne ist die neue Zeit. Und die Fahne führt uns in die Ewigkeit. Ja, die Fahne ist mehr als der Tod!"

„Jugend! Jugend! Wir sind der Zukunft Soldaten. Jugend! Jugend! Träger der kommenden Taten. Ja durch unsre Fäuste fällt, was sich uns entgegenstellt. Jugend ... Führer! Dir gehören wir, wir, Kam'raden, dir!"

„Unsre Fahne flattert uns voran, in die Zukunft ziehn wir Mann für Mann. Wir marschieren für Hitler durch Nacht und Not, mit der Fahne der Jugend für Freiheit und Brot. Unsre Fahne flattert uns voran. Unsre Fahne ist die neue Zeit. Und die Fahne führt uns in die Ewigkeit. Ja, die Fahne ist mehr als der Tod!"

Geländeübung der Hitlerjugend. Für die vierzehn- bis achtzehnjährigen Jungen spielte die „vormilitärische Ausbildung" eine besondere Rolle.

Und so endete es. Am Schluß des Krieges wurden auch schon Sechzehnjährige in Soldatenuniform gesteckt. Tausende dieser Kindersoldaten sind 1945 noch gefallen – sinnlos geopfert, als der Krieg ohnehin schon längst verloren war.

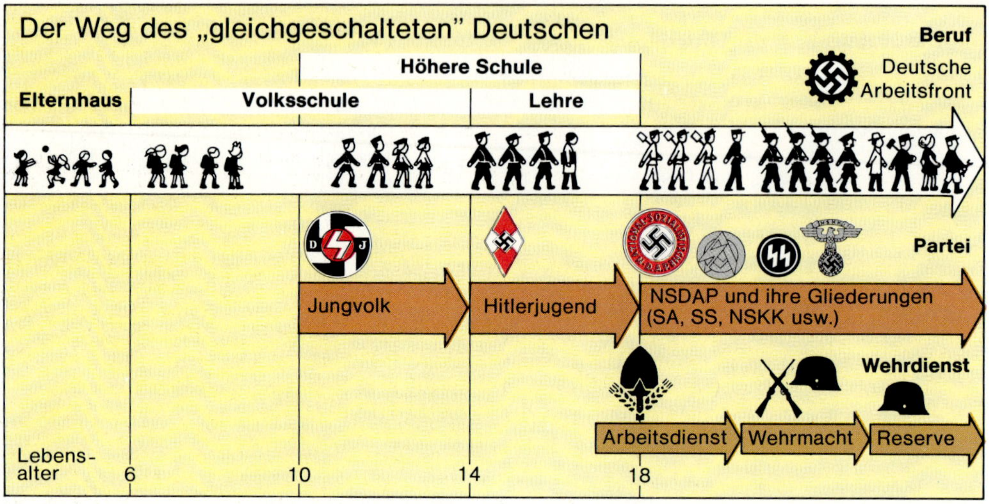

Arbeitsvorschläge

1. In welchem Zusammenhang steht die Wahl des Hakenkreuz-Symbols mit Hitlers Rassenlehre?
2. Welchem Ziel diente die möglichst lückenlose Erfassung aller Deutschen?
3. Diskutiere die von Hitler angesprochenen Erziehungsziele!
4. Setze Hitlers Rede vor der Reichenberger Hitlerjugend in Beziehung zum Schaubild oben!
5. Suche Beispiele für den Fahnenkult, wie er im Lied der Hitlerjugend zum Ausdruck kommt, in Abbildungen dieses Buches! Nimm Stellung!
6. Warum bemühten sich die Nationalsozialisten besonders um die Jugend?

Die Wirtschaft

So sah das äußere Bild aus: Die Arbeitslosen verschwanden von den Straßen und Hinterhöfen. Autobahnen wurden gebaut. Prunkvolle Staats- und Parteibauten entstanden. Und freudig begannen Hunderttausende auf einen *Volkswagen* zu sparen, den ein mit großem Gepränge in Wolfsburg errichtetes Autowerk für alle „Volksgenossen" bauen sollte.

Die Arbeiter

Aber auch dies gehört in das Bild hinein: Mit der Zerschlagung der Gewerkschaften verloren die Arbeiter jedes Recht und jede Möglichkeit, auf die Durchsetzung ihrer Interessen einzuwirken. Es gab keine Tarifautonomie, kein Streikrecht mehr. Arbeitnehmerrechte wurden abgebaut, besonders die freie Wahl des Arbeitsplatzes. Arbeitsbeschaffungsprogramme – wie z. B. der Bau von Autobahnen – und Aufrüstung brachten den Menschen Arbeit, ließen jedoch den Lebensstandard der Arbeiterschaft insgesamt nicht wieder auf den Stand vor der großen Wirtschaftskrise steigen.

Die Aufrüstung

Die Überwindung der Arbeitslosigkeit war eng mit der „Wehrhaftmachung des deutschen Volkes" verbunden. Staatsaufträge an die Wirtschaft bereiteten die *Aufrüstung* vor. Mit der Wiedereinführung der Wehrpflicht 1935 wurden zahlreiche Kasernen, Flugplätze und militärische Übungsstätten gebaut.

Zahlen zur deutschen Sozial- und Wirtschaftsgeschichte

Beschäftigte und Arbeitslose (in Tausend)							
(Jahresdurchschnitt)	1933	1934	1935	1936	1937	1938	1939
Erwerbspersonen	18 540	20 090	20 886	21 507	22 347	23 222	24 372
davon							
Arbeitslose (1000)	4 804*	2 718	2 151	1 593	912	429	119
Arbeitslose (%)	25,9	13,5	10,3	7,4	4,1	1,9	0,5
Nach: Statistisches Handbuch für Deutschland, München 1949, S. 484 (u. a.)							

* Im Januar 1933 gab es 6 013 612 gemeldete Arbeitslose.

Bruttoverdienste der Arbeiter und Arbeitszeit										
	1913	1928	1929	1931	1933	1935	1937	1939	1941	1943
Arbeitsverdienst										
Indexziffer (1928=100)	53	100	106	95	77	80	83	89	95	97
Tariflohn *Fach*arbeiter (Rpf)	66	96	101	97	79	78	79	79	80	81
Arbeitszeit										
Wochendurchschnitt (Std.)	50–60	46			42	44	46	47		49
Nach: *D. Petzina*, Sozialgeschichtliches Arbeitsbuch III, München 1978, S. 98, 99										

Die Entwicklung der Bruttoverdienste (Männer : Frauen, Arbeiter : Angestellte)					
		1929	1932	1936	1939
Tarif-Stundenlohn (Rpf)	Facharbeiter	101,1	81,6	78,3	79,1
	Hilfsarbeiter	79,4	64,4	62,3	62,8
	Facharbeiterin	63,4	53,1	51,6	51,5
	Hilfsarbeiterin	52,7	43,9	43,4	44,0
Brutto-Monatslohn (RM)	Angestellter	207,–	182,–	199,–	231,–
Nach: *R. Erbe*, Die nationalsozialistische Wirtschaftspolitik, Zürich 1958, S. 36 ff.					

Die Rüstungsausgaben des Deutschen Reiches (in Mill. RM)

1928	1932	1933	1934	1935	1936	1937	1938	1939	1940	1941	1942	1943
827	620	720	3 300	5 150	9 000	10 850	15 500	32 300	58 100	75 600	96 900	117 900

Nach: *D. Petzina*, Sozialgeschichtliches Arbeitsbuch III, München 1978, S. 149

Die Schulden des Deutschen Reiches (in Mill. RM)

1928	1932	1933	1934	1935	1936	1937	1938	1939	1940	1941	1943	1945
7 150	11 450	11 700	11 800	12 450	14 350	16 050	19 100	30 650	47 900	85 950	195 500	380 000

Nach: Statistisches Handbuch von Deutschland, München 1949, S. 554 (1945 geschätzt)

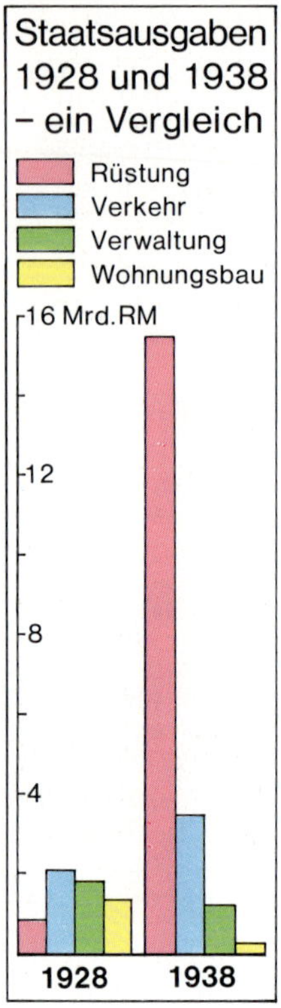

Ganze Jahrgänge junger Menschen erhielten die Einberufung zum Reichsarbeitsdienst und zum Wehrdienst – 1936 allein mehr als eine Million Männer. An der Grenze zu Frankreich entstand eine ausgedehnte Befestigungsanlage, der „Westwall".

Die meisten Aufträge, die hier vergeben wurden, waren unproduktiv. Es wurden keine Waren mit ihnen erzeugt, die man im Ausland verkaufen konnte, um damit neues Geld zu schaffen. Die Folge war die *zunehmende Verschuldung des Reiches.*

Die gesamte Industrie wurde jetzt unter dem Gesichtspunkt der Aufrüstung gelenkt. Sie wurde mit allen nur erdenklichen Mitteln zur letzten Leistung angespornt. Nach Stalins Vorbild verkündete Hitler 1936 einen *„Vierjahresplan"*. Sein erstes Ziel war die „Autarkie", d. h. der Versuch, die Wirtschaft Deutschlands vom Ausland weitgehend unabhängig zu machen. Was Einfuhr- oder Mangelware war, sollte möglichst durch deutsche Kunststoffe ersetzt werden: Gummi durch „Buna", Benzin aus Erdöl durch Benzin aus Kohle, Wolle und Baumwolle durch Zellwolle und andere Kunstfasern. Der gesamte Außenhandel lief über staatliche Lenkungsstellen. Für die damit verbundenen Einschränkungen gab Göring das Stichwort: „Kanonen statt Butter!"

Wo aber lag das letzte, das eigentliche Ziel?

Aus Hitlers geheimer Denkschrift zum Vierjahresplan 1936

„Wir sind übervölkert und können uns auf der eigenen Grundlage nicht ernähren ...

Das Ergebnis unserer landwirtschaftlichen Produktion kann eine wesentliche Steigerung nicht mehr erfahren. Ebenso ist es uns unmöglich, einzelne Rohstoffe, die uns in Deutschland fehlen, zur Zeit auf einem künstlichen Wege herzustellen oder sonst zu ersetzen.

Es ist aber gänzlich belanglos, diese Tatsachen immer wieder festzustellen, d. h. festzustellen, daß uns Lebensmittel oder Rohstoffe fehlen, sondern es ist entscheidend, jene Maßnahmen zu treffen, die für die *Zukunft eine endgültige* Lösung, für den Übergang eine *vorübergehende* Entlastung bringen können.

Die endgültige Lösung liegt in einer Erweiterung des Lebensraumes bzw. der Rohstoff- und Ernährungsbasis unseres Volkes. Es ist die Aufgabe der politischen Führung, diese Frage dereinst zu lösen ...

Ich stelle damit folgende Aufgabe:

1. Die deutsche Armee muß in 4 Jahren einsatzfähig sein.
2. Die deutsche Wirtschaft muß in 4 Jahren kriegsfähig sein."

(Nach: *Wilhelm Treue*, Hitlers Denkschrift zum Vierjahresplan 1936, in: Vierteljahrshefte für Zeitgeschichte 3 [1955], S. 204 ff.)

Arbeitsvorschläge

1. Mit Hilfe des Textes kannst du die Tabellen auf S. 161 durcharbeiten und die Entwicklung der Zahl der Erwerbspersonen nach 1933 begründen – die Entwicklung der Arbeitslosigkeit dazu in Beziehung setzen – die Bruttoverdienste im wilhelminischen Deutschland, in der Weimarer Republik und im „Dritten Reich" miteinander vergleichen – die Unterschiede der Entlohnung männlicher und weiblicher Erwerbstätiger untersuchen – die Entwicklung von Arbeiter- und Angestelltenlöhnen im „Dritten Reich" vergleichen – Aufrüstung und Staatsverschuldung in Beziehung setzen! Werte auch das Schaubild S. 162 aus!
2. Hitler unterscheidet eine „vorübergehende Entlastung" und eine „endgültige Lösung". Welchem Zweck dient die Aufrüstung, welchem der „Vierjahresplan"?

Die Ausschaltung politischer Gegner

Wer nicht für die nationalsozialistische Herrschaft war, war in den Augen Hitlers und seiner Anhänger ein Gegner. Dazu gehörten Kommunisten und Sozialdemokraten, denen die ersten Verfolgungen galten. Dazu gehörten Geistliche und gläubige Christen, die sich aus Gewissensgründen gegen die Maßnahmen der neuen Herrscher wandten. Dazu gehörten die Angehörigen religiöser Gemeinschaften, die z. B. die Wehrpflicht ablehnten. Die Verfolgung konnte letztlich jeden freiheitlich denkenden Menschen treffen, der seine Einstellung laut äußerte oder öffentlich für sie eintrat.

Schon bald nach dem 30. Januar 1933, nach dem Reichstagsbrand und bei immer neu sich bietenden Gelegenheiten, füllten sich die von der SA und SS eingerichteten *Konzentrationslager* mit Häftlingen aller politischen Richtungen.

Konzentrationslager – das waren damals alte Kasernen oder stillgelegte Fabriken. Ohne Gericht und Urteil wurden die Gegner hier eingesperrt, gefoltert und gequält. „Schutzhaft" nannten die neuen Machthaber diese Verfolgung.

Der SS-Staat

Innerhalb des nationalsozialistischen Systems fiel der SS unter ihrem „Reichsführer" *Heinrich Himmler* (1900–1945) eine besondere Rolle zu. In ihren Händen konzentrierte sich der Kampf gegen politische Gegner und die „Endlösung der Judenfrage". Himmler wurde 1936 zugleich Chef der deutschen Polizei. Jetzt konnte ein umfassender, mit allen Mitteln ausgestatteter Überwachungsapparat aufgebaut werden. Keiner traute dem anderen mehr. Jeder konnte ein Spitzel der „Geheimen Staatspolizei" (Gestapo) sein. Die Zahl der politischen Häftlinge stieg stetig. Sehr schnell wurden die Konzentrationslager zu großen Barackenstädten, gesichert durch Stacheldrahtzäune und Wachttürme, bewacht von der SS.

Immer stärker empfanden sich die SS-Angehörigen als Auslese, als Elite der Nation.

Wie es begann: Häftlinge in einem Konzentrationslager 1933

Judenverfolgung und Judenmord

Die Juden in der Geschichte

Erinnern wir uns:

Über tausend Jahre hatte der kleine Staat der Juden im *Altertum* in Vorderasien bestanden. Damals, im 8. Jahrhundert *v. Chr.*, war in diesem Volk eine Reihe heiliger Männer aufgetreten, die sich Propheten nannten. Sie machten den Judenstaat zu einem „Gottesstaat" und stellten alles Leben unter das Gebot ihres Glaubens.

Die Schriften dieser Propheten bilden einen Teil unserer Bibel; sie sind neben den Büchern Moses' der Hauptinhalt des „Alten Testaments". Auf ihrer Grundlage, als Nachfolger und Vollender dieser Propheten, wirkte Jesus von Nazareth, der Begründer unserer christlichen Religion, dessen Geburt die Wende unserer geschichtlichen Zeitrechnung darstellt.

Nur schwer konnte sich dieser kleine Staat in dem Ringen der angrenzenden Großmächte behaupten. Im Jahre 70 n. Chr. endete das staatliche Leben unter der römischen Fremdherrschaft mit der Zerstörung Jerusalems. Fortan lebten die Juden in der Welt zerstreut. 634 wurde ihr Heimatland von den mohammedanischen Arabern erobert. Das Heilige Land wurde damit, für rund 1300 Jahre, ein arabisches Gebiet.

Trotz ihrer Zerstreuung in alle Welt hielten die Juden durch alle Jahrhunderte hindurch an Sitte und Glauben ihrer Väter fest. Sie wurden oftmals in ihren neuen Heimatländern verfolgt und blutig bedrängt: in Spanien, im alten „Römischen Reich Deutscher Nation", in Frankreich, England, Polen und Rußland. Besonders grausame Verfolgungen trafen sie in der Zeit der Kreuzzüge, als man ihnen die Tötung Christi zur Last legte. So gab es das ganze Mittelalter hindurch eine *religiöse* Wurzel der Judenfeindschaft. Dazu kam eine *wirtschaftliche* Wurzel: Juden durften keinen Grundbesitz erwerben und nur bestimmte Berufe ausüben. Sie waren z. B. Geldwechsler oder handelten mit Gebrauchtwaren. So verfolgte man sie wegen ihres Glaubens und wegen ihrer Geschäfte – bis weit in die Neuzeit hinein.

Erst seit dem 18. Jahrhundert erlangten die Juden allmählich die *Gleichberechtigung*, zumindest auf dem Papier. In der Zeit der Industriellen Revolution gelang es vielen, in einflußreiche und geachtete Stellungen – vor allem im Handel, im Bankgewerbe, in den freien Berufen – vorzudringen.

Gegen Ende des 19. Jahrhunderts jedoch kam die Rassenlehre als eine Scheinwissenschaft auf. Ihre Vertreter entwickelten die Lehre von der *Ungleichheit der Rassen*, in der die Germanen als Träger aller guten, die Juden als Träger aller schlechten Eigenschaften herausgestellt wurden. Diese Rassenlehre verstärkte den *Antisemitismus*, der noch immer in weiten Teilen der Bevölkerung vorhanden war, um eine neue, eine *rassische* Wurzel.

Die Verfolgung seit 1933

So neu war das also nicht, was Hitler 1924 über die Juden geschrieben hatte (S. 146). Nur wurde unter seiner Herrschaft aus Ideen blutige Wirklichkeit. Was jetzt begann, war eine pausenlose Hetze und Propaganda, die den Haß gegen die jüdischen Mitbürger schüren sollte. „Die Juden sind unser Unglück!" hämmerte man schon den Kleinsten ein, und in der Schule wurde plötzlich der Klassenkamerad zum „Feind des Volkes" erklärt.

Es blieb nicht bei der Hetze.

Solche Plakate hingen in deutschen Einzelhandelsgeschäften.

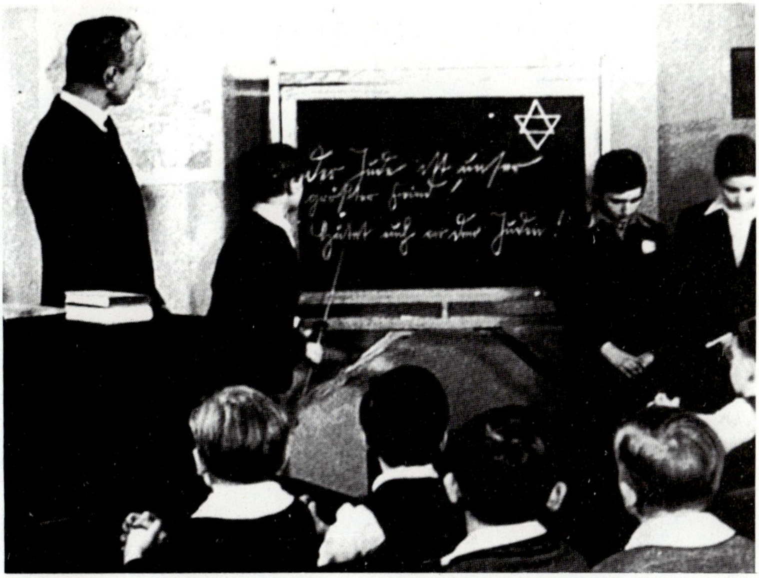

In einer Schulklasse nach 1933. An der Tafel steht in „deutscher“ Schrift: „Der Jude ist unser größter Feind! Hütet euch vor den Juden!“ Kannst du beschreiben, was im Augenblick in dieser Klasse geschieht?

Seite aus einem Bilderbuch für deutsche Kinder aus dem Jahre 1935. So sollten schon die Kleinsten ihre jüdischen Nachbarn sehen, die im Text aufgefordert werden, Deutschland – „tempo, tempo“ – zu verlassen. Auch hier steht bereits auf dem Wegweiser: „Die Juden sind unser Unglück!“

Jüdische Einwohner in Frankfurt	
1925	29 385
1940	11 500
1. 1. 1942	6 909
31. 12. 1942	706
31. 3. 1943	572
Gesamtbevölkerung in Frankfurt	
1925	467 000
1939	553 000

Gleich nach der Machtübernahme hatte mit dem *Boykott* jüdischer Geschäfte und dem Verbot bestimmter Berufe die Ausstoßung der Juden aus dem „deutschen Volkskörper“ begonnen. Der Reichsparteitag vom September 1935 verkündete dann die sogenannten *Nürnberger Gesetze,* die jede Gemeinschaft, besonders Ehen, zwischen Juden und „Ariern“ verboten. Alle bürgerlichen und politischen Rechte wurden den Juden abgesprochen.

Am 9. November 1938 stürmte die SA in einer planmäßigen Aktion die Gotteshäuser (Synagogen) der Juden, warf die Kultgegenstände auf die Straße und steckte die Gebäude in Brand. Jüdische Friedhöfe wurden verwüstet, die Fenster jüdischer Geschäfte eingeschlagen, Juden mißhandelt und fast 100 Juden getötet. Etwa 150 000 deutsche Juden verließen 1938/39 ihre Heimat.

Die „Reichskristallnacht“ war der Auftakt zu Schlimmerem.

Auschwitz

Nachdem Hitler 1939 einen neuen Weltkrieg entfesselt hatte und große Teile Europas unterworfen waren, begann das Entsetzlichste, was je im deutschen Namen geschehen ist.

Die Juden wurden zusammengetrieben und nach Polen verschleppt, um dort „vernichtet" zu werden. Die SS hatte regelrechte „Todesfabriken" eingerichtet, die größte bei dem polnischen Dorf *Auschwitz*.

Was hier in Auschwitz und anderswo jeden Tag geschehen ist, werden wir alle nie wirklich begreifen können. Mit kalter, teuflischer Grausamkeit sind hier Menschen zu Tode gebracht worden.

Oben: Ankunft auf der Rampe von Auschwitz. Links: „Selektion" – das Aussortieren der arbeitsfähigen Männer. Unten: Auf dem Weg in die Gaskammer

Bericht des Kommandanten von Auschwitz über die „Endlösung der Judenfrage"

Der ehemalige Lagerkommandant von Auschwitz, *Rudolf Höß*, wurde 1947 von den Polen hingerichtet. Während seiner Untersuchungshaft fertigte er einen ausführlichen Bericht über die Vorgänge im Vernichtungslager Auschwitz an.

Im Sommer 1941 ... wurde ich plötzlich zum Reichsführer SS nach Berlin befohlen ... Entgegen seiner sonstigen Gepflogenheit eröffnete er mir, ohne Beisein eines Adjutanten, dem Sinne nach folgendes: Der Führer hat die Endlösung der Judenfrage befohlen, wir – die SS – haben diesen Befehl durchzuführen ... Ich habe ... Auschwitz dafür bestimmt, einmal wegen der günstigen verkehrstechnischen Lage und zweitens läßt sich das dafür dort zu bestimmende Gebiet leicht absperren und tarnen ... Sie haben nun diese Aufgabe durchzuführen. Es ist eine harte und schwere Arbeit, die den Einsatz der ganzen Person erfordert, ohne Rücksicht auf etwa entstehende Schwierigkeiten. Nähere Einzelheiten erfahren Sie durch Sturmbannführer Eichmann ... Sie haben über diesen Befehl strengstes Stillschweigen, selbst Ihren Vorgesetzten gegenüber, zu bewahren ... Die Juden sind die ewigen Feinde des deutschen Volkes und müssen ausgerottet werden. Alle für uns erreichbaren Juden sind jetzt während des Krieges ohne Ausnahme zu vernichten. Gelingt es uns jetzt nicht, die biologischen Grundlagen des Judentums zu zerstören, so werden einst die Juden das deutsche Volk vernichten.

Der Vernichtungsvorgang verlief in Auschwitz wie folgt. Die zur Vernichtung bestimmten Juden wurden möglichst ruhig – Männer und Frauen getrennt – zu den Krematorien geführt. Im Auskleideraum wurde ihnen durch die dort beschäftigten Häftlinge des Sonderkommandos in ihrer Sprache gesagt, daß sie hier nun zum Baden und zur Entlausung kämen, daß sie ihre Kleider ordentlich zusammenlegen sollten und vor allem den Platz zu merken hätten, damit sie nach der Entlausung ihre Sachen schnell wiederfinden könnten. Die Häftlinge des Sonderkommandos hatten selbst das größte Interesse daran, daß der Vorgang sich schnell, ruhig und reibungslos abwickelte. Nach der Entkleidung gingen die Juden in die Gaskammer, die mit Brausen und Wasserleitungsrohren versehen, völlig den Eindruck eines Baderaumes machte. Zuerst kamen die Frauen mit den Kindern hinein, hernach die Männer, die ja immer nur die wenigeren waren. Dies ging fast immer ganz ruhig, da die Ängstlichen und das Verhängnis vielleicht Ahnenden von den Häftlingen des Sonderkommandos beruhigt wurden. Auch blieben diese Häftlinge und ein SS-Mann bis zum letzten Moment in der Kammer.

Die Tür wurde nun schnell zugeschraubt und das Gas sofort durch die bereitstehenden Desinfektoren in die Einwurfluken durch die Decke der Gaskammer in einen Luftschacht bis zum Boden geworfen. Dies bewirkte die sofortige Entwicklung des Gases. Durch das Beobachtungsloch in der Tür konnte man sehen, daß die dem Einwurfschacht am nächsten Stehenden sofort tot umfielen. Man kann sagen, daß ungefähr ein Drittel sofort tot war. Die anderen fingen an zu taumeln, zu schreien und nach Luft zu ringen. Das Schreien ging aber bald in ein Röcheln über, und in wenigen Minuten lagen alle. Nach spätestens 20 Minuten regte sich keiner mehr.

Je nach Witterung, feucht oder trocken, kalt oder warm, weiter je nach Beschaffenheit des Gases, das nicht immer gleich war, nach Zusammensetzung des Transportes, viele Gesunde, Alte oder Kranke, Kinder, dauerte die Wirkung des Gases fünf bis zehn Minuten. Die Bewußtlosigkeit trat schon nach wenigen Minuten ein, je nach Entfernung von dem Einwurfschacht. Schreiende, Ältere, Kranke, Schwächliche und Kinder fielen schneller als die Gesunden und Jüngeren.

Eine halbe Stunde nach dem Einwurf des Gases wurde die Tür geöffnet und die Entlüftungsanlage eingeschaltet. Es wurde sofort mit dem Herausziehen der Leichen begonnen ... Den Leichen wurden nun durch das Sonderkommando die Goldzähne entfernt und den Frauen die Haare abgeschnitten. Hiernach [wurden sie] durch den Aufzug nach oben gebracht vor die inzwischen angeheizten Öfen. Je nach Körperbeschaffenheit wurden bis zu drei Leichen in eine Ofenkammer gebracht. Auch die Dauer der Verbrennung war durch die Körperbeschaffenheit bedingt. Es dauerte im Durchschnitt 20 Minuten. Wie schon an früheren Stellen gesagt, konnten die Krematorien I und II innerhalb 24 Stunden ca. 2000 Leichen verbrennen, mehr war, ohne Schäden zu verursachen, nicht möglich. Die Anlagen III und IV sollten 1500 Leichen innerhalb 24 Stunden verbrennen können, meines Wissens sind diese Zahlen dort nie erreicht worden. Die Asche fiel während des ohne Unterbrechung fortgesetzten Verbrennens durch die Roste und wurde laufend entfernt und zerstampft. Das Aschenmehl wurde mittels Lastwagen nach der Weichsel gefahren und dort schaufelweise in die Strömung geworfen, wo es sofort abtrieb und sich auflöste.

(Rudolf Höß, Kommandant in Auschwitz, Stuttgart 1958, S. 153, 166 f.)

Zahlen zur Vernichtung des europäischen Judentums

Land	Jüdische Bevölkerung Sept. 1939	Jüdische Verluste	Prozentsatz der jüdischen Verluste
Polen	3 300 000	2 800 000	85,0
UdSSR, besetzte Gebiete	2 100 000	1 500 000	71,4
Rumänien	850 000	425 000	50,0
Ungarn	404 000	200 000	49,5
Tschechoslowakei	315 000	260 000	82,5
Frankreich	300 000	90 000	30,0
Deutschland	210 000	170 000	81,0
Litauen	150 000	135 000	90,0
Holland	150 000	90 000	60,0
Lettland	95 000	85 000	89,5
Belgien	90 000	40 000	44,4
Griechenland	75 000	60 000	80,0
Jugoslawien	75 000	55 000	73,3
Österreich	60 000	40 000	66,6
Italien	57 000	15 000	26,3
Bulgarien	50 000	7 000	14,0
Verschiedene (Dänemark, Estland, Luxemburg, Norwegen, Danzig)	20 000	6 000	30,0
	8 301 000	5 978 000	72,0

(Nach: *R. Schnabel:* Macht ohne Moral. Eine Dokumentation über die SS. Frankfurt am Main 1957, S. 513)

Als die Kriegsgegner Deutschlands 1945 die Tore der Konzentrations- und Vernichtungslager öffneten, fanden sie die Überlebenden: ausgemergelt, nahezu verhungert, seelisch zerstört. Seither sind die Namen dieser Lager in aller Welt Sinnbild der nationalsozialistischen Terrordiktatur geblieben; neben Auschwitz zum Beispiel Buchenwald und Dachau, Bergen-Belsen und Neuengamme, Maidanek und Treblinka.

So sah der Zeichner A. Paul Weber im Januar 1933 Deutschlands Zukunft.

Der Weg in den Krieg

Ziele der nationalsozialistischen Außenpolitik

„Zerbrecht die Ketten von Versailles!" hatten Hitler und seine Propagandaredner bereits auf den Parteiversammlungen in der Zeit der Weimarer Republik immer wieder gefordert. *Aufhebung des Versailler Vertrages* und die Wiederherstellung der früheren Macht Deutschlands war damit die erste Grundforderung der nationalsozialistischen Außenpolitik. „Gleiches Blut gehört in ein gemeinsames Reich" hieß es in „Mein Kampf". Die *Schaffung eines „Großdeutschen Reiches"*, das auch die Deutschen umfaßte, die außerhalb der Reichsgrenzen wohnten, war damit die zweite Grundforderung. Immer aber stand dahinter bereits das dritte Ziel, die „endgültige Lösung": die *Eroberung neuen „Lebensraumes"* und, damit verbunden, die *Vorherrschaft in Europa.*

Die Bündnispolitik

Einen geeigneten Bündnispartner zur Durchsetzung seiner außenpolitischen Ziele fand Hitler in *Italien.*

Nach dem Ersten Weltkrieg hatten in Italien – wie in Deutschland – Unruhen das Land erschüttert und eine Partei auf den Plan gerufen, die versprach, Ruhe und Ordnung wiederherzustellen: die *Faschisten.* Ein neues „Imperium Romanum" und die „Rettung vor dem Kommunismus" – das waren die Hauptziele dieser Partei. Ihr Anführer hieß *Mussolini;* er nannte sich „Duce" (Führer).

Im Oktober 1922 hatten die Faschisten mit einem „Marsch auf Rom" die Macht in Italien an sich gerissen und auf diese Weise für „Ordnung" gesorgt. Sie lösten alle Parteien – außer der faschistischen – auf, unterdrückten die Gegner. Sie errichteten eine Diktatur, die den Nationalsozialisten in vielem als Vorbild erschien.

1935 begannen die Faschisten mit dem Versuch, dieses neue „Römische Großreich" rund um das Mittelmeer zu errichten, und überfielen als erstes das alte Kaiserreich Abessinien. Die meisten Staaten der Welt verurteilten diesen brutalen Überfall. Deutschland aber unterstützte Italien, wo immer es konnte. Abessinien wurde unterworfen.

Hitler hatte mit der gewährten Unterstützung die Freundschaft des „Duce" gewonnen. Sie schlossen 1936 einen Freundschaftspakt, die „Achse Berlin–Rom". Schon im gleichen Jahr fanden sie Gelegenheit, ihr Bündnis im spanischen Bürgerkrieg zu erproben.

Arbeitsvorschläge

1. In welchen der auf den Vorseiten abgedruckten Textquellen hat Hitler außenpolitische Ziele angesprochen?
2. Welche Zusammenhänge zwischen Rassenlehre und Außenpolitik erkennst du?

Der Spanische Bürgerkrieg 1936–1939

Spanien war im 20. Jahrhundert ein armes Land, das durch innere Gegensätze besonders zerrissen war. Industriearbeiter und Landarbeiter forderten Reformen, Großgrundbesitzer und Offiziere unter einem General Franco suchten sie zu verhindern.

Seit 1931 war Spanien eine Republik. Als die republikanische Regierung die längst fälligen Reformen einleiten wollte, entbrannte 1936 der Spanische Bürgerkrieg.

Franco fand sehr bald die offene Unterstützung Deutschlands und Italiens. Sie schickten „Freiwillige“, ganze Regimenter, Schiffe und Flugzeuge, Panzer, Gewehre und Munition. Für sie war der Spanische Bürgerkrieg ein Kampf gegen die „Roten“, die Kommunisten, und zugleich das erwünschte Versuchsfeld, um die neu entwickelten Waffen und die Methoden moderner Kriegführung auszuprobieren.

Auf der anderen Seite eilten „antifaschistische Arbeiterbrigaden“ vieler Länder, besonders aus Frankreich und der Sowjetunion, der republikanischen Regierung zu Hilfe. So wurde der Krieg immer blutiger, immer erbitterter, immer länger.

Erst 1939 siegte Franco mit Hilfe der deutsch-italienischen Verbände. Seine Herrschaft schuf eine weitere *faschistische* Diktatur in Europa.

Guernica

Während des Spanischen Bürgerkrieges erfolgte am 26. April 1937 ein Luftangriff auf das kleine nordspanische Städtchen Guernica. Es waren Einheiten der deutschen Luftwaffe, die ihre Bombenlast auf die Zivilbevölkerung abluden – erstmals in der Geschichte. Unter dem Eindruck dieses Geschehens entstand ein 3,5 × 7,8 m großes Gemälde von *Pablo Picasso* (1881–1973).

Beim ersten Blick sitzen wir vielleicht verwirrt vor dem Durcheinander des Bildes: zerstückelte Körper von Mensch und Tier, Köpfe mit entsetzt verdrehten Augen und schreckhaft aufgerissenem Mund; grelles Licht und dunkle Schatten. Wir erkennen Einzelheiten: eine Mutter mit ihrem toten Kind in den Armen; ein Pferd, dem sich eine Lanze in den Rücken bohrt; ein erschlagener Krieger mit zerbrochenem Schwert; ein Kopf, der wie eine Maske über der Szene schwebt; eine Frau, lichtgeblendet durch das Geschehen fliehend, und eine andere, in letzter Todesangst die Arme emporreißend, während die Flammen schon an ihr emporzüngeln – und andere Einzelheiten.

Sind aber diese Einzelheiten so wichtig? Ist es nicht wichtiger, zu begreifen, was Picasso mit diesem Bild ausdrücken wollte: Krieg – vor allem der Krieg gegen Wehrlose – ist entsetzliches Geschehen! Krieg heißt brutale Zerstörung.

Picasso hat fürwahr kein „schönes" Bild gemalt, und keines, das man gleich „versteht". Er wollte, daß wir uns *hineindenken* und *nachdenken* über das, was es uns sagt.

Das erste Ziel: Revision von Versailles

Unterdessen hatte Hitler bereits damit begonnen, das erste Ziel seiner Außenpolitik zu verwirklichen: die *Revision des Versailler Vertrages.*

Am Versailler Vertrag von 1919 (vgl. S. 116) mochte ohnedies niemand mehr so recht festhalten. Und seit 1926 – der Aufnahme Deutschlands in den Völkerbund – hatten die Politiker der Weimarer Republik ohnehin wichtige Zugeständnisse der ehemaligen Alliierten erreicht. Das Rheinland war bereits bis 1930 von fremden Truppen geräumt, die deutsche Reparationszahlung 1932 endgültig eingestellt worden.

Die im Versailler Vertrag vorgesehene *Abstimmung im Saargebiet* fand termingemäß 1935 statt. Fast 90 % der Bevölkerung stimmten für die Rückkehr nach Deutschland.

Die *Wiedereinführung der allgemeinen Wehrpflicht* und die *Wiederaufrüstung* (vgl. S. 162) verstießen jedoch gegen den Versailler Vertrag. 1936 marschierten Truppen in das *Rheinland* ein, das eigentlich frei von deutschen Soldaten („entmilitarisiert") bleiben sollte. Außer Protesten auf dem Papier geschah nichts.

Diese Politik wurde von den meisten Deutschen gutgeheißen. Auch der nächste Schritt Hitlers schien ihnen nur recht und billig zu sein: der „Anschluß" Österreichs.

Das zweite Ziel: die Schaffung „Großdeutschlands"

Als 1919 der Vielvölkerstaat des alten Habsburgerreiches zerschlagen worden war (vgl. S. 117), wollte sich das gesamte österreichische Volk Deutschland anschließen. Der Versailler Vertrag hatte eine solche Vereinigung jedoch untersagt, damit die Weimarer Republik nicht zu stark würde. Inzwischen widerstrebte ein Teil der Bevölkerung Österreichs dieser Angliederung. Hitler und seine Anhänger in Österreich aber warben unablässig dafür.

Der „Anschluß" Österreichs

Im Frühjahr 1938 sah Hitler den Zeitpunkt gekommen, Österreich „heim ins Reich zu holen" – wie es damals hieß. Im März 1938 zogen deutsche Truppen in Wien ein. Von vielen umjubelt, stattete Hitler dem deutschen Volk „die größte Vollzugsmeldung seines Lebens" ab: „Als der Führer und Kanzler der deutschen Nation und des Reiches melde ich vor der Geschichte nunmehr den Eintritt meiner Heimat in das Deutsche Reich." Es folgte die „Gleichschaltung" Österreichs, das fortan „Ostmark" genannt wurde, mit der nationalsozialistischen Herrschaft im Reich.

Die Sudetendeutschen

Bei der Zerschlagung Österreich-Ungarns war 1918 auch die Tschechoslowakei entstanden. In diesem Staat lebten neben den Tschechen und Slowaken auch etwa 3½ Millionen Deutschösterreicher: die *Sudetendeutschen.* Auch unter ihnen wollten viele „heim ins Reich". Die Nationalsozialisten des Sudetenlandes forderten von der Regierung in Prag die Abtretung ihrer Siedlungsgebiete an Deutschland: mit Aufmärschen, Kundgebungen, Zwischenfällen. Hitler unterstützte sie offen und drohte mit Krieg. Die Prager Regierung ordnete die Mobilmachung an.

Seit Mai 1938 verschärfte sich die „Sudetenkrise" immer mehr. Allgemein befürchtete man den Ausbruch eines neuen Krieges, denn die Tschechoslowakei war durch Bündnisse vor allem mit Frankreich verbunden.

Die Münchener Konferenz am 29. September 1938. Von links: Premierminister Chamberlain (Großbritannien), Mussolini, ein Dolmetscher, Hitler und Ministerpräsident Daladier (Frankreich). Chamberlain glaubte, den Frieden für diese Generation gerettet zu haben („Peace in our time").

Im letzten Augenblick kam es zu einer *Konferenz* der englischen, französischen, italienischen und deutschen Staatsführer in *München*. Die Vertreter der Tschechoslowakei, um deren Land es ja ging, wurden zu den Verhandlungen gar nicht zugelassen. Sie mußten im Vorzimmer auf die Entscheidung der vier Großmächte warten. Vertreter der Sowjetunion und Polens, die als Nachbarn im Osten stark interessiert waren, wurden nicht hinzugezogen. Es kam zu einem *Vertrag*, der die sudetendeutschen Gebiete an Deutschland überwies, zugleich aber den restlichen Bestand der Tschechoslowakei durch alle garantierte.

Hitler hatte den zweiten großen Erfolg dieses Jahres errungen. Er versicherte, nun nirgendwo mehr gebietsmäßige Forderungen zu haben.

Das dritte Ziel: Vorherrschaft

In ganz Europa wurde die Erhaltung des Friedens mit Jubel begrüßt.

Im westlichen Lager war 1918 die Forderung nach dem „Selbstbestimmungsrecht der Völker" erhoben worden, und bisher hatte Hitler sich bei seiner Politik darauf berufen können.

Schon bald aber wurde deutlich, daß das „Selbstbestimmungsrecht" von Hitler ausgenutzt worden war, um auch sein drittes Ziel anzugehen: die *Vorherrschaft* in Europa und – irgendwann – in der Welt

Der Überfall auf die Tschechoslowakei

In der Nacht vom 14. zum 15. März 1939 wurde der tschechische Staatspräsident Dr. Hacha nach Berlin gerufen. Hitler teilte ihm mit, deutsche Truppen hätten bereits die Grenzen der Tschechoslowakei überschritten. Jeder Widerstand sei nutzlos. Dann mußte er das Abkommen zur *Angliederung* des tschechischen Staatsgebietes *als Protektorat* (d. h. Schutzgebiet) an das Deutsche Reich unterschreiben. Er legte, wie es in dem Schriftstück lügnerisch hieß, „vertrauensvoll das Geschick seines Landes in die Hände des Führers". Die Slowakei wurde ein eigener Staat in völliger Abhängigkeit von „Großdeutschland".

Dieser Griff nach der Tschechoslowakei mit der gewaltsamen Angliederung von über 10 Millionen Menschen eines anderen Volkes bedeutete den entscheidenden Schritt über Hitlers bisherige Politik hinaus. Sie wurde der erste große Markstein einer *reinen Machtpolitik*. So wurde sie auch vom Ausland verstanden.

Dem Kriege entgegen

Schon wurde das nächste Opfer Hitlers erkennbar: *Polen.* Aber jetzt schlossen Frankreich und Großbritannien Vertrag um Vertrag mit dem Ziel, eine Abwehrfront aufzubauen. „Bis hierher und nicht weiter!" – Ganz deutlich wurde jetzt diese Haltung der Westmächte.

Hitler: „Der Abschaum der Menschheit vermutlich?" – Stalin: „Der verdammte Arbeitermörder? Sehr angenehm!" (Karikatur von David Low, 1939)

Da geschah Unvorstellbares: *Am 23. August 1939 schlossen Hitler und Stalin einen Nichtangriffspakt ab.* Nicht nur die Deutschen waren verwirrt. Bisher hatte Hitler in allen seinen Schriften und Reden dem „Bolschewismus" den Kampf angesagt.

Jeder der beiden Diktatoren hatte bei dem Vertragsabschluß seine besonderen Absichten und Gedanken:
Hitler glaubte, durch das Bündnis mit der Sowjetunion bei seinem geplanten Überfall auf Polen und einem eventuell sich anschließenden Kriege mit den Westmächten den Rücken im Osten frei zu haben und so einen Zweifrontenkrieg zu vermeiden.
Stalin hoffte, mit dieser Ermunterung für Deutschland den von ihm gewünschten Krieg zwischen den westlichen kapitalistischen Staaten entfesseln zu können, ohne selbst an ihm teilnehmen zu müssen. Das Ende würde ihre Selbstzerfleischung und vielleicht die Auslösung der Weltrevolution sein.

Für den Augenblick hatte Hitler erreicht, was er wollte: *Polen, das neue Opfer, war rettungslos eingekreist.* Und schon hatten die beiden seltsamen Bündnispartner es auch in einem geheimen Zusatzvertrag unter sich aufgeteilt, ehe der erste Schuß gefallen war.

Arbeitsvorschläge

1. Vergleiche die Uniformierung der beiden Diktatoren auf der Abbildung S. 173! – Ordne auch die Abbildung S. 149 in den hier dargestellten Zusammenhang ein!
2. Begründe bitte, warum der Griff Hitlers nach der Tschechoslowakei zum Wendepunkt in der europäischen Politik wurde!
3. Überlege bitte, wie der Hitler-Stalin-Pakt auf Nationalsozialisten, auf deutsche Kommunisten wirken mußte!

Wir merken uns

Am 30. Januar 1933 übernahm Adolf Hitler die diktatorische Führung Deutschlands. In kurzer Zeit wandelte er die deutsche Republik in einen nationalsozialistischen Führerstaat um. Das Leben in Deutschland wurde „gleichgeschaltet".

Zum System der nationalsozialistischen Diktatur gehörte die Verfolgung der politischen Gegner und der Juden. Mit dem Namen Auschwitz verbindet sich eines der erschütterndsten Kapitel der Menschheitsgeschichte.

**Außenpolitische Ziele des Nationalsozialismus waren:
die Aufhebung des Versailler Vertrages,
die Schaffung eines „Großdeutschen Reiches",
die Aufrichtung einer deutschen Vorherrschaft.
Das deutsche Vorherrschaftsstreben führte Europa und die Welt in den Krieg.**

Der Zweite Weltkrieg 1939–1945

Der Krieg in Europa

Die Entfesselung des Krieges

Am 31. August 1939 erteilte Adolf Hitler den Befehl zum Angriff. Am 1. September 1939, morgens 4.45 Uhr, marschierten die deutschen Armeen in Polen ein. Am 3. September übergaben die Botschafter Großbritanniens und Frankreichs die Kriegserklärungen ihrer Länder.

Hitler hatte geglaubt, daß die „feigen Demokraten“ letztlich doch vor diesem Schritt zurückschrecken würden – zumal nach dem Pakt mit Stalin. Aber Großbritannien und Frankreich konnten nach dem Einmarsch in die Tschechoslowakei nicht länger zusehen, wie Deutschland ein europäisches Land nach dem anderen auf seinem Wege zur Vorherrschaft unterwarf. Jetzt standen sie zu ihren Bündnisverpflichtungen.

Leichtfertig hatte Hitler einen neuen Weltkrieg entfesselt.

Das Gesicht des Krieges

Es wurde ein Krieg, der sich in seinem Ablauf von allen seinen Vorgängern unterschied.

Der Landkrieg

Erinnern wir uns: Im Ersten Weltkrieg hatte sich der Bewegungskrieg sehr bald an der entscheidenden Westfront in einen zähen Stellungskrieg verwandelt. Damals hatte gerade erst das *Zeitalter der Motoren* begonnen. Jetzt waren von vornherein die meisten Truppenteile motorisiert und konnten durch gesteigerte Schnelligkeit ihrer Bewegungen ein erneutes Festlaufen und Erstarren der Fronten verhindern. Artillerie, Infanterie, Pioniere, viele Hilfsverbände waren auf schnelle, geländegängige und gepanzerte Motorfahrzeuge gesetzt. Hinzu trat als schnellste und stärkste Kampftruppe die Luftwaffe.

Die Kampfhandlungen wurden überfallartig eingeleitet — fast immer ohne vorherige Kriegserklärung. Ziel war die rasche Niederwerfung des Gegners durch schnell vorrückende Verbände. Vor allem die Panzer spielten dabei eine entscheidende Rolle. Der Bewegungskrieg wurde zum *Blitzkrieg*. Wo man zu Lande oder Wasser nicht sofort hingelangen konnte, wurden Fallschirmtruppen aus Flugzeugen abgesetzt. Sie vernichteten an den entscheidenden Punkten den überraschten Gegner.

So sah dieser Zweite Weltkrieg in seiner ersten Hälfte zunächst eindrucksvolle Siege der Angreifer, in Europa wie seit 1941 auch in Ostasien (vgl. S. 189). Aber diese Erfolge ließen sich auf die Dauer nicht halten. Entscheidend wurde dann die größere Wirtschaftskraft. Es kam auf den längeren Atem an, die Fähigkeit, den Schlägen des Angreifers zu widerstehen, um dann um so kräftiger zurückzuschlagen. Vor allem der *See- und der Luftkrieg* wurden dabei, neben den Feldzügen auf dem Lande, immer wichtiger.

Arbeitsvorschlag Auf diesen beiden Seiten ist in Text und Karte eine gedrängte Übersicht über den Ablauf des Krieges in Europa dargestellt. Arbeite aus den Karten den Verlauf des Landkriegs heraus!

1939 September	*Deutscher Angriff gegen Polen.* „Blitzkrieg" in 18 Tagen. Nach der Kapitulation der polnischen Armee erneute Aufteilung Polens zwischen Deutschland und der Sowjetunion.
	Beginn des U-Boot-Krieges gegen England.
1940 April	*Besetzung Dänemarks und Norwegens* durch deutsche Truppen.
Mai/Juni	*Deutscher Angriff gegen Frankreich.* Besetzung auch der neutralen Länder Holland und Belgien. Am 22. Juni Waffenstillstand mit Frankreich.
Juni	Kriegseintritt Italiens.
August	Beginn des deutschen Luftkriegs gegen England (bis Juni 1941 schrittweise wieder eingestellt).
1941 März	Beginn des Einsatzes deutscher Truppen in Nordafrika.
April	*Besetzung Jugoslawiens und Griechenlands* durch deutsche Truppen.
Juni	*Deutscher Angriff gegen die Sowjetunion.* Deutsche Vorstöße bis kurz vor Leningrad und Moskau.
Dezember	Starke russische Gegenangriffe. *Kriegseintritt der USA nach einem japanischen Überfall* (S. 189).

Der Zweite Weltkrieg in Europa

Deutsches Reich

Mit dem Deutschen Reich verbündete Sta

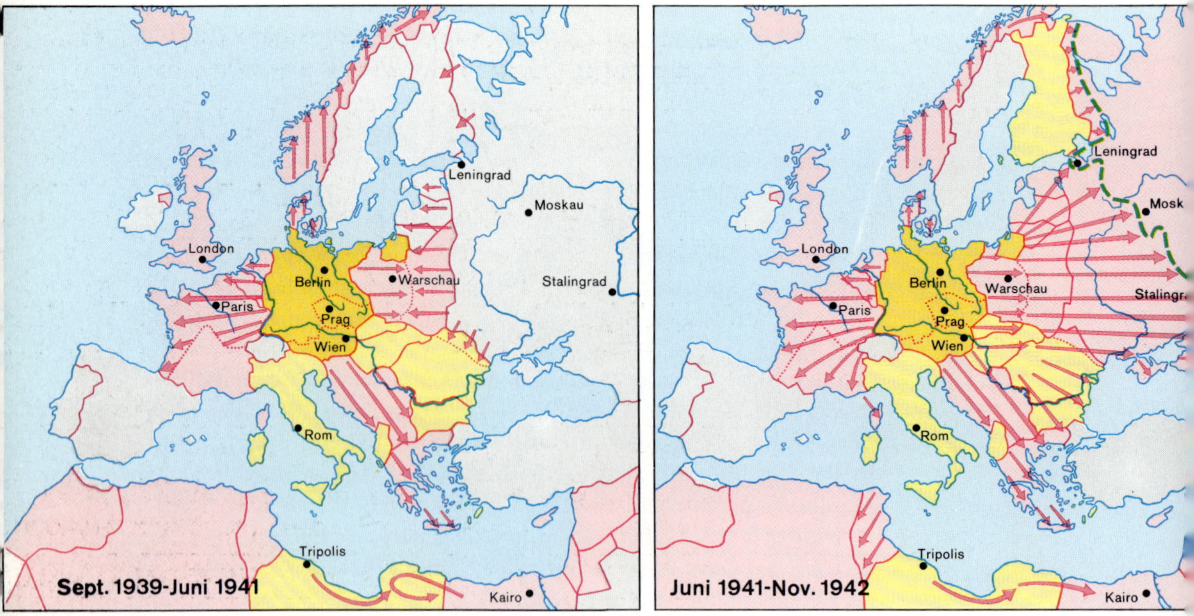

1942 Mai	Neue deutsche Vorstöße in Rußland zur *Eroberung des Kaukasus (Erdöl!) und Stalingrads.*
	Beginn des englisch-amerikanischen Luftkriegs gegen Deutschland.
1943 Januar	*Kapitulation* der seit November 1942 *in Stalingrad* eingeschlossenen deutschen Armee. Beginn des deutschen Rückzugs.
Mai	Wende im U-Boot-Krieg gegen England durch Einführung von Radar. Kapitulation der deutschen Truppen in Afrika.
Juli	*Britisch-amerikanische Landung in Italien.* Beginn des deutschen Rückzugs.
September	Kapitulation Italiens.
1944 Juni	*Britisch-amerikanische Landung in Nordfrankreich.* Beginn des deutschen Rückzugs.
1945 Januar	Sowjetischer Vorstoß nach Deutschland hinein.
März	Britisch-amerikanischer Vorstoß über den Rhein.
April	Selbstmord Hitlers im eingeschlossenen Berlin.
Mai	*Bedingungslose deutsche Kapituation.*

Arbeitsvorschlag

Bis wann hat die „Blitzkrieg-Strategie" Hitlers Erfolg? Wo wird die Wende des Krieges deutlich erkennbar? Wann wird auf dem europäischen Kriegsschauplatz eine gleichzeitige zweite Front gebildet, wann eine dritte? Welche Länder stehen am längsten unter deutscher Besetzung?

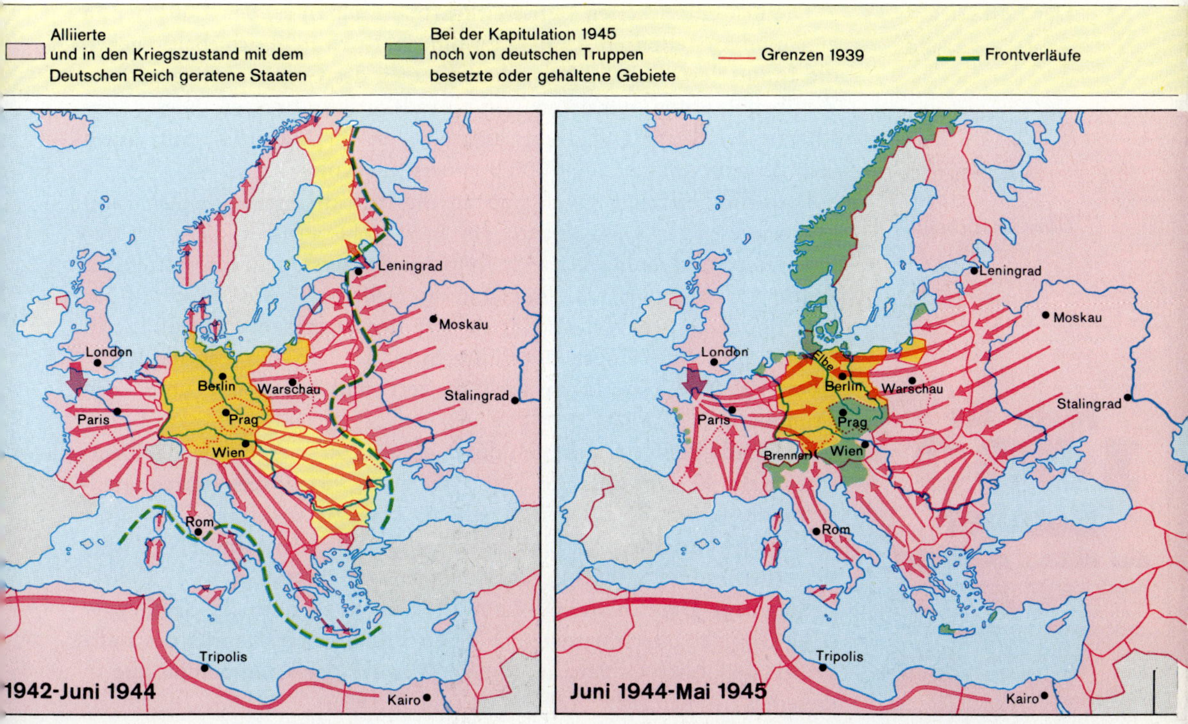

Die „Ausbombung" einer Stadt. Britische Luftaufnahme Braunschweigs nach dem Angriff am 8. 4. 1944 – insgesamt erfolgten 21 Angriffe auf diese eine Stadt.

Der Luftkrieg

Die neu entwickelten Luftstreitkräfte erlaubten es, den Luftkrieg in einem unvorstellbaren Ausmaß zu führen. Er richtete sich ebenso gegen die Industriewerke und Wirtschaftszentren des Gegners wie gegen die Zivilbevölkerung, um deren Widerstandskraft zu brechen. Dieser verschärfte Luftkrieg traf Deutschland zuerst im Mai 1942 mit einem Großangriff von mehr als 1000 Bombern auf Köln.

Pausenlos erschienen von nun ab die britisch-amerikanischen Luftgeschwader über Deutschland. Im Mai 1944 wurden die deutschen Benzinfertigungsanlagen durch Luftangriffe zerstört. Nun hatten die deutschen Flugzeuge und Panzer nicht mehr genügend Treibstoff für ihre Einsätze. Am verheerendsten war der amerikanische Luftangriff auf die mit Flüchtlingen überfüllte Stadt Dresden im Februar 1945. Über 100 000 Tote lagen zerschmettert und verbrannt unter den Trümmern.

Am Ende des Krieges hatten durch diesen Luftkrieg von je 100 Deutschen fast 40 ihre gesamte Habe verloren. 25 weitere waren „teilgeschädigt", nur 35 blieben verschont. Nahezu sämtliche Großstädte und viele mittlere und kleine Städte waren zerbombt. 50 % aller deutschen Industrie- und Verkehrsanlagen waren zerstört.

So wurde Deutschland ein Land der Trümmer, noch ehe die Gegner seine Grenzen überschritten. Vor dem schrecklichsten Kapitel des Luftkriegs aber blieb es verschont: dem Abwurf der Atombombe, die in diesem Krieg neu entwickelt wurde (vgl. S. 190).

Über Deutschland abgeworfenes Flugblatt

DIE SCHWERSTEN ANGRIFFE DER LUFTWAFFE VON DER R.A.F. WEIT ÜBERBOTEN

Mehr als 1000 Bomber auf einmal eingesetzt

IN der Nacht vom 30. Mai griff die Royal Air Force Köln mit weit über 1000 Flugzeugen an. Der Angriff wurde auf anderthalb Stunden zusammengedrängt. Der deutsche Sicherheits- und Abwehrdienst war der Wucht des Angriffs nicht gewachsen.

Premierminister Churchill sagte in seiner Botschaft an den Oberbefehlshaber des britischen Bomberkommandos am 31. Mai:

„Dieser Beweis der wachsenden Stärke der britischen Luftmacht ist auch das Sturmzeichen für die Dinge, die von nun an eine deutsche Stadt nach der andern zu erwarten hat."

Zwei Nächte darauf griff die Royal Air Force das Ruhrgebiet mit über 1000 Maschinen an.

Die Offensive der Royal Air Force in ihrer neuen Form hat begonnen

Der Seekrieg

In Europa wurde wie im Ersten Weltkrieg die gegenseitige Blockade zum Kriegsmittel. Wieder spielten *Unterseeboote* eine besondere Rolle. Über Jahre hin zog sich die „Schlacht im Atlantik" – das Vorgehen deutscher U-Boote gegen die amerikanisch-britischen Geleitzüge. Mit dem Einsatz von Radar gewannen auch hier die Alliierten seit 1943 die Oberhand. Der Seekrieg war für Deutschland verloren.

In Ostasien erhielt ein anderer Schiffstyp besondere Bedeutung: der *Flugzeugträger.* Diese riesigen Überwasserschiffe trugen die Flugzeuge in die Nähe ihrer Ziele und vergrößerten so ihre Reichweite.

Der Krieg der Fabriken

Nach dem Kriegseintritt der USA im Dezember 1941 standen drei Viertel der Weltbevölkerung gegen Deutschland und seine Verbündeten. Vor allem verfügten die hochindustrialisierten USA über ausgedehnte Auto- und Flugzeugfabriken, Werften und sonstige *Fertigungskapazitäten,* die sich rasch und von den Deutschen unbehindert auf Rüstungsproduktion umstellen ließen. Und dabei konnten sie auf die Rohstoffe fast der ganzen Welt zurückgreifen.

So wurden die USA zum Rüstungszentrum. Von hier erhielt die Sowjetunion immer neues Material zum Durchhalten und zur Gegenoffensive: Panzer, Lastkraftwagen, Flugzeuge und Munition. Von hier wurden Streitkräfte und Material für den Angriff von Süden und Westen auf Hitlers „Festung Europa" gestellt. Für Deutschland bedeutete dies:

„Es gab keine Chance, diesen Krieg der Fabriken wirtschaftlich zu gewinnen. Deutschland wurde faktisch vor allem durch den Luftkrieg und die Gebietsverluste wirtschaftlich entscheidend geschwächt; wären diese Faktoren nicht so intensiv wirksam geworden, hätte auf die Dauer die Überlegenheit der Gegenseite an Menschen, Rohstoffen und Kapazitäten den Ausschlag geben müssen."
(Die deutsche Industrie im Kriege 1939–1945, Berlin 1954, S. 127 f.)

„Fertig" – in einem deutschen Rüstungswerk rollt ein Panzer vom Fließband.

Vergleich der Produktion ausgewählter Rüstungsgüter

	Panzerproduktion*			Flugzeugproduktion		
	Deutschl.	Großbrit.	USA	Deutschl.	Großbrit.	USA
1940	1 459	1 399	331	10 826	15 049	6 086
1941	3 256	4 841	4 052	11 776	20 094	19 443
1942	4 098	8 611	24 997	15 556	23 672	47 836
1943	6 083	7 476	29 497	25 527	26 263	85 898
1944	8 466	2 476	17 565	39 807	26 461	96 318

Nach: Fischer Weltgeschichte, Band 34, S. 341 f. * 1944 nur 1. Halbjahr

Vergleich der Versorgung mit wichtigen Rohstoffen 1944/45

(Deutsche Versorgung Mitte 1944 = 100)	Deutschland Mitte 1944	Deutschland Anfang 1945	Feindmächte Mitte 1944	Feindmächte Anfang 1945
Treibstoffe	100	31	2 920	3 117
Eisen und Stahl	100	32	367	366
Kautschuk	100	69	748	748
Sprengstoffe	100	138	228	294
(Kräfteeinsatz)	100	44	136	192

Nach: Die deutsche Industrie . . ., S. 127

Das Gesicht des Krieges

1. *Dieses Bild entstand bei der Zerstörung des Warschauer Ghettos (vgl. S. 183). Die aus den Kellern herausgetriebenen Menschen wurden zu Sammelplätzen geführt und anschließend in das Vernichtungslager Treblinka transportiert.*
2. *Berlin, November 1943 – nach einem Luftangriff auf dem Kurfürstendamm*
3. *Kertsch (Krim), April 1944 – Die Bewohner von Kertsch suchen auf der Rückzugsstraße der deutschen Truppen nach Angehörigen unter den Toten.*
4. *Köln 1945 – die zerstörte Innenstadt*

Terror!

Terror war Hitlers Waffe, als er das deutsche Volk und Reich seiner Partei dienstbar machte.

Terror, brutaler, vorbedachter Terror, damit unterwarf Hitler Österreich, die Tschechoslowakei, Polen, Norwegen, Belgien, Holland, Frankreich, Jugoslawien und Griechenland.

Terror gegen die Zivilbevölkerung, rücksichtslose Zerstörung von Wohnbezirken sollte im Herbst 1940 Großbritannien auf die Kniee zwingen. Jetzt richtet Hitler dieselbe Waffe gegen Rußland.

Hitler hat sich verrechnet!

Der Krieg in Rußland geht weiter, und Großbritannien steht heute unvergleichlich stärker da als vor einem Jahr. Und an seiner Seite steht Amerika.

Jetzt legen wir erst richtig los.
Unsere Antwort auf Hitlers Terror:

Bomben, immer größere Bomben!

Was Ihr heute Nacht erlebt habt, waren nur die ersten Tropfen, die den kommenden Gewittersturm ankündigen. Immer wuchtiger, immer vernichtender wird es auf Deutschland herabprasseln: so rechnen wir mit Hitler ab! Wenn es zuviel für Euch wird, wenn Ihr der Urgewalt des Orkans nicht mehr widerstehen könnt, dann denkt daran:

Das dankt Ihr Hitler!

488a

Arbeitsvorschläge

1. Womit wird im nebenstehenden Flugblatt der Luftkrieg gegen deutsche Städte begründet? Werte hierzu auch die nachfolgende Tabelle aus!

Abgeworfene Bombenlast 1940–1945 (in Tonnen)	1940	1941	1942	1943	1944	1945
auf Deutschland	10 000	30 000	40 000	120 000	650 000	500 000
auf England	36 844	21 858	3 260	2 298	9 151	761

2. Arbeite die nachfolgende Tabelle um (Schaubilder, Kurven, prozentuale Steigerung)! Gib ihre Aussagen mit deinen Worten wieder!

Die Rüstungsproduktion der Großmächte (Zahlen in Milliarden Dollar nach den Preisen von 1944)	1939	1941	1943	1944
USA	0,6	4,5	37,5	41,0
Großbritannien	1,0	6,5	11,1	11,0
UdSSR	3,3	8,5	13,9	16,5
Deutschland	3,4	6,0	13,8	16,6
Japan		2,0	4,9	6,0

3. Diskutiere die im Text auf S. 179 vorgetragenen Argumente, warum es für Deutschland keine Chance gab, den Krieg zu gewinnen!
4. Betrachte die Bilder auf den Seiten 180/181 genau! Versuche, dich in das Schicksal der Menschen hineinzuversetzen! Was haben sie wohl hinter sich, was vor sich? Wie mag es rund um den im Bild gezeigten Ausschnitt aussehen?
5. Laß dir von deinen Großeltern berichten, wie sie den Krieg erlebten!

Die besetzten Gebiete

Hitlers Krieg hatte ein europäisches Volk nach dem anderen in das blutige Geschehen hineingerissen. In allen von Deutschland besetzten Gebieten hinterließ die Besetzung ihre Spuren, hinterließ sie Erinnerungen, die bis in die Gegenwart fortwirken.

Von den unterworfenen Gebieten hatten Polen und die besetzten Teile der Sowjetunion das härteste Schicksal. Sie waren ja als „Lebensraum" der deutschen „Herrenmenschen" vorgesehen. So wurde hier nationalsozialistische Rassenlehre praktiziert, vor allem durch Himmler und seine SS.

Aus einer Denkschrift Himmlers:
„Behandlung der Fremdvölkischen im Osten"
„Für die nichtdeutsche Bevölkerung des Ostens darf es keine höhere Schule geben als die vierklassige Volksschule. Das Ziel dieser Volksschule hat lediglich zu sein: Einfaches Rechnen bis höchstens 500, Schreiben des Namens, eine Lehre, daß es ein göttliches Gebot ist, den Deutschen gehorsam zu sein und ehrlich, fleißig und brav zu sein. Lesen halte ich nicht für erforderlich."
(Nach: Weltgeschichte im Aufriß, Frankfurt 1976, S. 453)

Heinrich Himmler, der „Reichsführer SS", bei einer Ansprache

Aus einer Rede Himmlers vor hohen SS-Führern am 4. Oktober 1943

„Ein Grundsatz muß für den SS-Mann absolut gelten: ehrlich, anständig, treu und kameradschaftlich haben wir zu Angehörigen unseres eigenen Blutes zu sein und zu sonst niemandem. Wie es den Russen geht, wie es den Tschechen geht, ist mir total gleichgültig. Das, was in den Völkern an gutem Blut unserer Art vorhanden ist, werden wir uns holen, indem wir ihnen, wenn notwendig, die Kinder rauben und sie bei uns großziehen. Ob die anderen Völker in Wohlstand leben oder ob sie verrecken vor Hunger, das interessiert mich nur soweit, als wir sie als Sklaven für unsere Kultur brauchen, anders interessiert mich das nicht. Ob bei dem Bau eines Panzergrabens 10 000 russische Weiber an Entkräftung umfallen oder nicht, interessiert mich nur insoweit, als der Panzergraben für Deutschland fertig wird. Wir werden niemals roh und herzlos sein, wo es nicht sein muß; das ist klar. Wir Deutsche, die wir als einzige auf der Welt eine anständige Einstellung zum Tier haben, werden ja auch zu diesen Menschentieren eine anständige Einstellung einnehmen, aber es ist ein Verbrechen gegen unser eigenes Blut, uns um sie Sorge zu machen und ihnen Ideale zu bringen, damit unsere Söhne und Enkel es noch schwerer haben mit ihnen. Wenn mir einer kommt und sagt: ‚Ich kann mit den Kindern oder den Frauen den Panzergraben nicht bauen. Das ist unmenschlich, denn dann sterben die daran', – dann muß ich sagen: ‚Du bist ein Mörder an Deinem eigenen Blut, denn wenn der Panzergraben nicht gebaut wird, dann sterben deutsche Soldaten, und das sind Söhne deutscher Mütter. Das ist unser Blut.' Das ist das, was ich dieser SS einimpfen möchte und – wie ich glaube – eingeimpft habe, als eines der heiligsten Gesetze der Zukunft: Unsere Sorge, unsere Pflicht ist unser Volk und unser Blut; dafür haben wir zu sorgen und zu denken, zu arbeiten und zu kämpfen, und für nichts anderes. Alles andere kann uns gleichgültig sein. Ich wünsche, daß die SS mit dieser Einstellung dem Problem aller fremden, nicht germanischen Völker gegenübertritt, vor allem den Russen . . ."

(Nach: Der Prozeß vor dem Internationalen Militärgerichtshof, Band XXIX, S. 122 ff.)

Arbeitsvorschläge

1. Informiere dich in deinem Geschichtsatlas über die Ausdehnung der nationalsozialistischen Herrschaft in Europa!
2. Hitlers Überfall auf die Sowjetunion wird zuweilen als „Weltanschauungskrieg" bezeichnet. Prüfe diesen Begriff!
3. An welchen Stellen des vorstehenden Redetextes wird das „Herrenmenschen"-Denken Himmlers besonders deutlich?

Widerstandstätigkeit in besetzten Gebieten

So ist es kein Wunder, daß sich in den besetzten Gebieten Widerstandsgruppen zusammenfanden und der deutschen Besatzungsmacht bisweilen erbitterte Kämpfe lieferten.

Polen

In Polen bildete sich eine starke Untergrundbewegung mit einer 350 000 Mann umfassenden geheimen Armee, mit Schulen und Gerichten. Ihr Aufstand in Warschau (August 1944) konnte erst nach zwei Monaten von den Deutschen niedergeworfen werden. Warschau wurde danach auf Befehl Hitlers zerstört. — Vorher schon (April 1943) hatten sich die im Warschauer Ghetto zusammengepferchten, zur Vernichtung bestimmten Juden in einem Verzweiflungskampf erhoben (s. S. 180).

Sowjetunion, Jugoslawien

Im Osten, besonders in den eroberten Gebieten der *Sowjetunion* und in *Jugoslawien,* kämpften regelrechte militärische Verbände hinter den Frontlinien („Partisanen"). Sie beherrschten weite, zumeist schwer zugängliche Gebiete und griffen von hier aus Nachschublinien an. Sie zwangen die deutsche Besatzungsmacht, starke Truppenteile von der eigentlich Front abzuziehen.

Frankreich

In *Frankreich* sammelten sich die Gruppen der „Résistance" (Widerstand). Sie verübten z. B. Anschläge auf Verkehrslinien und versteckten abgeschossene alliierte Flieger. — Auch in den anderen besetzten Westgebieten organisierte sich der Widerstand.

Der deutsche Widerstand

Widerstand aus der Arbeiterbewegung

Sozialdemokraten und Kommunisten waren bis 1933 die Hauptgegner der NSDAP gewesen. Sie traf die erste schwere Verfolgungswelle (vgl. S. 163), und sie waren unter den ersten, die der neuen Diktatur Widerstand leisteten. Vom benachbarten Ausland aus begannen die Versuche, die verbotene SPD und KPD im Untergrund, in der *Illegalität*, neu aufzubauen.

Die Brotfabrik „Germania“

Der Aufbau einer illegalen SPD am Niederrhein ist ein Beispiel. Dort wurde 1934 die Brotfabrik „Germania“ in Duisburg-Hamborn zur Organisationszentrale. Der Inhaber war Sozialdemokrat gewesen, wie die meisten seiner Verkaufsfahrer. Zwei Mitglieder des SPD-Untergrunds wurden eingeschleust, um sie für die illegale Arbeit zu gewinnen.

„Plötzlich tauchten in und in einem größeren Umkreis von Duisburg größere Mengen der kleingedruckten ‚Sozialistischen Aktion‘ auf. [Dies war eine im Ausland auf Dünndruckpapier hergestellte Zeitung, die etwa alle zwei Wochen erschien.] Die sozialdemokratischen Verkaufsfahrer hatten für ihren Absatz bei alten Parteifreunden gesorgt. Sie organisierten ... kleine Leseringe, Gruppen von jeweils 5–10 Abonnenten ... Diese bildeten ... die Organisationsbasis der geheimen sozialdemokratischen Partei in und um Duisburg. Gesteuert von der Brotfabrik ‚Germania‘ wuchs die illegale Organisation rasch ... Die Verkaufsfahrer der ‚Germania‘ suchten ... zweimal wöchentlich ihre ‚Kunden‘ auf ... Die Schriften holten sie ... aus dem Ruhrorter Hafen, wohin sie von Matrosen aus Rotterdam eingeschleust wurden.

Ein ... Depot befand sich mitten in Duisburg. Es war der Tabakkiosk am Bahnhof. Die Schriften lagerten hier, auf Abruf bereit, feingefaltet in Zigaretten- und Streichholzschachteln oder in Keksdosen versteckt.“

(*Kurt Bludau*, Widerstand und Verfolgung in Duisburg, Duisburg 1973, S. 26 ff.)

Diesen Versuch des Aufbaus einer Untergrundorganisation mußten vier Angehörige des „Germania“-Kreises mit dem Leben, andere mit langjährigen Haftstrafen bezahlen.

Die „Weiße Rose“

Am 23. Februar 1943 erschien in der Tageszeitung „Münchener Neueste Nachrichten“ die folgende Meldung:

„Der Volksgerichtshof verurteilte am 22. Februar 1943 im Schwurgerichtssaal des Justizpalastes den 24 Jahre alten Hans Scholl, die 21 Jahre alte Sophie Scholl, beide aus München, und den 23 Jahre alten Christoph Probst aus Aldrans bei Innsbruck zum Tode und zum Verlust der bürgerlichen Ehrenrechte. Das Urteil wurde am gleichen Tage vollzogen. Die Verurteilten hatten sich als charakteristische Einzelgänger durch das Beschmieren von Häusern mit staatsfeindlichen Aufforderungen und die Verbreitung hochverräterischer Flugschriften an der Wehrkraft und dem Widerstandsgeist des deutschen Volkes in schamloser Weise vergangen. Angesichts des heroischen Kampfes des deutschen Volkes verdienen derartige verworfene Subjekte nichts anderes als den raschen und ehrlosen Tod.“

Sophie Scholl (1921–1943)

Wer waren diese drei, welche „Verbrechen“ hatten sie begangen?

Sie waren Studenten, aufgewühlt von dem Unrecht, das sie um sich beobachteten, das Hans Scholl als Soldat in Rußland erlebte hatte. Mit Gleichgesinnten bildeten sie einen Kreis, den sie die „Weiße Rose“ nannten. Sie schrieben Flugblätter, die sie vervielfältigten, per Post verschickten oder heimlich auslegten.

Dann kam in den ersten Februartagen 1943 die Nachricht vom Untergang der deutschen Armee in Stalingrad. Aus der Erschütterung darüber malten sie in mehreren Nächten mit weißer Ölfarbe Parolen an die Münchener Universität und an Häuser in benachbarten Straßen: „Freiheit“ und „Nieder mit Hitler“. – Wenige Tage später entwarfen die Geschwister Scholl ein neues Flugblatt, das ihr letztes werden sollte. Am 18. Februar 1943 ließen sie viele Exemplare davon wie Papierschwalben von einem oberen Stockwerk in die Eingangshalle der Universität hinabsegeln.

Sie wurden beobachtet, verhaftet und durch das Beil hingerichtet.

Das letzte Flugblatt der „Weißen Rose“

Kommilitonen! Kommilitoninnen!

Erschüttert steht unser Volk vor dem Untergang der Männer von Stalingrad. Dreihundertdreißigtausend deutsche Männer hat die geniale Strategie des Weltkriegsgefreiten sinn- und verantwortungslos in Tod und Verderben gehetzt. Führer, wir danken dir! Es gärt im deutschen Volk: Wollen wir weiter einem Dilettanten das Schicksal unserer Armeen anvertrauen? Wollen wir den niederen Machtinstinkten einer Parteiclique den Rest der deutschen Jugend opfern? Nimmermehr! Der Tag der Abrechnung ist gekommen, der Abrechnung der deutschen Jugend mit der verabscheuungswürdigsten Tyrannis, die unser Volk je erduldet hat. Im Namen der deutschen Jugend fordern wir vom Staat Adolf Hitlers die persönliche Freiheit, das kostbarste Gut des Deutschen zurück, um das er uns in der erbärmlichsten Weise betrogen.

In einem Staat rücksichtsloser Knebelung jeder freien Meinungsäußerung sind wir aufgewachsen. HJ, SA, SS haben uns in den fruchtbarsten Bildungsjahren unseres Lebens zu informieren, zu revolutionieren, zu narkotisieren versucht. „Weltanschauliche Schulung“ hieß die verächtliche Methode, das aufkeimende Selbstdenken in einem Nebel leerer Phrasen zu ersticken.

Freiheit und Ehre! Zehn lange Jahre haben Hitler und seine Genossen die beiden herrlichen deutschen Worte bis zum Ekel ausgequetscht, abgedroschen, verdreht, wie es nur Dilettanten vermögen, die die höchsten Werte einer Nation vor die Säue werfen. Was ihnen Freiheit und Ehre gilt, haben sie in zehn Jahren der Zerstörung aller materiellen und geistigen Freiheit, aller sittlichen Substanzen im deutschen Volk genugsam gezeigt. Auch dem dümmsten Deutschen hat das furchtbare Blutbad die Augen geöffnet, das sie im Namen von Freiheit und Ehre der deutschen Nation in ganz Europa angerichtet haben und täglich neu anrichten. Der deutsche Name bleibt für immer geschändet, wenn nicht die deutsche Jugend endlich aufsteht, rächt und sühnt zugleich, ihre Peiniger zerschmettert und ein neues geistiges Europa aufrichtet. Studentinnen! Studenten! Auf uns sieht das deutsche Volk!

Unser Volk steht im Aufbruch gegen die Verknechtung Europas durch den Nationalsozialismus, im neuen gläubigen Durchbruch von Freiheit und Ehre.

(Nach: Informationen für politische Bildung, Bonn 1974, Nr. 160, S. 20)

Arbeitsvorschläge

1. Nimm bitte zu den Methoden des Wiederaufbaus von SPD und KPD nach 1933 Stellung!
2. Welchen Sinn konnten die Mitglieder der „Weißen Rose“ in ihrem Handeln sehen?
3. Arbeite bitte das Flugblatt der „Weißen Rose“ durch! Setze es in Beziehung zu Hitlers Rede vor der Reichenberger Hitlerjugend, zu seinem Programm vom 3. Februar 1933!

Aktionen der Kirchen

Die Geschwister Scholl erreichten nur einen kleinen Kreis. Dort jedoch, wo Persönlichkeiten von internationalem Ansehen und hoher Stellung öffentlich ihre Stimme erhoben, um anzuklagen, da erreichten sie breite Schichten der Bevölkerung. So sind auch die mutigen und unerschrockenen Predigten des Bischofs von Münster mitgeschrieben, vervielfältigt und verbreitet worden. Manchen deutschen „Volksgenossen“ mögen sie zum Nachdenken veranlaßt haben. Geistliche beider Konfessionen protestierten besonders gegen die Ermordung von Geisteskranken in den Heilanstalten, die als „unwertes Leben“ in großer Zahl „vernichtet“ wurden.

Bischof Graf von Galen (1878–1946)

Aus einer Predigt des Bischofs Graf von Galen in Münster 1941

„Keiner von uns ist sicher, und mag er sich völliger Schuldlosigkeit bewußt sein, daß er nicht eines Tages aus seiner Wohnung geholt, seiner Freiheit beraubt, in den Kellern und Konzentrationslagern der Gestapo eingesperrt wird. Ich bin mir darüber klar: das kann auch eines Tages mir geschehen. Weil ich dann nicht mehr öffentlich sprechen kann, darum will ich heute ... öffentlich warnen vor einem Weiterschreiten auf einem Wege, der nach meiner Überzeugung Gottes Strafgericht auf die Menschen herabruft ...

Das Recht auf Leben, auf Unverletzlichkeit, auf Freiheit ist ein unentbehrlicher Teil jeder sittlichen Gemeinschaftsordnung ... Wie viele deutsche Menschen schmachten in Polizeihaft, in Konzentrationslagern, sind aus ihrer Heimat ausgewiesen, die niemals von einem ordentlichen Gericht verurteilt sind ...

Die Pflicht meines bischöflichen Amtes, für die sittliche Ordnung einzutreten, die Pflicht meines Eides ... nach Kräften ‚jeden Schaden zu verhüten, der das deutsche Volk bedrohen könnte‘, drängen mich, ... diese Tatsache öffentlich warnend auszusprechen.“

(Nach: *A. Leber/F. v. Moltke*, Für und Wider, Berlin 1961)

Der 20. Juli 1944

Gegen den staatlichen Machtapparat konnten Aktionen von Arbeitern und Studenten ebensowenig ausrichten wie die von Geistlichen. Ein spontaner Aufstand des Volkes war Illusion. Nur hohe Offiziere der Wehrmacht, die eine bewaffnete Macht hinter sich bringen konnten, waren in der Lage, etwas zu bewirken. Und hier gab es eine Gruppe, die zu der Überzeugung gekommen war, daß ein Aufstehen gegen Hitlers verbrecherische Politik keinen Verrat bedeutete, sondern der einzige Weg war, weitere sinnlose Opfer zu verhindern. Sie wollten Hitler beseitigen.

Claus Graf von Stauffenberg (1907–1944)

Zu ihnen gehörte *Claus Graf von Stauffenberg*, ein Oberst, der an der Front schwer verwundet worden war. Jetzt nahm er eine wichtige militärische Aufgabe in Berlin wahr, die ihm den Zugang zum „Führerhauptquartier“ öffnete.

Hitler saß in einem streng bewachten Quartier in Ostpreußen, der „Wolfsschanze“. Stauffenberg konnte eine Sprengladung zu einer Besprechung einschmuggeln und mit einem Zeitzünder zur Explosion bringen. Hitler blieb jedoch fast unverletzt. Damit aber war der *Staatsstreich* gescheitert, den Stauffenberg und die übrigen Mitverschworenen sorgfältig vorbereitet hatten. Stauffenberg, der nach Berlin zurückgeflogen war, um den Aufstand mit zu leiten, wurde noch am 20. Juli erschossen. Die übrigen Verschwörer fielen ebenfalls zumeist in die Hände ihrer Verfolger. Sie wurden vor einen „Volksgerichtshof“ gestellt, zum Tode verurteilt und grausam hingerichtet.

Ein Raum im „Führerhauptquartier" – wenige Stunden nach dem Attentat. Unter den Betrachtern (in weißer Uniform) Hermann Göring, der „Reichsmarschall des Großdeutschen Reiches".

Aufrufe zum 20. Juli 1944

Dieser Aufruf sollte erfolgen

„... Hitlers Gewaltherrschaft ist gebrochen ... Er hat Ehre und Würde, Freiheit und Leben anderer für nichts erachtet. Zahllose Deutsche, aber auch Angehörige anderer Völker, schmachten seit Jahren in Konzentrationslagern, den größten Qualen ausgesetzt und häufig schrecklichen Foltern unterworfen. Viele von ihnen sind zugrunde gegangen. Durch grausame Massenmorde ist unser guter Name besudelt ... Tapferkeit und Hingabe unserer Soldaten sind schmählich mißbraucht. Ungeheure Opfer des ganzen Volkes sinnlos vergeudet ...

Wir wollen unsere Ehre und damit unser Ansehen in der Gemeinschaft der Völker wiederherstellen. Wir wollen mit besten Kräften dazu beitragen, die Wunden zu heilen, die dieser Krieg allen Völkern geschlagen hat, und das Vertrauen zwischen ihnen wieder neu zu beleben ..."
(Aufruf Becks, nach: *R. Pechel,* Deutscher Widerstand, Zürich 1947, S. 306 ff.)

Dieser Aufruf ist erfolgt

„Eine ganz kleine Clique ehrgeiziger, gewissenloser und zugleich verbrecherischer, dummer Offiziere hat ein Komplott geschmiedet, um mich zu beseitigen und zugleich mit mir den Stab der deutschen Wehrmachtsführung auszurotten ... Der Kreis, den diese Usurpatoren darstellen, ist ein denkbar kleiner. Er hat mit der deutschen Wehrmacht und vor allem mit dem deutschen Heer nichts zu tun. Es ist ein ganz kleiner Klüngel verbrecherischer Elemente, die jetzt unbarmherzig ausgerottet werden. ... Es hat jeder Deutsche, wer es sein mag, die Pflicht, diesen Elementen rücksichtslos entgegenzutreten, sie entweder sofort zu verhaften oder, wenn sie irgendwie Widerstand leisten sollten, ohne weiteres niederzumachen."

(Rundfunkansprache Hitlers, nach: Dokumente der Deutschen Politik und Geschichte, Band V, S. 493 f.)

Es war keine „ganz kleine Clique", und es waren nicht nur Offiziere unter den Männern des 20. Juli. Beamte, Gewerkschaftsführer und ehemalige Politiker hatten sich zusammengefunden, um einen neuen Rechtsstaat aufzubauen. Generaloberst *Ludwig Beck,* der ehemalige Leipziger Oberbürgermeister *Carl Goerdeler,* die Sozialdemokraten *Julius Leber* und *Adolf Reichwein* gehörten zu ihnen.

Der 20. Juli erinnert heute als Gedenktag an sie und die vielen tausend anderen, die den Widerstand gegen die Diktatur mit ihrem Leben bezahlten.

Einer der Männer des 20. Juli, der Generalfeldmarschall von Witzleben, vor dem Volksgerichtshof

Arbeitsvorschläge

1. Von welchen Gruppen und Schichten des deutschen Volkes wurde Widerstand geleistet?
2. Welche Formen der Auflehnung gegen die diktatorische Staatsgewalt kannst du dem Text entnehmen? Welche weiteren Formen erscheinen dir denkbar?
3. Stelle nach dem Text die Gründe zusammen, die Deutsche zum Widerstand veranlaßten! Welche weiteren Gründe erscheinen dir denkbar?
4. Jeder Soldat, jeder Offizier ist durch seinen Eid zum Gehorsam verpflichtet. Lies noch einmal auf S. 155 nach! Wie siehst du das Problem Eid und Widerstand?
5. In „Mein Kampf" hatte Hitler 1924 geschrieben:
   „Wenn durch die Hilfsmittel der Regierungsgewalt ein Volkstum dem Untergang entgegengeführt wird, dann ist die Rebellion eines jeden Angehörigen eines solchen Volkes nicht nur Recht, sondern Pflicht . . .".
   Vergleiche diesen Satz mit Hitlers Rundfunkansprache nach dem 20. Juli 1944!
6. Überlege bitte: Wie unterschied sich der Widerstand in Deutschland von dem in besetzten Gebieten?
7. a) Denke einmal über diese Feststellungen nach:
   „Wer heute unter der Freiheits-Garantie von Art. 5 des Grundgesetzes ohne Bedenken seinen Unmut über die Regierung, einzelne Minister oder prominente Politiker äußert, wer in Flugschriften oder in Demonstrationen dieser Kritik schärfsten öffentlichen Ausdruck gibt, . . . dem sollte eigentlich bewußt sein, daß all dies unter der Herrschaft des Nationalsozialismus als ‚Widerstand' gewertet, verfolgt und bestraft wurde – und zwar nicht nach den Gesetzen eines Rechtsstaates, sondern nach den drakonischen Maßstäben einer Diktatur, in der schon ein politischer Witz ins Konzentrationslager führen konnte . . ." (Informationen zur politischen Bildung 160/1974).

   b) Informiere dich dazu über den Artikel 5 des Grundgesetzes! Was besagen seine drei Absätze im einzelnen? Diskutiere die Grenzen der Freiheits-Garantie!

Der Krieg in Asien 1941–1945

Der zweite Kriegsschauplatz

Seit der Zeit des Imperialismus hatte sich im Fernen Osten eine neue starke Macht entwickelt: Japan. Dieses Inselvolk hatte von seiner übervölkerten Heimat aus immer wieder Ausgriffe auf die benachbarten Gebiete durchgeführt. Seit 1936 stand es in einem Bündnisverhältnis mit den faschistischen Staaten Deutschland und Italien.

In seinem Bemühen, seine Vormachtstellung in Ostasien auszubauen, stieß Japan vor allem auf den Widerstand der USA. Die Spannungen entluden sich im Dezember 1941 in einem Überfall der japanischen Luftflotte auf die Kriegsflotte der USA in Pearl Harbor (Hawaii). Wenige Tage später erklärten Deutschland und Italien den USA ebenfalls den Krieg.

Nun wurden der *Pazifik und Südostasien der zweite große Kampfschauplatz des Zweiten Weltkrieges.*

Zunächst waren die Japaner siegreich. Sie eroberten Anfang 1942 Manila und Singapur. Sie besetzten im schnellen Zugriff nacheinander weite Teile der pazifischen Inselwelt, die Philippinen, Teile von Neu-Guinea, Niederländisch-Indien und fast ganz Hinterindien von Indochina bis Burma.

Aber die große, verlustreiche See-Luft-Schlacht bei den Midway-Inseln im Juni 1942 brachte die *Wende.* Immer mehr wurden die japanischen Truppen in Ostasien – wie die deutschen Truppen in Europa – zurückgedrängt.

Die Atombombe

Das Ende des Krieges in Asien wurde durch eine Waffe bestimmt, die ein neues Zeitalter der kriegerischen Bedrohung einleitete: die Atombombe.

Am 6. August 1945, 2.45 Uhr morgens, starteten drei überschwere, viermotorige Bombenflugzeuge der Amerikaner von einer kleinen Marianeninsel aus gegen Japan. Das mittlere der drei Flugzeuge trug eine Atombombe. Es wurde von Oberst Tibbets geführt, und er hatte seiner Maschine den Namen seiner Mutter gegeben, „Enola Gay".

Erst während des Fluges wurden die beiden entscheidenden Hauptbestandteile der Bombe von einem Offizier zusammengebaut. Ein Start mit der fertigen Bombe auf der etwas zu kurzen Startbahn war zu gefährlich erschienen. Die drei Maschinen stiegen auf eine Höhe von 10 km.

Hiroshima, 6. August 1945

Die vorangeschickten Aufklärungsflugzeuge meldeten: Gutes Wetter – gute Sicht! Der Himmel wurde heller, die Sterne verblaßten. Der Tag brach an. Befohlenes Ziel war die japanische Provinzhauptstadt und Hafenstadt Hiroshima mit vielen Seiden- und Baumwollfabriken und über 340 000 Einwohnern auf der größten japanischen Insel Hondo.

Genau zur befohlenen Zeit, kurz nach 9 Uhr morgens, waren die drei Flugzeuge über der Stadt. Man hatte unten Fliegeralarm gegeben, dann aber wieder entwarnt, da nur drei Flugzeuge gesichtet waren, die keinen allzu großen Schaden anrichten konnten. Die Flak schwieg. 9.15 Uhr. Über dem Mittelpunkt der Stadt klinkte der Bombenschütze seine Last aus. Sie sollte in 600 m Höhe über dem Erdboden explodieren.

Zuerst sahen die Männer in der „Enola Gay" nur ein stecknadelkopfgroßes Licht von purpurner Röte. Im nächsten Augenblick war dieser Punkt eine riesige, brodelnde Feuerkugel von wohl 1 km Durchmesser. Dann explodierte der Ball und wurde zu einem Meer aufschießender Flammen und purpurroter Wolken, das den ganzen Himmel hinter ihnen füllte. Mit Mühe nur konnte man das Flugzeug, obwohl es schon wieder kilometerweit von der Abwurfstelle entfernt war, in den plötzlich sich erhebenden, donnernden Luftdruckwellen halten.

Die Bomberbesatzungen hatten, wie befohlen, ihre Schutzbrillen, wie die Schweißer sie bei ihrer Arbeit tragen, aufgesetzt – nur so konnten sie nach rückwärts in die Gluthölle schauen. Aus dem Feuerball war jetzt ein Feuer- und Rauchpilz geworden, der 18 km hoch in den Himmel reichte – noch weit vom Ozean her, aus 650 km Entfernung, konnten die Flieger die Atomwolke sehen!

Und unter ihr lag die Stadt Hiroshima, in der über 340 000 Menschen gelebt hatten!

Der Rauchpilz der zweiten Atombombe, die über Japan abgeworfen wurde. Sie ließ die Stadt Nagasaki in Trümmer sinken. – In den Museen und Krankenhäusern von Hiroshima bleibt die Erinnerung an das Geschehen von 1945 wach: Ein Besucher im Atommuseum betrachtet die Bilder des Schreckens; mit aufwendigen Apparaten werden im Atomhospital Spätfolgen der Atomexplosion behandelt. ▷

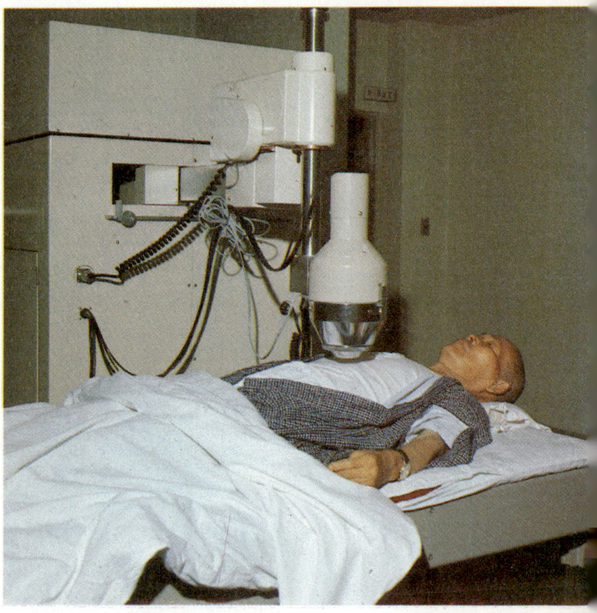

Bericht eines Überlebenden

Der japanische Arzt Dr. Hachiya, der die Bombardierung schwer verletzt überlebte, berichtet in seinem Tagebuch:

„Es war noch früh, ein stiller, warmer, schöner Morgen. Schimmernde Blätter ... bildeten einen hübschen Gegensatz zu den Schatten in meinem Garten ...

Plötzlich erschreckte mich ein jäh aufblitzender Lichtschein ... Durch wirbelnden Staub vermochte ich kaum die hölzerne Säule zu erkennen, die mein Haus an einer Ecke getragen hatte. Sie stand jetzt grotesk da, ganz schief, und das Dach war bedrohlich zusammengesunken. – Instinktiv versuchte ich zu entfliehen, doch Schutt und abgestürzte Balken versperrten mir den Weg ...

Was war überhaupt geschehen? Die ganze rechte Seite meines Körpers war zerschnitten und blutete. Aus einer gezackten Wunde in der Hüfte ragte ein dicker Holzsplitter ...

Wir (seine ebenfalls verletzte Frau und er) standen unschlüssig und voller Angst auf der Straße, bis ein Haus uns gegenüber zu wanken begann und in einer reißenden Bewegung ... zusammenbrach. Unser eigenes Haus fing auch an zu schwanken, und binnen einer Minute krachte es ebenfalls in einer Staubwolke nieder ... Brände sprangen auf und breiteten sich aus, von einem tückischen Wind angefacht ...

Allmählich erst begann die Umgebung für mich deutlich zu werden. Schattenhaft sah ich Menschengestalten. Manche wirkten wie wandelnde Gespenster, andere bewegten sich gekrümmt vor Schmerzen, Vogelscheuchen gleich, indem sie die Arme so vom Körper abspreizten, daß die Unterarme und Hände baumelnd herabhingen. Mir waren diese Menschen ein Rätsel, bis ich plötzlich erkannte, daß sie verbrannt waren und die Arme so hielten, damit nicht die Stellen mit dem geplatzten Fleisch aneinanderrieben ...

Ich traf viele ..., die von den Hüften aufwärts verbrannt waren. Die Haut hatte sich abgeschält, ihr Fleisch war naß und schwammig ... Und – sie hatten keine Gesichter! Ihre Augen, Nasen und Münder waren weggebrannt, und die Ohren schienen förmlich abgeschmolzen zu sein. Kaum konnte ich die Vorderseiten vom Rücken unterscheiden ...“

(*M. Hachiya*, Hiroshima-Tagebuch, Freiburg 1955, S. 1–4, 17–29)

Der Abwurf der Atombombe auf Hiroshima und einer zweiten auf die Stadt Nagasaki am 9. August 1945 zwang Japan zur Kapitulation. Am 2. September 1945 war der Krieg auch im Fernen Osten beendet.

Wir merken uns

Im Zweiten Weltkrieg (1939–1945) überrannte die deutsche Wehrmacht zunächst weite Gebiete Europas. Die Niederlage bei Stalingrad (Januar 1943) bezeichnete die Wende des europäischen Krieges, in dessen weiterem Verlauf Deutschland völlig von den Kriegsgegnern besetzt wurde.

In Deutschland und überall im besetzten Europa steigerte sich während des Krieges der Widerstand gegen die nationalsozialistische Herrschaft. Ein Umsturzversuch am 20. Juli 1944 schlug jedoch fehl.

Seit 1941 hatte der europäische Krieg auch auf den Fernen Osten übergegriffen. Der Abwurf von Atombomben durch die USA auf das mit Deutschland verbündete Japan brachte hier ebenfalls 1945 das Kriegsende.

Weltmächte und Weltkrisen seit 1945

5

Eine verwundete vietnamesische Mutter sucht mit ihren Kindern Schutz in einem Graben.

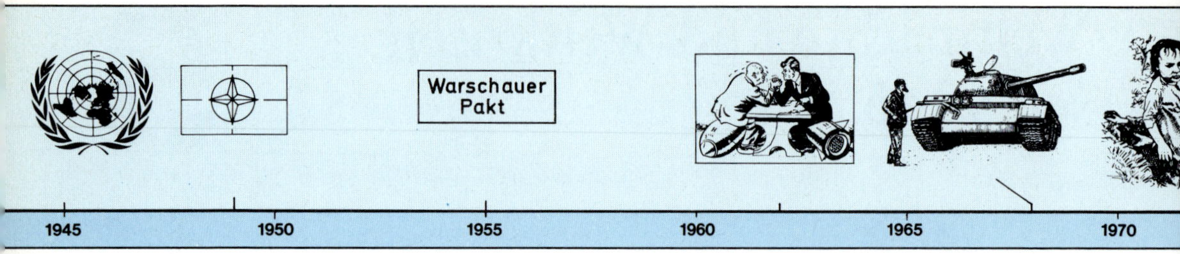

Ausgangsjahr 1945

Das Jahr 1945 markiert einen tiefen Einschnitt in der Geschichte unserer Welt. Seit diesem Jahr haben sich in mehrfacher Hinsicht weltpolitische Entwicklungen vollzogen, die bis heute unser Leben bestimmen.

Im Jahr 1945 setzte neues Bemühen um einen friedlichen „Bund der Völker" ein. Dahinter zeichnete sich jedoch schon der Zerfall in militärische Machtblöcke ab: NATO und Warschauer Pakt. Krisen in und zwischen diesen Machtblöcken erschütterten immer wieder die Welt.
Darüber wird in diesem Teil 5 des Arbeitsbuches berichtet: „Weltmächte und Weltkrisen seit 1945".

Im Jahr 1945 wurde Deutschland in Besatzungszonen aufgeteilt. Aus ihnen entwickelten sich die zwei deutschen Staaten unserer Gegenwart: Bundesrepublik Deutschland und Deutsche Demokratische Republik. Nach 1945 setzte aber auch das Streben nach Aussöhnung der Völker in Europa ein.
Darüber wird in Teil 6 dieses Arbeitsbuches berichtet: „Die deutsche Frage seit 1945".

Nach dem Jahre 1945 begann die Zusammenarbeit der westeuropäischen Staaten, zunächst auf wirtschaftlichem Gebiet. Aus dieser Zusammenarbeit entwickelte sich die „Europäische Gemeinschaft".
Darüber wird in Teil 7 dieses Arbeitsbuches berichtet: „Die europäische Integration".

Das Jahr 1945 brachte die Voraussetzungen für den Sieg des Kommunismus in China und für die Großmachtstellung, die es heute einnimmt.
Darüber wird in Teil 8 dieses Arbeitsbuches berichtet: „China auf dem Wege zur Weltmacht".

Im Jahr 1945 begannen die bisherigen Kolonialvölker die europäische Herrschaft abzuschütteln. Innerhalb weniger Jahrzehnte entstanden in vielen Teilen der Welt neue, selbständige Staaten, außerhalb der beiden großen Machtblöcke.
Darüber wird in Teil 9 dieses Arbeitsbuches berichtet: „Die Dritte Welt".

Arbeitsvorschlag

Lege dir für die Zeit von 1945 bis heute eine besondere Zeitleiste an! Trage die Ereignisse und Entwicklungen dieser Zeit ein, sobald du sie in diesem Buch erarbeitet hast! So erkennst du am besten die *Gleichzeitigkeit* des geschichtlichen Geschehens, über das hier getrennt berichtet wird.

Vereinte Nationen – Einheit der Welt?

Bilanz des Zweiten Weltkriegs

Verluste und Trümmer

Die nachfolgende Tabelle schlüsselt die Verluste des Zweiten Weltkriegs auf. Viele der Zahlen hat man nur schätzen können, und das Schicksal der „Vermißten" ist bis heute ungeklärt.

	Soldaten	Zivilpersonen	Gesamt
Deutsches Reich (Grenzen von 1937)	3 760 000	2 060 000	5 820 000
Deutsche Siedlungsgebiete im Ausland	380 000	1 020 000	1 400 000
Österreich	170 000	24 000	194 000
Italien	390 000	166 000	556 000
Westalliierte (ohne USA)	610 000	690 000	1 300 000
Ost- und Südosteuropa (ohne Polen)	680 000	3 810 000	4 490 000
Polen	320 000	4 200 000	4 520 000
Sowjetunion	13 600 000	6 700 000	20 300 000
USA	229 000	—	229 000
Japan	1 200 000	600 000	1 800 000
Ostasien (ohne Japan)	6 400 000	5 400 000	11 800 000
Vermißte, die wahrscheinlich tot sind			3 000 000
Verwundete			35 000 000

(nach Immisch)

Und auch der *Sachschaden* war unermeßlich groß. Den schwersten Schaden im europäischen Raum errechnete Rußland, dessen gesamter Westen weitgehend zerstört war: Vernichtung von über 1700 Städten, 70 000 Dörfern und 32 000 Industriewerken. Durch Frankreich, Belgien und Luxemburg war zweimal verheerend der Krieg gegangen. In Holland standen große Gebiete unter Meerwasser, nachdem man in den letzten Kämpfen die Deiche geöffnet hatte. In England wurden durch deutsche Luftangriffe Tausende von Häusern total zerstört oder schwer beschädigt. (Zu den Bombenschäden in Deutschland vgl. S. 178.)

Norwegen, Dänemark und Finnland waren wirtschaftlich ausgepumpt, Polen entsetzlich verheert. Italien war in den schweren Kämpfen nach der Landung der Alliierten so zerstört, daß es sich ebenfalls am Ende seiner Wirtschaftskraft befand. In Griechenland herrschte schwere Hungersnot. In Ungarn, Rumänien und Bulgarien brachen das gesamte Staatsgefüge und die Wirtschaft zusammen. Auch Süostasien, durch japanische Besetzung und amerikanische Rückeroberung weithin verwüstet, litt schwere Not. – *In fast allen vom Krieg unmittelbar betroffenen Gebieten herrschte Hunger. Es fehlte an Wohnraum, Nahrung, Kleidung und lebensnotwendigem Gerät.*

Arbeitsvorschläge

1. Mache dir die Bilanz des Zweiten Weltkriegs durch Säulendarstellungen klar!
2. Wie viele Todesopfer hat der Krieg etwa insgesamt gefordert? Vergleiche dazu die Zahl der Toten des Ersten Weltkriegs!
3. Können wir heute sagen: „Das ist vorbei und geht uns nichts mehr an?"

Neues Bemühen um Völkerfrieden

Die Gründung der Vereinten Nationen (UNO)

Jedesmal war in den großen vernichtenden Weltkriegen unseres Jahrhunderts der Wunsch in den Völkern laut geworden, ein Bündnis aller Nationen möge in Zukunft die Wiederholung solcher Katastrophen verhindern. So war nach dem Ersten Weltkrieg auf Anregung des amerikanischen Präsidenten Wilson der Völkerbund ins Leben gerufen worden. Am Ende des Zweiten Weltkriegs entstanden, wiederum auf Vorschlag eines amerikanischen Präsidenten, die *Vereinten Nationen* (United Nations Organization, UNO).

Im Juni 1945 wurde die „Charta der Vereinten Nationen", das *Grundgesetz der UNO*, feierlich von 51 Staaten unterzeichnet. Gleich der erste Satz dieses Schriftstückes umriß eindeutig das Ziel:

> „Wir, die Völker der Vereinten Nationen, (sind) entschlossen, die kommenden Generationen vor der Geißel des Krieges zu bewahren, die zu unseren Lebzeiten zweimal unsagbares Elend über die Menschheit gebracht hat."

Heute gehören fast alle Nationen der Welt der UNO an, über 150 Staaten. Zu den jüngsten Mitgliedern zählen die Bundesrepublik Deutschland und die Deutsche Demokratische Republik, die seit 1973 in der Vollversammlung vertreten sind.

Vollversammlung der Vereinten Nationen im UNO-Gebäude (New York). Im Gegensatz zum Genfer Völkerbund weist die UNO heute viele farbige Delegierte auf, die gleichberechtigt neben ihren weißen Kollegen sitzen – Ausdruck des Endes der Kolonialherrschaft.

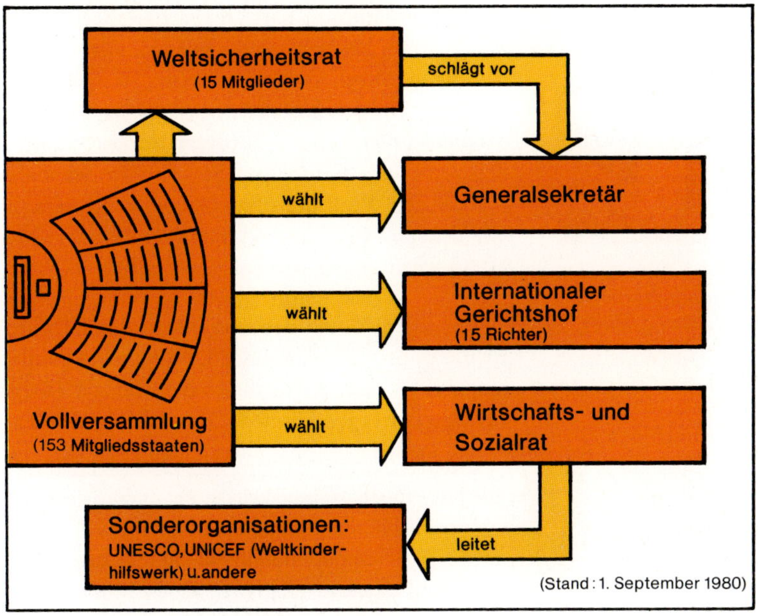

Der organisatorische Aufbau der Vereinten Nationen

Die Organisation der UNO

Die wichtigsten Einrichtungen der UNO sind:

Die Vollversammlung: Ihr gehören alle Mitgliedstaaten an. Sie tagt jährlich einmal, kann aber auch zu Sondersitzungen zusammentreten.

Der Weltsicherheitsrat: Er besteht aus 15 Mitgliedstaaten, deren Vertreter immer am Sitz der UNO anwesend sind. So kann er sofort einberufen werden, wenn irgendwo in der Welt der Frieden bedroht ist.

Der Generalsekretär: Dieser steht an der Spitze der Verwaltung der UNO und ist der höchste „Weltbeamte". Er wird jeweils auf 5 Jahre gewählt. Der augenblicklich amtierende Generalsekretär ist der Österreicher *Kurt Waldheim.*

Der Internationale Gerichtshof: Er soll bei Streitigkeiten zwischen Mitgliedstaaten entscheiden.

Der Wirtschafts- und Sozialrat: Seine Mitglieder leiten die Arbeit der zahlreichen Kommissionen und Sonderorganisationen, die von der UNO zur Erfüllung ihrer Aufgaben eingerichtet worden sind.

Eine dieser Sonderorganisationen ist die UNESCO, die sich um das Bildungs- und Schulwesen in der Welt kümmert. Ihr besonderes Bemühen gilt dabei der Verständigung zwischen den einzelnen Nationen, damit nicht wieder Verhetzung und Haß die Menschen zu Kriegen treibt.

Arbeitsvorschläge

1. Verfolge Meldungen zum Thema „Die deutschen Staaten in der UNO"!
2. Eine Unterorganisation der UNESCO ist das Weltkinderhilfswerk (UNICEF). Sie verkauft zu Weihnachten Bildpostkarten, deren Erlös notleidenden Kindern zugute kommt. Hast du schon einmal solche Karten gekauft oder beim Verkauf geholfen?

Von der Arbeit der UNO

Die entscheidende Instanz der UNO ist – neben der Vollversammlung – der Weltsicherheitsrat. Er besteht aus fünf „ständigen" Mitgliedern, den Vertretern der USA, der UdSSR, Großbritanniens, Frankreichs und der Volksrepublik China, sowie zehn nichtständigen Mitgliedern, die jeweils von der Vollversammlung für zwei Jahre aus dem Kreis der kleineren Staaten gewählt werden.

Sonderbriefmarke mit dem Gebäude der UNO

Die Sowjetunion hatte ihren Beitritt zur UNO davon abhängig gemacht, daß bei wichtigen Entschlüssen die Einstimmigkeit der fünf ständigen Mitglieder erforderlich sei. Jede der fünf Großmächte hat also das Einspruchsrecht (lat. veto = ich verbiete). Dieser Vorbehalt entsprang dem tiefen Mißtrauen der Sowjetregierung, damals besonders Stalins, gegen die übrigen Staaten. In der Folgezeit hat sich dann das fortgesetzte Veto des sowjetischen Vertreters (zwischen 1945 und 1960 allein neunzigmal!) als das größte Hindernis erwiesen, von seiten der UNO wichtigste Beschlüsse durchzuführen.

Vor allem durch den Gegensatz der Großmächte USA und UdSSR ist die politische Macht der UNO gering geblieben. Dennoch hat sie in manchen Krisen durch ihre vermittelnde Tätigkeit immer wieder zum Frieden beitragen können. Die nachfolgende Tabelle nennt Beispiele.

1946–49	Vermittlung im Unabhängigkeitskampf Indonesiens
1947–49	Mitwirkung bei der Gründung des Staates Israel
1948–49	Vermittlung bei den Kämpfen zwischen Indien und Pakistan um Kaschmir
1950–52	Korea-Konflikt (erstes Eingreifen einer UNO-Streitmacht in die Kämpfe)
1956	Suez-Krise (Beendigung von Kämpfen zwischen Ägypten und Großbritannien-Frankreich-Israel durch den Einsatz von UNO-Truppen)
1960	Kongo-Krise (Einsatz von UNO-Truppen)
1964	Zypern-Krise (Einsatz von UNO-Truppen)
1967	Vermittlungsversuche nach dem Juni-Krieg im Nahen Osten
1973	Jom-Kippur-Krieg im Nahen Osten (Einsatz von UNO-Truppen)
1974	Krieg auf Zypern (Einsatz von UNO-Truppen)
1978	Konflikt im Südlibanon (Einsatz von UNO-Truppen)

In den ersten Jahrzehnten des Bestehens der UNO stand die Organisation unter dem deutlichen Einfluß der USA. Seit etwa 1960 („Afrikanisches Jahr“, vgl. S. 295) hat sich mit dem Eintritt der jungen Staaten Asiens und Afrikas das Schwergewicht ihrer Aktivitäten auf Fragen der Dritten Welt verlagert: zunächst auf Probleme der Entkolonialisierung, in jüngster Zeit auch auf Entwicklungs- und Umweltprobleme.

Arbeitsvorschläge

1. Informiere dich in deinem Geschichtsatlas über die aufgezählten Konflikte!
2. Lies auf S. 118 bitte noch einmal die Gründe für das Scheitern des Völkerbundes nach!
3. Verfolge in den Nachrichten aus der Welt die Berichte über die Tätigkeit der Vereinten Nationen! Forsche nach den Gründen für Erfolge oder Mißerfolge ihrer Bemühungen!

Wir merken uns

Nach den Millionenverlusten des Zweiten Weltkriegs wurde 1945 die Organisation der „Vereinten Nationen“ (UNO) Sinnbild der Friedenssehnsucht in der Welt. Auf vielen Gebieten ist sie seither zum Wohl der Völker tätig geworden.

Der Zerfall in zwei Machtblöcke

Die USA und die NATO

Neuer Weltgegensatz

Schon bald nach Kriegsende kam es zu immer stärkeren Spannungen zwischen den siegreichen Großmächten: der UdSSR auf der einen Seite und den westlichen Alliierten, besonders den USA, auf der anderen. Der Grund war das immer unverhülltere Macht- und Ausdehnungsstreben der Sowjetunion unter Stalin, dem sich die Westmächte schließlich entgegenstellten.

Durch Hitlers Krieg waren die sowjetischen Armeen bis über die Elbe-Saale-Donau-Linie vorgedrungen. Die russischen Besatzungen setzten in Bulgarien, Rumänien, Polen und Ungarn kommunistische Regierungen ein, die von der Sowjetunion zunächst völlig abhängig waren. Auch in der sowjetisch besetzten Zone Deutschlands, der heutigen DDR, vollzog sich diese Entwicklung, und in der Tschechoslowakei bewirkte ein kommunistischer Staatsstreich 1948 das gleiche.

Lediglich Jugoslawien unter der Führung seines Staatspräsidenten *Tito* konnte einen eigenen, national-kommunistischen Kurs – unabhängig von Stalin – steuern.

An diesen Spannungen scheiterten alle Abrüstungsvorsätze, die gleich nach dem Zweiten Weltkrieg verkündet worden waren. Beide Lager rüsteten im Gegenteil bald wieder stärker auf. Es begann ein ausgesprochenes *Wettrüsten,* besonders auf dem Gebiet der *Atombomben* und *Raketenwaffen.*

Wettrüsten: Atombomben und Raketenwaffen

Vier Jahre nach Hiroshima erfolgte der erste sowjetische *Atomversuch.* 1952 explodierte die erste amerikanische *Wasserstoffbombe* – noch verheerender in ihrer Wirkung –, im Jahr darauf die erste russische. Die Engländer entwickelten ihre Bomben und probierten sie aus, die Franzosen folgten. Schon arbeiteten auch die farbigen Völker an der Herstellung dieser Waffen; 1964 zündete China seine erste Atombombe, 1969 seine erste Wasserstoffbombe, 1974 Indien seine erste Atombombe.

Die Gründung der NATO

Zu diesem Wettrüsten gehörte auch die weltweite Organisation der militärischen Kräfte: der Zusammenschluß der Staaten zu großen *Bündnissen,* wobei jede Seite beteuerte, daß sie nur zur Verteidigung dienten.

Das wichtigste Bündnis dieser Art wurde auf westlicher Seite die *NATO* (North Atlantic Treaty Organization). In ihr fanden sich 1949 die Staaten rund um den Nordatlantik zusammen: die USA, Kanada und die meisten Länder Westeuropas. Die Bundesrepublik Deutschland wurde erst 1955 aufgenommen. Es war ein Bündnis, mit dem bereits für Friedenszeiten eine weitgehende militärische Zusammenarbeit vereinbart wurde.

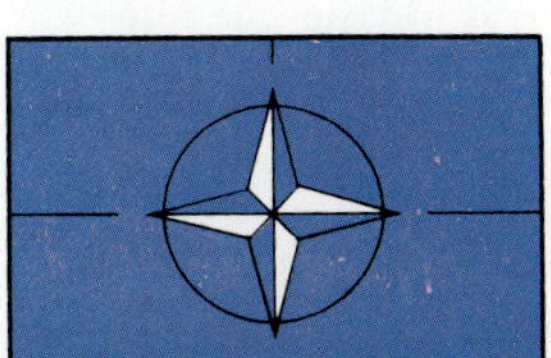

Flagge der NATO

Die USA waren die unbestrittene *Führungsmacht* innerhalb der NATO – wie in der nichtkommunistischen Welt überhaupt. Unter ihren Präsidenten *Truman* (1945–1952) und *Eisenhower* (1952–1960) legten sie auch in anderen Teilen der Welt ein System von Abwehrbündnissen um die Sowjetunion, z. B. den Südostasien-Pakt (SEATO, 1954–77).

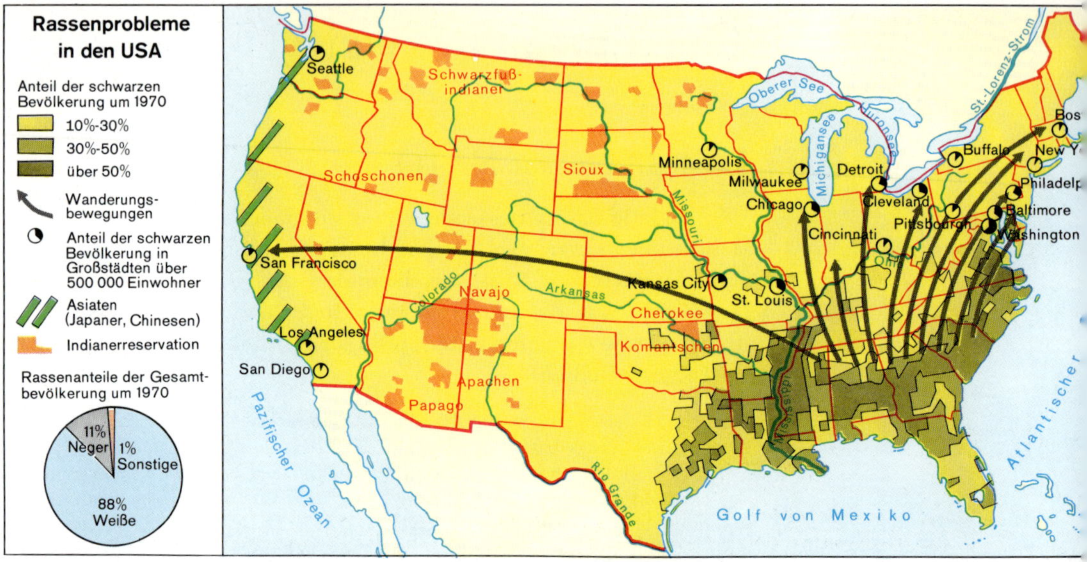

Weltmacht USA

Seit Beginn des 20. Jahrhunderts sind die USA die stärkste *Wirtschaftsmacht* der Erde. Sie erzeugen allein etwa ein Drittel aller Industrieprodukte der ganzen Welt. Ein Drittel aller Kraftfahrzeuge wird in den USA hergestellt (1977: 13 Millionen von über 40 Millionen). Von weit über 350 Millionen Fernsehgeräten, die es heute in der Welt gibt, stehen gut ein Drittel in den USA. Fast die Hälfte aller Telefone auf der Welt finden sich in den Büros und Wohnungen der Bürger der USA.

Rassenprobleme

So sind die USA das reichste Land – aber nicht jeder Bürger ist ein reicher Mann. Neben den himmelragenden Hochhäusern und neonglitzernden Einkaufsstraßen der Großstädte liegen die Elendsviertel, die „Slums". Ihre Bewohner sind vor allem *Neger.*

Erinnern wir uns: Als Sklaven waren die Neger jahrhundertelang nach den *Südstaaten* der USA transportiert worden. Der Sezessionskrieg 1861–1865 hatte ihre Befreiung gebracht (vgl. S. 44–46). Seither waren sie nicht mehr an die einzelne Farm gebunden. Langsam zuerst, dann immer schneller setzte ihre Abwanderung in die Industriestädte des Nordens der USA ein.

1910 hatten noch 90 % aller Neger in den ehemaligen sklavenhaltenden Staaten des Südens gewohnt, 1940 noch 75 %, 1970 aber nur noch etwa 50 %! Zugleich stieg ihre Gesamtzahl stark an: Waren es 1910 noch knapp 10 Millionen Neger gewesen, so betrug ihre Zahl 1970 über 23 Millionen.

Präsident John F. Kennedy (1917–1963)

In den Städten erhielten sie jedoch nur die schlechtesten Wohnbezirke, die schlechtesten Arbeitsplätze und die schlechteste Ausbildung. Sie blieben *isoliert.*

Armut, Not und Unzufriedenheit führten in den sechziger Jahren immer wieder zu *Rassenkrawallen:* schweren Unruhen der farbigen Bevölkerung in den Städten. Rassenfanatiker mordeten auf beiden Seiten. Einem Attentat fiel der junge, 1960 gewählte Präsident *John F. Kennedy* ebenso zum Opfer wie viele andere Bürger – bekannte und unbekannte, schwarze und weiße.

Watergate

Im Jahre 1968 wurde *Richard Nixon* (* 1913) zum Präsidenten der Vereinigten Staaten gewählt (1972 Wiederwahl). Ihm und seinem Unterhändler *Henry Kissinger* (* 1923) gelang es 1973, die USA aus dem Vietnam-Krieg herauszulösen. Dieser Konflikt (vgl. S. 209), in den sie seit 1961 militärisch verstrickt war, hatte die amerikanische Nation in schwere innere Spannungen gestürzt und immer wieder zu Demonstrationen der Gegner dieses „schmutzigen Krieges“ in aller Welt geführt.

Nixon scheiterte 1974 durch eine Affäre, die unter der Bezeichnung *Watergate-Skandal* in die Geschichte einging. Während des Wahlkampfes 1972 war ein Einbruch in das Büro der gegnerischen Partei verübt worden. Im Laufe der Ermittlungen geriet Nixon immer stärker in den Verdacht der Mitwisserschaft und des Amtsmißbrauchs. Sein Ansehen wurde auf das Schwerste belastet. Schließlich schien ein Verfahren zur Amtsenthebung des Präsidenten nicht mehr aufzuhalten. Erst daraufhin entschloß er sich, von seinen Gegnern geschmäht und von fast allen Freunden verlassen, zum freiwilligen Rücktritt. – Watergate steht beispielhaft dafür, daß es in einer Demokratie möglich ist, auch den politisch Mächtigsten zu stürzen, wenn er sein Amt mißbraucht.

Die USA heute

Der innenpolitischen Krise des Jahres 1974 folgten seit 1975 Krisen und Rückschläge in der Außenpolitik unter dem Präsidenten *Jimmy Carter* (* 1924). Sie erreichten ihren Höhepunkt im November 1979, als die Botschaft der USA in der iranischen Hauptstadt Teheran von Revolutionären besetzt und rund 70 Botschaftsangehörige mit Billigung der Regierung als Geiseln festgehalten wurden. Der Verlauf dieser Geiselaffäre machte deutlich, daß die neuen religiösen Führer des Iran (vgl. S. 210/211) mit ihrer Aktion die Führungsmacht des Westens erpressen

Bei den Präsidentschaftswahlen im November 1980 errang *Ronald Reagan* (* 1911) einen überwältigenden Sieg. Der Machtwechsel im „Weißen Haus“ bedeutete auch den Übergang zu einem härteren Kurs in der Innen- wie in der Außenpolitik der USA. Die unter ihm eingeleitete *Nachrüstung* entfachte zu Beginn der achtziger Jahre eine neue Friedensdiskussion – vor allem in den Staaten Westeuropas.

Arbeitsvorschläge

1. Informiere dich auf der Karte S. 203, wie sich der sowjetische Herrschaftsbereich in Europa bis heute ausgeweitet hat! – Dort kannst du auch die Länder der NATO im einzelnen ablesen. Stelle sie in einer Faustskizze oder in einem Schemabild zusammen!
2. Versuche mit Hilfe deines Erdkundeatlasses festzustellen, welche Staaten der USA um 1970 noch einen schwarzen Bevölkerungsanteil von über 50 % hatten! Vergleiche auch die Karte S. 200 mit der auf S. 46! Welche historischen Zusammenhänge siehst du?
3. In welchen Städten ist der Anteil der schwarzen Bevölkerung am größten?
4. Überlege bitte, welche Möglichkeiten zur Kontrolle staatlicher Macht es in einer Demokratie gibt! Denke an die „drei Gewalten“, aber auch an die Bedeutung der Pressefreiheit in diesem Zusammenhang!
5. Welche Rechtsstellung haben Angehörige einer ausländischen Botschaft überall in der Welt? Überlege bitte, was es für die internationalen Beziehungen bedeuten muß, wenn die Machthaber eines Staates zu Geiselnehmern gegenüber Botschaftsangehörigen innerhalb ihres Landes werden!

Die Sowjetunion und der Warschauer Pakt

Die Sowjetunion nach Stalin

Nach Stalins Tod 1953 erhob sich die gleiche Frage wie 1924 beim Tode Lenins: wer würde die Nachfolge übernehmen? Wiederum setzte sich in den geheimen und offenen Machtkämpfen innerhalb der Parteiführung *ein* Mann durch: *Nikita Chruschtschow,* ein Bauernsohn aus der Ukraine, wurde der neue Herrscher über die Sowjetunion.

Chruschtschow rückte klar von Stalins blutiger Diktatur ab. Es begann sogar ein Prozeß der *„Entstalinisierung"*. Überall verschwanden Stalin-Bilder, Stalin-Fahnen, Stalin-Denkmäler. Das Land wurde von Stalin-Anhängern „gesäubert", ja, schließlich sogar Stalins Leichnam aus dem Lenin-Mausoleum am Kreml (vgl. S. 100) entfernt. Die Stadt „Stalingrad" wurde in Wolgograd (Stadt an der Wolga) umbenannt, in den Schulbüchern sein Name kaum noch erwähnt.

Von nun an konnten die Sowjetmenschen sich etwas freier fühlen und etwas freier äußern.

Aus dem Gedicht „Stalins Erben" von Jewtuschenko:

„... Er führt etwas im Schilde.
Er hat nur zum Ausruh'n sich
[hingelegt.
Und ich wende mich an unsere
Regierung mit der Bitte:
Die Wachen an diesem Grabstein
Zu verdoppeln.
Zu verdreifachen.
Damit Stalin nicht aufersteht.
Und mit ihm die Vergangenheit."

Der Warschauer Pakt

Mit den von der Sowjetunion abhängigen Staaten schloß Chruschtschow 1955 einen förmlichen Pakt ab: den *Warschauer Pakt.* Es war ein Militärbündnis ähnlich dem der NATO.

Seit 1955 stehen sich auf der nördlichen Halbkugel der Erde die Machtblöcke der NATO und des Warschauer Pakts gegenüber.

Nikita Chruschtschow (1894–1971). – Auf dem Straßenpflaster liegt der Kopf eines riesigen Stalindenkmals.

In die Karte oben wirst du dich sicher zunächst einmal einlesen müssen. Sie gibt das Bild unserer Welt mit dem Nordpol als Mittelpunkt. Aus dieser Sicht erscheinen die Kontinente ganz anders – und noch mehr: Europa, das bei so vielen unserer Kartendarstellungen im Mittelpunkt liegt, ist auf einmal so winzig! Beherrschend springen im Westen der amerikanische Kontinent, im Osten die asiatische Landmasse und im Süden Afrika ins Blickfeld.

Die Karte zeigt einmal die NATO-Staaten rund um den Nordatlantik. Hier ist die Färbung Frankreichs leicht abgeschwächt: es hat 1966 seine Truppen aus der NATO zurückgezogen, ist militärisch nicht mehr integriert.

Auch die kommunistischen Länder sind keine Einheit. Neben den Staaten des Warschauer Pakts verfolgt Jugoslawien einen selbständigen Kurs. Die Großmacht China treibt eine Politik, die in der Sowjetunion ihren Hauptgegner sieht.

Polnische Unruhen 1956

Von der „Entstalinisierung" erhofften sich auch die abhängigen Völker im sowjetischen Machtbereich mehr Freiheit und Eigenständigkeit.

Zuerst waren es die Polen. Unruhen und Streiks der Posener Arbeiter bewirkten 1956, daß der unter Stalin abgesetzte Parteichef *Gomulka* in sein Amt zurückkehren durfte. Er konnte durch eine geschickte Verhandlungspolitik größere innenpolitische Freiheit für sein Land erwirken, wurde jedoch 1970 durch erneute Machtkämpfe und Unruhen in Polen wieder gestürzt.

Der Aufstand in Ungarn 1956

Dann folgten die Ungarn.

Aus Studentendemonstrationen in Budapest entwickelte sich am 23. Oktober 1956 ein *Volksaufstand gegen das hier noch stalinistische Regime*. Die Regierung wurde von *Imre Nagy* übernommen, einem Kommunisten, der schon früher einmal Ministerpräsident gewesen, aber abgesetzt worden war.

Er löste die Geheimpolizei auf, erlaubte die Neugründung der bis dahin verbotenen Parteien und kündigte die Bildung einer Regierung aus allen Parteien an. Ungarn wollte zwar sozialistisch bleiben, aber frei von der Bevormundung durch Moskau. Man erstrebte ein ähnliches national-kommunistisches System, wie es Tito in Jugoslawien durchgesetzt hatte. So trat Ungarn aus dem Warschauer Pakt aus.

Doch die Sowjetunion war nicht gewillt, Ungarn aus ihrer Herrschaft zu entlassen. Sowjettruppen rückten in Budapest ein, Panzer rollten durch die Stadt. Es kam zu schweren Straßenkämpfen. In den folgenden Wochen und Monaten wurde der Aufstand, der inzwischen das ganze Land erfaßt hatte, blutig niedergeschlagen.

Viele Tausende aufständischer Ungarn mußten das Freiheitsstreben mit ihrer Verschleppung nach Rußland bezahlen. Auch Nagy geriet in russische Hand und wurde zwei Jahre später hingerichtet. Fast 200 000 Flüchtlinge gingen über die österreichische Grenze ins Ausland.

Das Land wurde wieder fest in den Block der abhängigen Staaten eingefügt.

Die Erhebung des ungarischen Volkes im Oktober 1956 wird durch sowjetische Panzer niedergeschlagen (Budapest, Anfang November).

Der „Prager Frühling" 1968

Bild oben: Sowjetische Panzer und Maschinenpistolen beenden den „Prager Frühling".

Bild unten: Alexander Dubček (1922)*

Zwölf Jahre lang blieb es verhältnismäßig ruhig in Osteuropa. Dann wurde in der Tschechoslowakei (ČSSR) im Frühjahr 1968 neuer Reformwille spürbar: Die tschechische Kommunistische Partei wählte *Alexander Dubček* zum führenden Mann im Staat. Er leitete einen politischen Kurs ein, den er selbst als „Sozialismus mit menschlichem Antlitz" bezeichnete: Abbau der Pressezensur, Abbau des „Apparats der Parteifunktionäre" und der Allmacht der Partei, Redefreiheit auch für Andersdenkende, Freizügigkeit im Inland und bei Reisen in das Ausland, Unabhängigkeit der Produktionsunternehmen vom Parteiapparat, Konkurrenz in der Wirtschaft zugunsten des Verbrauchers, Recht auf freie Berufswahl. Es war der *Weg eines „demokratischen Sozialismus"*, den Dubček und seine Anhänger wollten. Im Volk der ČSSR, in dem demokratische und freiheitliche Traditionen wie auch im polnischen Volk seit der Zeit vor 1848 lebendig geblieben sind, fand der neue Weg begeisterte Zustimmung. Das Wort vom „Prager Frühling" entstand für dieses Aufatmen eines ganzen Volkes.

Verzweifelt versuchte Alexander Dubček, seinen neuen Kurs so zu steuern, daß es zu keinem Zusammenstoß mit den anderen Staaten des Ostblocks kam. Aber die Ausstrahlungskraft seines Reformkurses auf die umliegenden Länder war zu groß. Im übrigen Ostblock hofften die Menschen, zu ähnlichen Freiheiten kommen zu können.

Argwöhnisch verfolgten darum die Parteifunktionäre im übrigen Ostblock den Weg des tschechischen Volkes zu mehr Demokratie. Aus Furcht, daß der Funke des demokratischen Sozialismus auch auf ihre Länder überspringen und ihre Machtposition gefährden könnte, schlugen sie schließlich zu. In der Nacht zum 21. August 1968 rollten Panzer über die Grenzen der Tschechoslowakei: Panzer der Sowjetunion, Polens, Ungarns, Bulgariens und der DDR. In einer Blitzaktion beendeten sie die Reformpolitik. Dubček und seine Anhänger wurden verhaftet,

aber nicht, wie viele Ungarn 1956, hingerichtet. Und wieder – wie genau 30 Jahre zuvor – erlebte die tschechoslowakische Bevölkerung in ohnmächtiger Verzweiflung das Ende ihrer ersten kleinen Freiheiten. Über Nacht war der „Prager Frühling" zu Ende.

Polen nach 1980

Nach dem „Prager Frühling" wurde es im Ostblock stiller. Reformer und Bevölkerung hatten eingesehen, daß es nur geringe Möglichkeiten gab, von der „Parteilinie" der Sowjetunion abzuweichen. Im August 1980 jedoch entwickelte sich aus einem Streik der Arbeiter in der Danziger Lenin-Werft eine von der Partei unabhängige Gewerkschaftsbewegung in ganz Polen. Unter ihrem Führer *Lech Walesa* erreichte die Gewerkschaft „Solidarität" zahlreiche Zugeständnisse und Freiheiten. Im Dezember 1981 setzte auch hier der Gegenschlag ein.

Die Sowjetunion heute

Nach der Entmachtung Chruschtschows 1964 wuchs *Leonid Breschnew* (* 1906) in die Rolle des mächtigsten Mannes in Staat und Partei hinein.

Die „Partei", das sind in der Sowjetunion gegenwärtig etwa 250 000 Funktionäre, die überall in Staat und Wirtschaft, Erziehungswesen und Presse die Machtpositionen innehaben. *Sie sind nicht vom Volk gewählt worden, sie können nicht durch das Volk abgewählt werden. Allenfalls Machtkämpfe untereinander können sie um ihren Posten bringen.*

Der Wiederaufbau der Industrie nach dem Zweiten Weltkrieg und ihr weiterer Ausbau kommt heute stärker als früher auch der Bevölkerung zugute. Jedoch:

> Von der Gewährung individueller Freiheitsrechte bleibt das System weit entfernt. Die bemerkenswerten Veränderungen, die mit der Gründung von Menschenrechtsbewegungen und mit dem mutigen Auftreten von Kritikern wie dem Schriftsteller Solschenizyn ... Ausdruck gefunden haben, sind widerrufbare ... Konzessionen, die am Grundcharakter der sowjetischen Diktatur weniger ändern, als nach dem Tod Stalins zu hoffen war. Das Sowjetsystem steht der Renaissance der Demokratie in Europa nahezu unverändert gegenüber. Das Gewicht dieser ... Diktatur lastet trotz Modernisierung der Mittel und Formen im einzelnen so schwer und bestimmend wie je auf den abhängigen Staaten Osteuropas."
> (*K. D. Bracher,* Die Krise Europas 1917–1975, Frankfurt–Berlin–Wien 1976, S. 334)

Arbeitsvorschläge

1. Lies bitte die Reformziele Dubčeks noch einmal genau durch. Überlege und nenne Beispiele, was sie für den einzelnen Menschen bedeuten! Du hast hier zugleich einen Katalog der Rechte und Möglichkeiten, die für die Menschen im Ostblock nicht bestehen! Wie ist es bei uns?
2. Wo findest du im Text Hinweise darauf, daß es mindestens *eine* „neue Klasse" gibt?
3. Analysiere den vorstehenden Text von Karl Dietrich Bracher! Welche Grundaussagen erkennst du?
4. Solschenizyn wurde 1974 aus der Sowjetunion ausgewiesen. – Lies noch einmal den Auszug aus seiner Erzählung auf S. 102!
5. Verfolge und diskutiere Nachrichten aus dem Ostblock heute!

Spannungen und Entspannungsbemühungen

Spannungszonen in der Welt

Voller Argwohn stehen sich die beiden Machtblöcke bis heute gegenüber. Besonders an ihren Nahtstellen ist es seit 1945 immer wieder zu Konflikten und Krisen gekommen. Mehrmals haben sie an den Rand eines neuen großen Krieges geführt: vor allem in *Berlin* 1948 (vgl. S. 221), in *Korea* 1950, in *Kuba* 1962, in *Vietnam* und im *Mittleren Osten.*

Krieg in Korea 1950–1953

Nicht nur Deutschland erlitt nach dem Zweiten Weltkrieg das Schicksal der Besatzung und Aufteilung des Landes, sondern auch *Korea* in Ostasien.

Seit 1905 war dieses Land japanisches Herrschaftsgebiet. Nach der Niederlage Japans wurde es von sowjetischen und amerikanischen Truppen besetzt. Die Zonengrenze verlief längs des 38. Breitengrades.

Im kommunistisch beherrschten Nordteil entstand eine Volksrepublik. In Südkorea setzten die USA eine von ihnen beeinflußte Regierung ein, die sich zu einer präsidialen Diktatur entwickelte.

1948 zogen beide Besatzungsmächte ab.

Am 25. 6. 1950 brach die nordkoreanische Armee über die Zonengrenze in Südkorea ein, um eine Wiedervereinigung auf kommunistischer Grundlage zu erzwingen. Der sofort einberufene Weltsicherheitsrat der Vereinten Nationen erklärte Nordkorea zum Angreifer und forderte die Mitglieder der UNO auf, Südkorea mit allen Mitteln zu unterstützen.

So begann der Krieg in Korea, der drei Jahre lang Süd- wie Nordkorea entsetzlich verwüstete. Den UNO-Verbänden auf seiten Südkoreas, besonders aus den USA, standen starke Hilfskräfte der Nordkoreaner, besonders aus der Volksrepublik China, gegenüber. Überall in der Welt befürchtete man, daß sich aus diesem Konflikt ein dritter Weltkrieg entwickeln würde. Überall lief jetzt die Industrie auf Hochtouren, rüstete man um die Wette.

Ein Waffenstillstand beendete im Juni 1953 die Kampfhandlungen, nachdem die Frontlinie sich etwa auf der alten Zonengrenze eingependelt hatte. Bis heute erfolgte kein Friedensschluß. Bis heute stehen Nord- und Südkoreaner sich als feindliche Brüder gegenüber.

Der Ablauf des Koreakrieges

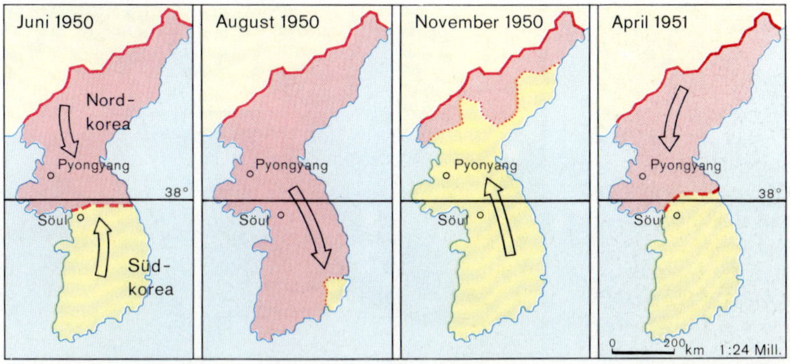

◁ *Im Dezember 1980 errichtetes Mahnmal in Danzig, das die Erinnerung an die Toten der Arbeiterunruhen seit 1956 wachhalten sollte*

Kuba 1962

Am 22. Oktober 1962 hielten die Menschen an den Fernsehschirmen und Radios in aller Welt den Atem an: Der Präsident der USA verkündete die Blockade der Insel Kuba.

Was war geschehen?

Auf der „Zuckerinsel“ Kuba, zwischen Nord- und Südamerika, hatte 1959 *Fidel Castro* die Macht übernommen und die einflußreichen nordamerikanischen Industrieunternehmen im Lande enteignet. Auf Grund der feindseligen Haltung der USA schlossen sich die kubanischen Revolutionäre in der Folgezeit immer enger der Sowjetunion an. Kuba wurde „sozialistische Republik“ mit einer Einparteienregierung.

Fidel Castro (1927)*

Am 14. Oktober 1962 erhielten die USA durch Luftaufklärung eindeutige Beweise dafür, daß die Sowjetunion auf Kuba in fieberhafter Eile Abschußrampen für Mittelstreckenraketen (mit Atomsprengköpfen ausrüstbar) errichtete und raketenbeladene Dampfer sich auf dem Wege nach Kuba befanden. Eingehende Beratungen eines Krisenstabes führten zu der Entscheidung, Gegenmaßnahmen zu ergreifen. Um der Sowjetunion die Entscheidung über Krieg und Frieden aufzuzwingen, verhängten die USA am 22. Oktober 1962 eine Blockade über Kuba: „Alle für Kuba bestimmten Schiffe, gleichgültig welcher Nationalität . . . werden zurückgeschickt, falls festgestellt wird, daß sie Offensivwaffen an Bord haben“ (Präsident Kennedy in seiner Fernsehansprache).

Nach Tagen der Spannung gab Chruschtschow seinen Raketenfrachtern mit Kurs auf Kuba die Weisung zum Abdrehen. Damit war die unmittelbare Gefahr eines Atomkrieges gebannt, Zeit für weitere Verhandlungen gewonnen. Am 27. Oktober bot Kennedy eine Art Garantie für den sozialistischen Staat Fidel Castros an und forderte dafür den Abbau und Rücktransport der Raketen und Rampen auf Kuba. Am 28. Oktober willigte Chruschtschow in diesen Handel ein. Der Kompromiß ermöglichte beiden den ehrenvollen Rückzug aus der Konfrontation.

„Einverstanden, Herr Präsident, wir wollen verhandeln . . .“

Wer sind die beiden Ringer auf der Zeichnung? (Schlage nötigenfalls auf S. 200 und S. 202 nach.) Kannst du die Aussage der Darstellung erklären? (H ist das Zeichen für Wasserstoff.)

Aus einem Briefwechsel zwischen Kennedy und Chruschtschow Ende Oktober 1962

Kennedy an Chruschtschow:

„Ich bewundere die staatsmännische Entscheidung des Vorsitzenden Chruschtschow, den Ausbau der Basen auf Kuba einzustellen, die Offensiv-Waffen zu demontieren und sie unter Kontrolle der Vereinten Nationen in die Sowjetunion zurückzutransportieren. Dies ist ein wichtiger Beitrag zum Frieden. Wir würden – unter der Voraussetzung, daß die UNO die Erfüllung dieser Verpflichtungen gewährleistet – damit einverstanden sein, die Quarantäne aufzuheben und Garantien gegen eine Invasion Kubas zu geben. Ich glaube, daß andere Nationen der westlichen Hemisphäre dazu ebenfalls bereit sein würden."

Chruschtschow an Kennedy:

„Ich bewundere Ihren Sinn für das rechte Maß, das von Ihnen gezeigte Verständnis für die Verantwortung, die Sie gegenwärtig für die Erhaltung des Friedens in aller Welt gezeigt haben. Ich betrachte mit Achtung und Vertrauen Ihre Erklärung, daß kein Angriff auf Kuba unternommen und keine Invasion stattfinden wird, nicht nur von seiten der USA, sondern auch von seiten anderer Länder der westlichen Hemisphäre."

(Offensiv-Waffen = Angriffswaffen; Basen = Stützpunkte; Quarantäne = Blockade; Hemisphäre = Erdhälfte; Invasion = Einfall)

Arbeitsvorschläge

1. Orientiere dich über die Lage Kubas zu den USA in deinem Atlas! Sowjetische Mittelstrecken-Raketen hatten damals eine Reichweite bis zu 3600 km. Welche großen Städte der USA hätten sie in Sekundenschnelle erreichen können?

2. Lies den Quellentext oben genau!
   a) Welche Zugeständnisse Chruschtschows sind dem Briefwechsel vorausgegangen?
   b) Zu welchen Zugeständnissen erklärt sich Kennedy bereit?
   c) Wie versucht jeder der beiden Staatsmänner, den anderen davor zu bewahren, „sein Gesicht zu verlieren"?

Vietnam 1945–1979

Länger als dreißig Jahre war Krieg in Vietnam.

Seit dem 19. Jahrhundert war dieses Gebiet französische Kolonie (Indochina). Dann fielen hier im Zweiten Weltkrieg die Japaner ein. Als 1945 die französischen Kolonialherren zurückkehrten, begannen die Vietnamesen den Kampf um ihre Unabhängigkeit. Die Kolonialarmee Frankreichs wurde 1954 geschlagen und das Land in einen kommunistisch orientierten Nordstaat und einen westlich orientierten Südstaat geteilt – jeweils mit einer eigenen Regierung. Aber auch danach gab es keine Ruhe, kam es immer wieder zu Kämpfen zwischen den Kommunisten und ihren Gegnern.

Um ein ähnliches Vordringen des Kommunismus wie in Kuba zu verhindern, setzten die USA 1961 in Südvietnam eigene Truppen ein. Die Sowjetunion und China unterstützten Nordvietnam mit Kriegsmaterial.

1964 weiteten sich die Kampfhandlungen aus, und bis 1972 verging kaum ein Tag ohne Nachrichten über diesen „schmutzigen Krieg", in dem besonders die Zivilbevölkerung unsägliche Qualen litt (Bild S. 193). Amerikanische Flugzeuge haben über Vietnam allein eine Bombenlast abgeworfen, welche doppelt so groß war wie die, die im Zweiten Weltkrieg Deutschland traf.

Im Januar 1973 wurde endlich ein Waffenstillstand verkündet, bis Ende März 1973 zogen die USA ihre Truppen zurück. Zwei Jahre später fühlten sich die kommunistischen Gruppen stark genug, den Waffenstillstand zu brechen. In einem „Blitzkrieg" eroberten sie ganz Süd-Vietnam.

Nord- und Südvietnam wurden 1976 offiziell wiedervereinigt. Die ehemalige südvietnamesische Hauptstadt Saigon erhielt den Namen Ho-Tschi-Minh-Stadt und soll so an den Führer der vietnamesischen Befreiungsbewegung erinnern.

Nach dem Sieg banden die neuen Machthaber die Nachbarstaaten an sich. Das inzwischen ebenfalls kommunistisch gewordene Laos wurde 1977 durch einen „Vertrag über die speziellen Beziehungen“ eng an Hanoi angelehnt, die der Volksrepublik China nahestehende Regierung in Kambodscha 1979 in einer militärischen Auseinandersetzung vertrieben und das Land ebenfalls unter die Vorherrschaft Vietnams gebracht.

Durch das Zusammenrücken dieser drei Staaten ist in Südostasien eine starke Militärmacht entstanden, die sich in ein enges Bündnisverhältnis zur Sowjetunion gestellt hat. Diese Bindung aber bringt das Gebiet in Gegnerschaft zum mächtigen nördlichen Nachbarn China, das mit der Sowjetunion verfeindet ist (vgl. S. 285). Der Grenzkrieg des Frühjahrs 1979, in dem chinesische Divisionen auf vietnamesisches Territorium vordrangen, war eine erste Warnung an die Adresse Hanois.

Gegen Ende der siebziger Jahre gingen immer wieder erschütternde Bilder um die Welt, Bilder von geflüchteten oder ausgewiesenen Vietnamesen, die auf armseligen Booten und Schiffen die rettenden Küsten der umliegenden Gebiete zu erreichen suchten und zu Zehntausenden ertranken. Es waren zumeist Vietnamesen chinesischer Herkunft.

Arbeitsvorschläge

1. Setze die genannten Herrschafts-, Bündnis- und Gegnerschaftsverhältnisse in ein Schaubild um!
2. Welche Gründe für die Ausweisung vietnamesischer Bewohner vermutest du?

Der Mittlere Osten um 1980

Im Jahre 1979 wurde der Mittlere Osten zum neuen Spannungsherd der Weltpolitik.

Der Iran

Nach einem Bürgerkrieg mit schweren inneren Unruhen mußte Schah *Reza Pahlewi* (1919–1980), der den Iran fast wie ein absolutistischer Monarch regiert hatte, sein Land verlassen. Der religiöse Führer der revolutionären Massen, der *Ayatollah Chomaini*, kehrte im Februar 1979 aus seinem Pariser Exil zurück, von seinen Anhängern jubelnd begrüßt. Die Erschütterungen, die seither von dieser neuen „Islamischen Republik“ ausgehen, haben die Weltpolitik und die Weltwirtschaft nachhaltig beeinflußt. Im Iran und seinen Nachbarländern finden sich die größten Erdöl-Reserven der Welt; vom hier geförderten Öl ist die Wirtschaft der westlichen Industrienationen abhängig.

Afghanistan

So wirkte es weltweit wie ein Schock, als Ende Dezember 1979 sowjetische Truppen in das Nachbarland des Iran, Afghanistan, eindrangen und hier einen moskauhörigen Politiker an die Macht brachten. Mehr als 100 Staaten der Welt verurteilten 1980 in der Vollversammlung der Vereinten Nationen diese Aktion und forderten den Abzug der Truppen. Die USA und andere Staaten leiteten politische und wirtschaftliche Maßnahmen gegen die Sowjetunion ein.

Damit ist die Sowjetunion dicht an die arabischen Erdölfelder herangerückt, und es besteht die Möglichkeit, daß sich in diesem Raum eine Auseinandersetzung der Weltmächte entzündet.

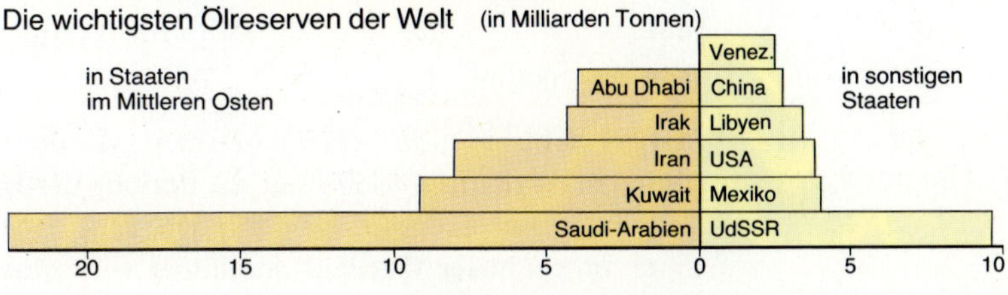

Bild oben links: Der Ayatollah Chomaini, umjubelt von begeisterten Anhängern, kurz nach seiner Rückkehr aus dem Exil. – Bild rechts: Sowjetische Panzer auf dem Flugplatz von Kabul, der Hauptstadt Afghanistans, im Januar 1980. Die Karte zeigt den neuen Krisenherd der Weltpolitik mit dem Iran und Afghanistan

Entspannungs-bemühungen

Die Kuba-Krise war zu einem Wendepunkt in der Geschichte unserer Zeit geworden. Hier hatten die verantwortlichen Staatsmänner erkannt, wie schnell die Gefahr eines Krieges mit Atom- und Wasserstoffbomben über die Menschheit hereinbrechen kann. Seither suchten sie ernsthafter als zuvor nach Lösungen für eine *Entspannung*, um die gewaltigen Vorräte an Vernichtungswaffen niemals zum Einsatz kommen zu lassen.

In den Bunkern der Atommächte lagern Vernichtungswaffen, die auf jeden der 4 Milliarden Erdbewohner umgerechnet etwa 15 t herkömmlichen Sprengstoff kommen lassen. Das ist unvorstellbar! Es ist aber auch ein „Gleichgewicht des Schreckens" hergestellt, das die Menschheit vielleicht am sichersten vor dem Einsatz dieser Vernichtungswaffen bewahrt.

Der „heiße Draht"

Nach der Kuba-Krise wurde eine direkte Telefonleitung zwischen dem „Weißen Haus" (Sitz des US-Präsidenten) und dem Kreml angelegt: der „heiße Draht". Jederzeit sollten die Verantwortlichen miteinander sprechen können, ehe ein Knopfdruck den „Atomschlag" auslösen würde!

Verbot von Atomversuchen

Vor allem aber einigten sich die Sowjetunion, die USA und Großbritannien darauf, „in der Atmosphäre, im Weltraum und unter Wasser" keine Versuche mit Atombomben mehr durchzuführen. Dieses Abkommen vom August 1963 sollte vor allem verhindern, daß unser Lebensraum durch radioaktive Teilchen noch stärker als bisher verseucht wird. Es war zugleich ein Schritt zur militärischen Entspannung – dem sich freilich Frankreich und China nicht anschlossen. Ihm folgten weitere Vereinbarungen: 1966 über die friedliche Nutzung des Weltraums (der Mond soll keines Staates Kolonie werden!), 1968 über das Verbot, Atomwaffen weiterzugeben, 1971 über den Nichteinsatz von „biologischen Waffen" (z. B. Seuchenbakterien und Giftstoffe).

Abrüstungs-gespräche (Salt)

Seit 1969 führen die beiden Großmächte auch Gespräche über die direkte Einschränkung ihrer strategischen Rüstung (Salt: Strategic Arms Limitation Talks). Das erste Abkommen (Salt I) wurde 1972 in Moskau unterzeichnet, das zweite (Salt II) 1979 in Wien. Sie sehen im wesentlichen Begrenzungen in der Zahl der nuklearen Sprengköpfe und ihrer Trägersysteme (Interkontinentalraketen, Unterseeboote und Bomben) vor. Der Rahmen der Abkommen ist jedoch so weit gespannt, daß er genügend Spielraum für zusätzliche Entwicklungen läßt. Außerdem sind wichtige Waffensysteme nicht erfaßt. So ist ein Ende des Rüstungswettlaufs noch keineswegs in Sicht. Er verschlingt unvorstellbare Summen — in den sechziger und siebziger Jahren allein 2,7 Billionen Dollar (das ist eine dreizehnstellige Zahl). Wenn dieser Wettlauf zum Stillstand käme, ständen Milliardensummen für friedliche Zwecke zur Verfügung!

Ende der Entspannung?

Salt II ist bisher nicht in Kraft getreten. Mit dem Einmarsch der Sowjetunion in Afghanistan 1979 hat die Periode der Entspannungspolitik ein zumindest vorläufiges Ende gefunden. Eine neue Welle der Aufrüstung läuft an, ein neuer Wettlauf um immer wirksamere Waffensysteme.

Flucht und Vertreibung in unserem Jahrhundert

Die Weltkriege und Revolutionen unseres Jahrhunderts, die ständigen Krisen und Konflikte machten Millionen von Menschen heimatlos. Das 20. Jahrhundert erlebte die *größte Völkerwanderung der Menschheitsgeschichte:* die Flucht, Vertreibung und zwangsweise Umsiedlung von weit über 100 Millionen Menschen bisher. Die meisten traf dieses Schicksal seit 1945.

Diese Tabelle nennt nur Beispiele!

Jahr	Europa/Amerika	Asien/Afrika
1945	Flucht und Vertreibung von rund 12 Millionen *Deutschen* aus den deutschen Ostgebieten und aus den osteuropäischen Staaten (vgl. S. 214 und 217. Rücksiedlung von 500 000 *Italienern* aus den verlorenen italienischen Kolonien. Beginn der Massenflucht aus der *sowjetisch besetzten Zone Deutschlands* (S. 262).	Rückführung von rund 3 Millionen *Japanern* aus der Mandschurei, aus China und von den Südseeinseln.
1947	Umsiedlung von 400 000 *Finnen* aus den an die UdSSR abgetretenen Gebieten. Vertreibung, Flucht und Verschleppung von 1 Million Menschen während eines Bürgerkriegs in *Griechenland.*	Flucht und Umsiedlung von rund 15 Millionen Hindus und Moslems bei der Teilung der früheren britischen Kolonie *Indien* in die selbständigen Staaten Indische Republik und Pakistan.
1948		Flucht und Vertreibung von 800 000 *Arabern* aus dem neu gegründeten Staat *Israel* (vgl. S. 250).
1950	Vertreibung von 250 000 *Türken* aus Bulgarien.	Flucht von 2 Millionen *Chinesen* nach Formosa, von 1 Million nach Hongkong (vgl. S. 277).
1953		Heimatlosigkeit von 9 Millionen *Koreanern* nach dem Korea-Krieg.
1956	Flucht von 200 000 *Ungarn* nach dem Volksaufstand.	
1962	Flucht von etwa 1 Million *Algerienfranzosen*	
1964		(bis 1975) Heimatlosigkeit von Millionen *Vietnamesen.*
1967		Flucht von etwa 300 000 *Arabern* nach dem Juni-Krieg (vgl. S. 251).
1968	Flucht von Tausenden *Tschechen* nach dem Ende des „Prager Frühlings".	Heimatlosigkeit für Hunderttausende *Ibos* durch den Krieg in Nigeria (vgl. S. 295).
1973	Flucht und Ausweisung von Tausenden Chilenen nach einem Militärputsch.	
1974	Vertreibung von über 200 000 griechischen Cyprioten aus ihren Wohngebieten.	
1975	(und danach)	Flucht und Ausweisung von Hunderttausenden Vietnamesen und Kambodschanern.
1979	(und danach)	Flucht von etwa 1,6 Millionen Afghanen.

Deutsche Flüchtlinge zu Beginn des Jahres 1945. Millionen verließen so ihre ostdeutsche Heimat vor den anrückenden sowjetischen Truppen.

Arbeitsvorschläge

1. Fertige eine Karte an, in die du alle Krisen und Konflikte nach dem Zweiten Weltkrieg einträgst, die die aufgeführten Ereignisse der Tabelle auslösten!

2. Die Tabelle berichtet nur von Flucht und Vertreibung *seit 1945*. Von welchen früheren Vertreibungen und Umsiedlungen in unserem Jahrhundert hast du an anderer Stelle dieses Buches schon erfahren?

3. Sind deine Eltern oder Großeltern Flüchtlinge oder Vertriebene? Laß dir von ihnen berichten!

4. Wo werden in diesem Augenblick, in dem du diese Zeilen liest, möglicherweise Menschen in der Welt heimatlos?

Wir merken uns

Bald nach 1945 bildeten sich in der Welt zwei Machtblöcke heraus: die USA und die NATO auf der einen, die Sowjetunion und die Staaten des Warschauer Pakts auf der anderen Seite. Wiederholt ist es zu Zusammenstößen zwischen den Blöcken gekommen (Korea, Kuba, Vietnam). Das Bemühen um Entspannung und Abrüstung in West und Ost fand durch den sowjetischen Einmarsch in Afghanistan 1979 ein vorläufiges Ende.

Die deutsche Frage seit 1945

6

Sperrgürtel der DDR an der Grenze zur Bundesrepublik Deutschland

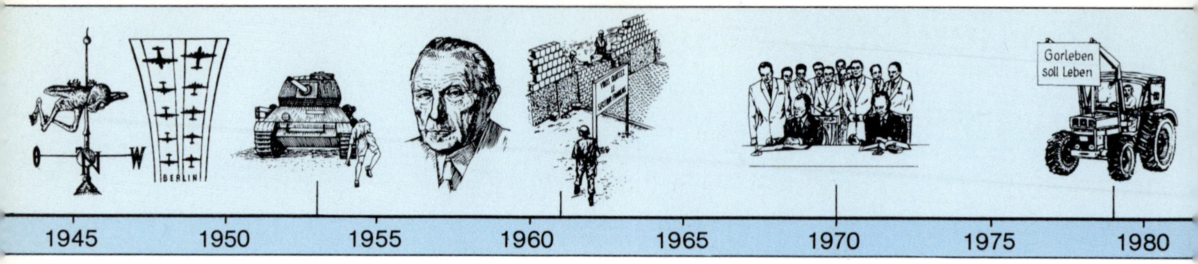

Die deutsche Frage

Die deutsche Frage umschließt für alle Deutschen die Probleme, die sich aus dem Verlauf des 2. Weltkrieges, der Entwicklung nach 1945 und den sich normalisierenden Beziehungen zwischen der Bundesrepublik Deutschland und der DDR ergeben.

Deutschland nach 1945

Die Aufteilung

Entscheidungen über Deutschland

Über Deutschlands Schicksal nach dem Ende des Zweiten Weltkriegs wurde in den *Konferenzen von Jalta* (Februar 1945) *und Potsdam* (Juli/August 1945) entschieden. Amerikanische, britische und sowjetische Staatsmänner einigten sich in wichtigen Punkten:

1. Deutschland scheidet – zumindest vorerst – als selbständiger (souveräner) Staat aus. Es wird in vier Besatzungszonen aufgeteilt, die jeweils einer der vier Siegermächte (einschließlich Frankreich) unterstehen.
2. Die deutsche Hauptstadt Berlin wird ebenfalls in vier „Sektoren" aufgeteilt und gemeinsam verwaltet.
3. Die Grenzen Deutschlands werden nach dem Stand von 1937 bestimmt. Ausnahmen sind:
   a) Die Gebiete östlich der Flüsse Oder und Lausitzer Neiße sowie das südliche Ostpreußen. Sie werden unter polnische Verwaltung gestellt. Ein Friedensvertrag soll endgültige Regelungen treffen.
   b) Das nördliche Ostpreußen. Es wird mit der alten ostpreußischen Hauptstadt Königsberg der Sowjetunion überlassen.
   c) Das Saargebiet. Es fällt zur wirtschaftlichen Nutzung an Frankreich. Über seine eventuelle Rückkehr zu Deutschland soll später eine Volksabstimmung entscheiden.

Es waren noch einmal Millionen Deutsche, die jetzt aus den Gebieten östlich von Oder und Neiße sowie aus dem Sudetenland und einigen Siedlungsräumen in Osteuropa vertrieben wurden. Sie hatten schon im Winter 1944/45 Schreckliches durchgemacht, als der sowjetische Angriff auf Deutschland sie überrollte. Nun mußten sie über Nacht ihre Häuser verlassen und mit wenigen Habseligkeiten nach Westen aufbrechen. Sie mußten für die Untaten der Nationalsozialisten im Osten bitter büßen. Zwei Millionen Deutsche aus diesen Gebieten – Frauen, Kinder und Alte vor allem – haben Flucht oder Vertreibung nicht überlebt.

Deutschland nach 1945

Vertriebenentransport: Sudetendeutsche in Güterwaggons

Arbeitsvorschläge

1. Stelle die Gebiete zusammen, die Hitler zwischen 1937 und 1939 Deutschland einverleibte!

2. Welches Schicksal zum Beispiel das polnische Volk zwischen 1939 und 1945 getroffen hatte, kannst du auf S. 247 nachlesen. Das Bild auf S. 181 oben spiegelt das Leid russischer Menschen.

3. In den deutschen Gebieten östlich von Oder und Neiße wurden vor allem die polnischen Bürger angesiedelt, die selbst wiederum aus den *ehemaligen polnischen Ostgebieten* ausgesiedelt wurden. Denn Stalin behielt diese Gebiete Polens, die ihm die Teilung von 1939 eingebracht hatte.
   Verfolge diese „Westverschiebung" Polens auf der Kartenfolge S. 247!

4. Stelle in deinem Geschichtsatlas fest, welchen Namen die Stadt Königsberg heute trägt!

Entnazifizierung, Entmilitarisierung, Demontage

Die erste Aufgabe der Besatzungsmächte hieß *Entnazifizierung* und demokratische „Umerziehung" des deutschen Volkes. Die NSDAP und alle ihre Gliederungen wurden verboten. Jeder einzelne Bürger mußte sich verantworten und nachweisen wie er sich während der Hitlerzeit verhalten hatte.

Gegen die führenden Nationalsozialisten fand in Nürnberg, der zerbombten Stadt der „Reichsparteitage", ein Prozeß statt, der fast ein Jahr dauerte. Er endete mit dem Todesurteil für zwölf Minister und Generäle, und er leitete eine Anzahl weiterer Prozesse ein, bis in unsere Tage hinein. Auch in den während des Krieges besetzten Gebieten wurden Hunderttausende wegen Zusammenarbeit mit den Deutschen angeklagt, Tausende hingerichtet.

Die zweite Aufgabe der Besatzungsmächte war die *Entmilitarisierung* Deutschlands. Ihr diente die planmäßige Wegnahme, das Verbot und die Zerschlagung aller Einrichtungen und Organisationen, die dem Kriege gedient hatten: der Wehrmacht – der gesamten Kriegs- und Handelsflotte – der in Deutschland errichteten Kriegs- und Verteidigungsbauten – aller Fertigungen und Werke, die irgendwie als Kriegs- und Rüstungsindustrie angesprochen werden konnten.

Die *Demontage*, der Abbau von Fabrikanlagen und ihr Abtransport in die Siegerländer, vernichtete jedoch nicht nur die Möglichkeiten künftiger Kriegführung. Sie traf auch Fabriken und Einrichtungen, mit denen wertvolle Friedensarbeit geleistet werden konnte.

Gespaltene Besatzungspolitik

Ein gemeinsamer „Kontrollrat" in Berlin sollte die Richtlinien für die Maßnahmen in allen vier Besatzungszonen einheitlich festlegen. Bei der Gemeinsamkeit blieb es jedoch nicht lange. Bald wurden auch die Zonen in die Gegensätze zwischen den Siegermächten hineingezogen. Schließlich gingen die Westmächte auf der einen und die Sowjetunion auf der anderen Seite ihre eigenen Wege.

Eine Wende in ihrer Deutschland-Politik vollzogen zuerst die Amerikaner. Sie sahen ein, daß es sinnvoller war, die Deutschen wieder auf eigene Füße zu stellen und ihre Wirtschaft so zu fördern, daß die Besatzungszonen sich selbst versorgen konnten.

Bei einer Ansprache in Stuttgart erklärte der amerikanische Außenminister Byrnes am 6. September 1946:

> „Die Vereinigten Staaten können Deutschland die Leiden nicht abnehmen, die ihm der von seinem Führer angefangene Krieg zugefügt hat. Aber die Vereinigten Staaten haben nicht den Wunsch, diese Leiden zu vermehren ... Das amerikanische Volk will dem deutschen Volke helfen, seinen Weg zurückzufinden zu einem ehrenvollen Platz unter den freien und friedliebenden Nationen der Welt."

Währungsreform

In allen drei westlichen Zonen gemeinsam erfolgte im Juni 1948 die Neuordnung der zerrütteten Finanzen: die *Währungsreform.* Zehn „alte" Reichsmark waren jetzt nur noch eine neue „Deutsche Mark" (DM) wert. Außerdem erhielt jeder Westdeutsche nur 40 DM ausgezahlt, das war sein Startkapital. Wieder einmal hatten vor allem die Sparer den Verlust zu tragen. Doch das Experiment gelang: die neue Währung blieb stabil. Der Wirtschaftsaufbau konnte beginnen.

Auch in der sowjetischen Besatzungszone (SBZ) wurde eine Währungsreform durchgeführt. Von nun an gab es DM-Ost und DM-West.

Marshall-Plan

Zusätzlich leisteten die Amerikaner eine wichtige Finanzhilfe: Nach dem Plan des amerikanischen Ministers Marshall wurden den Europäern Hilfsgelder der USA zur Verfügung gestellt, mit denen Rohstoffe und Maschinen gekauft werden konnten. Nur ein Drittel dieser Gelder mußte zurückgezahlt werden.

Die drei Westzonen erhielten zwischen 1948 und 1951 1,3 Milliarden Dollar, damals eine gewaltige Summe. Sie waren eine Grundlage für den wirtschaftlichen Wiederaufstieg in Westdeutschland (vgl. S. 229).

Für die SBZ lehnten die Sowjets die Annahme solcher Gelder ab.

Arbeitsvorschläge

1. Vergleiche die Situation in Deutschland nach 1918, nach 1945! Wo sind Ähnlichkeiten, wo Unterschiede?

2. Stelle gegenüber: Welche Maßnahmen erfolgten in allen, welche nur in einzelnen Besatzungszonen?

STALINGRAD
Joh. MAINZ
12767

Vier Bilder aus dem Alltag Nachkriegsdeutschlands

Links oben: Nach dem deutschen Zusammenbruch waren die meisten Männer noch in Kriegsgefangenschaft. Die „Trümmerfrauen“ gehörten deshalb zum Bild der deutschen Städte: Frauen, die daran gingen, die Städte vom Schutt der zerstörten Häuser zu befreien.

Links unten: Im Luftkrieg waren die Eisenbahnstrecken weitgehend zerstört, Tausende von Lokomotiven und Personenwagen vernichtet worden. An den wenigen verkehrenden Zügen hingen die Menschen wie Trauben oder hockten auf den Dächern.

Rechts oben: Als die Züge mit den Heimkehrern aus der Gefangenschaft in den Bahnhöfen einrollten, zeigten Frauen die Bilder ihrer „vermißten“ Männer. Wer kennt ihn? Lebt er noch? Das sind die erschütternden, bangen Fragen auf den Gesichtern. Meist blieben sie unbeantwortet.

Rechts unten: In den Trümmern begann das neue politische Leben. Der erste Vorsitzende der neu gegründeten SPD, Dr. Kurt Schumacher (1895–1952), spricht im Sommer 1947 in Frankfurt. Er hatte im Konzentrationslager schwere körperliche Schäden erlitten.

Die Berliner Blockade 1948/49

Die Anwesenheit der Westmächte in Berlin – inmitten der sowjetischen Besatzungszone – war Stalin seit langem ein Dorn im Auge. Einen Streit über die Währungsreform nahm er zum Anlaß, die Land- und Wasserwege zwischen den Westzonen und den Westsektoren Berlins zu sperren (24. Juni 1948). Die Aushungerung von 2,2 Millionen Berlinern sollte die ehemaligen Verbündeten zum Abzug zwingen.

Diese antworteten mit einer *Luftbrücke:* „Fliegende Festungen“, die im Kriege Bomben über Berlin abgeworfen hatten, transportierten jetzt Lebensmittel und Kohlen in die Stadt. Pausenlos starteten und landeten die „Rosinenbomber“ auf den Flughäfen West-Berlins. Sie brachten in 11 Monaten über 2 Mill. t Güter in die Stadt, darunter auch ein vollständiges, in Einzelteile zerlegtes Kraftwerk. Tapfer hielten die Berliner bei Trockenkartoffeln und 22 Stunden Stromsperre am Tage durch.

Schließlich gaben die Sowjets im Mai 1949 nach und hoben die Blockade auf. Sie hatten die Westberliner, die Westdeutschen und die westlichen Alliierten nur noch enger zusammengeführt. Die Berliner Blockade wurde der Anfang einer von Vertrauen getragenen Bindung an die Amerikaner, die diese Luftbrücke vor allem aufrechterhalten hatten.

Eine amerikanische Transportmaschine setzt im dichtbesiedelten West-Berlin zur Landung an.

Arbeitsvorschlag

Führe eine Erkundung durch: „Ereignisse in meinem Wohnort nach 1945"! Sammle Bilder, Berichte, Zeugnisse (altes Geld, Briefmarken, Lebensmittelkarten usw.)! Stelle fest, ob noch immer Spuren der Kriegs- und Nachkriegszeit sich erhalten haben (abgeräumte Trümmergrundstücke, notdürftig reparierte Kirchturmdächer, Beschriftungen an manchen Kellerwänden usw.)!

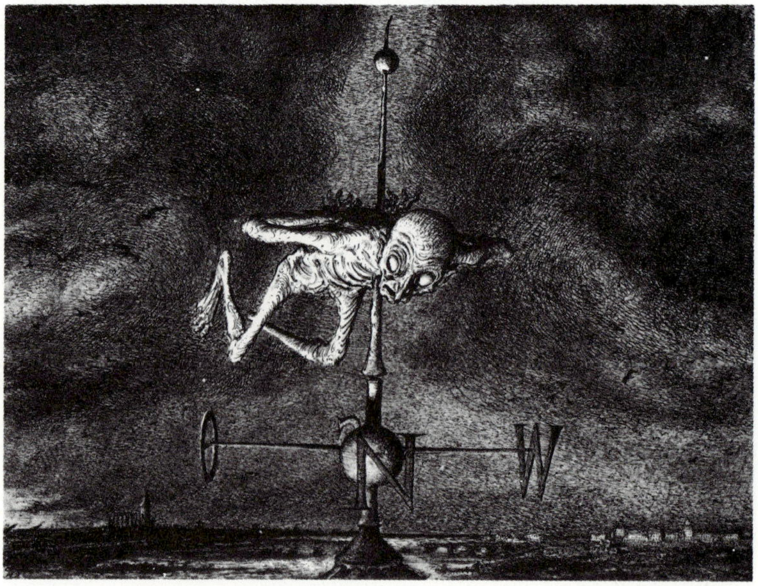

Wie vor dem 30. Januar 1933, so zeichnete der Künstler A. Paul Weber auch nach dem 8. Mai 1945 hellsichtig und vorahnend das künftige Schicksal der Deutschen: hin- und hergetrieben zwischen Ost und West wie eine Wetterfahne.

Vergleiche auch die Zeichnung des Künstlers auf S. 169!

Die Bundesrepublik Deutschland

Staatlicher Neubeginn

Der Weg zum Grundgesetz

In den Besatzungszonen der drei westlichen Alliierten erfolgte eine neue Gliederung in einzelne *Länder*. Die Engländer teilten ihre Zone in die Länder Schleswig-Holstein, Niedersachsen, Hamburg und Nordrhein-Westfalen ein. Die Amerikaner gliederten in die Länder Bremen, Hessen, Württemberg-Baden und Bayern auf. In der französischen Zone entstanden die Länder Rheinland-Pfalz, Baden und Württemberg-Hohenzollern.

Auf der *Länderebene* begann das neue staatliche Leben. In den Jahren 1946 und 1947 fanden die Wahlen zu den Parlamenten dieser Länder statt, zu den *Landtagen*.

Zur Wahl stellten sich die *SPD* und die *KPD*, die nach zwölf Jahren der Verfolgung wiederaufgebaut wurden. Daneben kandidierten als *neue* Parteien die *Christlich-Demokratische Union, CDU* (in Bayern Christlich-Soziale Union, CSU) und die *Freie Demokratische Partei* (FDP). In der CDU hatten sich Vertreter aller Bekenntnisse zusammengefunden, um auf der Grundlage der christlichen Lehre das politische Leben neu zu gestalten. Auch viele Mitglieder des ehemaligen Zentrums schlossen sich ihr an. – Die FDP sah viele Anhänger der alten DDP (vgl. S. 114) in ihren Reihen.

Die Wahlen ergaben folgende Stimmenverteilung:
CDU/CSU 38 %; SPD 35 %; FDP 9 %; KPD 9 %; der Rest entfiel auf Splitterparteien.

Aus Mitgliedern dieser Länderparlamente wurde ein „Parlamentarischer Rat“ gebildet. Seine Aufgabe war es, die *Verfassung für einen zukünftigen Staat* auszuarbeiten, der die elf Länder der westlichen Besatzungszonen zusammenschließen sollte.

Die Unterzeichnung des Grundgesetzes

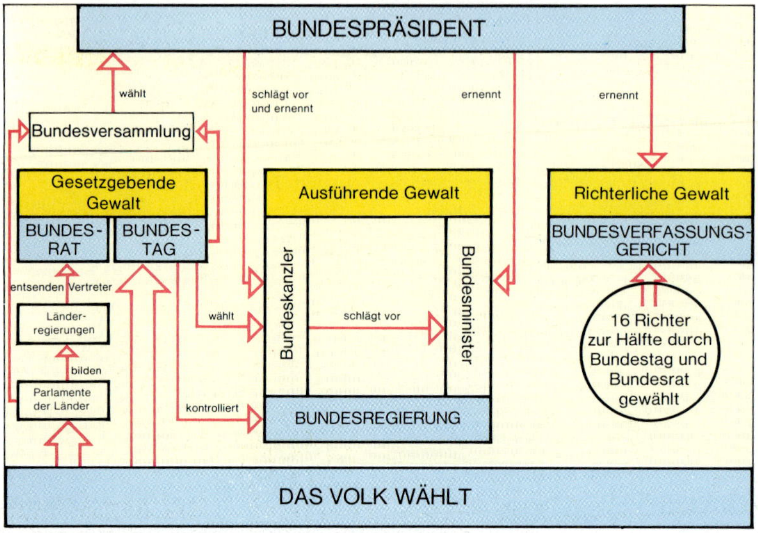

Die staatliche Ordnung der Bundesrepublik Deutschland

Das Grundgesetz

Am 23. Mai 1949 war es soweit. Das *Grundgesetz,* wie diese neue Verfassung hieß, wurde feierlich verkündet und damit die *Bundesrepublik Deutschland* gegründet.

Die Väter des Grundgesetzes fragten sich, wie es zu Hitler kommen konnte, wo die Schwächen der Weimarer Verfassung lagen, wie es möglich war, daß ein großes Kulturvolk in die Hände eines Diktators fallen konnte. Sie befragten die besten Verfassungen der Welt, wie Freiheit und Recht am besten zu schützen seien.

Dieses Grundgesetz, das wir schufen, ist geboren aus den Leiden und Verirrungen deutscher Geschichte. Dieses Grundgesetz ist eine zutiefst deutsche Verfassung.

Solange dieses Grundgesetz lebendig bleibt, solange sich Volk und Staat an die Werte halten, die in den Grundrechtsartikeln stehen, solange wir bereit sind, für diese Werte nach außen und nach innen einzutreten — so lange erfüllen wir, die Bürger dieses Staates, unsere Verantwortung vor der uns folgenden Generation, ihr einen Rechtsstaat zu hinterlassen, der zu den freiheitlichsten und sozialsten unserer Welt gehört.

Wir, die Bürger, müssen uns kümmern. Dies freilich ist nötig. Wenn sie nicht vom Volk getragen wird, ist auch die beste Verfassung nur ein Stück Papier.

Es ist entscheidend für die Zukunft der Bundesrepublik Deutschland, daß jeder Bürger in diesem Lande ganz genau weiß, was er verlieren würde, wenn das Grundgesetz ihn nicht mehr schützt.

Bundespräsident Walter Scheel am 6. Mai 1975

*Die Bundespräsidenten seit 1949: Links Prof. Dr. Theodor Heuss (FDP, 1884–1963), der erste Präsident der Bundesrepublik von 1949 bis 1959. Ihm folgte Heinrich Lübke (CDU, 1894–1972) für zwei weitere Amtsperioden bis 1969. Danach wurde Dr. Gustav Heinemann (SPD, 1899–1976) Inhaber dieses höchsten Amtes in der Bundesrepublik. Ihm folgte 1974 bis 1979 Walter Scheel (FDP, *1919). Prof. Dr. Karl Carstens (CDU, *1914) trat sein Amt als fünfter Präsident der Bundesrepublik Deutschland am 1. Juli 1979 an.*

Arbeitsvorschläge

1. Arbeite die einzelnen Schritte heraus, die zur Gründung der Bundesrepublik Deutschland führten!

2. Bis heute besteht die Bundesrepublik aus „Bund“ und „Ländern“. Welche der ursprünglich geschaffenen Länder der westlichen Besatzungszonen haben sich aber zwischenzeitlich zusammengeschlossen? Prüfe es in deinem Geschichtsatlas nach!

3. Stelle die Stimmenverteilung bei den Landtagswahlen 1946/47 in einem Balken ähnlich wie auf S. 140/141 dar!

4. Der „Parlamentarische Rat“ nahm die Aufgaben einer *Nationalversammlung wahr.* (Lies darüber noch einmal auf S. 112 nach!) Warum ist wohl diese Bezeichnung vermieden worden?

5. Man hat die Grundlage des neuen Staates bewußt nicht „Verfassung“ genannt, sondern statt dessen eine andere Bezeichnung gewählt. Warum wohl? Denke zum Beispiel noch einmal darüber nach, ob in der Präambel hätte stehen können: „Das deutsche Volk, einig in seinen Stämmen“?

6. Beantworte nach dem Schaubild S. 224 bitte die folgenden Fragen:

   a) Wie werden die Vertreter des Bundesrates ernannt, wie die Abgeordneten des Bundestages gewählt?
   b) Wie wird die Bundesregierung gebildet?
   c) Wo werden die Gesetze beraten und beschlossen?
   d) Wer ist das Staatsoberhaupt? Wie wird es gewählt? Wie unterscheidet sich diese Wahl von der in der Weimarer Republik?
   e) Ist die Position des Bundespräsidenten stärker oder schwächer als die des Reichspräsidenten der Weimarer Republik? Begründe!
   f) Ist in diesem Staat die Dreiteilung der Gewalten gegeben?

7. Den ersten deutschen Bundespräsidenten hast du bereits durch einen Brief kennengelernt. Erinnerst du dich? Lies sonst auf S. 131 nach!

Stimmzettel für die Bundestagswahl des Jahres 1969. — Vergleiche ihn mit dem Stimmzettel aus der Weimarer Republik auf S. 124!
Die Sitzverteilung im Deutschen Bundestag seit 1949. Die Berliner Abgeordneten wurden dabei nicht berücksichtigt. Sie sind nicht voll stimmberechtigt. Wiedergegeben ist die Zahl der Mandate jeweils zu Beginn der Wahlperiode.
Wahlen zum Deutschen Bundestag finden turnusgemäß alle vier Jahre statt. Wann wurde vorzeitig gewählt? Informiere dich bitte auf den folgenden Seiten über die Gründe! – Welche Entwicklung hinsichtlich der Zahl der im Bundestag vertretenen Parteien läßt sich feststellen? – Welche Partei ist offenbar besonderen Schwankungen in der Wählergunst unterworfen? – Stelle aus dem nachfolgenden Text fest, welche Koalitionen nach den jeweiligen Wahlen eingegangen worden sind (CDU und CSU bilden im Bundestag eine Fraktion). – Wie viele Parteien und Gruppierungen haben sich 1969 im Wahlkreis 111 Herne-Castrop-Rauxel zur Wahl gestellt, welche haben die „Fünf-Prozent-Hürde“ nicht überspringen können?

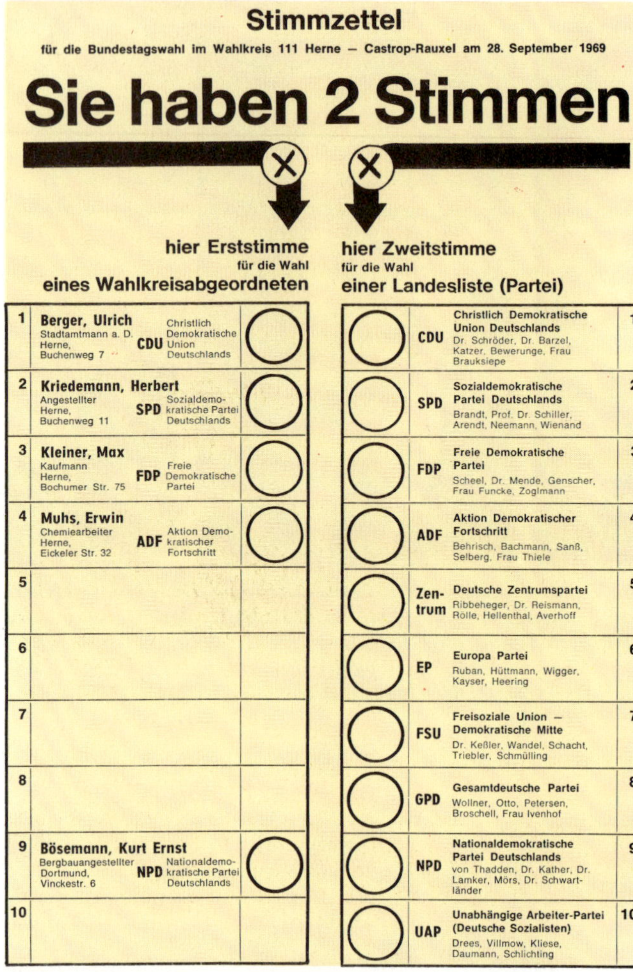

Stimmzettel

für die Bundestagswahl im Wahlkreis 111 Herne – Castrop-Rauxel am 28. September 1969

Sie haben 2 Stimmen

hier Erststimme für die Wahl eines Wahlkreisabgeordneten		hier Zweitstimme für die Wahl einer Landesliste (Partei)	
1	Berger, Ulrich – Stadtamtmann a. D., Herne, Buchenweg 7 – CDU Christlich Demokratische Union Deutschlands	CDU – Christlich Demokratische Union Deutschlands – Dr. Schröder, Dr. Barzel, Katzer, Bewerunge, Frau Brauksiepe	1
2	Kriedemann, Herbert – Angestellter, Herne, Buchenweg 11 – SPD Sozialdemokratische Partei Deutschlands	SPD – Sozialdemokratische Partei Deutschlands – Brandt, Prof. Dr. Schiller, Arendt, Neemann, Wienand	2
3	Kleiner, Max – Kaufmann, Herne, Bochumer Str. 75 – FDP Freie Demokratische Partei	FDP – Freie Demokratische Partei – Scheel, Dr. Mende, Genscher, Frau Funcke, Zoglmann	3
4	Muhs, Erwin – Chemiearbeiter, Herne, Eickeler Str. 32 – ADF Aktion Demokratischer Fortschritt	ADF – Aktion Demokratischer Fortschritt – Behrisch, Bachmann, Sanß, Selberg, Frau Thiele	4
5		Zentrum – Deutsche Zentrumspartei – Ribbeheger, Dr. Reismann, Rölle, Hellenthal, Averhoff	5
6		EP – Europa Partei – Ruban, Hüttmann, Wigger, Kayser, Heering	6
7		FSU – Freisoziale Union – Demokratische Mitte – Dr. Keßler, Wandel, Schacht, Triebler, Schmülling	7
8		GPD – Gesamtdeutsche Partei – Wollner, Otto, Petersen, Broschell, Frau Ivenhof	8
9	Bösemann, Kurt Ernst – Bergbauangestellter, Dortmund, Vinckestr. 6 – NPD Nationaldemokratische Partei Deutschlands	NPD – Nationaldemokratische Partei Deutschlands – von Thadden, Dr. Kather, Dr. Lamker, Mörs, Dr. Schwartländer	9
10		UAP – Unabhängige Arbeiter-Partei (Deutsche Sozialisten) – Drees, Villmow, Kliese, Daumann, Schlichting	10

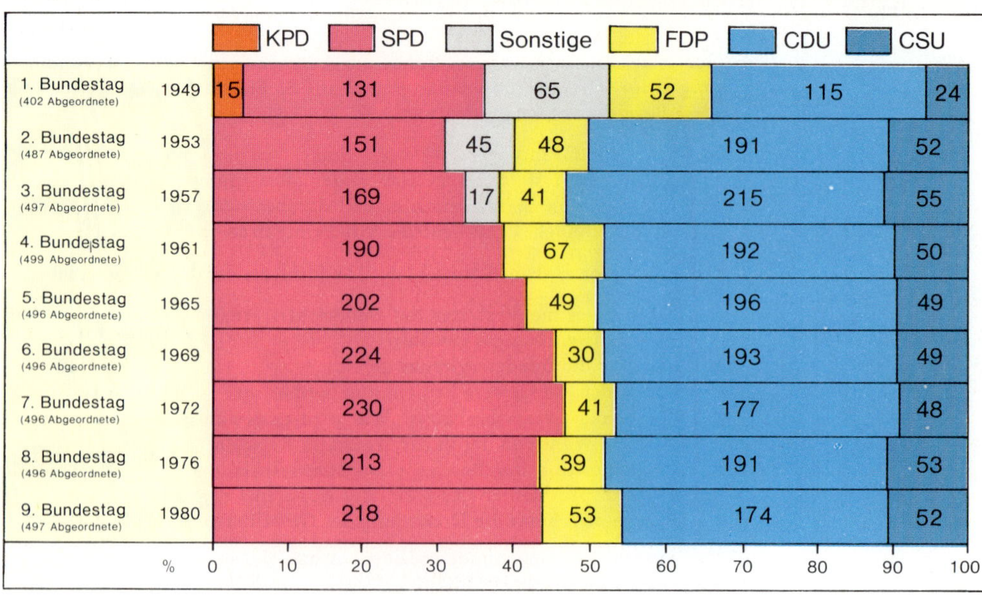

Dr. Konrad Adenauer (1876–1967), der erste Bundeskanzler der Bundesrepublik Deutschland. – Konrad Adenauer war von 1917–1933 Oberbürgermeister der Stadt Köln. Nach der Machtübernahme der Nationalsozialisten wurde er aus allen seinen Ämtern entlassen und nach dem 20. Juli 1944 verhaftet. 1945 wirkte er bei der Gründung der CDU, 1948/49 als Präsident des Parlamentarischen Rates bei der Gründung der Bundesrepublik entscheidend mit. Sein Name ist mit der Geschichte der Bundesrepublik Deutschland untrennbar verbunden.

Die Zeit der CDU-Führung und der „Großen Koalition" (1949—1969)

Die Bundesrepublik Deutschland in der Zeit Adenauers (1949—1963)

Im Herbst 1949 wählten die Westdeutschen den ersten Bundestag. Erster Bundeskanzler wurde *Dr. Konrad Adenauer* (1876–1967), der Vorsitzende der CDU. Diese Partei konnte in den Wahlen 1953 und 1957 ihre Mehrheit immer stärker ausbauen. Die deutschen Wähler unterstützten damit eine Politik der „drei W", die Konrad Adenauer vor allem vertrat: Westintegration, Wiederbewaffnung, Wiederaufbau.

Westintegration

Adenauers Ziel war ein enger Zusammenschluß mit den westeuropäischen Staaten und den USA, der bis zu einer wirtschaftlichen und politischen *Integration* führen sollte.

Eines der ersten Werbeplakate für die Bundeswehr, rechts ein Wahlplakat der CDU aus dem Jahre 1953

„Rußland entzieht sich immer mehr der Zusammenarbeit mit den anderen Großmächten und schaltet in den von ihm beherrschten Gebieten völlig nach eigenem Gutdünken. In den von ihm beherrschten Ländern herrschen schon jetzt ganz andere wirtschaftliche und politische Grundsätze als im übrigen Teil Europas. Damit ist die Trennung in Osteuropa, das russische Gebiet, und Westeuropa eine Tatsache ... Der nicht von Rußland besetzte Teil Deutschlands ist ein integrierender Teil Westeuropas ... Es liegt im eigenen Interesse ... auch von England und Frankreich, Westeuropa unter ihrer Führung zusammenzuschließen, den nicht russisch besetzten Teil Deutschlands politisch und wirtschaftlich zu beruhigen und wieder ganz gesund zu machen ... Dem Verlangen Frankreichs und Belgiens nach Sicherheit kann auf die Dauer nur durch die wirtschaftliche Verflechtung von Westdeutschland, Frankreich, Belgien, Luxemburg, Holland wirklich Genüge geschehen. Wenn England sich entschließen würde, auch an dieser wirtschaftlichen Verflechtung teilzunehmen, so würde man dem doch so wünschenswerten Endziele, *Union der westeuropäischen Staaten*, ein sehr großes Stück näherkommen."
(Aus einem Brief *Adenauers* vom Oktober 1945, von ihm zitiert in: Erinnerungen 1945–1953, Stuttgart 1965, S. 39 f.)

Wiederbewaffnung

Der Korea-Krieg (vgl. S. 207) führte in der NATO zu Überlegungen, auch die junge Bundesrepublik Deutschland an der eventuellen Verteidigung Westeuropas zu beteiligen. Die Forderung nach einem solchen *Verteidigungsbeitrag* wurde von der CDU unterstützt. Adenauer ging davon aus, daß nur ein militärisch starkes westliches Bündnis in der Lage sei, „der Schaffung eines neuen Europas, der Wiedervereinigung Deutschlands und dem Höchsten, dem Frieden und der Freiheit, zu dienen" (Juli 1952).

Über das „W" der Wiederbewaffnung kam es zu einer tiefen Kluft im deutschen Volk. Vor allem die SPD bekämpfte eine solche Politik aus Sorge um ein anderes „W": die Wiedervereinigung Deutschlands. Sie suchte lange nach einem Weg *zwischen* den Machtblöcken in Ost West, nach einer Lösung für Gesamtdeutschland in einer atomwaffenfreien Zone in Mitteleuropa.

Der „Kalte Krieg", wie man den Spannungszustand in der damaligen Welt bezeichnete, begünstigte die Wiederaufrüstung. Die Bundesrepublik wurde 1955 Mitglied der NATO und erhielt gleichzeitig ihre *volle Souveränität* von den bisherigen Besatzungsmächten zurück.

In den Jahren kurz nach 1945 hatten selbst die Schützenvereine in den Dörfern nur mit hölzernen Armbrüsten schießen dürfen. Jetzt entstand seit 1956 eine neue *„Bundeswehr“* mit modernen Waffen und einem klaren Verteidigungsauftrag.

Wiederaufbau

Die Hilfe des Marshall-Plans und die Währungsreform 1948 waren wichtige Voraussetzungen für das dritte „W“: den wirtschaftlichen Wiederaufbau.

Mit der von Bundeswirtschaftsminister *Prof. Ludwig Erhard* (1897 bis 1977) vertretenen freiheitlichen Wirtschaftspolitik begann eine Aufbauleistung ohnegleichen. Im Rahmen dieser „sozialen Marktwirtschaft“ wuchsen die zerbombten Städte neu empor, entstanden neue, leistungsfähige Fabriken dort, wo alte demontiert worden waren. Alle Westdeutschen trugen diesen Wiederaufbau mit.

Es dauerte keine zehn Jahre, da hatte die Produktion in der Bundesrepublik die Vorkriegsziffern weit hinter sich gelassen. Nach zwanzig Jahren Wiederaufbau war die Bundesrepublik der drittgrößte Industriestaat der Welt (nach den USA und der Sowjetunion).

„Wohlstand für alle!“ war die Parole, aber auch: „Keine Experimente!“ So meldeten sich bald auch Kritiker, die mehr Mut zu neuen politischen Ansätzen forderten: mehr soziale Gerechtigkeit, größere Chancengleichheit und mehr wirtschaftliche Mitbestimmung der Arbeitnehmer.

Köln nach dem Wiederaufbau

Die Jahre des Wiederaufbaus in kritischer Sicht

Da die Deutschen das Jahr 1945 als „Zusammenbruch" erlebten (und nicht das Jahr 33), das Kriegsende als „Stunde Null", konnte es eigentlich nur bergauf gehen.

Und in den fünfziger Jahren ging es stürmisch bergauf. Scheinbar war es ein Start mit totaler Chancengleichheit, da die Währungsreform von 48 alle gleich arm gemacht hatte. Gründerstimmung, Gründeroptimismus lag in der Luft. Man sah das Ziel und konnte deshalb den Weg übersehen.

Freßwelle hieß die erste Etappe: Der Kuchen mit Schlagsahne wurde wiederentdeckt, wiedererobert. Dann warf man sich in Schale: Die Bekleidungswelle rollte. Dann begann man wieder zu reisen, Rudi Schuricke sang die Capri-Fischer, die Deutschen erreichten Kärnten, das Salzkammergut, den Lago Maggiore. Die D-Mark im Visier, konnte man alles Verstörende leicht verdrängen. Hatte man nicht eben in der Nazizeit . . . ein Übermaß an Politik erlebt? Also zog man sich von der Politik, soweit es die Geschäfte erlaubten, zurück.

Die Außenpolitik, das besorgte ohnehin der große allmächtige Bruder, dessen Korea-Krieg man soeben zähneklappernd überstanden hatte, ängstlich in den Windschatten gedrückt. Die Teilung: Für die konnte man nichts . . .

Für innere Angelegenheiten hatte man den Übervater Adenauer, der zwar manchmal streng und christlich tat, aber glücklicherweise Rheinländer und Rosenzüchter war und uns, aus privater Liebe zu de Gaulle, mir nichts, dir nichts mit dem Erbfeind aussöhnte. Und er hatte auch noch einen Ludwig Erhard zur Seite, der uns den Konsum als höchste Moral empfahl: Die D-Mark muß rollen . . .

So konnten die Deutschen, Reiter über den Bodensee, wahre Wunder vollbringen, vom Wirtschaftswunder bis zum Fräuleinwunder. Sie gaben, ganz und gar nicht christlich, einer christlichen Partei die Mehrheit. Sie spielten in einer totalen materiellen und geistigen Trümmerlandschaft nach alten Regeln weiter – als wäre nichts geschehen.

(*Hellmuth Karasek* in: DER SPIEGEL 14/1978, S. 98)

Arbeitsvorschläge

1. Warum sah die SPD wohl die Wiederbewaffnung als ein Hindernis für die deutsche Wiedervereinigung an?
2. Für die Wiederaufbauleistung nach 1945 bürgerte sich das Wort „Wirtschaftswunder" ein. War es eigentlich ein „Wunder"?
3. Vergleiche das Bild auf S. 229 sorgfältig mit dem Trümmerbild Kölns auf S. 181! Was hat sich im einzelnen sichtbar verändert?
4. Der Verfasser des vorstehenden Textes ist mit dem Urteil über das Verhalten der Deutschen nach 1945 nicht zimperlich. Er gibt eine überspitzte Darstellung, um das für ihn Wesentliche hervortreten zu lassen: das politische Verhalten der Bürger.
   a) Welchen Hauptvorwurf erhebt er – ganz deutlich am Ende der Ausführungen?
   b) Welche Verhaltensweisen rügt er im einzelnen – politische wie unpolitische?
   c) Wie zeichnet er das deutsch-amerikanische Verhältnis dieser Zeit, wie Adenauer, wie Erhard?

   Welche Argumente könnte man ihm wohl entgegenhalten?

In der nebenstehenden Collage – nach dem Titelbild des SPIEGEL 14/1978 – sind Bildelemente enthalten, von denen jedes für sich für die fünfziger Jahre der Bundesrepublik Deutschland charakteristisch ist. Unterscheide: Personen als Symbolfiguren, symbolische Gegenstände und Vorgänge. Wofür stehen sie im einzelnen?

HILDEGARD KNEF
GUSTAV FRÖHLICH
Die Sünderin

Demonstration gegen den Vietnam-Krieg in Hamburg am Ende der sechziger Jahre

Bild unten: Plakat des Sozialistischen Deutschen Studentenbundes (SDS) aus dem Jahr 1968

Rezession und „Große Koalition“

1963 trat Konrad Adenauer zurück. Das Amt des Bundeskanzlers übernahm der bisherige Bundeswirtschaftsminister *Ludwig Erhard.* Eine Koalition von CDU/CSU und FDP bildete – wie auch seit langem unter Adenauer – die Regierung.

Im Herbst 1966 kam es zu einer ersten wirtschaftlichen Krise, die sich vor allem in Nordrhein-Westfalen stark auswirkte. Immer mehr wurde Erdöl in der Wirtschaft und in den Haushalten verbraucht, die Kohle aus dem Ruhrgebiet fand immer weniger Abnehmer. Die Kohlenhalden wuchsen, viele Kohlenzechen mußten stillgelegt werden. Die Zahl der Arbeitslosen stieg auf 700 000; das war etwa jeder 40. Arbeitnehmer in der Bundesrepublik. Auch in anderen Wirtschaftszweigen ging die Produktion zurück, es setzte eine allgemeine *Rezession* ein.

Im Dezember 1966 schlossen sich CDU/CSU und SPD zur „Großen Koalition“ zusammen. Neuer Bundeskanzler wurde *Dr. Kurt Georg Kiesinger* (CDU, * 1904), Vizekanzler *Willy Brandt* (SPD, * 1913). Dieser Regierung gelang es in den folgenden Jahren, die Krise zu überwinden. Die Arbeitslosenquote sank auf den normalen Stand (um 200 000) zurück.

Innenpolitische Folgen

Wirtschaftskrise und „Große Koalition“ blieben nicht ohne politische Folgen. – Bei den Landtagswahlen 1966 und 1967 zog die *rechtsradikale Nationaldemokratische Partei* (NPD) – bisher eine unbedeutende Partei – in die Parlamente mehrerer Bundesländer ein. – Das Fehlen einer starken Opposition im Bundestag – nur die kleine FDP stand gegen die Regierung – trug dazu bei, daß sich eine „außerparlamentarische Opposition“ (APO) formierte. Sie wurde vor allem von Studenten getragen. Demonstrationen richteten sich in der ersten Zeit besonders gegen die *Notstandsgesetzgebung,* die 1968 verabschiedet wurde. Sie sieht u. a. Einschränkungen in den Grundrechten in dem Falle vor, daß ein Angriff auf die Bundesrepublik Deutschland droht und der Bundestag diesen Sachverhalt mit Zweidrittelmehrheit feststellt. – Daneben wurden bald andere Inhalte, wie die deutsche Bildungspolitik oder auch der Krieg in Vietnam, zum Anlaß für Demonstrationen und Protestaktionen der Jugend. Schließlich rückte die politische Grundordnung der Bundesrepublik selbst ins Zentrum dieser immer stärker marxistisch beeinflußten Kritik.

Die Zeit der sozialliberalen Koalition (seit 1969)

Neue Schwerpunkte

Nach den Bundestagswahlen 1969 löste eine Koalition von SPD und FDP (sozialliberale Koalition) die bisherige „Große Koalition" ab.

Innenpolitik

Die neue Regierung mit *Willy Brandt* als Bundeskanzler und *Walter Scheel* (FDP, * 1919) als Vizekanzler stellte sich als eine „Regierung der inneren Reformen" vor: Reformen an den Hochschulen, im Schulwesen, im Gesundheitswesen, in der Versorgung der Rentner, in der Bundeswehr, im Städtebau, im Umweltschutz, im Bereich der Arbeitswelt (Betriebsverfassung). Durch die vorzeitige Auflösung des 6. Deutschen Bundestages konnten sie nur zum Teil verwirklicht werden.

Außenpolitik

In der *Außenpolitik* ging die sozialliberale Koalition entschlossen neue Wege. Für Adenauer und seine Nachfolger hatte die *Westintegration* im Vordergrund ihrer Bemühungen gestanden. Auf der Grundlage des Zusammenschlusses mit dem Westen suchte die Brandt-Scheel-Regierung nun den *Ausgleich mit dem Osten.*

Das wichtigste Ergebnis stellten die *Ostverträge* mit der Sowjetunion und Polen dar. Am 12. August 1970 unterzeichneten Ministerpräsident Kossygin und Bundeskanzler Brandt den *„Moskauer Vertrag"*, in dem Gewaltverzicht und Anerkennung bestehender Grenzen die wichtigsten Punkte waren. Ein ähnlicher Vertragsabschluß erfolgte Ende 1970 in Warschau (*„Warschauer Vertrag"*, vgl. S. 248). Am 17. Mai 1972 wurden beide Verträge im Bundestag verabschiedet.

Die Unterzeichnung des Moskauer Vertrags 1970. Von links: Außenminister Scheel, Bundeskanzler Brandt, Ministerpräsident Kossygin, Außenminister Gromyko

Das Berlin-Abkommen 1971

Besuche von West-Berlinern in Ost-Berlin und der DDR seit Inkrafttreten des Berlin-Abkommens:

Zeitraum (Juni bis Mai)	Zahl der Besuche (in Mill.)
1972/73	3,72
1973/74	3,23
1974/75	2,71
1975/76	3,36
1976/77	3,32
1977/78	3,27
1978/79	3,10
1979/80	3,02

Die verbesserten Beziehungen zwischen der Bundesrepublik und der UdSSR brachten auch für West-Berlin eine Verbesserung seiner Lage.

In West-Berlin hatte sich der Wiederaufbau wie in den übrigen Ländern der Bundesrepublik vollzogen. Seit der Blockade war jedoch die Insellage der Berliner immer spürbarer geworden. Immer wieder brachen *Berlin-Krisen* aus: Sperrungen und Behinderungen der Zugangswege, der Bau der Mauer (vgl. S. 262), Einschränkungen und schließlich Aufhebung der Besuchsmöglichkeiten in Ost-Berlin und der DDR.

In der geteilten Stadt haben die vier Siegermächte noch immer wichtige politische Rechte. Sie schlossen am 3. September 1971 das *Viermächte-Abkommen über Berlin* ab. Es sicherte die Möglichkeit für die Westberliner zu Besuchen im Ostteil der Stadt und in der DDR, die Anerkennung der Zugehörigkeit West-Berlins zur Grundordnung der Bundesrepublik Deutschland sowie die Verbesserung der Zugangsregelung für Personen und Waren.

Arbeitsvorschläge

1. Was bedeutet die Formulierung: „Anerkennung bestehender Grenzen"?
2. In der DDR wird die Zuordnung West-Berlins zur Bundesrepublik abgelehnt und bekämpft. Warum?
3. Willy Brandt hat zu den Ostverträgen erklärt: „Wir haben nichts verschenkt, was nicht schon längst verloren war." Nimm bitte Stellung!
4. Verfolge Nachrichten über die Politik des Ausgleichs mit den Staaten Ost- und Südosteuropas!

Neuwahl 1972

Als die SPD/FDP-Koalition 1969 die Regierung übernahm, hatte sie im Bundestag nur eine Mehrheit von 12 Stimmen. Durch Parteiwechsel von Abgeordneten trat im Parlament schließlich ein Gleichgewicht der Stimmen zwischen Regierungskoalition und Opposition ein, das seine Arbeit weitgehend lähmte. Es wurde vorzeitig aufgelöst, die Wahlen zum 7. Bundestag um ein Jahr vorverlegt.

Die Neuwahlen am 19. November 1972 haben der sozialliberalen Koalition eine stabile Mehrheit gebracht (vgl. das Schaubild S. 226). Seither aber bestimmen Flügelkämpfe *innerhalb* der Parteien zunehmend das politische Bild der Bundesrepublik.

Der Grundvertrag

Am 21. Dezember 1972 unterschrieb der Staatssekretär *Egon Bahr* im Gebäude des Ministerrats der DDR in Ost-Berlin einen „Vertrag über die Grundlagen der Beziehungen zwischen der Bundesrepublik Deutschland und der Deutschen Demokratischen Republik" — den sogenannten *Grundvertrag*. Damit sollte das Nebeneinander von *zwei* auf deutschem Boden bestehenden deutschen Staaten anerkannt und geregelt werden. Damit wurde aber auch die deutsche Teilung vertraglich besiegelt. Eine italienische Zeitung schrieb dazu: „Das Deutsche Reich ist 101 Jahre nach seiner Taufe und 27 Jahre nach der Hitler-Katastrophe mit schmuckloser Einfachheit beerdigt worden."

Arbeitsvorschläge

1. Warum hat sich die Bundesrepublik Deutschland bis 1972 geweigert, die DDR als Staat anzuerkennen?
2. Im Oktober 1980 hat die Führung der DDR den Zwangsumtausch für Besucher aus dem Westen verdoppelt. Versuche festzustellen, wie sich diese „Erhöhung des Eintrittspreises in die DDR" auf die Besucherzahlen aus West-Berlin und der Bundesrepublik Deutschland seither auswirkt!

Aus einer Rede des Vorsitzenden der CDU/CSU-Fraktion im Bundestag, Karl Carstens, im Februar 1973:

„Die Bundesregierung hat in den ersten sieben Monaten ihres Bestehens, von Oktober 1969 bis Mai 1970, die wichtigsten bis dahin von uns allen gemeinsam und von unseren westlichen Verbündeten vertretenen deutschlandpolitischen Positionen preisgegeben. Sie hat die DDR als zweiten deutschen Staat anerkannt. Sie hat auf das Recht der Bundesrepublik Deutschland, in gewissen Fragen für ganz Deutschland zu sprechen, verzichtet, hat die Grenzen anerkannt, sowohl die Westgrenze Polens als auch die innerdeutsche Grenze als Staatsgrenze. Sie hat der Aufnahme der DDR in die UNO zugestimmt, und sie hat grünes Licht dafür gegeben, daß die DDR weltweit anerkannt wurde. Damit erfüllte die Bundesregierung die von der Sowjetunion und der DDR seit vielen Jahren erhobenen Forderungen, ohne sich überhaupt irgendeine Gegenleistung verbindlich zusagen zu lassen ... Die Bundesregierung sagt nun weiter, sie habe nichts weggegeben, was nicht schon vorher verloren gewesen sei. Aber auch diese Behauptung ist falsch. Als die Regierung Brandt/Scheel 1969 ihr Amt antrat, war die deutschlandpolitische Position der Bundesrepublik im wesentlichen intakt; die Bemühungen der DDR um weltweite Anerkennung ... waren erfolglos geblieben."

Aus der Antwort der Bundesregierung vom 5. 12. 1975 auf eine Große Anfrage der CDU/CSU-Fraktion:

„Die gegenwärtige Deutschlandpolitik, die in dem Grundlagenvertrag ihren Ausdruck findet, entspricht der Lage, so wie sie sich seit dem Ende des Zweiten Weltkrieges in der Welt, in Europa und besonders in Deutschland entwickelt hat. Dazu gehört auch das Entstehen von zwei Staaten mit unterschiedlicher Gesellschaftsordnung auf deutschem Boden. Im Hinblick darauf ist die Vertragspolitik gegenüber der DDR entwickelt worden. Die Trennung in zwei Staaten und gegensätzliche Gesellschaftsordnungen geht der Vertragspolitik voraus und wird durch diese nicht aufgehoben ... Wesentliches Ziel der Vertragspolitik der Bundesregierung ist es, zwischen den beiden Staaten auf deutschem Boden zum Wohle der Menschen zu praktischen Verbesserungen zu gelangen. Tatsächlich hat sich die Gesamtsituation durch die Vertragspolitik der sozialliberalen Koalition in relativ kurzer Zeit verändert und verbessert ..."

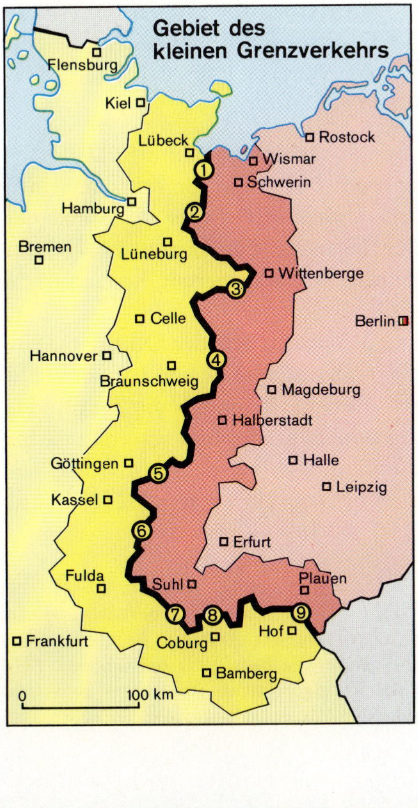

Der Grundvertrag hat nicht alle Erwartungen erfüllt, die 1972 in ihn gesetzt wurden. Ein bleibender Erfolg ist jedoch der „Kleine Grenzverkehr":

„Für 6½ Millionen Einwohner der Bundesrepublik aus 56 Kreisen, die in der Nähe der Grenze zur DDR liegen, werden besondere Reisemöglichkeiten in ein entsprechendes Gebiet von 54 Kreisen in der DDR eröffnet. Im Rahmen von 30 Tagen im Jahr können sie zusätzlich zu den bisherigen Reisemöglichkeiten auf einen Antrag hin neunmal im Vierteljahr zu Tagesaufenthalten in das vereinbarte Gebiet der DDR fahren, zu touristischen Zwecken oder um Verwandte und Freunde zu besuchen. Dies entspricht der Regelung der ‚Sofortbesuche', die seit einigen Monaten für die Westberliner in Kraft ist" (Bulletin der Bundesregierung vom 8. November 1972). – Im Zusammenhang damit wurden mehrere Straßenübergänge zusätzlich eingerichtet. Es bestehen heute folgende Übergangsstellen:

1 Lübeck-Schlutup/Selmsdorf (neu)
2 Lauenburg/Horst
3 Uelzen/Salzwedel (neu)
4 Helmstedt/Marienborn
5 Duderstadt/Worbis (neu)
6 Herleshausen/Wartha
7 Bad Neustadt/Meiningen (neu)
8 Coburg/Eisfeld (neu)
9 Hof/Hirschberg

Ein Sonntagsfahrverbot für die Autofahrer im November 1973 bewirkte nicht nur leere Autobahnen, sondern auch einen völlig neuen Anblick der Innenstädte — und neue Möglichkeiten für die Radfahrer. Werden wir uns an solche Bilder gewöhnen müssen?

Die Ölkrise

Im Oktober 1973 wurde jeder Bundesbürger von einer Entwicklung betroffen, die über Monate andauerte: *der Ölkrise.* Im Jom-Kippur-Krieg gegen Israel (vgl. S. 252) beschlossen die erdölfördernden Länder der arabischen Welt, das Öl als Waffe einzusetzen. Sie drosselten die Förderung, erhöhten die Preise und schlossen einzelne israelfreundliche Länder ganz von der Belieferung aus. Sparmaßnahmen der Regierungen waren weltweit die Folge. In der Bundesrepublik wurden Geschwindigkeitsbeschränkungen und ein viermaliges Sonntagsfahrverbot für die Autofahrer angeordnet. Leere Autobahnen und nachts nur notdürftig beleuchtete Städte machten den Bürgern klar, daß *hohe Industrialisierung allein keinen Wohlstand garantiert.*

Kanzlerwechsel und Wirtschaftsflaute

Der Ende 1972 wieder zum Bundeskanzler gewählte SPD-Vorsitzende *Willy Brandt* regierte nur noch 509 Tage. Er erklärte seinen Rücktritt, nachdem ein enger persönlicher Mitarbeiter als Spion der DDR entlarvt worden war. Der bisherige Finanzminister *Helmut Schmidt* übernahm sein Amt. Die neue Bundesregierung konzentrierte ihre Arbeit auf die Wirtschaftspolitik.

Das freilich war auch notwendig geworden. Seit der Ölkrise machte sich immer deutlicher eine neue Wirtschaftsflaute bemerkbar, die bald noch die Rezession des Jahres 1966 übertraf. Besonders die Textilindustrie, die Bauwirtschaft und die Automobilproduktion waren zunächst davon betroffen. Autohalden und Bauruinen wurden sichtbare Zeugnisse einer veränderten Lage, und im Februar 1975 waren 1,2 Millionen Bürger arbeitslos, darunter etwa 100 000 Jugendliche.

*Bundeskanzler Helmut Schmidt (SPD, *1918) während einer Sitzung des Europarates in Straßburg 1978. Er übernahm das Amt des Bundeskanzlers 1974 nach dem Rücktritt von Willy Brandt. Die Bundestagswahlen von 1976 und 1980 bestätigten den in der ganzen Welt geachteten Staatsmann in seinem Amt.*

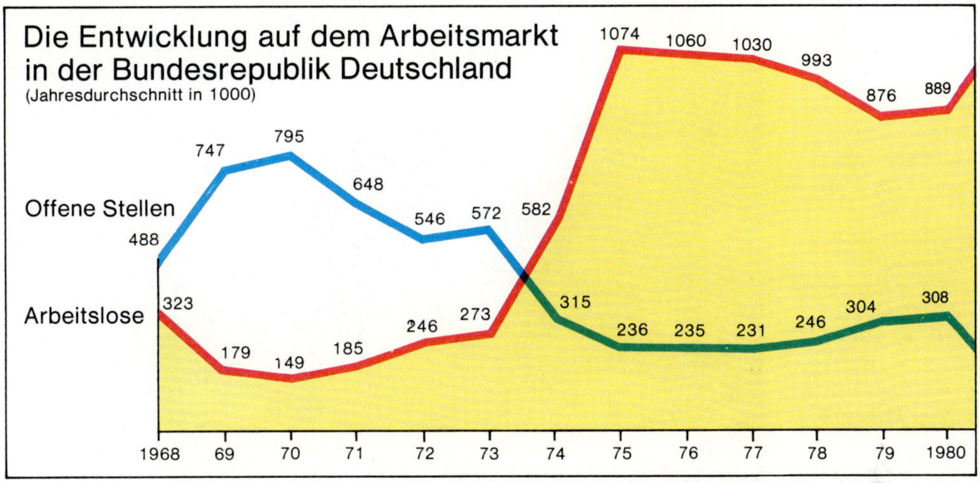

Wenn man die Entwicklung auf dem Arbeitsmarkt seit 1968 in einem Schaubild darstellt, so hat es Ähnlichkeit mit einer Schere. Beschreibe diese „Schere" bitte mit deinen Worten!

Innenpolitische Probleme

Auch sonst empfand die Gesellschaft der Bundesrepublik Deutschland manche Probleme deutlicher als bisher: Probleme der Bildungsreform und des Gesundheitswesens, des Umweltschutzes und des Einsatzes von Kernenergie. Zum ersten Male besetzten Demonstranten einen Reaktorbauplatz über Monate hin (Wyhl).

Aus den Demonstrationen der außerparlamentarischen Opposition entwickelten sich Terroraktionen einzelner linksradikaler Splittergruppen. Sie suchten mit den Mitteln der Gewalt und des bewaffneten Kampfes auf einen Umsturz unserer freiheitlich demokratischen Grundordnung hinzuarbeiten. Sie begannen mit Brandstiftungen in Kaufhäusern (1968) und gingen zu Bombenanschlägen gegen Militärgebäude, Polizeistationen und Verlagshäuser über (1972). Sie ermordeten mit *Günter von Drenkmann* einen hohen Berliner Richter (1974). Eine dieser Gruppen entführte unter dramatischen Umständen den West-Berliner CDU-Politiker *Peter Lorenz*, eine andere verübte einen brutalen Überfall auf die deutsche Botschaft in Stockholm und ermordete zwei Geiseln (1975).

Die späten siebziger Jahre

In den 8. Bundestag war die sozialliberale Koalition 1976 mit einer stabilen Mehrheit eingezogen. Die CDU/CSU stellte die stärkste Bundestagsfraktion; sie sollte sich im Laufe der Wahlperiode jedoch als in sich verunsichert erweisen (Diskussionen um eine bundesweite Ausdehnung der CSU, Führungskämpfe mit einem offenen Streit um den künftigen Kanzlerkandidaten).

Der Terrorismus erreichte seinen Höhepunkt in den siebziger Jahren: die Ermordung des Generalbundesanwalts *Siegfried Buback* und seiner Begleiter auf offener Straße, die Ermorderung des Bankiers *Jürgen Ponto* bei einem Entführungsversuch, die Entführung des Arbeitgeberpräsidenten *Hanns Martin Schleyer* und schließlich die Entführung einer Lufthansa-Maschine durch palästinensische Terroristen nach Somalia markieren ihn (April bis Oktober 1977).

Bilder aus der jüngsten Geschichte der Bundesrepublik Deutschland: Ermordung des Generalbundesanwalts Buback und seiner Begleiter am 7. April 1977 (oben). – Arbeitskämpfe in der Druckindustrie gegen den fortschreitenden Computereinsatz im März 1978 (Mitte). – „Weltwirtschaftsgipfel“ in Bonn im Juli 1978 (unten).

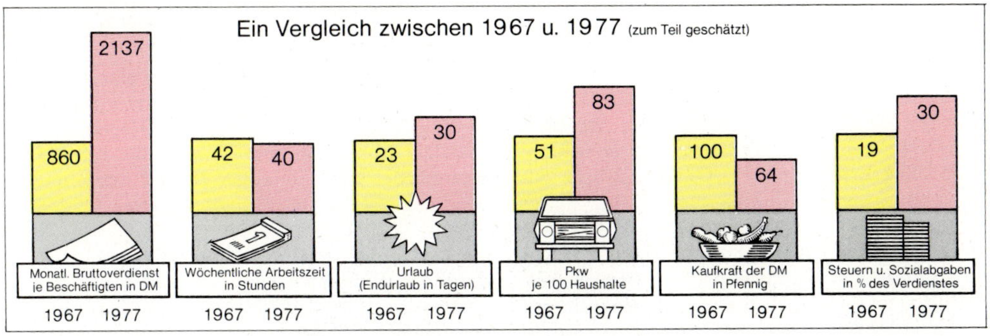

Das Problem der Nutzung der Kernenergie ist international. „Atomkraft – nein danke!" auf italienisch

Nach der weltweiten Konjunkturflaute von 1973 bis 1975 erholte sich die deutsche Wirtschaft in den folgenden Jahren – vorläufig? Allerdings pendelte die Arbeitslosenzahl um die Million und erreichte erst im Frühsommer 1979 einen neuen Tiefstand (mit 870 000). Insgesamt ging es den Bürgern der Bundesrepublik Deutschland wirtschaftlich so gut wie nie zuvor: Ausbau der Sozialleistungen, Verlängerung des Jahresurlaubs, Verringerung der Wochenarbeitszeit — die meisten profitierten davon. Und dennoch blieben Sorge und Verunsicherung: Sorge um die immer weiter zurückgehende Zahl der Geburten auf der einen, um die Finanzierung der Renten auf der anderen Seite; Verunsicherung über den Ausbau der Atomkraftwerke, dann über die künftige Energieversorgung überhaupt. Und auch weiterhin müssen Hunderttausende um ihren Arbeitsplatz bangen, weil die Einführung neuer Techniken und Systeme ganze Berufsgruppen verdrängt oder überflüssig macht.

Unübersehbar ist die Bundesrepublik Deutschland in die Spitzengruppe der Industriestaaten eingezogen. Sie hat eine der stabilsten Währungen, exportiert mehr Waren als die USA und ist heute die viertgrößte Industriemacht der Welt (nach den USA, der Sowjetunion und Japan). Aber auch sonst spielt sie eine bedeutende Rolle in der Weltpolitik, und Gipfeltreffen ohne den deutschen Bundeskanzler sind nicht mehr recht vorstellbar.

Am Ende der siebziger Jahre wurde der Ausbau der Atomenergie zur beherrschenden innenpolitischen Frage. Unser Bild zeigt Bauern auf einer Demonstrationsfahrt gegen die atomare Wiederaufbereitungsanlage bei Gorleben (Niedersachsen) im März 1979.

Anläßlich der Beisetzung Hanns Martin Schleyers am 25. Oktober 1977 hielt Bundespräsident *Walter Scheel* eine Ansprache, aus der wir die nachfolgenden Auszüge wiedergeben.

Hanns Martin Schleyer war am 5. September 1977 in Köln auf offener Straße entführt worden; seine vier Begleiter wurden erschossen. Die Terroristen forderten die Auslieferung von elf inhaftierten Gesinnungsgenossen als Preis für die Freilassung, was der Krisenstab aus Vertretern der Bundesregierung und der Opposition letztlich ablehnte. Die Suche nach dem Versteck des Entführten blieb ohne Erfolg; am 19. Oktober wurde Schleyer ermordet bei Mülhausen (Elsaß) aufgefunden.

Wenn wir unsere eigenen Gefühle prüfen, dann fallen uns Worte ein, die in den letzten Tagen schon sehr häufig ausgesprochen wurden, Worte wie: Zorn, Wut, Empörung, Abscheu . . .

Ich möchte ein Wort hinzufügen: die Scham. In unserer Gesellschaft geschehen Dinge von einer Schändlichkeit, daß man ihren Anblick kaum erträgt, Dinge, die einen mit furchtbarer Deutlichkeit wieder auf etwas hinstoßen, was man so gerne vergessen mag: wie böse der Mensch sein kann. Ich schäme mich für die Bosheit dieser jungen verirrten Menschen. Sie selbst können sich wohl nicht mehr schämen.

Es gibt wohl kaum noch etwas, was diese jungen Menschen achten, was sie ehren, was ihnen heilig ist. Sie lachen über solche Worte. Sie sind stolz darauf, daß sie morden, rauben, erpressen können, daß sie für sich persönlich das Gewissen abgeschafft haben. Sie sind frei von jeder Hemmung, frei von jedem Tabu. Sie haben alle Werte einer 2000jährigen Kultur auf den Müll gekippt. Sie sind frei von ihnen. Aber was für eine furchtbare Grimasse der Freiheit schaut uns da an? Das ist die Freiheit der Bosheit, die Freiheit der Zerstörung.

Die Zerstörung, die Verwirrung, Angst und Schrecken – das heißt ja Terror –, das wollen sie. Und all dem liegt ein tiefer Haß auf die Welt und auf sich selbst zugrunde. Sie sind nicht nur Feinde der Demokratie – sie sind Feinde jeder menschlichen Ordnung. Diese Feindschaft ist die nackte Barbarei. Diese jungen verirrten Menschen bedrohen nicht nur demokratische Freiheiten. Sie sind Feinde jeder Zivilisation.

Die Staaten der Erde beginnen das zu begreifen. Erschreckt erkennen sie, daß hier nicht diese oder jene Gesellschaftsordnung angegriffen wird, sondern jede Ordnung. Dies wurde uns deutlich, als die Regierungen der Sowjetunion und der Deutschen Demokratischen Republik uns in diesen schweren Tagen ihre Hilfe anboten. Der Kampf gegen den Terrorismus ist der Kampf der Zivilisation gegen alle Ordnung zerstörende Barbarei. Bricht sich diese Erkenntnis auf der ganzen Welt Bahn, dann können wir Hoffnung schöpfen.

Ich rufe hier alle verantwortlichen Politiker in der Welt auf, so bald wie möglich, weltweite Konventionen gegen den Terrorismus zu beschließen. Wenn diese Flamme nicht rechtzeitig erstickt wird, wird sie sich wie ein Flächenbrand über die ganze Welt ausbreiten.

Die Weltgemeinschaft hat zu lange nach Entschuldigungen für Unentschuldbares gesucht, sie hat die Mauer gegen den Terrorismus mit zu viel Wenn und Aber durchlöchert. Wenn irgendwo, dann ist hier die Solidarität der zivilisierten Staatengemeinschaft gefordert, die ein kleines Land wie Somalia so hervorragend praktiziert hat.

Ich danke noch einmal all den vielen Regierungen in West und Ost, in Nord und Süd für die Unterstützung, die unser Land in diesen Tagen erfahren hat.

Dieser gemeinsame Kampf gegen die Barbarei wird etwas zutage fördern, was bisher im Kampf der ideologischen und politischen Auseinandersetzungen unseren Blicken meist verborgen war; daß es, unbeschadet der großen weltpolitischen, weltanschaulichen, sozialen und wirtschaftlichen Unterschiede, gemeinsame Ordnungsvorstellungen gibt, die alle Völker der Welt zu verteidigen haben.

Hanns Martin Schleyer ist tot. Mußte er sterben? Man kann darüber nachdenken, ob er vielleicht noch am Leben wäre, wenn die Verantwortlichen alle Forderungen der Terroristen hätten erfüllen können. Solche Gedanken werden vor allem Sie, die Angehörigen, heute bewegen. Wir wissen, daß die Verantwortlichen sich in diesen sechs Wochen Tag und Nacht darum bemüht haben, das Leben Hanns Martin Schleyers zu retten. Sie standen vor dem furchtbaren Dilemma, daß es einen richtigen, des Erfolgs sicheren Weg überhaupt nicht gab. Es ist die vielleicht überschwere Pflicht des Politikers, in einer solchen Lage die Verantwortung auf sich nehmen zu müssen.

Wir, die Bürger dieses Landes, haben Anlaß, den Politikern aller Parteien, die sich gemeinsam den Entscheidungen gestellt haben, zu danken. Sie haben unter einer Verantwortung gestanden und gehandelt, deren Gewicht ein Außenstehender nur schwer ermessen kann.

Hätten die gefangenen Terroristen freigegeben werden können, so wäre das wohl der Beginn jenes Flächenbrandes gewesen, von dem ich sprach. Das aber ist nicht geschehen.

Hanns Martin Schleyer ist gestorben. Für uns alle, nicht nur für uns Deutsche, ist die Chance erhalten geblieben, die Gefahr des Terrorismus zu bannen.

Wir neigen uns vor dem Toten. Wir alle wissen uns in seiner Schuld.

Im Namen aller deutschen Bürger bitte ich Sie, die Angehörigen von Hanns Martin Schleyer, um Vergebung.

Aber nun dürfen wir nicht einfach wieder zur Tagesordnung übergehen und so tun, als wäre nichts gewesen. Die Prüfung, die wir zu bestehen hatten, muß fruchtbar werden für unsere Zukunft.

Uns allen ist bekannt, daß die Terroristen ihre Verbrechen nur ausführen können, weil es Menschen gibt, die ihnen helfen. Für diese Helfer ist das Wort „Sympathisanten" in Umlauf gekommen. Doch die Grenzen dieses Wortes haben sich verwischt. Das ist nicht gut, denn gerade hier kommt es darauf an, daß wir sorgfältig unterscheiden.

Da sind zunächst diejenigen, die die Terroristen direkt unterstützen, ihnen Wohnungen verschaffen, Autos, Waffen, falsche Pässe und so weiter zur Verfügung stellen. Es mag sein, daß die Terroristen ihre Helfer nicht in alle Einzelheiten ihrer Vorhaben einweihen, ja, daß die Helfer häufig gar nicht wissen, zu welchem Zweck diese oder jene Hilfeleistung verlangt wird. Es sollte mittlerweile jedoch allen Bürgern klargeworden sein, wozu sie mit solcher Hilfe beitragen können. Die Entschuldigung, „davon habe ich nichts gewußt – das habe ich nicht gewollt", gilt nicht mehr.

Wer solche Hilfe leistet – ist schuldig.

Dann gibt es die Gruppe derer, die sich jetzt wieder, nach den Ereignissen in Stammheim, im In- und Ausland betätigen, indem zum Beispiel sie die Terroristen unterstützende Parolen an die Wände schmieren. Sie helfen den Boden bereiten, auf dem die böse Saat aufgehen kann.

Auch sie sind deshalb mitschuldig . . .

Dann gibt es die Menschen, die ihre blinde Abneigung gegen die Demokratie dazu führt, die Ziele der Terroristen – was eigentlich sind diese Ziele? – in Wort und Schrift öffentlich zu unterstützen, wenn sie selbst auch die Anwendung von terroristischer Gewalt für ihre eigene Person mißbilligen. Es sollte inzwischen klargeworden sein, daß die Ziele der Terroristen von der gleichen kalten Menschenverachtung sind wie ihre Methoden. Das eine ist vom anderen nicht zu trennen.

Auch diese Gruppe ist, so meine ich, mitschuldig.

Menschen, die sich in den beschriebenen Weisen verhalten, müssen mit allen rechtsstaatlichen Mitteln bekämpft werden . . .

Und dann gibt es die große und respektable Gruppe derer, die etwas an diesem Staat, an dieser Gesellschaft auszusetzen haben.

Wir können diesen Staat nicht verbessern, wenn wir auf seine Fehler nicht aufmerksam gemacht werden. Die legitime Kritik hat nichts, aber auch gar nichts, mit dem Terrorismus zu tun. Die Kritik ist das Lebenselixier der Demokratie. Wir würden einem schicksalhaften Irrtum unterliegen, wenn wir dieses Lebenselixier mit dem tödlichen Gift des Terrorismus verwechselten . . .

Der Tod Hanns Martin Schleyers ist, so meine ich mit nachdenklichen Menschen in unserem Land, ein Einschnitt in der Geschichte der Bundesrepublik Deutschland. Wir müssen ihn als Einschnitt begreifen. Von dieser Stunde der Trauer und der Besinnung muß eine verwandelnde Kraft ausgehen. Wir dürfen nicht zulassen, daß sein Tod sinnlos wird.

Das sind wir Hanns Martin Schleyer schuldig.

Arbeitsvorschlag

Arbeite bitte die vorstehenden Ausführungen durch!

Wie umreißt Walter Scheel seine Einstellung gegenüber den Terroristen? Wie charakterisiert er den Terrorismus? Welche Aufforderung richtet er an die Staaten der Welt? Wie rechtfertigt er das Verhalten der Politiker in den sechs Wochen zwischen Entführung und Ermordung Hanns Martin Schleyers?

Welche Gruppen von Sympathisanten unterscheidet der Bundespräsident? Welche Forderung stellt er? Welchen grundlegenden Unterschied zwischen dem Handeln der Terroristen (sowie ihrer Sympathisanten) und der legitimen Auseinandersetzung in einer Demokratie hebt er hervor?

Datenliste zur Geschichte der Bundesrepublik Deutschland

Daten zur Vorgeschichte der Bundesrepublik Deutschland

8. 5. 1945	Bedingungslose Kapitulation Deutschlands
Juli 1945	Konferenz von Potsdam: Aufteilung Deutschlands, Entmilitarisierung. Entnazifizierung, Demontagen, Reparationen, Abtrennung von Gebieten. Alliierter Kontrollrat
1945/1946	Nürnberger Kriegsverbrecherprozeß
1945	Beginn der Demontage
Ende 1945	Zulassung von politischen Parteien
Ende 1945	Bildung von „Ländern" unter alliierter Kontrolle
Sept. 1946	Stuttgarter Rede des US-Außenministers Byrnes
Nov. 1946	Erste Landtagswahlen
Juni 1947	Verkündung des Marshall-Plans
März 1948	Letzte Sitzung des Alliierten Kontrollrats in Berlin
Juni 1948	Währungsreform (DM-West)
Juni 1948	Beginn der Blockade West-Berlins
Sept. 1948	Zusammentritt des Parlamentarischen Rates
Mai 1949	Ende der Blockade West-Berlins
Mai 1949	Verkündung des Grundgesetzes

Daten zur Zeit der CDU-Führung und der „Großen Koalition"

August 1949	Wahlen zum ersten Deutschen Bundestag
Sept. 1949	Theodor Heuss erster Bundespräsident, Konrad Adenauer erster Bundeskanzler der Bundesrepublik Deutschland
Mai 1950	Erste Schritte zu einer europäischen Gemeinschaft („Montanunion", vgl. S. 269)
Okt. 1950	„Amt Blank": Vorbereitung der deutschen Wiederbewaffnung
1950–1953	Beginn der wirtschaftlichen Aufwärtsentwicklung („Wirtschaftswunder")
1951	Die westlichen Besatzungsmächte erklären den Kriegszustand für beendet.
Mai 1952	Deutschland-Vertrag: Aufhebung des Besatzungsstatuts vom September 1949 zur Regelung der Beziehungen zwischen Besatzungsmächten und Bundesrepublik, volle Souveränität über innere und äußere Angelegenheiten (bis 1955 erfolgt)
Sept. 1952	Wiedergutmachungsabkommen mit Israel (vgl. S. 251)
Mai 1955	Beitritt der Bundesrepublik zur NATO
Sept. 1955	Adenauer in Moskau (Aufnahme diplomatischer Beziehungen, Rückkehr der letzten Kriegsgefangenen vereinbart)
Jan. 1956	Beginn des Aufbaus der Bundeswehr
Juli 1956	Gesetz über allgemeine Wehrpflicht
Jan. 1957	Rückgliederung des Saargebiets (10. Bundesland)
Nov. 1958	Ultimatum der Sowjetunion: Abzug der Westmächte und Umwandlung West-Berlins in eine „entmilitarisierte Freie Stadt" (im Dezember von den Westmächten abgelehnt)
Nov. 1959	„Godesberger Programm" der SPD
Herbst 1962	SPIEGEL-Affäre, Regierungskrise in Bonn
Jan. 1963	Deutsch-französischer Freundschaftsvertrag
Okt. 1963	Rücktritt Konrad Adenauers (86 Jahre alt)
Okt. 1963	Ludwig Erhard Bundeskanzler
Mai 1965	Aufnahme diplomatischer Beziehungen zu Israel
Herbst 1966	Rückgang der Hochkonjunktur (Rezession)
Dez. 1966	„Große Koalition": Kurt Georg Kiesinger Bundeskanzler
Mai 1968	Verabschiedung der Notstandsverfassung im Bundestag
1968	Protestdemonstrationen in den deutschen Großstädten(APO)

Daten zur Zeit der sozialliberalen Koalition

Okt. 1969	Sozialliberale Koalition: Willy Brandt Bundeskanzler
März 1970	Brandt in Erfurt
Aug. 1970	Moskauer Vertrag
Dez. 1970	Warschauer Vertrag
Sept. 1971	Viermächte-Abkommen über Berlin
Dez. 1971	Friedensnobelpreis für Willy Brandt
Aug. 1972	XX. Olympische Spiele in München
Nov. 1972	Vorzeitige Neuwahl des 7. Deutschen Bundestages
Dez. 1972	Unterzeichnung des Grundvertrages in Ost-Berlin Inkrafttreten des Grundvertrages
Sept. 1973	Aufnahme der Bundesrepublik in die UNO
Winter 1973/74	Ölkrise
1974	Zunehmender Rückgang der Konjunktur. Krise in der Textil-, Bau- und Autoindustrie
April 1974	Verhaftung des DDR-Agenten Günter Guillaume, eines engen Mitarbeiters Willy Brandts
Mai 1974	Rücktritt von Bundeskanzler Brandt. Helmut Schmidt Bundeskanzler
Juni 1974	Herabsetzung der Volljährigkeit auf 18 Jahre
Juni 1974	Einrichtung „Ständiger Vertretungen" der Bundesrepublik und der DDR in Ost-Berlin und in Bonn
Febr. 1975	1,2 Mill. Arbeitslose (jeder 20. Arbeitnehmer arbeitslos), 0,9 Mill. Kurzarbeiter
Febr. 1975	Entführung des West-Berliner Politikers Peter Lorenz
Okt. 1975	Reise des Bundeskanzlers Schmidt nach China
Okt. 1976	Wahlen zum 8. Deutschen Bundestag
Okt. 1976	Die Bundesrepublik Deutschland Mitglied im Sicherheitsrat der Vereinten Nationen
Nov. 1976	Schwere Auseinandersetzungen bei Demonstrationen am Bauplatz des geplanten Kernkraftwerks Brokdorf
April 1977	Ermordung des Generalbundesanwalts Siegfried Buback und seiner Begleiter
Juli 1977	Ermordung des Bankiers Jürgen Ponto
Sept. 1977	Entführung des Arbeitgeberpräsidenten Hanns Martin Schleyer, Ermordung seiner Begleiter
Okt. 1977	Entführung der Lufthansa-Maschine „Landshut", Befreiung durch eine Grenzschutzgruppe (GSG 9) in Mogadischu/Somalia
Mai 1978	Besuch von Leonid Breschnew in Bonn, Rahmenvertrag über wirtschaftliche Zusammenarbeit
Juli 1978	„Weltwirtschaftsgipfel" in Bonn
Jan. 1979	Ausstrahlung der Fernseh-Serie „Holocaust"
Febr. 1979	Erste Anzeichen einer neuen Ölkrise nach dem Umsturz im Iran. Die Energieversorgung wird zum beherrschenden politischen Thema
Juni 1979	Arbeitslosenzahl auf 870 000 gesunken, spürbare Konjunkturbelebung
Juni 1979	Erste Direktwahl zum Europäischen Parlament
Juli 1979	Franz-Josef Strauß Sieger im offenen Streit der CDU/CSU um den künftigen Kanzlerkandidaten
Juli 1979	Der Bundestag beschließt die Aufhebung der Verjährung für Mord
Sept. 1979	Feier zum dreißigjährigen Bestehen der Bundesrepublik Deutschland
Okt. 1979	Hua Kuo-feng in der Bundesrepublik Deutschland, erster Besuch eines chinesischen Partei- und Regierungschefs
1979	600 Drogentote in der Bundesrepublik Deutschland
Okt. 1980	Wahlen zum 9. Deutschen Bundestag. Weiterhin sozial-liberale Koalition
Okt. 1981	Große Demonstration für Frieden und Abrüstung in Bonn
Dez. 1981	Über 1,5 Mill. Arbeitslose in der Bundesrepublik Deutschland

Dreißig Jahre Bundesrepublik Deutschland

30 Jahre, nachdem die Bundesrepublik Deutschland mit Unterstützung der westlichen Besatzungsmächte aus der Taufe gehoben wurde, ist sie ein funktionsfähiges, wirtschaftlich starkes, politisch und sozial relativ stabiles Staatswesen, wie niemand, der die Gründungsphase dieser Republik miterlebt hatte, es sich auch nur hätte träumen lassen, aber ihre geistige und moralische Verfassung nach diesen 30 Jahren ist weit weniger gut. Ihr Selbstbewußtsein ist wacklig und brüchig; es schwankt zwischen Ansätzen zu protzender Kraftmeierei und der Verweigerung jeder Identifikationsbereitschaft unsicher hin und her.

Ein Teil der Jugend steht dem Werk der Väter, das diese so gern mit einigem Stolz betrachten würden, mit Skepsis, ja zuweilen mit unverhohlener Feindschaft gegenüber. Zahlreiche Intellektuelle, die den „Geist" für sich gepachtet zu haben glauben, stehen ironisch kommentierend oder aggressiv formulierend abseits und möchten eigentlich lieber eine andere Republik als diese, ohne freilich immer recht zu wissen, was sie da eigentlich wollen.

Die geistig-politische Auseinandersetzung, die wir um sie führen, erinnert mich schon an manche Eigenheiten der Weimarer Epoche, auch wenn, Gott sei Dank, die gravierenden wirtschaftlichen und sozialen Begleiterscheinungen der Weimarer Zeit vorerst fehlen. Ich meine, daß wir dringend etwas dafür tun müssen, um unsere unsicher gewordene politische Kultur wieder in eine sinnvolle, vernünftige Relation zu unseren Institutionen zu bringen. Es gilt, die Institutionen vor größerem Schaden zu bewahren, der nicht ausbleiben kann, wenn die Verunsicherung des politischen Bewußtseins fortdauert.

Würde die Verunsicherung anhalten, ja sich noch vertiefen, dann bekämen wir langsam aber sicher eine andere Republik, aber vermutlich keine bessere als die, die wir heute haben. Es gibt indes für mich keinen einsichtigen Grund, warum wir eine andere Republik haben sollten. Die Bundesrepublik Deutschland hat sich, nehmen wir alles nur in allem, in diesen 30 Jahren, bewährt, und sie hat eine lebenswerte Zukunft vor sich, wenn sie an sich glaubt, wenn wir an sie glauben.

(*Kurt Sontheimer,* in: Das Parlament Nr. 20/1979)

Arbeitsvorschläge

1. Arbeite die Datenliste zur Geschichte der Bundesrepublik Deutschland bitte durch! Stelle fest, auf welche der genannten Ereignisse im Arbeitsbuch (auch in den Teilen 5 oder 7–9) ausführlicher eingegangen wird!
2. Welches Urteil fällt Kurt Sontheimer über die Lage unseres Staates nach 30 Jahren? In welchen Gruppen der Bevölkerung sieht er die meisten Kritiker versammelt? Welche zentrale Aufgabe für die unmittelbare Zukunft bezeichnet er?

Wir merken uns

Nach dem Zweiten Weltkrieg wurde Deutschland in vier Besatzungszonen aufgeteilt. Die deutschen Ostgebiete fielen an Polen. — Aus den drei westlichen Besatzungszonen entstand 1949 die „Bundesrepublik Deutschland".

Der Bundesrepublik gelang ein rascher wirtschaftlicher Wiederaufbau. Sie schloß sich in der Regierungszeit Konrad Adenauers (1949 bis 1963) eng den westeuropäischen Staaten an. Dazu trat in den letzten Jahren die Politik des Ausgleichs mit den osteuropäischen Staaten.

Um Verständigung und Versöhnung

Deutsche und Franzosen

Ein Blick in die Geschichte

Erinnern wir uns:

Dreimal innerhalb von 75 Jahren waren Franzosen und Deutsche gegeneinander in den Krieg gezogen: 1870/71, dann 1914–1918, schließlich 1939 bis 1945. Millionen junger Männer hatten dabei ihr Leben verloren; die Bevölkerungspyramiden beider Völker hatten darüber tiefe Einschnitte bekommen.

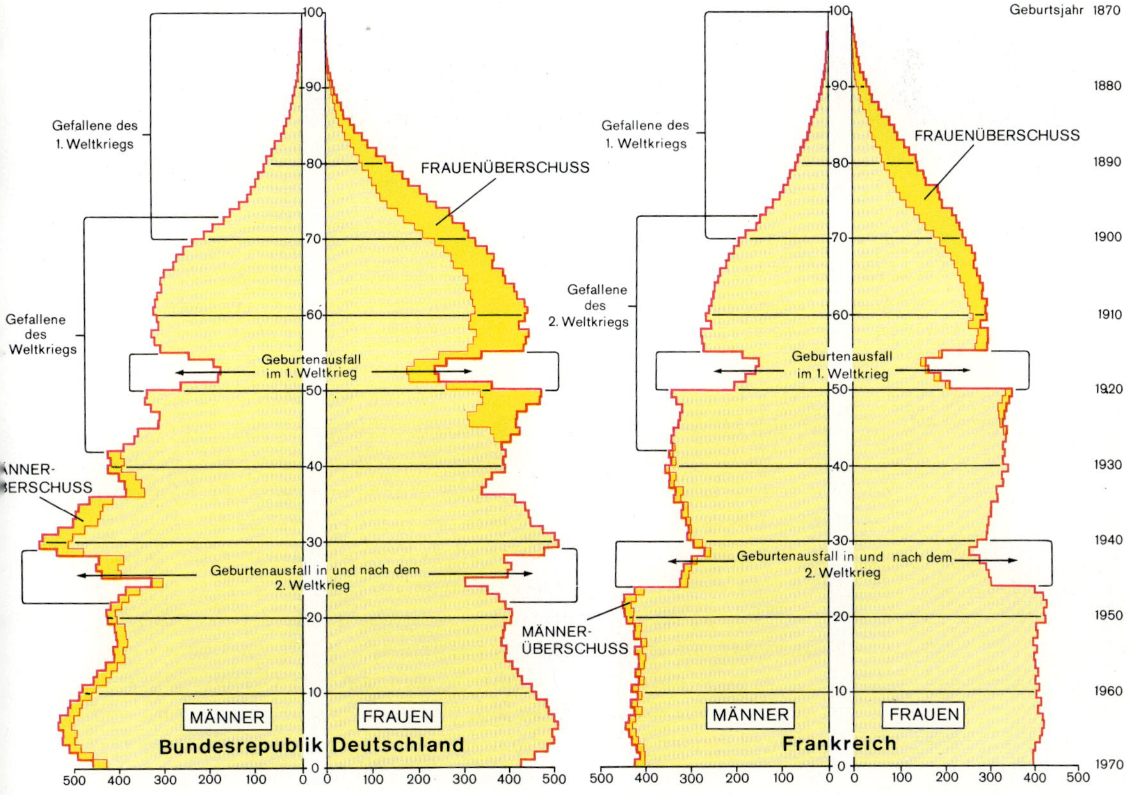

Altersaufbau der deutschen und der französischen Bevölkerung 1970 (Tausend je Altersjahr)

Wie schon 1918 Stresemann und Briand und andere einsichtige Männer, so erhoben nach 1945 Tausende auf beiden Seiten leidenschaftlich ihre Stimme: *Nie wieder Krieg zwischen diesen beiden Völkern!* Es waren Politiker und Diplomaten, Studenten und Schüler, Angestellte und Arbeiter, Professoren und Lehrer, die sich dieser Aufgabe der Verständigung und Versöhnung stellten.

Staatspräsident de Gaulle und Bundeskanzler Adenauer umarmen sich nach der Unterzeichnung des deutsch-französischen Freundschaftsvertrages am 22. Januar 1963 im Elysée-Palast in Paris. Im Hintergrund (×) Prof. Dr. Karl Carstens, Bundespräsident seit 1979.

Aussöhnung mit Frankreich

„Man bekämpft sich, weil man sich haßt, und man haßt sich, weil man sich nicht kennt!", so hat es einmal ein französischer Politiker gesagt. Die Regierungen beider Völker haben daraus die Lehre gezogen: auf französischer Seite der langjährige Außenminister *Robert Schuman* (1886–1963) und später auch Staatspräsident *Charles de Gaulle* (1890 bis 1969), auf deutscher Seite vor allem Konrad Adenauer, der beständig diesen Weg der Aussöhnung gegangen ist.

Ein Höhepunkt dieses gemeinsamen Strebens war der *deutsch-französische Freundschaftsvertrag* am 22. Januar 1963. Seither haben viele deutsche und französische Familien gemeinsam den Urlaub verbracht, ist es zu Begegnung und Austausch zwischen unzähligen Schülern und Studenten beider Länder gekommen. Wenn auch im politischen Geschehen der nationale Eigennutz immer wieder über die Gemeinsamkeit zu siegen drohte – die Völker sind einander nähergekommen.

Arbeitsvorschläge

1. Untersuche die Bevölkerungspyramiden genau:
Wie haben sich die Kriege im einzelnen auf die Bevölkerungszahl und -zusammensetzung ausgewirkt? Wie ist das Verhältnis der männlichen zur weiblichen Bevölkerung in den einzelnen Altersjahren? Wie viele deutsche, französische Jungen und Mädchen gehören deinem Jahrgang an? Wie ist das Verhältnis der Erwerbstätigen (15–65) zu den Nichterwerbstätigen? Worauf führst du die Abnahme der Geburten in den letzten Jahren zurück?

2. Äußere dich bitte zu dem Ausspruch des französischen Politikers über die Gründe für Kampf und Krieg zwischen den Völkern!

Deutsche und Polen

Noch einmal wollen wir weit in die Geschichte zurückgehen:

Erinnerst du dich an die Teilungen Polens 1772, 1793 und 1795, von denen im zweiten Band dieses Arbeitsbuches berichtet wurde? Damals hatte der polnische Staat aufgehört zu bestehen.

Das polnische Volk lebte dreigeteilt unter der Herrschaft Rußlands, Österreichs und Preußens. In keinem der drei Teilungsgebiete aber hat es sich mit dieser Tatsache abgefunden. „Noch ist Polen nicht verloren“ – das wurde die trotzige Nationalhymne dieses Volkes.

Der preußische Staat des 19. Jahrhunderts verfolgte zeitweise die Politik, „die ganze (polnische) Nation zwar allmählich und unvermerklich, aber nichtsdestoweniger so vollständig wie möglich zu germanisieren“. So heißt es in einem Schriftstück um 1825. Besonders deutlich wurde diese „Polenpolitik“ in der Zeit Bismarcks, nachdem die nationale Einheit der Deutschen im Kaiserreich von 1871 verwirklicht worden war. Auch für die polnischen Kinder wurde Deutsch zur Unterrichtssprache. Ein Gesetz von 1886 ermöglichte es dem Staat, polnischen Großgrundbesitz aufzukaufen und an deutsche Siedler zu verteilen. – Damals zogen umgekehrt Hunderttausende Polen ins Ruhrgebiet. Sie stellten einen großen Teil der Arbeiter in der wachsenden Schwerindustrie.

In den ehemals polnischen Gebieten Preußens aber wurde der Gegensatz zwischen der polnischen und der deutschen Bevölkerung immer größer. Wo es irgend ging, blieb jeder für sich: in Kindergärten und Gesangvereinen, bei Festen und Wallfahrten. Leidenschaftlich erstrebten immer mehr Polen ihre Freiheit und Unabhängigkeit.

Am Ende des Ersten Weltkrieges stand schließlich die lang ersehnte staatliche Einheit Polens (vgl. S. 116). Wo aber sollte die Westgrenze verlaufen? Deutsche und Polen lebten ja in weiten Gebieten nebeneinander! Es gab Kämpfe und Abstimmungen (vgl. Karte S. 108), Spannungen und Gegensätze. Unter ihnen litt die deutsche Minderheit, die jetzt in Polen lebte.

Mit dem Überfall Hitlers im September 1939 begann ein entsetzlicher Leidensweg für das polnische Volk. Es mußte nicht nur am längsten eine deutsche Besetzung über sich ergehen lassen, es wurde vor allem auch das Opfer der nationalsozialistischen „Lebensraum“-Politik. Polen sollte deutsche Kolonie werden. Die polnischen Menschen wurden darum „rassisch gesiebt“, in „blutlich Wertvolle und Nichtwertvolle“ eingeteilt, – die einen für „eindeutschungsfähig“ befunden, die anderen als „minderwertig“ für künftige Sklavenarbeit vorgesehen. Millionen wurden „umgesiedelt“, enteignet, in deutsche Konzentrations- oder Arbeitslager gebracht. Von den 36 Millionen Menschen, die 1939 im polnischen Staatsgebiet lebten, kamen fast 6 Millionen um, das heißt: jeder sechste! Unter ihnen waren nahezu alle polnischen Juden – ursprünglich drei Millionen.

Gegen diese Unterjochung kämpfte die polnische Widerstandsbewegung. Große Aufstände erfolgten 1943 und 1944 in Warschau. Sie wurden von den Deutschen blutig niedergekämpft, Warschau schließlich völlig zerstört.

Nach den Beschlüssen der Konferenzen von Jalta und Potsdam 1945 (vgl. S. 217) sollte die polnische Westgrenze hinfort von den Flüssen Oder und Neiße gebildet werden. Polen wurde „nach Westen verschoben“. Nun begann die Ausweisung von Millionen Deutschen. Sie kamen zumeist in die Westzonen des geteilten Deutschlands.

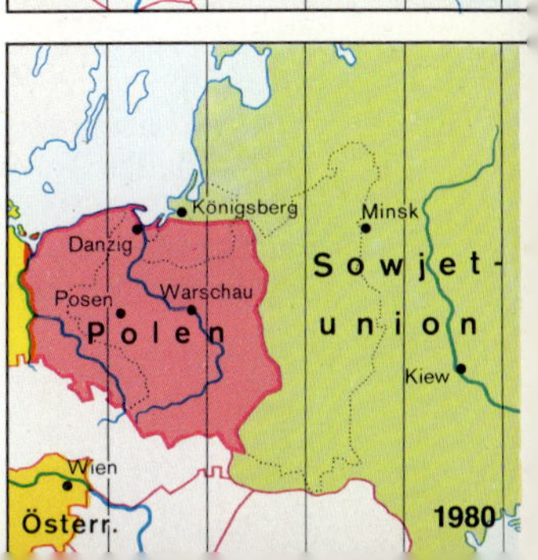

Vertrag zwischen der Bundesrepublik Deutschland und der Volksrepublik Polen über die Grundlagen der Normalisierung ihrer gegenseitigen Beziehungen

Die Bundesrepublik Deutschland und die Volksrepublik Polen

IN DER ERWÄGUNG, daß mehr als 25 Jahre seit Ende des Zweiten Weltkrieges vergangen sind, dessen erstes Opfer Polen wurde und der über die Völker Europas schweres Leid gebracht hat,
EINGEDENK DESSEN, daß in beiden Ländern inzwischen eine neue Generation herangewachsen ist, der eine friedliche Zukunft gesichert werden soll,
IN DEM WUNSCHE, dauerhafte Grundlagen für ein friedliches Zusammenleben und die Entwicklung normaler und guter Beziehungen zwischen ihnen zu schaffen,
IN DEM BESTREBEN, den Frieden und die Sicherheit in Europa zu festigen,
IN DEM BEWUSSTSEIN, daß die Unverletzlichkeit der Grenzen und die Achtung der territorialen Integrität und der Souveränität aller Staaten in Europa in ihren gegenwärtigen Grenzen eine grundlegende Bedingung für den Frieden sind,
SIND wie folgt übereingekommen:

Artikel I

(1) Die Bundesrepublik Deutschland und die Volksrepublik Polen stellen übereinstimmend fest, daß die bestehende Grenzlinie, deren Verlauf im Kapitel IX der Beschlüsse der Potsdamer Konferenz vom 2. August 1945 von der Ostsee unmittelbar westlich von Swinemünde und von dort die Oder entlang bis zur Einmündung der Lausitzer Neiße und die Lausitzer Neiße entlang bis zur Grenze mit der Tschechoslowakei festgelegt worden ist, die westliche Staatsgrenze der Volksrepublik Polen bildet.
(2) Sie bekräftigen die Unverletzlichkeit ihrer bestehenden Grenzen jetzt und in der Zukunft und verpflichten sich gegenseitig zur uneingeschränkten Achtung ihrer territorialen Integrität.
(3) Sie erklären, daß sie gegeneinander keinerlei Gebietsansprüche haben und solche auch in Zukunft nicht erheben werden.

Artikel II

(1) Die Bundesrepublik Deutschland und die Volksrepublik Polen werden sich in ihren gegenseitigen Beziehungen sowie in Fragen der Gewährleistung der Sicherheit in Europa und in der Welt von den Zielen und Grundsätzen, die in der Charta der Vereinten Nationen niedergelegt sind, leiten lassen.
(2) Demgemäß werden sie entsprechend den Artikeln 1 und 2 der Charta der Vereinten Nationen alle ihre Streitfragen ausschließlich mit friedlichen Mitteln lösen und sich in Fragen, die die europäische und internationale Sicherheit berühren, sowie in ihren gegenseitigen Beziehungen der Drohung mit Gewalt oder der Anwendung von Gewalt enthalten.

Artikel III

(1) Die Bundesrepublik Deutschland und die Volksrepublik Polen werden weitere Schritte zur vollen Normalisierung und umfassenden Entwicklung ihrer gegenseitigen Beziehungen unternehmen, deren feste Grundlage dieser Vertrag bildet.
(2) Sie stimmen darin überein, daß eine Erweiterung ihrer Zusammenarbeit im Bereich der wirtschaftlichen, wissenschaftlichen, wissenschaftlich-technischen, kulturellen und sonstigen Beziehungen in ihrem beiderseitigen Interesse liegt.

Artikel IV

Dieser Vertrag berührt nicht die von den Parteien früher geschlossenen oder sie betreffenden zweiseitigen oder mehrseitigen internationalen Vereinbarungen.

Artikel V

Dieser Vertrag bedarf der Ratifikation und tritt am Tage des Austausches der Ratifikationsurkunden in Kraft, der in Bonn stattfinden soll.*

* Dieser Vorgang erfolgte am 3. Juni 1972.

ZU URKUND DESSEN haben die Bevollmächtigten der Vertragsparteien diesen Vertrag unterschrieben.

GESCHEHEN zu Warschau am 7. Dezember 1970 in zwei Urschriften, jede in deutscher und polnischer Sprache, wobei jeder Wortlaut gleichermaßen verbindlich ist.

Für die Bundesrepublik Deutschland

Willy Brandt
Walter Scheel

Für die Volkrepublik Polen

Jóseph Cyrankiewicz
Stefan Jedrychowski

Im 18. Jahrhundert malte ein Künstler diese Ansicht von Warschau . . .

So stand 1945 ein Berg von Haß und Leid zwischen den Menschen beider Völker. Aber auch hier haben Männer und Frauen auf beiden Seiten geduldig daran gearbeitet, nun endlich einen Schlußstrich unter die leidvolle Vergangenheit zu ziehen. 25 Jahre später bildete der „*Warschauer Vertrag*" die Chance eines neuen Anfangs.

Arbeitsvorschläge

1. Ordne die Aussagen des vorstehenden Textes nach Zeiträumen: nach 1795, nach 1871, nach 1918, nach 1939, nach 1945!
2. Die Geschichte der deutsch-polnischen Beziehungen ist zugleich ein Beispiel für die „Nationalitätenprobleme" im östlichen Mitteleuropa im 19. und 20. Jahrhundert. Informiere dich genauer in deinem Geschichtsatlas!
3. Arbeite bitte den Text des nebenstehenden „Warschauer Vertrags" genau durch! Gib mit deinen Worten wieder, was die einzelnen Sätze oder Satzteile aussagen! Versuche, für jeden der 5 Artikel eine Überschrift oder einen Kernsatz zu finden!
4. Dieser Vertrag wurde bereits im Zusammenhang der deutschen Ostpolitik erwähnt. Lies darüber noch einmal auf S. 233 nach!
5. „Zeit heilt Wunden" – ist dieser Satz berechtigt?

. . . und fast genauso bauten die Warschauer ihre „Altstadt" nach der völligen Zerstörung wieder auf.

Deutsche und Juden

Der neue Staat Israel

Unter dem Eindruck der nationalsozialistischen Judenverfolgung und -vernichtung beschloß 1947 die UNO, dem jüdischen Volk endlich die neue Heimat zu schaffen, die ihm seit dreißig Jahren zugesagt war.

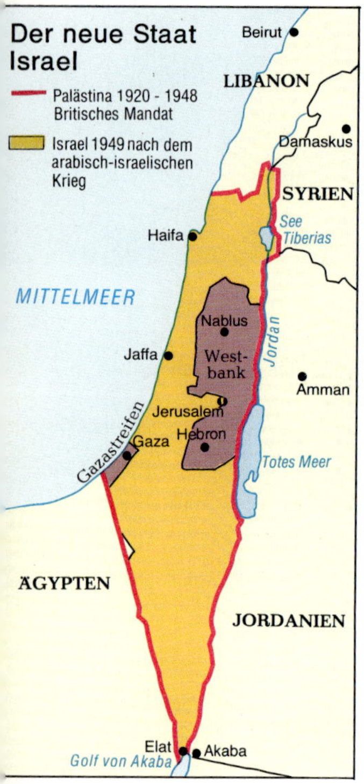

Bereits 1917, in den Kämpfen des Ersten Weltkriegs, hatte ihm der englische Außenminister Balfour eine neue Heimstatt in dem alten jüdischen Lande Palästina zugesichert. Britische Truppen besetzten 1918 Palästina, das bis dahin zum türkischen Reich gehört hatte, und der Völkerbund übertrug nach dem Friedensschluß Großbritannien die Aufsicht (das „Mandat") über das Land (vgl. S. 117). Aus aller Welt strömten nun die Juden in ihre vor nahezu 2000 Jahren verlassene Heimat zurück.

Gegen diese jüdische Einwanderung erhob sich jedoch heftiger Widerstand der Araber, die sich nun ihrerseits verdrängt fühlten. Jede Volksgruppe, Juden wie Araber, beanspruchte Palästina als ihr eigenes, ihr allein zugehöriges Land.

Der Streit schleppte sich hin – bis zum Beschluß der UNO 1947, Palästina unter Juden und Araber aufzuteilen.

Am 14. Mai 1948 erfolgte die feierliche *Ausrufung des neuen jüdischen Staates Israel;* gleichzeitig zogen die britischen Mandatstruppen ab. Doch schon am nächsten Tag fielen die Truppen von sieben benachbarten arabischen Staaten von allen Seiten über Israel her. Erfolgreich wehrten sich die jungen Staatsbürger. Hunderttausende Palästina-Araber verließen während dieses Krieges ihre Heimat und sammelten sich in Flüchtlingslagern der angrenzenden arabischen Länder.

Die Kämpfe endeten zunächst mit einem Waffenstillstand. Der Staat Israel begann nun, planmäßig seinen Aufbau zu vollziehen: er kultivierte Wüstenland, errichtete neue Siedlungen, baute Schulen und schaffte den immer zahlreicher einströmenden Rückwanderern eine neue Heimat.

Arbeitsvorschläge

1. Man kann die jüdische Geschichte als einen großen Dreischritt betrachten: Leben in einem Staatsverband (etwa bis Christi Geburt) – Leben in der Zerstreuung (bis 1948) – Leben in der Zerstreuung und im neuen Staatsverband (1948 bis heute). Ordne bitte auch die im Text auf S. 164 geschilderten Vorgänge diesem Dreischritt zu!
2. Lies noch einmal über die Judenverfolgung und -vernichtung im Dritten Reich auf S. 164–168 nach!

Israel nach 1948: Eine Stadt wächst aus dem gelben Sand

Juden und Deutsche heute

Die Bundesrepublik Deutschland hat versucht, wenigstens die wirtschaftlichen Schäden wiedergutzumachen, die jüdischen Menschen in ganz Europa zwischen 1933 und 1945 zugefügt worden sind. Umfangreiche Zahlungen und Warenlieferungen sind nach Israel gegangen und haben zum Aufbau des neuen Staates beigetragen.

Aus der Regierungserklärung von Bundeskanzler Adenauer am 27. September 1951

„Die Bundesregierung und mit ihr die große Mehrheit des deutschen Volkes sind sich des unermeßlichen Leides bewußt, das in der Zeit des Nationalsozialismus über die Juden in Deutschland und in den besetzten Gebieten gebracht wurde. Das deutsche Volk hat in seiner überwiegenden Mehrheit die an den Juden begangenen Verbrechen verabscheut und hat sich an ihnen nicht beteiligt. Es hat in der Zeit des Nationalsozialismus im deutschen Volk viele gegeben, die mit eigener Gefährdung aus religiösen Gründen, aus Gewissensnot, aus Scham über die Schändung des deutschen Namens ihren jüdischen Mitbürgern Hilfsbereitschaft gezeigt haben. Im Namen des deutschen Volkes sind aber unsagbare Verbrechen begangen worden, die zur moralischen und materiellen Wiedergutmachung verpflichten, sowohl hinsichtlich der individuellen Schäden, die Juden erlitten haben, als auch des jüdischen Eigentums, für das heute individuell Berechtigte nicht mehr vorhanden sind ...

Die Bundesregierung wird für den baldigen Abschluß der Wiedergutmachungsgesetzgebung und ihre gerechte Durchführung Sorge tragen ..."

(Archiv der Gegenwart, Wien 1951, S. 3135)

Aber erst der Überfall auf die israelischen Teilnehmer an der Olympiade 1972 in München und die Fernsehsendung „Holocaust" 1979 haben viele Deutsche wieder über das Verhältnis von Deutschen und Juden heute nachdenken lassen.

Bild links: Die zwei Gesichter der Olympischen Spiele in München 1972. Links der Einzug der Teilnehmer ins Olympiastadion bei der Eröffnung. Daneben ein palästinensischer Terrorist auf dem Balkon der israelischen Unterkunft im Omlympischen Dorf. Im Verlauf dieses Überfalls kamen elf israelische Sportler, fünf Araber und ein deutscher Polizist ums Leben.

Bild rechts: Es bedurfte erst der Ausstrahlung der amerikanischen Fernseh-Serie „Holocaust" zu Beginn des Jahres 1979, um in der Bundesrepublik eine leidenschaftliche Diskussion zwischen den Generationen über den Völkermord an Millionen Juden in Gang zu bringen.

Der Nahost-Konflikt

Der Aufbau Israels stand unter der ständigen Bedrohung durch die arabischen Nachbarstaaten. Mehrfach ist es inzwischen zu Kriegen gekommen: 1956 (Suez-Krise, vgl. S. 198) und wieder 1967 (Juni-Krieg) und 1973 (Jom-Kippur-Krieg). Radikale arabische Terroristen kämpfen darüber hinaus ständig und mit allen Mitteln gegen die Juden. Eine ihrer Aktionen war der Überfall in München.

Vor allem belastet das Problem der 1948 geflohenen Palästina-Araber, der *Palästinenser,* das Verhältnis Israels zu seinen arabischen Nachbarn. Aus ihren Reihen kommen die Terroraktionen, gegen die sich Israel mit harten Gegenschlägen zur Wehr zu setzen sucht. Sie fordern einen eigenen Palästinenser-Staat. Doch die Frage, wie ein Staat der Palästinenser aussehen könnte, ist selbst unter den verschiedenen politischen Gruppen umstritten, die in der Palästinensischen Befreiungsorganisation (PLO) zusammengeschlossen sind.

Der Vorsitzende der PLO, Arafat, vor der Vollversammlung der Vereinten Nationen am 13. November 1974

„Wir bieten ihnen die großzügigste Lösung, eine Lösung, in deren Rahmen wir zusammen in einem gerechten Frieden in einem demokratischen Staat in Palästina leben können, wo Christen, Juden und Mohammedaner in Gerechtigkeit, Brüderlichkeit und Fortschritt leben können. Als Vorsitzender der PLO erkläre ich hier, daß wir nicht wünschen, auch nur einen einzigen Blutstropfen zu vergießen, sei er arabisch oder jüdisch ..."

(Nach: Weltgeschehen, München 1975, S. 57)

Der „Verteidigungsminister" der PLO, Mohsen, in einem Interview am 12. Dezember 1975

„ZEIT: Würde ein Palästinenserstaat, der auf die ehemals jordanische Westbank und den Gaza-Streifen beschränkt wäre, den Palästinensern genügen?

MOHSEN: Nein, niemals. Wir wollen jedes Feld, jedes Dorf und jedes Haus, das uns damals gehörte, zurückhaben ...

ZEIT: Kann den Israelis dieser nationale Selbstmord zugemutet werden?

MOHSEN: Sie müssen es einsehen, aber sie werden es erst einsehen, wenn ... wir sie militärisch kurz- und kleingeschlagen haben.

ZEIT: Also kein Friede in Sicht?

MOHSEN: Zur Zeit weder Krieg noch Frieden. Und in Zukunft wieder Krieg, neue Kriege. Das ist unvermeidlich."

(„Die Zeit" vom 12. 12. 1975)

Israel und Ägypten

Seit 1977 ist es zu einer Annäherung zwischen Israel und Ägypten unter ihren Präsidenten *Begin* und *Sadat* gekommen, 1979 wurde schließlich – nach 31 Jahren Kriegszustand – der Friedensvertrag zwischen beiden Staaten unterzeichnet. Die Israelis räumen seither nach und nach Teile der Sinai-Halbinsel, die sie – wie die bis dahin jordanische Westbank – im Juni-Krieg 1967 erobert hatten.

Ist dies der Beginn eines Friedens in Nahost auf Dauer? Präsident Sadat, Vorkämpfer für einen solchen Frieden, wurde 1981 ermordet.

Wir merken uns

In den Jahren nach 1945 war die Versöhnung mit dem französischen Volk und die Aussöhnung mit den Juden ein vordringliches Ziel der deutschen Politik, vor allem unter Bundeskanzler Adenauer. In der Zeit der sozialliberalen Koalition wurde die Aussöhnung auch mit den östlichen Nachbarn Teil der Friedenspolitik, vor allem unter Bundeskanzler Brandt.

Die Deutsche Demokratische Republik

Die sowjetische Besatzungszone (SBZ) 1945—1949

Wirtschaftlicher Neuanfang

In der Besatzungszone der Sowjetunion war es anfangs ähnlich wie in den westlichen Zonen gelaufen: Entmilitarisierung, Entnazifizierung und Demontage erfolgten auch hier.

Die Demontage traf freilich die Deutschen östlich der Elbe ungleich härter. Für den raschen Wiederaufbau ihrer im Krieg verwüsteten Gebiete zogen die Sowjets rücksichtslos Produktionsmittel und Rohstoffe aus ihrer Zone heraus. Darüber hinaus mußten jahrelang hohe Reparationen – unter welchem Namen auch immer – an die Sowjetunion gezahlt werden. So war der wirtschaftliche Neuanfang in der SBZ sehr viel schwerer als in den westlichen Zonen.

Politischer Neuanfang

Anders als die westlichen Alliierten hatten die Sowjets klare Vorstellungen über ihre Politik in Deutschland.

Noch ehe das Hitlerreich kapituliert hatte, war am 30. April 1945 eine sowjetische Militärmaschine bei Frankfurt an der Oder gelandet. An Bord befand sich eine Gruppe deutscher Kommunisten, die 1933 nach Moskau geflohen war; an ihrer Spitze der ehemalige Reichstagsabgeordnete *Walter Ulbricht* (1893–1973). Sie bestimmten von Anbeginn das neue politische Leben.

Neben der KPD entstanden in der SBZ einige weitere Parteien, darunter die SPD und die CDU. Sie wurden jedoch von vornherein in einem „Antifaschistischen Block“ zusammengeschlossen und unter die Kontrolle der Besatzungsmacht gestellt.

Aus dem Gründungsaufruf der KPD in der SBZ vom 11. Juni 1945:

„Nicht nur der Schutt der zerstörten Städte, auch der reaktionäre Schutt aus der Vergangenheit muß gründlich hinweggeräumt werden. Möge der Neubau Deutschlands auf solider Grundlage erfolgen, damit eine dritte Wiederholung der imperialistischen Katastrophenpolitik unmöglich wird!

Mit der Vernichtung des Hitlerismus gilt es gleichzeitig, die Sache der Demokratisierung Deutschlands, die Sache der bürgerlich-demokratischen Umbildung, die 1848 begonnen wurde, zu Ende zu führen, die feudalen Überreste völlig zu beseitigen und den reaktionären altpreußischen Militarismus mit allen seinen ökonomischen und politischen Ablegern zu vernichten.

Wir sind der Auffassung, daß der Weg, Deutschland das Sowjetsystem aufzuzwingen, falsch wäre, denn dieser Weg entspricht nicht den gegenwärtigen Entwicklungsbedingungen in Deutschland.

Wir sind vielmehr der Auffassung, daß die entscheidenden Interessen des deutschen Volkes in der gegenwärtigen Lage für Deutschland einen anderen Weg vorschreiben, und zwar den Weg der Aufrichtung eines antifaschistischen, demokratischen Regimes, einer parlamentarisch-demokratischen Republik mit allen demokratischen Rechten und Freiheiten für das Volk.

An der gegenwärtigen historischen Wende rufen wir Kommunisten alle Werktätigen, alle demokratischen und fortschrittlichen Kräfte des Volkes zu diesem großen Kampf für die demokratische Erneuerung Deutschlands, für die Wiedergeburt unseres Landes auf!“

(Nach: *H. Weber* [Hrsg.]: Der deutsche Kommunismus, Köln 1963, S. 434 f.)

Mit einem Händedruck hatten Wilhelm Pieck (links) für die KPD und Otto Grotewohl für die SPD die Gründung der SED vollzogen. Die westdeutsche SPD unter Kurt Schumacher hatte eine Urabstimmung unter den SPD-Mitgliedern der SBZ gefordert. Sie wurde mit sowjetischer Hilfe verhindert. – Beurteile das Ergebnis der Abstimmung in West-Berlin! Welche Gründe der KPD für, großer Teil der SPD gegen den Zusammenschluß sind denkbar?

Die Gründung der SED

Die Kommunisten erzwangen 1946 den Zusammenschluß von KPD und SPD zur *Sozialistischen Einheitspartei Deutschlands* (SED). Die Mitglieder der SPD wurden nicht gefragt.

Auch in ganz Berlin sollte der Zusammenschluß erfolgen. In den westlichen Sektoren durften die SPD-Mitglieder darüber abstimmen. 82 % der Wahlberechtigten stimmten gegen diese Vereinigung.

Damit war der weitere politische Weg vorgezeichnet. Innerhalb der SED setzten sich die Kommunisten durch. „Sozialdemokratismus" war hinfort ein Verbrechen, das ins Zuchthaus führen konnte. In allen Lebensbereichen aber rückten zuverlässige Mitglieder der SED an die „Schaltstellen" der Macht.

Arbeitsvorschläge

1. Arbeite heraus, warum der wirtschaftliche Neuanfang in der SBZ schwerer war als in der Westzone! Lies noch einmal auf S. 219 nach!
2. Arbeite den Gründungsaufruf der KPD genau durch! Welche Vorstellungen von einer künftigen politischen Grundordnung sollte er hervorrufen? Welche Absicht verfolgte die KPD wohl damit?

Walter Ulbricht (1893–1973)

Der Boden dem Bauern

„...er Grundbesitz soll sich in unserer ...tschen Heimat auf feste, gesunde ... produktive Bauernwirtschaften ...tzen, die Privateigentum ihres Besitzers sind.“

Land Brandenburg

URKUNDE

Auf Grund der Verordnung der Provinzialverwaltung Brandenburg über die Bodenreform vom 6. Sept. 1945 wird dem Bauern Wilhelm Schwallow, jun. wohnhaft in der Gemeinde Börnicke Kreis Osthavelland

ein Grundstück

im Umfang von 11,58 ha. einschließlich Wald

rechtskräftig

zum persönlichen, vererbbaren Eigentum übergeben

Das dem Bauern Schwallow übergebene Grundstück liegt in der Gemeinde Börnicke und hat laut dem von der Bodenkommission aufgestellten Verteilungsplan die Nummer

Der Bauer Schwallow erhält das Grundstück

schuldenfrei

Diese Urkunde berechtigt zur Eintragung des Grundstücks in das Grundbuch.

Nauen, den 14. Sept. 1951 Kreis Osthavelland

Der Ministerpräsident Der Rat des Kreises

Verleihungsurkunde für einen „Neubauernhof“ in der Mark Brandenburg

Der Weg zum Sozialismus (1949—1961)

Die Ausrufung der Republik

So blieb es auch, als 1949 im Anschluß an die Gründung der Bundesrepublik Deutschland die seit langem vorbereitete *Deutsche Demokratische Republik* (DDR) ausgerufen wurde. Präsident wurde *Wilhelm Pieck* (1876–1960), Ministerpräsident *Otto Grotewohl* (1894–1964), der eigentliche Machthaber jedoch blieb *Walter Ulbricht* an der Spitze der SED.

Die Sozialisierung

Bereits 1945 hatte die sowjetische Besatzungsmacht damit begonnen, die Eigentumsverhältnisse in ihrer Zone grundlegend zu verändern.

Bodenreform und Kollektivierung

In einer durchgreifenden Bodenreform wurden alle Höfe mit einem Grundbesitz über 100 Hektar enteignet und das Land zum größten Teil an Landarbeiter, Kleinbauern und Vertriebene verteilt. Über 300 000 „Neubauernhöfe“ entstanden mit einer Größe von durchschnittlich 8 Hektar. Feierlich hieß es in den Verleihungsurkunden:

„Der Grundbesitz soll sich in unserer deutschen Heimat auf feste, gesunde und produktive Bauernwirtschaften stützen, die Privateigentum ihres Besitzers sind.“

Mit solchen Schildern an den Ortseingängen wurde die Kollektivierung häufig eingeleitet.

Fünfzehn Jahre später waren diese Neubauern ebenso wie alle übrigen Bauern der DDR in „Landwirtschaftliche Produktionsgenossenschaften“ (LPG) hineingezwungen, wie diese Kolchosen in der DDR genannt wurden. In einer staatlichen Begründung für diese scheinbar widersprüchliche Politik heißt es:

„Zunächst sahen die werktätigen Bauern und Landarbeiter in der Landzuteilung durch die Bodenreform die Erfüllung ihres Strebens nach selbständigem, freiem Wirtschaften auf eigener Scholle. Diese Entwicklungsstufe des gesellschaftlichen Bewußtseins der Bauern konnte und durfte nicht übergangen werden; denn nur so war das enge Bündnis der Arbeiterklasse mit der werktätigen Bauernschaft zu schaffen und zu festigen“ (nach: Hartwich, Politik im 20. Jahrhundert, [3]1968, S. 323).

Ein geflüchteter Bauer berichtet, mit welchen Methoden er zum Eintritt gezwungen werden sollte.

„Täglich kamen 6–8 Mann und verlangten ... den Eintritt in die LPG. Oft kamen sie täglich zwei- bis dreimal oder blieben bis nachts zwei Uhr. Unter den Werbern befanden sich Polizei, SED-Funktionäre ... Mein Sohn studierte an der TH in Dresden, und sie äußerten sich dahingehend, daß mein Sohn im Falle einer Weigerung von der TH entlassen würde ...“ (nach: Die Zwangkollektivierung des selbständigen Bauernstandes ..., Bonn-Berlin 1960, S. 36).

Schließlich konnten die Parteifunktionäre ihre Erfolgsmeldungen nach Ost-Berlin senden:

„Werter Genosse Walter Ulbricht!

Wir sind sehr erfreut, Ihnen mitteilen zu können, daß sich nunmehr alle Bauern im Bezirk Neubrandenburg entschlossen haben, den Schritt vom Ich zum Wir zu tun und gemeinschaftlich zu arbeiten ...

Durch die nach der Zerschlagung des Hitler-Faschismus möglich gewordene demokratische Bodenreform erfolgte der erste entscheidende Schritt, das böse Erbe der unseligen Vergangenheit abzuwerfen.

Durch den jetzigen Zusammenschluß aller bisher einzelbäuerlichen Betriebe zu landwirtschaftlichen Produktionsgenossenschaften beginnt eine neue, höhere Stufe der Entwicklung für alle Bauern unseres Bezirkes ... Damit erhält auch der Bezirk Neubrandenburg ein neues Gesicht, geprägt von einer schönen sozialistischen Perspektive.

Gegenwärtig sind unsere Genossenschaftsbauern, unterstützt durch die in der Nationalen Front des demokratischen Deutschland zusammengeschlossenen patriotischen Kräfte und den Staatsapparat, dabei, mit großem Schwung die Frühjahrsbestellung in Angriff zu nehmen ...“

(Nach: *E. Deuerlein*, DDR 1945–1970, München 1971, S. 211 f.)

Arbeitsvorschlag

Bestand wohl von vornherein die Absicht, den Neubauern ihr Eigentum wieder zu nehmen? Lies dazu auch noch einmal auf S. 98 und S. 100 über die bäuerlichen Eigentumsverhältnisse in der Sowjetunion nach! Wo siehst du Parallelen?

Verstaatlichung von Industrie und Handel

Die Sozialisierung, die „Umwandlung in Volkseigentum", ergriff bald die ganze Wirtschaft und den gesamten Handel. Die Bezeichnung VEB („Volkseigener Betrieb") steht heute fast hinter allen Firmen, und die Läden, in denen der DDR-Bürger einkauft, gehören einer staatlichen „Handelsorganisation", der HO.

In einer *zentralen Planwirtschaft* werden die Wirtschaftsabläufe gelenkt. Der Wirtschaftsausbau erfolgt nach umfassenden Plänen der Regierung für jeweils mehrere Jahre („Siebenjahrespläne"). Häufig schlugen sie fehl, das Erreichte blieb weit hinter den „Planziffern" zurück. Die Versorgung der Bevölkerung war lange dürftig, Lebensmittelkarten gab es bis 1958. Aber auch unter diesen schwierigen Bedingungen haben die einzelnen Bürger in der DDR ihre Aufbauleistung erbracht – wie die Bürger der Bundesrepublik!

Die Staatsstruktur

Kennzeichnend für die Staatsstruktur der DDR ist die Verflechtung von Staat und Partei sowie die unbedingte Verbindlichkeit der Beschlüsse der oberen für die unteren Partei- und Staatsorgane.

Formal hat die DDR ein parlamentarisches Regierungssystem: die *Volkskammer* steht optisch im Mittelpunkt, und scheinbar stehen 5 Parteien zur Wahl. Tatsächlich kann jedoch nur einer Einheitsliste zugestimmt werden, auf der Namen von Vertretern der SED (1977 etwa 2 Millionen Mitglieder), der sog. Massenorganisationen und der faktisch bedeutungslosen Blockparteien (Christlich-Demokratische Union mit etwa 115 000 Mitgliedern, Liberal-Demokratische Partei Deutschlands mit 75 000, Demokratische Bauernpartei Deutschlands mit 90 000, National-Demokratische Partei Deutschlands mit etwa 85 000 Mitgliedern) aufgeführt sind, die zuvor von der Parteispitze der SED ausgewählt wurden.

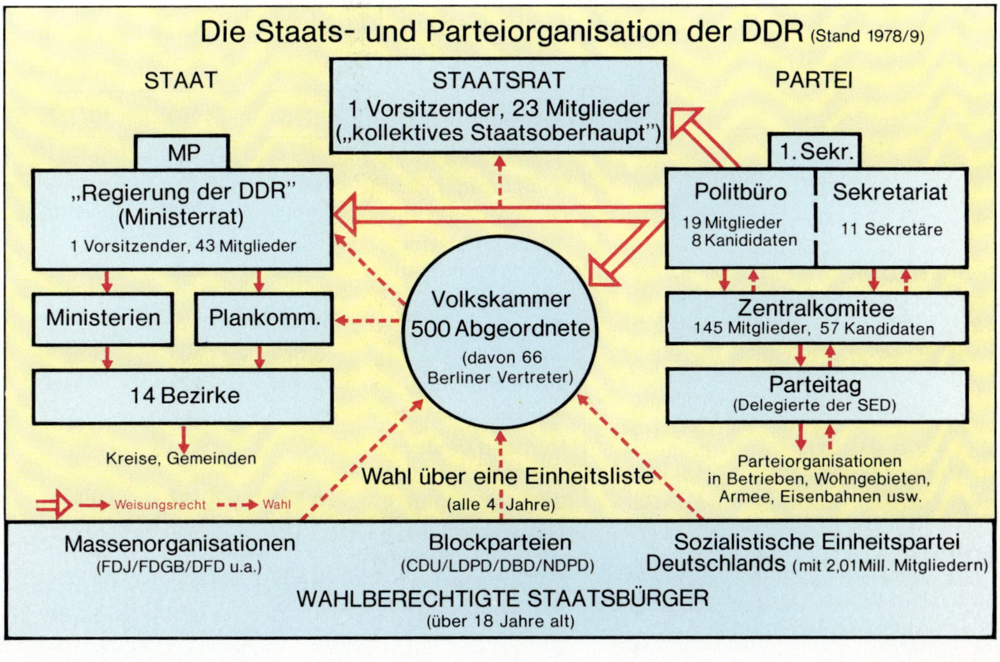

Die Bezirke der Deutschen Demokratischen Republik (Zahlen 1978)

Bezirk	Fläche km²	Einwohner in 1000
Hauptstadt Berlin	403	1,1 Mill.
Cottbus	8 262	0,9 Mill.
Dresden	6 738	1,8 Mill.
Erfurt	7 349	1,2 Mill.
Frankfurt	7 186	0,7 Mill.
Gera	4 004	0,7 Mill.
Halle	8 771	1,9 Mill.
Karl-Marx-Stadt	6 009	2,0 Mill.
Leipzig	4 966	1,4 Mill.
Magdeburg	11 525	1,3 Mill.
Neubrandenburg	10 792	0,6 Mill.
Potsdam	12 572	1,1 Mill.
Rostock	7 074	0,9 Mill.
Schwerin	8 672	0,6 Mill.
Suhl	3 856	0,5 Mill.
DDR	108 179	16,8 Mill.

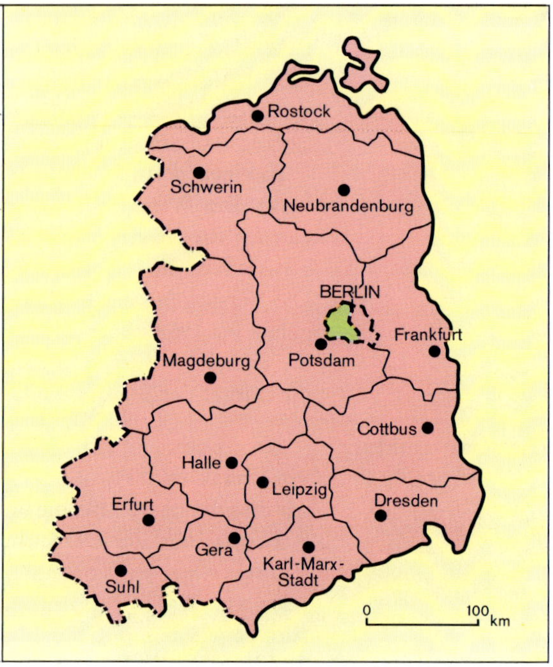

Die Bedeutung des *Staatsrats* ist seit dem Rücktritt Ulbrichts 1971 zurückgegangen; dafür spielt der frühere *Ministerrat*, mit der Bezeichnung „Regierung der DDR" auch nach außen aufgewertet, seither eine größere Rolle. Maßgebend ist jedoch die Führungsspitze der SED mit dem *1. Sekretär*, dem *Politbüro* und dem *Sekretariat*.

Derzeitiger Erster Sekretär (Parteichef der SED) und zugleich Vorsitzender des Staatsrats ist *Erich Honecker* (* 1912), Ministerpräsident (Vorsitzender des Ministerrats) ist *Willi Stoph* (*1914).

In der DDR ist etwa jeder 6. Einwohner über 18 Jahre Mitglied der SED. Neben der SED und den auf die Ziele der SED festgelegten Blockparteien spielen die Massenorganisationen als „Transmissionsriemen" (Lenin) zwischen Partei und Bevölkerung eine Rolle. Von der SED dirigiert, erfassen sie den größten Teil der Bevölkerung und entsenden über die Einheitsliste sogar eigene Vertreter in die Volkskammer.

Die nebenstehende Tabelle nennt einzelne Organisationen und die Zahl ihrer Mitglieder (in 1000).

Massenorganisation	1960	1970	1977/78
Freie Deutsche Jugend	1 740	1 700	2 193
Pionierorganisation „Ernst Thälmann"	1 669	1 852	1 740
Freier Deutscher Gewerkschaftsbund	6 200	7 090	7 973
Demokratischer Frauenbund Deutschlands	1 323	1 300	1 400
Deutscher Kulturbund	184	193	209
Kammer der Technik	100	182	202
Verband Deutscher Konsumgenossenschaften	3 728	4 112	4 100
Gesellschaft für Deutsch-Sowjetische Freundschaft	3 547	3 500	5 500
Volkssolidarität	1 418	1 601	1 930

Die Jugend in der DDR

Der überwiegende Teil der Kinder und Jugendlichen gehört den politischen Jugendorganisationen der DDR an. Daneben gibt es nur noch die kirchliche Jugendgruppe der „Jungen Gemeinde".

An die Stelle der Konfirmation ist für die meisten Vierzehnjährigen die Jugendweihe getreten, eine Feierstunde des Staates. Mit ihr werden die Jugendlichen in das „aktive gesellschaftliche Leben" aufgenommen, hier geloben sie den Einsatz für die „edle Sache des Sozialismus". Sich der Teilnahme zu entziehen, kann Folgen für das berufliche Fortkommen haben.

Was die Jugend gelobt

Gelöbnis der Thälmann-Pioniere

„Ernst Thälmann ist mein Vorbild.
Ich gelobe zu lernen, zu arbeiten und zu kämpfen, wie es Ernst Thälmann lehrt.
Ich will nach den Gesetzen der Thälmann-Pioniere handeln.
Getreu unserem Gruß bin ich
für Frieden und Sozialismus immer bereit."

Die Gesetze der Thälmann-Pioniere

„Wir Thälmann-Pioniere
lieben unser sozialistisches Vaterland,
die Deutsche Demokratische Republik.
Wir Thälmann-Pioniere
lieben und achten unsere Eltern.
Wir Thälmann-Pioniere
lieben und schützen den Frieden und hassen die Kriegstreiber.
Wir Thälmann-Pioniere
sind Freunde der Sowjetunion und aller sozialistischen Brudervölker und halten Freundschaft mit allen Kindern der Welt."

Gelöbnis zur Jugendweihe

Frage: Liebe junge Freunde!
Seid ihr bereit, als treue Söhne und Töchter unseres Arbeiter- und Bauernstaates für ein glückliches Leben des ganzen deutschen Volkes zu arbeiten und zu kämpfen, so antwortet mir!
Antwort: Ja, das geloben wir!
Frage: Seid ihr bereit, mit uns gemeinsam eure ganze Kraft für die große und edle Sache des Sozialismus einzusetzen, so antwortet mir!
Antwort: Ja, das geloben wir!
Frage: Seid ihr bereit, für die Freundschaft der Völker einzutreten und mit dem Sowjetvolk und allen friedliebenden Menschen der Welt den Frieden zu sichern und zu verteidigen, so antwortet mir!
Antwort: Ja, das geloben wir!
Wir haben euer Gelöbnis vernommen, ihr habt euch ein hohes und edles Ziel gesetzt. Ihr habt euch eingereiht in die Millionenschar der Menschen, die für Frieden und Sozialismus arbeiten und kämpfen.
Feierlich nehmen wir euch in die Gemeinschaft aller Werktätigen in unserer Deutschen Demokratischen Republik auf und versprechen euch Unterstützung, Schutz und Hilfe.
Gemeinsam mit vereinten Kräften — vorwärts!

(Nach: *H. Endlich/E. Thurich*, Zweimal Deutschland, Frankfurt 1970, S. 202)

Seit 1945 müht sich die SED, die nachwachsende Generation für ihre Ziele zu gewinnen. Die Sechsjährigen werden in der „Pionierorganisation Ernst Thälmann" (Junge Pioniere) zusammengefaßt, die Vierzehnjährigen in der „Freien Deutschen Jugend" (FDJ). Ernst Thälmann (1886) war 1925–1933 Vorsitzender der KPD und wurde 1944 im Konzentrationslager Buchenwald erschossen.*
Auf unserem Bild küssen „Junge Pioniere" die rote Fahne mit der Aufschrift „Immer bereit".

Volksaufstand am 17. Juni 1953. Sowjetische Panzer rollen durch Ost-Berlin.

17. Juni 1953: der Volksaufstand

Jahr für Jahr entzogen sich viele Tausende durch Flucht in die Bundesrepublik der Herrschaft der SED.

Ende Mai 1953 beschloß die Regierung, die Arbeitsnormen, die von den Arbeitern in den Betrieben täglich zu leisten waren, um 10 % zu erhöhen – bei gleichbleibendem Lohn. Die Arbeiter protestierten, und die Regierung sah sich zunächst genötigt, die angekündigten Maßnahmen zu widerrufen. Zeitungsmeldungen brachten dann aber wieder andere Erklärungen.

Am 16. Juni zog ein Demonstrationszug von Bauarbeitern von der Ostberliner Stalinallee zum Haus der Ministerien. Sie forderten Auskunft, ob die Regierung auf der Erhöhung der Arbeitsnormen bestehe oder nicht. Aber sie erhielten wiederum nur unklare und widersprechende Auskünfte.

Losungen der Bauarbeiter und Demonstranten am 16. Juni 1953: „Kollegen, reiht euch ein – wir wollen freie Menschen sein!" „Spitzbart, Bauch und Brille [=Ulbricht, Pieck und Grotewohl] sind nicht des Volkes Wille!" „Wir fordern freie Wahlen!"

Am folgenden Tag, dem 17. Juni 1953, kam es zu Massenkundgebungen am Haus der Ministerien in der Leipziger Straße, auf dem Potsdamer Platz und Unter den Linden. Schließlich waren über 50 000 Berliner auf dem großen freien Platz des Lustgartens versammelt.

Kommunistische Propagandasäulen, aufgestellte Transparente, Zonengrenzschilder und Baracken der Volkspolizei waren angezündet und zerstört worden. Vom Brandenburger Tor hatte ein junger Arbeiter die rote Fahne heruntergeholt. Sie war im Nu in hundert Stücke zerrissen. Inzwischen hatte man die Hilfe der Besatzungsmacht angerufen. Nun rollten sowjetische Panzer heran. Sie suchten die aufgebrachte Menge zu zerstreuen und in Seitenstraßen abzudrängen. Mit Steinen, Holzstücken und Eisenträgern gingen die Berliner gegen sie los.

Um 13 Uhr wurde vom sowjetischen Stadtkommandanten der Ausnahmezustand in Ost-Berlin verhängt. Am Abend war der Aufruhr niedergeschlagen. Doch er war inzwischen auf das gesamte mitteldeutsche Industriegebiet übergesprungen. In 272 Orten, besonders in Bitterfeld, Leipzig, Halle, Merseburg, Magdeburg, Brandenburg und Görlitz hatte sich die Bevölkerung erhoben. Etwa 300 Tote forderte der Aufstand. Aller Welt wurde damit offenbar, daß die Herrschaft der SED-Regierung eine Zwangsherrschaft war, die sich nur auf die Panzer und Gewehre der Besatzungsmacht stützte.

Nach der Niederschlagung des Aufstandes setzte eine verstärkte Flucht in die Bundesrepublik ein. Das Jahr 1953 verzeichnete mit über 330 000 Flüchtlingen einen traurigen Rekord in der Flucht deutscher Menschen von Deutschland nach Deutschland.

13. August 1961: die Mauer

Schon 1945 hatten die Sowjets und die Kommunisten damit begonnen, ihre Zone abzusperren. Immer umfangreicher wurden die Sperrmaßnahmen an der Zonengrenze: Stacheldrahtzäune und Wachttürme,

Mauerbau in Berlin nach dem 13. 8. 1961

Tretminen und Spürhunde sollten die „Republikflucht“ nach Westen verhindern. Pausenlos zogen Posten der Volkspolizei an diesem „Eisernen Vorhang“ entlang – auch heute noch.

Bis 1961 bestand aber ein Loch in der Absperrung: die „Viersektorenstadt“ Berlin. Am 13. August 1961 schloß Ulbricht auch diese Lücke. Über Nacht wurde mit dem Bau einer *Mauer* quer durch die alte deutsche Hauptstadt begonnen.

Bis 1961 hatte es in der DDR zwar keine echten Wahlen, wohl aber eine „Abstimmung mit den Füßen“ gegeben. Seit dem Mauerbau gelingt nur noch wenigen die Flucht. Auch nach dem Abschluß des Grundvertrages zwischen Bundesrepublik und DDR (vgl. S. 234) lassen die Machthaber der DDR weiterhin auf ihre Bürger schießen, wenn sie in den Westen gelangen wollen.

Nach dem Stopp der Fluchtbewegung und damit der Abwanderung von qualifizierten Arbeitskräften konnte die DDR-Führung sicherer planen als zuvor. In den nachfolgenden Jahren wurden Wirtschaftsreformen durchgeführt, begann ein großzügiger Ausbau ausgewählter Städte und Stadtzentren. Insgesamt erreichte die DDR den höchsten Lebensstandard der kommunistischen Staaten und den siebenten Platz unter den Industriestaaten der Erde.

Arbeitsvorschläge

1. Bei dem Volksaufstand am 17. Juni 1953 ging es nicht nur um die Erhöhung der Arbeitsnormen. Unterscheide Ursache und Anlaß!

2. Es gab noch andere Ereignisse, bei denen sowjetische Panzer den Ausgang von Volksaufständen entschieden. Suche die entsprechenden Berichte in diesem Buch!

3. Hier sind Zahlen über die Flucht aus der DDR bis zum Bau der Mauer. Insgesamt haben seit 1947 mehr als 3 Millionen Menschen Mitteldeutschland verlassen.

1950	198 000 Menschen	1956	279 000 Menschen
1951	166 000 Menschen	1957	262 000 Menschen
1952	182 000 Menschen	1958	204 000 Menschen
1953	330 000 Menschen	1959	144 000 Menschen
1954	184 000 Menschen	1960	200 000 Menschen
1955	253 000 Menschen	1961	207 000 Menschen

a) Stelle die Fluchtbewegung in einem Schaubild dar!
b) Vor allem flüchteten junge Menschen: Facharbeiter und Spezialisten. Überlege bitte, was dies für die Wirtschaft der DDR bedeutete!
c) Im Jahre 1978 gelang noch 186 DDR-Bürgern die Flucht über die Grenze (vgl. Abbildung S. 215). – Informiere dich über den neuesten Ausbaustand dieses Grenzsystems!

4. Verfolge bitte Nachrichten, wer in unserer Gegenwart die DDR verlassen darf oder verlassen muß! Welche Gründe kannst du ermitteln?

Aufmarsch zum 1. Mai 1972 in Ost-Berlin. – Mit Pfeifen und Schalmeien waren die Arbeiter am Ende des vergangenen Jahrhunderts häufig zu den Versammlungen an „ihrem“ Feiertag ausgezogen. In der Bundesrepublik finden an diesem Tage Umzüge und Kundgebungen statt. In Ost-Berlin aber marschieren die Soldaten der DDR auf, rollen die Raketentransporter der „Nationalen Volksarmee“ an den Parteigrößen vorbei. Der 1. Mai dient der Schaustellung militärischer Stärke.

(Bild unten) Alltag am Alexanderplatz. – Der Alexanderplatz, heute das Zentrum des östlichen Berlins, wurde in den letzten Jahrzehnten völlig neu gestaltet und ist mit seinen Hochhäusern und der „Weltzeituhr“ im Vordergrund einer der Repräsentationsplätze der DDR.

Durch die Kraft des Volkes-für das Glück des Volkes

REISEBÜRO
MONTREAL
WASHINGTON
NEW YORK
HAVANNA
THULE
HALIFAX

Die nebenstehenden Briefmarken erinnern an Ereignisse, über die in diesem Arbeitsbuch berichtet wird. Die nachfolgenden Hinweise können dir helfen, sie zunächst einmal zu „lesen".

Reihe 1
„Haute Silesie" heißt Oberschlesien, „Sarre" heißt Saar. Diese beiden Marken haben etwas mit den auf S. 116 dargestellten Bestimmungen zu tun. Bei der „Rhein-Ruhr-Hilfe" beachte bitte den Wert der Marke!

Reihe 2
Auch bei der dritten Marke von links beachte Wert und Datum! Auf den beiden rechten Marken siehst du zwei deutsche Staatsoberhäupter.

Reihe 3
Um das Jahr 1935 bestand Luftpostverkehr mit fast allen Teilen der Welt. Der kleingedruckte Text auf der zweiten Marke heißt: „Die Saar kehrt heim" (vgl. S. 172). Zur Marke daneben vgl. S. 160.

Reihe 4
Der Partner Hitlers auf der Marke links ist Mussolini. „Generalgouvernement" war die Bezeichnung für einen Teil Polens nach der Besetzung durch deutsche Truppen. – AM heißt „American Military".

Reihe 5
Auf der Marke rechts ist Wilhelm Pieck abgebildet. Seinen Partner wirst du wohl erkennen.

Reihe 6
Der Mann auf der ersten Marke war für viele Jahre als Parteiführer der SED der eigentliche Machthaber der DDR. Die zweite Marke zeigt dir sehr deutlich die Symbole auf der Fahne der DDR, die bei dem Bild S. 181 durch die Bewegung verschwimmen. Die „Freiheitsglocke" in Berlin erinnert an das auf der vierten Marke von links dargestellte Ereignis. Sie wurde der Berliner Bevölkerung von den USA geschenkt.

Reihe 7
Wenn du die Namen auf der dritten Marke nicht lesen kannst, hilft dir ein Blick auf S. 122.

Versuche, die Briefmarken reihenweise bestimmten Abschnitten der deutschen Geschichte zuzuordnen: 1918–1933; 1933–1945; nach 1945 (Bundesrepublik Deutschland); nach 1945 (DDR)! Welche Marken erinnern an einen bestimmten Tag, welche an ein bestimmtes Jahr? Versuche, die exakten Daten in deinem Arbeitsbuch festzustellen! Stelle in Stichworten zusammen, was du über die abgebildeten Politiker weißt!

Die DDR seit 1961

Zwei Staaten

Seit dem Bau der Mauer hat sich die Situation der DDR gefestigt. Die älteren Menschen haben resigniert und sich auf das Leben in diesem Staat eingerichtet. Die junge heranwachsende Generation kennt es nicht anders, bekennt sich häufig auch mit Stolz zu dem Geleisteten und nutzt die Möglichkeiten zum Aufstieg auf der Grundlage eines ausgebauten Bildungssystems. Die Versorgung der Menschen mit Verbrauchsgütern ist besser geworden, das Verhältnis zwischen SED und den Bürgern der DDR entspannter. Dennoch ist festzustellen:

> „Die Tatsache, daß der einzelne in seiner gesamten Existenz von dem durch die SED beherrschten Staat abhängt, bestimmt auch heute noch in erster Linie das Leben der Bürger. Der Staat ist nicht nur sein Gesetzgeber, sondern auch sein Arbeitgeber. Schul- und Universitätsausbildung, höhere Bezahlung, beruflicher Aufstieg werden an Zustimmung und Mitarbeit gebunden. Die Zustimmung beginnt mit Unterschriften und Resolutionen, verlangt als Mindestmaß die ‚gesellschaftliche Betätigung', die Mitgliedschaft in der FDJ, FDGB usw. Häufig ist sogar die Mitgliedschaft in der SED Voraussetzung beruflicher Chancen, ja beruflicher Existenz."
>
> (*H. Horn,* in: Politik im 20. Jahrhundert, Braunschweig 1974, S. 310.)

Ein zweiter deutscher Staat hat sich auf deutschem Boden entwickelt, ein *Grundvertrag* zwischen beiden Staaten soll ihr Nebeneinander regeln. Mit aller Macht drängt die DDR heute darauf, daß die Beziehungen so wie zwischen zwei sonstigen Staaten sein sollen.

COMMISSION DE GOUVERNEMENT
HAUTE SILESIE
50 Flugpost 50
MARK MARK
Freie Stadt Danzig
Saar
DEUTSCHE NATIONAL VERSAMMLUNG 1919
500 M Rhein-Ruhr-Hilfe
Deutsches Reich
Deutsches Reich
4000
Viertausend Mark
Deutsches Reich
2 Millionen
Zweihundert
DEUTSCHES REICH
5 PF
DEUTSCHE NOTHILFE
Reich 60 60
Reich 15 15
40 Pfennig 40 Pfennig
Deutsche Flugpost
Die Saar kehrt heim!
25 25
Deutsches Reich
München-Reichsgrenze
Reichsautobahn
Winterhilfswerk
Deutsche Reichspost
EIN FÜHRER
EIN VOLK EIN REICH
10. APRIL 1938
Deutsches Reich
GROSSDEUTSCHES REICH
ZWEI VÖLKER UND EIN KAMPF
12 Deutsches Reich 38
4 4
General-Gouvernement
EIN VOLK STEHT AUF
GROSSDEUTSCHES REICH
ZONE FRANCAISE
15 BRIEFPOST 15
40 AM POST 40
PFENNIG PFENNIG
DEUTSCHLAND
20 PFENNIG
Sowjetische Besatzungs Zone
DEUTSCHE POST
6
STADT BERLIN
Gefangenen
DEUTSCHE BUNDESPOST
10
ZEHN JAHRE VERTREIBUNG 1945 1955
20
DEUTSCHE BUNDESPOST
MONAT DER DEUTSCH-SOWJETISCHEN FREUNDSCHAFT
24
DEUTSCHE DEMOKRATISCHE REPUBLIK
20
DEUTSCHE DEMOKRATISCHE REPUBLIK
DEMOKRATISCHE REPUBLIK
10 JAHRE DEUTSCHE
5
40
FREIHEITSGLOCKE BERLIN
DEUTSCHE POST
DEUTSCHE BUNDESPOST
LUFTBRÜCKE
25 BERLIN
17. JUNI 1953
20 DEUTSCHE POST BERLIN
ZWANZIG JAHRE
30
Grundgesetz
23. Mai 1949
1919 Weimarer
Verfassung
BUNDESREPUBLIK DEUTSCHLAND
DEUTSCHE BUNDESPOST
KONRAD ADENAUER
30
IN MEMORIAM 15.1.1919
KARL LIEBKNECHT ROSA LUXEMBURG
24
DEUTSCHE POST
18.1.1871 100 Jahre
Reichsgründung
Deutsche Bundespost
30
20 DDR
13. AUGUST 1961-1971

Zwei Nationen?

Dazu gehört auch der Versuch, sich im Selbstverständnis von der Bundesrepublik Deutschland abzugrenzen. Der wichtigste Schritt auf diesem Wege war die Abkehr von dem Verständnis einer einheitlichen deutschen Nation.

Aussagen zur Abgrenzungspolitik der DDR

1. *Aus einer Rede des SED-Vorsitzenden Honecker auf dem 8. Parteitag der SED im Juni 1971:* „Mit der Errichtung der Arbeiter- und Bauern-Macht und dem Aufbau der sozialistischen Gesellschaft entwickelt sich ein neuer Typus der Nation, die sozialistische Nation. Im Gegensatz zur BRD, wo die bürgerliche Nation fortbesteht und wo die nationale Frage durch den unversöhnlichen Klassenwiderspruch zwischen der Bourgeoisie und den werktätigen Massen bestimmt wird, der – davon sind wir überzeugt – im Verlaufe des welthistorischen Prozesses des Übergangs vom Kapitalismus zum Sozialismus seine Lösung finden wird, entwickelt sich bei uns in der Deutschen Demokratischen Republik, im sozialistischen deutschen Staat, die sozialistische Nation."

2. *Aus der Zeitschrift „Einheit", dem Theorieblatt des Zentralkomitees der SED (Februar 1974):* „Die einheitliche deutsche Nation gehört . . . der geschichtlichen Vergangenheit an. Die sozialistische und die kapitalistische Nation haben zwar eine gemeinsame geschichtliche Vergangenheit, aber keine gemeinsame Gegenwart und Zukunft mehr. Sie beruhen auf entgegengesetzten gesellschaftlichen Grundlagen, sie haben einen entgegengesetzten ökonomischen, sozialen, politischen und ideologischen Inhalt, sie sind Entwicklungsformen entgegengesetzter Gesellschaftformationen und setzen auch entgegengesetzte geschichtliche Traditionslinien fort. Deshalb kann es zwischen ihnen keine Einheit geben . . . Es gibt auch . . . Gemeinsamkeiten zwischen Deutschen, Österreichern, Schweizern und den französischen Elsässern und Lothringern, ohne daß es sich um nationale Gemeinsamkeiten handelt.

   Die Versuche, eine angeblich noch existierende einheitliche deutsche Nation zu konstruieren, sind darauf gerichtet, die gesetzmäßige Entwicklung der sozialistischen Nation in der DDR aufzuhalten und das Rad der Geschichte zurückzudrehen."

Am 27. September 1974, unmittelbar vor dem 25. Jahrestag der Deutschen Demokratischen Republik, entschloß sich die DDR-Führung, den Begriff der „deutschen Nation" aus ihrer Verfassung zu eliminieren bzw. durch den Begriff der „sozialistischen Nation" zu ersetzen. Die völlige Trennung soll vollzogen werden.

Arbeitsvorschläge

1. Unter einer Nation verstehen wir die Gemeinschaft der Menschen mit gleicher Sprache und mit einer gemeinsamen Geschichte. Begründe daher bitte die Rechtsauffassung der Bundesregierung: Es gibt eine Spaltung Deutschlands in zwei Staaten, nach wie vor aber eine einheitliche deutsche Nation!
2. Versuche bitte, die Begründungszusammenhänge der „Aussagen zur Abgrenzungspolitik" mit deinen Worten wiederzugeben!
3. Verfolge in Fernsehen und Rundfunk die Nachrichten über die DDR und die Verhandlungen zwischen beiden deutschen Staaten!
4. Lies noch einmal auf S. 205 über die Reformen nach, die Dubček 1968 in der Tschechoslowakei durchführen wollte! Es sind zumeist Rechte und Freiheiten, die bis heute auch in der DDR nicht gelten.

Wir merken uns

In der DDR setzte die sowjetische Besatzungsmacht die Herrschaft der kommunistischen SED durch. Ein Volksaufstand wurde niedergeschlagen (17. Juni 1953), der Flucht von Millionen DDR-Bewohnern durch eine Sperrmauer in Berlin ein Ende bereitet (13. August 1961).

Seit 1972 soll ein Grundvertrag das Nebeneinander der beiden Staaten auf deutschem Boden regeln.

Die europäische Integration 7

Parteienwerbung zur Europawahl 1979

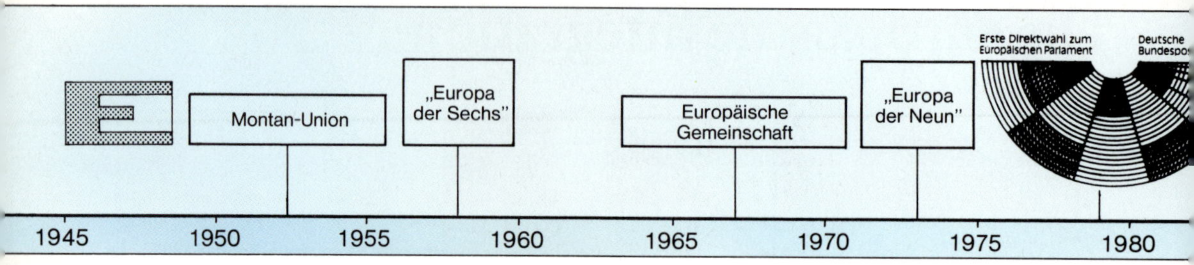

Der Weg zum vereinten Europa

Stimmen für Europa

„Dr. Wirth ... schloß dann, nachdem er im Fluß der Rede den Kaiser von Rußland als den größten Bluttyrannen bezeichnet, auf den Bundestag die größten Schmähungen ausgestoßen hatte, mit der Hoffnung einer baldigen, besseren Zeit, mit dem dreimaligen Lebehoch eines vereinten, freien, republikanischen Europas" (Bericht über das Hambacher Fest 1832).

„Der Tag wird kommen, da Franzosen, Italiener, Deutsche – da alle Nationen des Kontinents, ohne ihre besonderen Eigenschaften zu verlieren, sich zu einer höheren Einheit zusammenfinden und die europäische Brüderlichkeit begründen werden. Der Tag wird kommen, da die Kugeln und Bomben durch Stimmzettel, durch das allgemeine Wahlrecht zu einem europäischen Parlament abgelöst werden" (*Victor Hugo*, 1847).

„Wir müssen eine Art Vereinigter Staaten von Europa errichten ... Wir können es uns einfach nicht leisten, durch all die kommenden Jahre den Haß und die Rache mit uns fortzuschleppen, die den Ungerechtigkeiten der Vergangenheit entsprossen sind ... Europa muß sich vereinigen, oder es wird untergehen" (*Winston Churchill*, 1946).

Arbeitsvorschlag

Du hast bisher zwei Beweggründe kennengelernt, die zu einer Annäherung zwischen den Völkern und Staaten Europas geführt haben: das Streben nach Sicherheit (S. 199) und nach Versöhnung (S. 196). – Welche Zielsetzungen werden in den Texten oben sichtbar?

Die Anfänge nach 1945

Im 19. Jahrhundert war aus den vielen deutschen Einzelstaaten der *Nationalstaat* Deutschland geworden. Warum sollte es nicht möglich sein, die europäischen Nationalstaaten zu größeren, *übernationalen* Zusammenschlüssen zu führen? Warum sollte es nicht *einen* europäischen Staat anstelle der Zersplitterung Europas geben?

Diese Idee eines Zusammenschlusses in Europa ist alt und über alle Kriege hinweg immer wieder lebendig geblieben. Während des Zweiten Weltkrieges waren es die Widerstandsbewegungen in ganz Europa, die ihren Kampf gegen das Hitlerreich zugleich als einen Kampf für Europa sahen. Nach 1945 gab es vor allem in der Jugend einen leidenschaftlichen Einsatz für die europäische Idee. Demonstranten beseitigten Schlagbäume an den Grenzen und pflanzten Fahnen mit dem grünen E, dem Zeichen der „Europäischen Bewegung", auf.

Fahne der „Europäischen Bewegung"

Deutsche und französische Studenten protestieren gegen die Errichtung eines Zollhauses für 2 Mill. DM an der deutsch-französischen Grenze bei Saarbrücken im Jahre 1970: Nicht (nur) von Europa sprechen, sondern für Europa handeln! Bilder wie diese sind in unserer Gegenwart selten geworden.

Die wirtschaftliche Einigung

Das „Europa der Sechs“

Diese Begeisterung ist heute kaum mehr zu spüren. Und dennoch ist das Ziel eines vereinten Europas zäh und beharrlich weiterverfolgt worden: an Konferenztischen und mit Vereinbarungen. Vor allem auf *wirtschaftspolitischem Gebiet* sind große Erfolge erzielt worden.

Sechs europäische Staaten machten den Anfang: Belgien, die Bundesrepublik Deutschland, Frankreich, Italien, Luxemburg und die Niederlande. Sie schlossen sich 1952 zu einer *Montan-Union* zusammen, wodurch die Kohle- und Stahlproduktion gemeinsam verwaltet wurde. Daneben trat 1958 die *Europäische Wirtschaftsgemeinschaft (EWG)* dieser sechs Staaten. Abschaffung der zwischenstaatlichen Zölle, gemeinsame Landwirtschafts- und Verkehrspolitik – das sind einige Ziele dieser Gemeinschaft, die weitgehend verwirklicht werden konnten. Außerdem besteht – ebenfalls seit 1958 – die *Europäische Atomgemeinschaft* (Euratom) dieser Länder mit dem Ziel der gemeinsamen wirtschaftlichen Nutzung der Atomenergie.

Die überstaatlichen Verwaltungen dieser drei europäischen Gemeinschaften (Montan-Union, EWG und Euratom) sind seit 1967 vereinigt. Für sie gebrauchen wir heute den Begriff *Europäische Gemeinschaft.* Ihr Sitz ist Brüssel.

Das „Europa der Neun“

Seit dem 1. Januar 1973 ist aus dem „Europa der Sechs“ ein *Europa der Neun* geworden: Dänemark, Großbritannien und Irland gehören seither ebenfalls dazu. Diese neun Staaten der Europäischen Gemeinschaft wachsen nach und nach zu einem Wirtschaftsgebiet mit 260 Millionen Einwohnern und einer hochentwickelten Industrie zusammen. Der Warenverkehr innerhalb der Gemeinschaft ist zwischen 1960 und 1979 bei Agrarprodukten etwa um das Achtfache, bei gewerblichen Produkten fast um das Zehnfache angestiegen. Wir nehmen es kaum noch zur Kenntnis, daß wir in jedem Supermarkt Waren aus allen Ländern der Europäischen Gemeinschaft so selbstverständlich einkaufen wie deutsche.

Darüber hinaus bestehen Sonderbeziehungen der EG mit fast 60 Staaten der Erde, zumeist Entwicklungsländern. Handelsabkommen sichern diesen Staaten bevorzugte Exportmöglichkeiten in die Europäische Gemeinschaft und tragen so zu ihrer Lebensfähigkeit bei.

Nach den USA ist die Europäische Gemeinschaft heute die stärkste Wirtschaftsmacht der Welt.

Das „Europa der Zwölf“

Die Neuner-Gemeinschaft wächst weiter: 1981 ist Griechenland der EG beigetreten. Mit Portugal und Spanien laufen Beitrittsverhandlungen. So wird sich die Europäische Gemeinschaft nach Süden erweitern. Noch schafft der große Rückstand dieser Staaten in ihrer wirtschaftlichen und sozialen Entwicklung Probleme.

Wie groß die wirtschaftlichen und sozialen Unterschiede im Europa der Neun sind, zeigt die nebenstehende Karte. Das „Bruttosozialprodukt“ bezeichnet den Wert aller Güter und Dienstleistungen, die in einer Wirtschaft hergestellt oder erbracht werden. – Gebiete mit einem unterdurchschnittlichen Bruttosozialprodukt sind zugleich die strukturschwachen Regionen der EG.

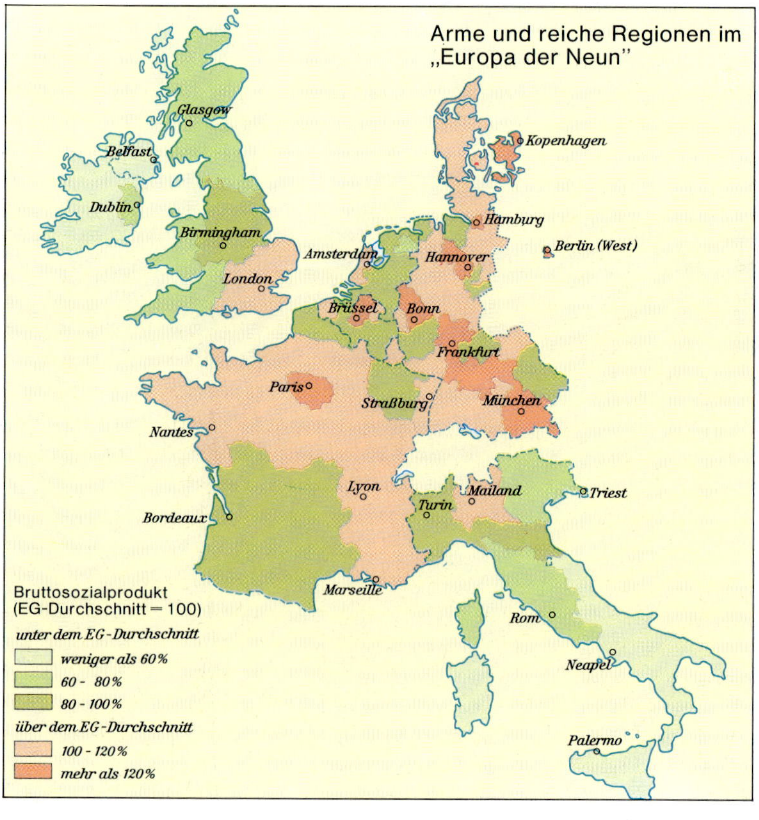

Arbeitsvorschläge

1. Auch der Gründung des Deutschen Reiches von 1871 war der wirtschaftspolitische Zusammenschluß vorangegangen. Informiere dich noch einmal über die Zusammenhänge!
2. Stelle die Mitgliedstaaten der erweiterten Wirtschaftsgemeinschaft in einer Faustskizze zusammen! Welche westeuropäischen Staaten gehören nicht dazu?
3. Auch in Osteuropa gibt es einen wirtschaftlichen Zusammenschluß, ähnlich der EG: den „Rat für gegenseitige Wirtschaftshilfe" (Comecon) unter Führung der Sowjetunion. – Wie müßte die „Europäische Gemeinschaft" eigentlich richtiger heißen?

Die politische Einigung

Ein „Europa der Vaterländer"

Im Gegensatz zur wirtschaftlichen Einigung hat die politische Einigung Europas nur geringe Fortschritte gemacht. Die „Vereinigten Staaten von Europa", von denen die Europa-Begeisterten 1945 träumten, sind noch ferne Zukunft.

Immer wieder hat es Schritte und Bemühungen in dieser Richtung gegeben. Auf einer Gipfelkonferenz der führenden Staatsmänner 1972 wurde verkündet, daß die Europäische Gemeinschaft bis 1980 zu einer *Europäischen Union ausgebaut werden sollte*, d. h. die Mitglieder sich auch politisch stärker zu einer Einheit zusammenfinden sollten. Dieses Ziel blieb unerreicht. Eine starke Zentralgewalt gar, die sich über die einzelnen Mitgliedstaaten wölbt, ist überhaupt nicht in Sicht. Im Gegenteil, Europa ist noch immer mehr ein „Europa der Vaterländer", wie es einst Charles de Gaulle forderte.

Diese Staats- und Regierungschefs der EG-Länder beschlossen 1972 den Ausbau zur „Europäischen Union" *(von links): Werner (Luxemburg), Eyskens (Belgien), Lynch (Irland), Jörgensen (Dänemark), Brandt (Bundesrepublik), Biesheuvel (Holland), Pompidou (Frankreich, als Gastgeber), Heath (Großbritannien), Andreotti (Italien), Messemer (Frankreich).*

1977: 20 Jahre EWG-Vertrag

Die politische Macht liegt bei den Regierungen der Mitgliedstaaten. Die jährlich mehrmals stattfindende Konferenz der Regierungschefs, der *Europäische Rat,* faßt die Grundsatzbeschlüsse. Auch der regelmäßig tagende *Ministerrat* wird von je einem Minister dieser Regierungen beschickt, und hier fallen die praktischen Entscheidungen über die gemeinsame Politik. Die *Europäische Kommission* und mit ihr die supranationalen (überstaatlichen) Behörden in Brüssel sind im wesentlichen ausführende Organe.

Die Regierungen der Mitgliedstaaten aber sind nach wie vor mehr damit beschäftigt, im ständigen Kleinkrieg nationale Interessen durchzusetzen, als damit, den *Integrationsprozeß* voranzutreiben, vor allem Frankreich. Auch Krisen haben die Europäische Gemeinschaft bisher nicht sonderlich weitergebracht.

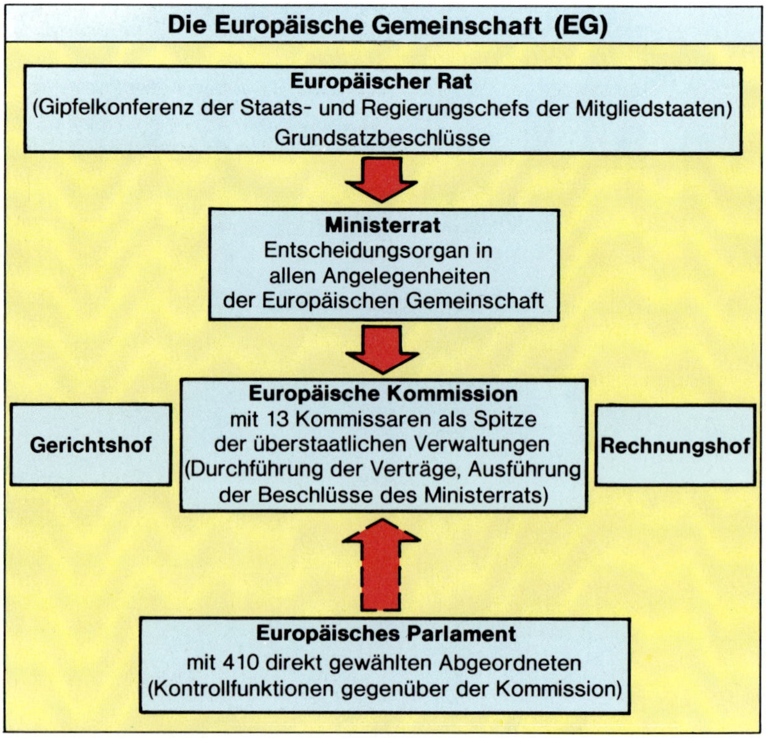

Das Schaubild zeigt die wichtigsten Organe der EG und ihre Befugnisse.

◁ *Karikaturen aus dem Jahre 1977. So sahen die Zeichner die Europäische Gemeinschaft 20 Jahre nach der Gründung der EWG.*
(Nach einer griechischen Sage war Europa eine Königstocher, die vom Göttervater Zeus – in Gestalt eines Stiers – übers Meer von Asien nach Kreta entführt wurde. Nach ihr erhielt unser Kontinent seinen Namen, und deshalb wird Europa symbolisch gern als junges Mädchen dargestellt.)

Sondermarke der Deutschen Bundespost anläßlich der Direktwahl zum Europäischen Parlament 1979 (rechts).

Das Europäische Parlament

Zum ersten Male wurde im Juni 1979 ein *gemeinsames* Parlament von 180 Millionen wahlberechtigten Europäern *gewählt.* In das „Palais de l'Europe" in Straßburg sind 410 Abgeordnete eingezogen, gewählt nach einem Schlüssel, der auch die kleinen Mitgliedstaaten ausreichend vertreten sein läßt.

Die Vertreter der Mitgliedstaaten haben sich zu übernationalen Aktionsgemeinschaften zusammengeschlossen und treten auch im Straßburger Parlament als Fraktionen auf. Ist hier ein neuer Anfang für die politische Einigung Europas gemacht? Noch sind die Rechte dieses Parlaments dürftig, fehlen ihm die wichtigsten Befugnisse eines Parlaments: das Recht, Gesetze zu erlassen und eine Regierung zu bilden. Aber vielleicht wird das Europäische Parlament sich weitere Rechte erringen, wird es einmal zur verfassunggebenden Versammlung eines vereinten Europa.

Das „Palais de l'Europe", Sitz des Europäischen Parlaments in Straßburg

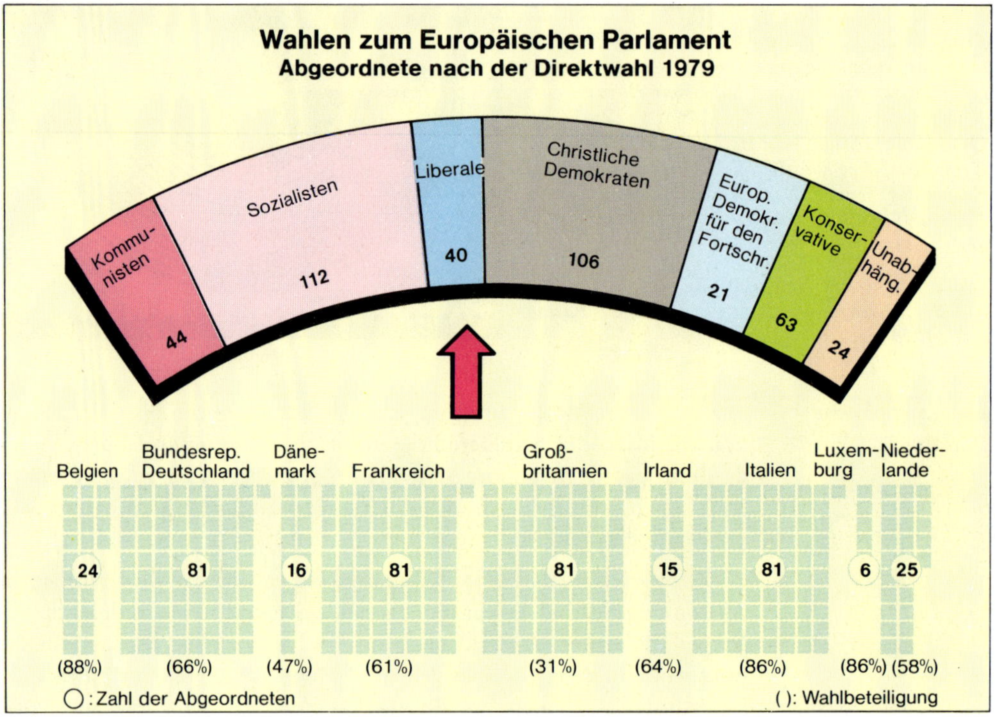

Arbeitsvorschläge

1. Betrachte bitte noch einmal die Karikaturen auf S. 272! Welche speziellen Probleme auf dem Wege zur europäischen Einigung wollen die Zeichner jeweils darstellen? Welche Symbole wählen sie dafür im einzelnen? – Welche symbolische Figur der rechten Karikatur ist dir in diesem Arbeitsbuch bereits begegnet? (Du kannst auf S. 47 nachschlagen.) Welche anderen Symbolfiguren kannst du deuten? Die Figuren für Belgien, die Niederlande und Luxemburg „ziehen an einem Strang" – warum?
2. Bei den Direktwahlen zum Europäischen Parlament entfielen auf 760 000 Wahlberechtigte der Bundesrepublik Deutschland und auf 60 000 Wahlberechtigte in Luxemburg je ein Abgeordneter. Ist dieser Schlüssel vernünftig? Diskutiere bitte mögliche Alternativen! Welche Probleme hätte z. B. ein allgemeiner Schlüssel von 760 000 : 1, welche ein Schlüssel von 60 000 : 1 aufgeworfen?
3. Du erkennst auf dem vorstehenden Schaubild eine unterschiedlich starke Wahlbeteiligung. Bei welchem Prozentwert lag sie im europäischen Durchschnitt? In welchen Staaten war sie besonders gering? Setze das Beitrittsdatum zur EG und die Wahlbeteiligung der einzelnen Staaten zueinander in Beziehung! Welche Rückschlüsse sind möglich?
4. Verfolge Nachrichten über Tätigkeiten des Europäischen Parlaments!

Wir merken uns

Seit 1945 gehen die Staaten Westeuropas den Weg zu einem engeren Zusammenschluß.

Die wirtschaftliche Einigung führte zur Gründung von drei „Gemeinschaften" (Montan-Union, EWG und Euratom), die 1967 zur „Europäischen Gemeinschaft" zusammengeschlossen wurden. Aus dem „Europa der Sechs" wurde 1973 ein „Europa der Neun".

Die politische Einigung hat bisher nur geringe Fortschritte gemacht. Die Direktwahl eines Europäischen Parlaments 1979 kann ein wichtiger Schritt auf dem Wege zu einem vereinten Europa sein.

Chinas Weg zur Weltmacht

8

Massenversammlung in der Zeit der Kulturrevolution (1966–1969)

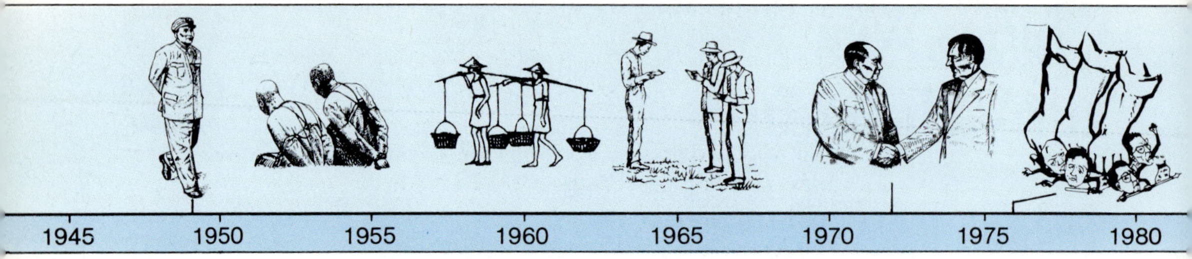

Vom alten zum neuen China

China war zwar von den Europäern nie gänzlich unterworfen worden (vgl. die Karte auf S. 54). Seinen Weg aus völliger Machtlosigkeit noch zu Beginn dieses Jahrhunderts zur dritten Großmacht unserer Gegenwart wollen wir zunächst verfolgen.

Revolution und Bürgerkrieg

Schon vor 1900 hatten sich in China Gruppen gebildet, die mit der Politik der kaiserlichen Regierung nicht einverstanden waren (vgl. S. 50). Im Herbst 1911 brach schließlich die schon lange schwelende Revolution aus. Mißernten hatten den Auftakt gegeben. Kaiserliche Beamte hatten den Reispreis heraufgeschraubt und sich an der Not der hungernden Massen bereichert. Es kam zu Bauernaufständen, zu wechselvollen Kämpfen zwischen den Aufständischen und regierungstreuen Truppen. Immer mehr chinesische Männer schnitten sich, als Zeichen der Erhebung, die Zöpfe ab. Hankau, Nanking, Schanghai – immer mehr große Städte und Provinzen fielen in die Gewalt der Revolutionäre.

Anfang Februar 1912 verzichtete das Herrscherhaus in Peking auf die Regierung. *Das Kaiserreich China wurde eine Republik.*

Dem Sturz der jahrtausendealten Kaiserherrschaft folgten Jahrzehnte der Wirren, des Bürgerkriegs, des Hungers, des verzweifelten und fanatischen Kampfes der Parteien um Macht, Ordnung, Frieden und Vernichtung des Gegners. Um den brodelnden Riesenkessel China aber standen die fremden Mächte, abwartend, interessiert – bereit zuzufassen, um Einfluß, vielleicht gar die Vorherrschaft in diesem weiten und volkreichen Land zu gewinnen: Rußland, England, die USA und besonders Japan, das von 1931 an weite Teile Chinas besetzte.

In den Wirren der inneren Kämpfe hatten sich vor allem zwei Gruppen herausgebildet: eine mehr *nationale* unter der Führung des Generals *Tschiang Kai-schek* (1887–1975) und eine *kommunistische* unter der Führung *Mao Tse-tungs.* Beide bekämpften sich als feindliche Brüder. Zuerst hatte Tschiang Kai-schek die Oberhand. Er zerschlug die Kommunistische Partei und ließ Tausende ihrer Führer hinrichten. Er setzte in großen Teilen Chinas seine Herrschaft durch.

Das China Mao Tse-tungs

Die Machteroberung durch Mao Tse-tung

Die Kommunistische Partei Chinas (KPCh) bildete eine Gegenregierung im Süden. Tschiang Kai-schek drängte die „Rote Armee“ Mao Tse-tungs aus Südchina hinaus nach Norden. Heute weiß jedes Schulkind in China von dem *„langen Marsch“* zu erzählen, den Maos Armee damals, von Oktober 1934 bis Oktober 1935, unter ständigen Kämpfen zurücklegte. Die Marschstrecke betrug rund 13 000 km – das war mehr als ein Viertel des gesamten Erdumfanges. Er führte durch Wüsten und Gebirge, durch Sonnenglut und Winterstürme. Hunderttausend Mann traten diesen Marsch an – etwa 20 000 trafen am Ende in der nordchinesischen Provinz Schensi ein.

Inzwischen waren die Japaner immer weiter vorgedrungen, und 1937 begann der regelrechte *Krieg zwischen Japan und China.* Vor der äußeren Bedrohung fanden sich die streitenden Brüder, die rote und die nationale Armee, noch einmal zusammen. Während Tschiang Kai-schek die oberste Leitung des Krieges hatte, führten die Kommunisten unter Mao den Krieg gegen die Japaner in unablässigen, zähen, kleinen Partisanenkämpfen. Ihre „Soldaten“ waren überall und nirgends. In blitzartigen Überfällen stießen sie gegen die japanischen Kolonnen und Stellungen vor. Zogen die Japaner Verstärkung heran, waren die Angreifer plötzlich wie vom Erdboden verschwunden. Als friedliche Bauern und Handwerker gingen sie wieder ihrer Arbeit nach. Waffen wurden selten bei ihnen gefunden.

Mao Tse-tung (1893–1976)

Dieser „Kleinkrieg“ wurde von beiden Seiten mit beispielloser Grausamkeit und Tücke geführt. Unablässig wuchsen der KPCh dabei neue Anhänger zu.

Der Japanisch-Chinesische Krieg wurde schließlich ein Teil des großen Zweiten Weltkrieges. Erst mit der Kapitulation der Japaner 1945 hatte die lange feindliche Besetzung Chinas ein Ende.

Nachdem der äußere Feind abgezogen war, entbrannte sofort wieder die Auseinandersetzung zwischen der kommunistischen und der nationalen Gruppe. Bereits im Winter 1947 ging Mao mit seinen Truppen zum Angriff gegen Tschiang Kai-schek über. Im Frühjahr 1949 zog er in die Hauptstadt Peking ein; Ende September hatten die Kommunisten den weitaus größten Teil Chinas im Besitz. Tschiang Kai-schek mußte sich auf das der südchinesischen Küste vorgelagerte Inselland Taiwan (Formosa) zurückziehen.

Am 1. 10. 1949 wurde in Peking die *Volksrepublik China* mit dem Ministerpräsidenten Tschu En-lai ausgerufen. Der eigentliche Führer des rotchinesischen Riesenstaates aber war der Parteivorsitzende Mao Tse-tung.

Arbeitsvorschläge

1. Stelle die Ereignisse in China zwischen 1900 und 1949 in einer Tabelle zusammen!
2. Informiere dich auf S. 189, welche Teile Chinas im Zweiten Weltkrieg von den Japanern beherrscht wurden!
3. Gib bitte nach dem Quellentext auf S. 278 mit deinen Worten wieder, welche allgemeingültige Bedeutung die Anhänger Maos seinem Weg zum revolutionären Sieg gaben!

Mao siegte in der Auseinandersetzung mit Tschiang Kai-schek vor allem deshalb, weil es ihm gelang, die chinesischen Bauern auf seine Seite zu bringen. Sie waren bisher von den Großgrundbesitzern wie von den Truppen Tschiang Kai-scheks nur unterdrückt und ausgebeutet worden. Wo immer Mao siegte, verteilte er das Land unter die Bauern. Dafür unterstützten sie seine Soldaten, wie es unser farbiger Holzschnitt aus den vierziger Jahren zeigt. Es ist eine ganze Bildergeschichte: Bauern versorgen die Armee mit Reittieren sowie Ziegen und Lämmern als Verpflegungsnachschub (erste und zweite Bildreihe). Sie bringen einen Verwundeten in Sicherheit und bewachen das Soldatenlager (dritte Reihe). Sie stellen Freiwillige aus ihren Reihen und unterstützen einen Kriegsversehrten und seine Familie.

„Sich auf die Bauern verlassen, die Stützpunkte auf dem Lande errichten, die Städte durch die Dörfer einkreisen und schließlich die Städte erobern: das war der Weg zum Sieg, den die chinesische Revolution einschlug .. Es muß mit Nachdruck betont werden, daß die Theorie des Genossen Mao Tse-tung über die Errichtung von revolutionären Stützpunkten auf dem Lande von hervorragender, allgemeingültiger und aktueller Bedeutung für die gegenwärtigen revolutionären Kämpfe aller unterdrückten Nationen und Völker in Asien, Afrika und Lateinamerika gegen den Imperialismus und seine Lakaien ist . . . Nehmen wir die ganze Welt her. Wenn Nordamerika und Westeuropa als ‚Städte der Welt' bezeichnet werden können, dann kann man Asien, Afrika und Lateinamerika ‚die ländlichen Gebiete der Welt' nennen . . . In einem gewissen Sinne bietet die gegenwärtige Weltrevolution ein Bild der Einkreisung der Städte durch die ländlichen Gebiete. Die ganze Sache der Weltrevolution hängt in letzter Analyse von den revolutionären Kämpfen der asiatischen, afrikanischen und lateinamerikanischen Völker ab, welche die überwältigende Mehrheit der Weltbevölkerung sind . . ."

(Aus: Pekinger Volkszeitung vom 5. Oktober 1965)

Die Liquidierung der Großbauern in Schanghai

Sozialismus in China

Nun begannen Mao und seine Anhänger damit, ihre Macht in dem Riesenreich durchzusetzen und auszubauen.

Der erste Schritt: Liquidierung der Gegner

Zunächst tobten sich der aufgespeicherte Groll und Haß in einer Vernichtung aller aus, die man für Feinde der neuen „sozialistischen Ordnung" hielt. Zwei Jahre dauerte dieser erste blutige Abschnitt der neuen chinesischen Volksrepublik, die „Liquidierung" der bisher herrschenden Schichten. Mao gab später einmal selbst die Zahl derer, die in dieser Zeit gewaltsam zu Tode kamen, mit 750 000 an; heutige Schätzungen belaufen sich auf 1—5 Millionen. Über die Durchführung eines „Volksgerichtes" über die ehemaligen Großgrundbesitzer in Schanghai im September 1951 berichtete als Augenzeuge ein französischer Beamter:

„Die Gefangenen hatten wie Hunde Stricke um den Hals. Man schleppte sie auf Lastwagen zum großen Stadion in Schanghai, wo früher die Hunderennen waren. Niemand konnte sich den Eindrücken der Massengerichte entziehen. Der Rundfunk übertrug das Verfahren vom Morgen bis in die Nacht. Aus mächtigen Lautsprechern brüllte an jeder Straßenecke das Jauchzen der Massen und das Jammern der Opfer, von denen manche zu Tode gesteinigt oder geprügelt wurden. Die Rufe: ‚Tötet! Tötet!' erdröhnten den ganzen Tag hindurch."

(Nach: *R. L. Walker*, China unter dem Kommunismus, Stuttgart 1956, S. 249.)

Menschliche Arbeitskraft ersetzt die fehlenden Maschinen und Motoren.

Der zweite Schritt: Industrialisierung

580 Millionen Menschen in 44 verschiedenen Völkern zählte 1953 das Riesenreich auf einer Fläche von rund 9 Millionen qkm. Aber Jahr für Jahr stieg die Einwohnerzahl um 12 bis 14 Millionen Menschen! 40% der Einwohner Chinas waren unter 20 Jahre alt — in jeder Stunde gab es 1700 kleine Chinesen mehr im Lande, die satt werden mußten! Das war die Aufgabe: Brot für immer mehr Menschen zu schaffen.

1953 begann der erste große *Fünfjahresplan* der Regierung. Man mußte die landwirtschaftlich genutzte Fläche des Landes erweitern – bis auf das Doppelte, von 1 Million qkm auf 2 Millionen! Man mußte den Ertrag jedes Ackers steigern: durch neue, umfangreiche Bewässerungsanlagen, durch zusätzliche Düngung, durch Züchtung neuer Saatsorten, durch den Einsatz von Maschinen – vor allem durch gemeinsame Anstrengung aller Kräfte. Man mußte neue Industrien schaffen, mußte neue Rohstoffquellen erschließen, Kraftwerke bauen und moderne Fabriken einrichten. Städte waren zu gründen oder zu erweitern, für Hunderttausende und Millionen Einwohner. Ein modernes Verkehrsnetz mußte gelegt werden.

Der dritte Schritt: die Volkskommunen

Der erste Fünfjahresplan hatte vor allem die Schwerindustrie gefördert, die Landwirtschaft dagegen war zurückgefallen. Hier wurden 1958 die *Volkskommunen* eingerichtet: Bauernarmeen mit jeweils etwa 20 000 Mitgliedern. Gemeinsam sollten sie mit Gesang zur Arbeit auf die Felder ziehen, gemeinsam in großen Sälen essen, gemeinsam leben. Eigentum und Familie sollten verschwinden, das Kollektiv alles Leben bestimmen.

Mit diesen Volkskommunen wollte Mao Tse-tung die *reine Lehre von Karl Marx* durchsetzen. Er wollte eine neue, wirklich klassenlose Gesellschaft schaffen mit Menschen, die sich nur als Teil eines Ganzen, als Teil eines Kollektivs fühlten. Voller Verachtung blickte er nach Rußland, auf die „Verräter an der Revolution", die die alten Klassen durch neue ersetzt hatten.

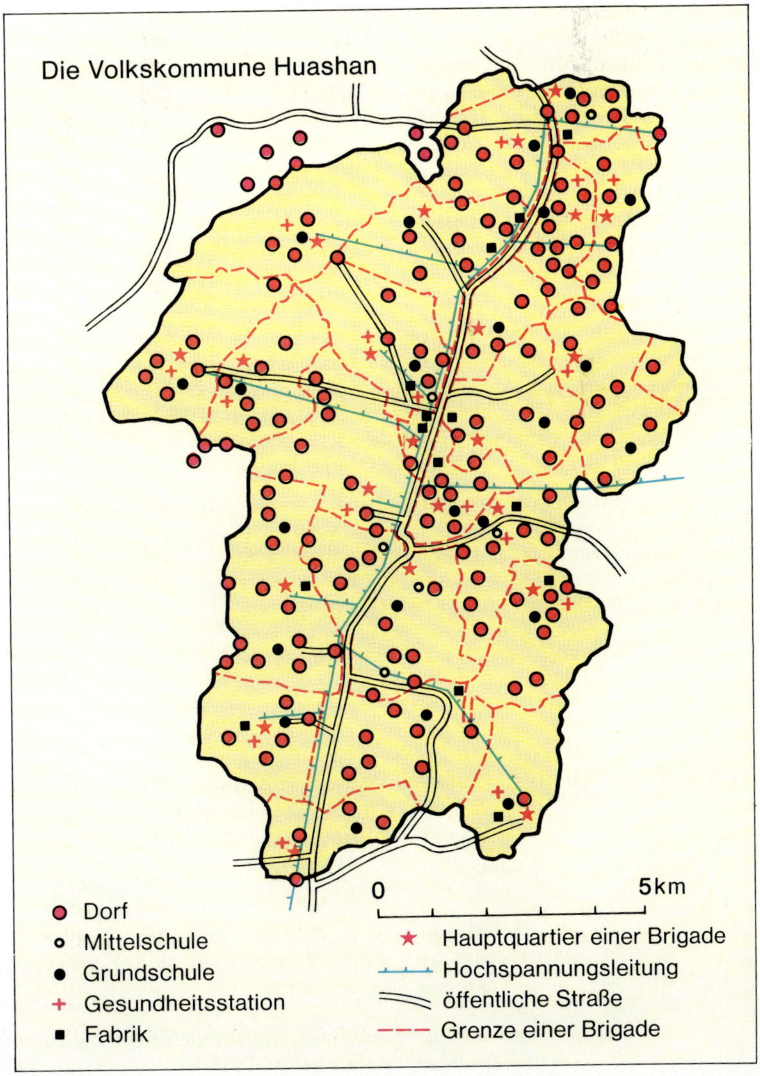

Auf der Folgeseite ist ein Bericht über das Leben in einer Volkskommune abgedruckt. Diese Karte der Kommune Huashan in der Provinz Guang-dong kann manches verdeutlichen, z. B. das Zusammenleben in Dörfern, von denen mehrere eine Produktionsbrigade bilden. – Untersuche, ob jede Brigade über eine Gesundheitsstation verfügt! Wie ist z. B. das Schulwesen organisiert? Wie viele Fabriken gibt es in Huashan? – Insgesamt hat China etwa 50 000 solcher Volkskommunen.

Bericht über die Volkskommune Huatung 1974

Die Volkskommune liegt im nördlichen Teil der Provinz Kuangtung, 47 km von der Stadt Kanton entfernt. Die vorgesetzte Verwaltungsbehörde ist das Kreisrevolutionskomitee des Hua-Kreises. Der Name Huatung bedeutet in deutscher Übersetzung „Blume des Ostens". In der Kommune leben 12 010 Familien mit 59 287 Familienmitgliedern. Davon sind 51,4 % Frauen. 94 % der auf dem Kommunengebiet lebenden Bevölkerung sind landwirtschaftlich tätig, 6 % in anderen Berufen. Die Fläche der Kommune beträgt 150 qkm. Die Anbaufläche hat eine Größe von 71 110 Mou (4740 ha). Die Volkskommune besteht aus 20 Produktionsbrigaden. Die Produktionsgruppe ist hier die grundlegende Rechnungseinheit. Sie ist für die Verluste und Gewinne verantwortlich und für die Verteilung der Erträge zuständig. Es gibt 319 Produktionsgruppen. Die Gruppe organisiert die Produktion, aber auch das Freizeitleben und die politische Arbeit der Kommunenmitglieder ...

Die Volkskommune hat 15 kleinere Industriebetriebe errichtet, um sich selbst zu versorgen und vom Überschuß Stadt und Land mit verschiedenen Produkten zu beliefern. Das Einkommen aus diesen Betrieben gehört zum Einkommen der Volkskommune. Die Industrie der Volkskommune beruht auf dem Prinzip, lokal vorhandene Rohstoffe und Produktionsmöglichkeiten auszunutzen. Im Bereich der Volkskommune findet sich z. B. Kohle. So sind 12 Abbaustellen angelegt worden, in denen bis zu einer Tiefe von 50 m sogenannte Rauchkohle abgebaut wird. Die Volkskommune verfügt über Wasservorkommen, die zur Anlage von zwei Wasserkraftstationen genutzt wurden. Da sich in der Gegend der Kommune Ton und Lehm finden lassen, verfügt die Kommune über eine Ziegelei für Backsteine, eine Ziegelei für Dachziegel und eine Keramikbrennerei. Weil die Volkskommune ferner auch Ölpflanzen und Zuckerrohr anbaut, wurden eine Produktionsanlage für Pflanzenöl sowie ein Betrieb zur Verarbeitung von Zuckerrohr errichtet. Aufgrund der Mechanisierungserfordernisse der Volkskommune wurde eine landwirtschaftliche Maschinenfabrik zur Herstellung kleinerer Maschinen (z. B. Dreschmaschinen für Reis) installiert. Die Kommune besitzt auch eine Reparaturstation für landwirtschaftliche Maschinen.

1973 wurde von der Volkskommune für die Produktion in Industrie und Landwirtschaft auf allen drei Ebenen des Eigentums ein Gesamteinkommen von 13,859 Mio. Yüan erzielt. Davon wurden auf der Kommunenebene 1, 874 Mio. Yüan erwirtschaftet. Auf die Brigadeebene entfielen 0,805 Mio. Yüan, auf die Ebene der Gruppen 11,18 Mio. Yüan. Von dem in den Gruppen erwirtschafteten Einkommen wurden 5,45 Mio. Yüan verteilt, das ergab pro Familie durchschnittlich 546 Yüan ... (1 Yüan = DM 1,40).

Mit der Hebung der Produktion hat sich das Lebensniveau verbessert. Die Kaufkraft der Mitglieder der Kommune ist gestiegen. Es konnten 15 000 Fahrräder und 6000 Nähmaschinen angeschafft werden. Früher waren viele Häuser in einem schlechten Zustand. Viele Bauern mußten zur Miete wohnen. Jetzt wohnen die Bauern in eigenen Häusern. 12 000 Häuser und Wohnungen wurden neu gebaut oder umgestaltet.

(Nach: *Höhmann/Kosta/Meyer*, China '74, Europäische Verlagsanstalt, Frankfurt 1974.)

Arbeitsvorschläge

1. Nach den Vorstellungen von 1958 sollen die Volkskommunen die „Grundeinheiten der Gesellschaft" bilden und nicht nur der landwirtschaftlichen Produktion dienen, sondern auch Verwaltungseinheit sein. Welche Produktionen in Huatung sind nicht landwirtschaftlicher Art? Welche Verwaltungseinrichtungen kannst du auf der Karte S. 281 ermitteln?

2. Was kannst du über den Lebensstandard in Huatung dem Bericht entnehmen? Welche Rückschlüsse auf den Motorisierungsgrad in China sind aus dem Text möglich?

3. Welche Vorteile des Lebens in einer Kommune sind möglicherweise erkennbar? Welche Nachteile?

Während einer Arbeitspause lesen Chinesen gemeinsam in dem „Roten Buch" – einer Sammlung von Lehrsätzen des „großen Vorsitzenden Mao".

Der vierte Schritt: die Kulturrevolution

Gegen die „neue Klasse" von Funktionären und Spezialisten in China richtete sich denn auch der vierte Schritt: die „Große proletarische Kulturrevolution". Jugendliche Chinesen, „Rote Garden" genannt, durchzogen 1967 bis 1969 die Städte und Dörfer, vertrieben die Direktoren der Industriewerke, Leiter von Volkskommunen, Parteisekretäre und Professoren. Schulen und Universitäten standen für Monate leer, an vielen Stellen stockten Erzeugung und Aufbau. Schließlich machte die chinesische Armee dem Treiben ein Ende. Die „Roten Garden" wurden zur Landarbeit geschickt, viele Funktionäre wieder eingesetzt. Maos Ideen einer Gesellschaft ohne Herrschende aber fanden manch leidenschaftlichen Anhänger – auch in der Bundesrepublik.

Zwei Revolutionsmodelle

Das sowjetische Modell	*Das chinesische Modell*
Mobilisierung der Arbeiter	Mobilisierung der Bauern
Entwicklung der Industrie auf Kosten der Bauern (1 Bein)	Entwicklung der Landwirtschaft und Industrie gleichzeitig (2 Beine)
KP als Transmissionsriemen, Parteielite als Führerin	Mobilisierung der Kraft der Massen
Terror als Erziehungsmittel	Diskutieren, die Menschen überzeugen; [auch] Terror
Rote Armee: Expertenarmee, militärische Spezialisten	Volksbefreiungsarmee mit Guerillastrategie
Herrschaft der Parteifunktionäre, Erstarrung der Revolution	Permanente Revolution (Kulturrevolution)
Lenin: Anpassung der Marx'schen Lehre an die russischen Verhältnisse	Mao: Anpassung der Lehre Lenins an die chinesischen Verhältnisse

(Nach: *H. D. Schmid*, Fragen an die Geschichte 4, Frankfurt 1978, S. 231)

Der „große Vorsitzende Mao"

Für die Chinesen war Mao Tse-tung mehr als nur „der größte Marxist unserer Zeit". Um ihn gab es jahrelang einen regelrechten Kult. Was auch immer geschah, geschah durch ihn, mit ihm, für ihn. Beispielhaft ist der nachfolgende Bericht über die Operation von Dschang Tjiu-djü, einer jungen Frau mit einer riesigen Unterleibsgeschwulst.

Operation im Zeichen Maos

Die Genossen der Sanitätsabteilung sagten: „Wir werden im Strahlenglanz der revolutionären Linie des Vorsitzenden Mao, Dschang Tjiu-djü retten ... und mit dem unbesiegbaren Ideengut Mao Tse-tungs Wunder auf Erden vollbringen" ...

Die Mitarbeiter der Sanitätsabteilung bildeten sofort acht Kampfgruppen: für die politische Leitung, für die Operation, Narkose usw., in den Büros und Wohnheimen, in der Küche ...

Um 7 Uhr 30 des 23. März [1968] gab das ganze ärztliche und Pflegepersonal der Sanitätsabteilung im Glanz der aufgehenden Sonne unserem großen Führer, Vorsitzendem Mao, den feierlichen Schwur ab:

„Entsprechend deiner Lehre ‚Menschen vor dem Tod retten, Verwundete heilen, revolutionären Humanismus verwirklichen!' sind wir entschlossen, diese Geschwulst herauszuschneiden, damit Dschang Tjiu-djü in der grandiosen Ära Mao Tse-tungs glücklich weiterleben, fröhlich weiterarbeiten kann!" An den vier Wänden des Operationssaals wurden Bilder und Aussprüche des Vorsitzenden Mao aufgehängt ...

Gerade im Moment, als man den allseitigen Verklebungen der Geschwulst zu Leibe rückte, sank plötzlich der Blutdruck der Patientin. Ein Glas Blut nach dem anderen wurde übertragen; bald würden die bereitgestellten 5000 Kubikzentimeter verbraucht sein ...

Sofort drängten die vor dem Operationssaal wartenden Kader und Kämpfer herzu, und jeder verlangte aufs entschiedenste, für die leidende Klassenschwester Blut zu spenden. Unaufhörlich floß das Blut ihrer Klassenbrüder in die Adern von Dschang Tjiu-djü. Ihr Blutdruck wurde wieder normal, und weiter ging der Kampf zum Abschaben der Geschwulst.

Mit revolutionärem Geist überwand man alle gefährlichen Hindernisse, bis schließlich abends um 7 Uhr 30 eine 45 Kilogramm schwere Geschwulst dem Leib von Dschang Tjiu-djü entnommen wurde! Als Dschang Tjiu-djü um ein Uhr nachts aus ihrer Betäubung erwachte und ihren soviel kleiner gewordenen Unterleib betastete, rollten ihr heiße Tränen über die Wangen. Sie heftete ihre Blicke aufs Bild des Vorsitzenden Mao an der Wand und rief bewegt aus: „Es lebe Vorsitzender Mao! Er lebe hoch ...!" („China im Bild", nach: DER SPIEGEL, Nr. 38/1968, S. 148)

Ende des Mao-Kults in China verkündet

Bau neuer Gedenkstätten verboten / Präzise Anweisungen der Pekinger Führung

AP Peking, 11. Aug. Das Zentralkomitee der chinessischen Kommunistischen Partei hat heute in Peking praktisch das Ende des Personenkultes um den verstorbenen Parteiführer Mao Tse-tung verkündet. Wie die Nachrichtenagentur Xinhua meldete, hat das Zentralkomitee eine Direktive erlassen, wodurch der Bau von neuen Gedenkstätten zu Ehren Maos und anderer Persönlichkeiten verboten wird. Die Zahl von Bildern Maos und Inschriften seiner Worte an öffentlichen Plätzen soll streng beschränkt werden.

Zeitungsmeldung 1980

Seit dem Tode Maos freilich versuchen die neuen Machthaber, das Bild des großen Parteivaters im Bewußtsein der Chinesen abzuschwächen.

Arbeitsvorschläge

1. Versuche, mit deinen Worten herauszuarbeiten, wodurch sich der Kommunismus in der Sowjetunion und in China heute unterscheiden!
2. Woran erinnert dich die Verehrung, die Mao von den Chinesen entgegengebracht wurde?
3. Der Text stellt eine Operation unter Anwendung der *Akupunktur* dar, in der die Chinesen seit alters her große Meister sind. Unterscheide: Medizinische Leistung – propagandistische Verbrämung!

Begegnung zwischen dem amerikanischen Präsidenten Nixon und dem chinesischen Parteivorsitzenden Mao Tse-tung in Peking 1972. Der damalige US-Außenminister Kissinger beschrieb 1979 diesen historischen Handschlag in seinen „Memoiren“: „Mao . . . begrüßte Nixon mit dem für ihn charakteristischen Blick aus dem Augenwinkel. ‚Unser gemeinsamer alter Freund, Generalissimus Tschiang Kai-schek, wird damit nicht einverstanden sein‘, scherzte er . . . Vor den Kameras der Photographen begrüßte er den amerikanischen Präsidenten mit großer Herzlichkeit – ein Ereignis von großer symbolischer Bedeutung . . .“

Die Außenpolitik Chinas

1950 hatten die *Sowjetunion* und China noch einen Freundschaftsvertrag geschlossen. Seit 1958 ergeben sich jedoch immer stärkere Spannungen zwischen Moskau und Peking. Grund ist nicht nur der ideologische Gegensatz, die unterschiedlichen Auffassungen vom Sozialismus. Dahinter steht die Furcht der Sowjetunion vor diesem übervölkerten Nachbarland, das 1964 seine erste Atombombe, 1967 seine erste Wasserstoffbombe zündete und 1970 seinen ersten Erdsatelliten startete. Dahinter steht der Führungsanspruch Chinas in der „Dritten Welt“. 1968 gab es im sowjetisch-chinesischen Grenzgebiet erste bewaffnete Zusammenstöße.

Auch zwischen China und den *USA* war es nach 1945 wiederholt zu Zusammenstößen gekommen, besonders in Korea und indirekt in Vietnam. In jüngster Zeit bemühen sich beide Seiten jedoch um einen Ausgleich. Ein Zeichen dieser Ausgleichsbemühungen war 1972 die Reise des amerikanischen Präsidenten Nixon nach Peking.

Entspannt hat sich auch das Verhältnis zum alten Gegner *Japan*. Zwischen China und der *Bundesrepublik Deutschland* bestehen seit 1973 diplomatische Beziehungen.

Eine Wandzeitung in Peking, aufgenommen 1977. Dargestellt wird die „Viererbande", eine Gruppe um Maos Witwe Tschiang Tsching, die die Ideen der Kulturrevolution fortsetzen wollte, jedoch schließlich verhaftet wurde. Links das westlich-luxuriöse Treiben der „Bande", die von der Faust des Volkes zerdrückt wird (rechts).

China nach Maos Tod

Neue Männer, neue Fronten

In den Machtkämpfen nach Maos Tod 1976 konnte sich eine Gruppe von hohen Funktionären und Armeeführern unter Hua Kuo-feng und Teng Hsiao-ping durchsetzen. Sie vertreten innenpolitisch einen auf die Überwindung der Kulturrevolution gerichteten Kurs. Außenpolitisch setzen sie die bereits unter Mao eingeleitete Politik einer Öffnung zum Westen fort. Stärker denn je in der Geschichte Chinas versuchen sie, ihr Land zu reformieren — auch mit europäischer Hilfe. Ein Ausdruck dafür war, daß im Oktober 1979 mit Hua Kuo-feng der führende Mann dieses volkreichsten Staates der Erde die Bundesrepublik Deutschland besuchte und vor allem Kontakte zu Vertretern der deutschen Wirtschaft aufnahm. Bahnt sich hier ein grundlegender Wandel auch in der Weltpolitik an?

Die Auseinandersetzung mit der Sowjetunion hat sich auf Südostasien ausgedehnt. Im Grenzkrieg des Jahres 1979 sollte mit Vietnam vor allem der wichtigste Partner der Sowjets in diesem Raum getroffen werden.

Arbeitsvorschlag

Informiere dich bitte über die neueste Entwicklung in der chinesischen Führung und Politik!

Wir merken uns

Das alte Kaiserreich China erlebte 1911 eine Revolution und wurde zur Republik. 1949 setzte sich die Kommunistische Partei Chinas unter Mao Tse-tung durch und machte China zur Volksrepublik. Seitdem geht es einen eigenen Weg zum Sozialismus, zeitweise in harter Auseinandersetzung mit der Sowjetunion.

Die Dritte Welt

9

Freiheitsdenkmal in Lomé (Togo)

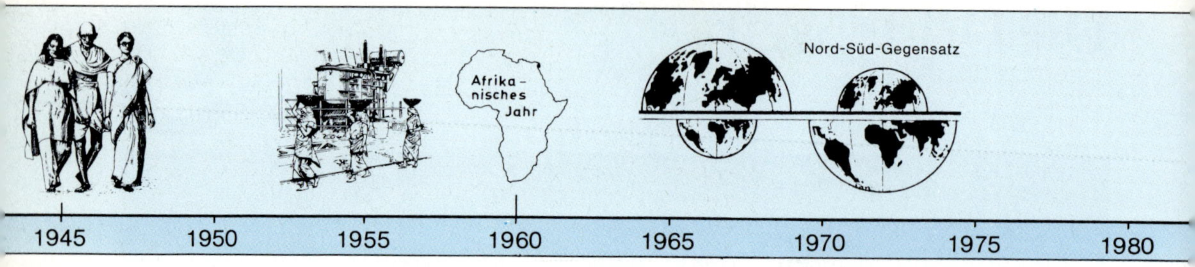

Die Dritte Welt

Betrachte doch bitte noch einmal die Karte auf S. 54! Sie zeigt dir, welche Gebiete der Welt zwischen 1492 und 1914 unter europäischer Herrschaft standen.

Einige dieser Gebiete haben sich zwischen 1776 und 1914 aus der Abhängigkeit von europäischen Mächten lösen können, vor allem von Großbritannien (vgl. S. 42). Ein Krieg brachte den USA die Unabhängigkeit (1776–1783); in anderen Teilen des britischen Weltreichs vollzog sich die Entwicklung friedlich. In den Jahrzehnten um 1900 erhielten zum Beispiel Kanada, Australien und Südafrika schrittweise ihre Selbständigkeit.

Es waren freilich nur europäisch-englische Siedlungsgebiete, die so zu gleichberechtigten, sich selbst regierenden Staaten aufsteigen konnten. *Die Länder mit eingeborener, farbiger Bevölkerung blieben weiterhin Kolonialbesitz. Sie wurden von europäischen Staaten regiert und ausgebeutet – bis 1945!*

Nach 1945 begann auch hier der große Aufbruch. Überall forderte die einheimische Bevölkerung ihre Unabhängigkeit und erhielt sie auch von fast allen ehemaligen Kolonialherren zugestanden. So bildete sich neben dem „Westen“ und dem „Osten“ eine *„Dritte Welt“: der Kreis der farbigen Völker, die seit 1945 selbständig und mitbestimmend in die Weltpolitik eingetreten sind.* Zu ihnen gehören die meisten heutigen Staaten Afrikas und Asiens.

„Man spricht seit langem von der dritten Welt. Ich nehme diese Terminologie auf. Man kann die Menschheit roh einteilen in
die erste Welt: Nordamerika, Westeuropa, Japan,
die zweite Welt: Sowjetunion, China, Osteuropa,
die dritte Welt: Lateinamerika, die arabischen Länder, Schwarzafrika, Südasien.

Eine Reihe von Zurechnungen bleibt mehr peripher oder problematisch. Australien muß man zur ersten Welt rechnen, Israel, Südafrika je nach Gesichtspunkten zur ersten oder dritten, Korea, Vietnam, Kuba zur zweiten oder dritten. Die Betrachtung soll sich aber auf die großen Blöcke konzentrieren und die Abgrenzung offenlassen. Bevölkerungszahlen:
erste Welt etwa 700 Millionen,
zweite Welt etwa 1200 Millionen,
dritte Welt etwa 2000 Millionen.

Ich versuche ein paar ganz vereinfachte, aber herausfordernde *Charakterisierungen* der drei Welten:
die erste Welt ist modern,
die zweite Welt ist sozialistisch,
die dritte ist machtlos“ *(C. F. von Weizsäcker*, 1975).

Asien und Afrika

Indiens Weg in die Unabhängigkeit

Allzu oft ist die Unabhängigkeit in der Dritten Welt durch blutige Auseinandersetzung erreicht worden: durch den Einsatz von Massenheeren, durch die Technik des Partisanenkrieges. Indiens Weg in die Unabhängigkeit führte über den *gewaltfreien Aufstand* und ist mit dem Namen *Mahatma Gandhi* verbunden.

Indien als Kolonie

Um 1900 war Indien der größte und kostbarste Besitz des britischen Weltreiches.

5 Millionen qkm umfaßte dieses Britisch-Indien – es war so groß wie ganz Europa! – und es zählte mehr an Menschen als der „Kontinent der weißen Herren". Welche Mannigfaltigkeit, welche *Gegensätze* lebten in diesem Land! Da war die Vielfalt der Rassen und Stämme, der halbdunklen und hellen Menschen, der Bergvölker und Niederungsbauern, der Inselleute und der Stadtbewohner. Da war die Vielfalt der Religionen: es gab die Hindus – über 200 Millionen Menschen –, es gab die Moslems mit etwa 70 Millionen, die Buddhisten, die Sikhs, die Jains, die Parsen, die Christen, die Juden, die Angehörigen chinesischer Religionen und unzähliger kleinerer Sekten – insgesamt an 320 Millionen Menschen. Dazu kam die Vielfalt der Sprachen: 26 verschiedene Hauptsprachen wurden im indischen Volk gesprochen – als wichtigste das Hindostani, das von etwa einem Viertel der Gesamtbevölkerung verstanden wurde –, daneben zählte man fast noch 200 verschiedene Dialekte. Über all den einheimischen Sprachen und Mundarten aber stand dann noch als vermittelndes Sprachglied das Englisch der Verwaltung und Besatzung.

Am ärgsten aber zersplitterte das Kastenwesen der Hindus das indische Volk. Dadurch war es in zahlreiche Gruppen gespalten, die keine Gemeinschaft untereinander duldeten. Jede Stadt, jedes Dorf zerfiel durch diese Trennung in völlig voneinander abgesonderte Teile.

Immer wieder gab es aus all diesen Gegensätzen heraus Unruhen und Feindschaften allerorts. Da hatte irgendein Mohammedaner eine Kuh geprügelt, die den Hindus heilig war. Da hatte ein Hindu vor einer Moschee laut die Trommel geschlagen, in der die Mohammedaner stille, schweigende Andacht hielten. Da hatte ein Unberührbarer, ein Paria, aus einem Brunnen Wasser geschöpft, der nur den Angehörigen von Kasten zustand, und ihn damit verunreinigt. Sofort entbrannten darüber die gegenseitige Verfolgung, Totschlag und Bruderkrieg.

Hinzu traten noch die sozialen Gegensätze. Noch lebten die alten Fürstengeschlechter, die Maharadschas, in märchenhaftem Glanz und Reichtum. Es gab eine dünne Schicht von Reichen, Großindustriellen, Bankherren, Kaufleuten und hohen Beamten mit riesigen Einkommen. Aber die Masse des indischen Volkes lebte in unsäglicher Armut.

Alle diese Gegensätzlichkeiten hatten die Engländer beherrscht und regiert, und sie hatten über fast zwei Jahrhunderte ihren Nutzen daraus gezogen.

Mit seinen Schülern zog Gandhi (×) von Dorf zu Dorf.

Gandhi befreit Indien

Es war ein indischer Rechtsanwalt, *Morandas Karamchand Gandhi* mit Namen, der Indien aus der englischen Kolonialherrschaft herauslöste. Nach dem Ersten Weltkrieg wurde er zum Führer der indischen Befreiungsbewegung. Zunächst glaubte er, in friedlicher Übereinkunft die britische Herrschaft durch immer stärkere Selbständigkeit des indischen Volkes ablösen zu können. Aber allmählich erkannte er, daß die Engländer niemals freiwillig das Land räumen würden. Man mußte sie dazu zwingen. So gab er jetzt die Parole aus: Kampf gegen die britische Fremdherrschaft – gewaltloser Kampf durch Ablehnung jeder Mitarbeit, durch *passiven Widerstand, bis das Ziel der Selbstregierung erreicht ist.*

Dieser Kampf dauerte achtundzwanzig Jahre. Immer mehr Inder schlossen sich Gandhi an. Sie legten die Ämter nieder, die sie von den Engländern bekommen hatten. Sie kauften keine englischen Waren mehr. Sie hielten ihre Kinder vom Besuch der englischen Schulen zurück. Sie verweigerten die drückende Salzsteuer, die Großbritannien jährlich viele Millionen Rupien einbrachte. Immer heftiger wurde der Kampf; denn England versuchte natürlich, den Widerstand mit allen Mitteln zu brechen. Gandhi selbst wurde wiederholt verhaftet. Immer wieder griff er zum äußersten Mittel der Gewaltlosigkeit, das er kannte, zum Hungerstreik – am Ende seines Lebens hatte er mehr als sechs Jahre im Gefängnis gesessen und insgesamt 342 Tage gehungert.

Der Höhepunkt dieses Kampfes war das Jahr 1930. Ganz Indien war im gewaltlosen Aufruhr. Gandhi selbst führte mit seinen Anhängern einen großen Marsch zum Meere hin durch, um dort aus dem Salzwasser heimisches Salz zu gewinnen und so das Monopol der Regierung zu brechen. Immer wieder erklärte er dabei: „Man sagt wohl, ich tue gefährliche Dinge, wenn ich die Leute aneifere, Gesetze zu brechen. Meine Antwort ist, daß es besser ist, Gesetze zu brechen als Köpfe ..."

Langsam kam er voran. Noch einmal konnte England im Zweiten Weltkrieg Indien als Rüstungswerkstatt und als Ergänzungsland seiner Streitkräfte benutzen. Dann ließ sich die Entwicklung nicht länger aufhalten:

England gab Indien frei. Am 15. August 1947, kurz vor Gandhis 78. Geburtstag, wurde die völlige Unabhängigkeit der ehemaligen Kolonie verkündet.

Aber Gandhi war trotz des erreichten Zieles nicht froh. Von neuem war blutig der Kampf zwischen Hindus und Mohammedanern aufgeflammt. Überall brannte das Land im Bürgerkrieg. In schwerer Sorge mühten sich die Führer der streitenden Volksgruppen um eine Ordnung der zerrütteten Verhältnisse.

Der Bürgerkrieg dauerte fort und fort. Millionen flohen aus Nordindien nach Pakistan und umgekehrt. Die Großstädte Lahore und Amritsar wurden gänzlich verheert. Über 150 mittlere Ortschaften wurden niedergebrannt. Das Bewässerungssystem, das die Felder fruchtbar machte, kam in Unordnung. Es gab Überschwemmungen, Mißernten und schwere Hungersnot.

Der alte, ausgemergelte Mann mit dem weißen Lendentuch um die mageren Hüften aber erklärte, nun müsse er auch noch gegen sein eigenes Volk die Waffe des freiwilligen Hungerns anwenden, die er so oft im gewaltlosen Kampf gegen die Fremdlinge gebraucht habe.

Er wollte so lange hungern, bis die sich bekämpfenden Hindus, Sikhs und Moslems „das Schwert fortgelegt und sich als Söhne des großen indischen Vaterlandes um eine gemeinsame Lösung bemühten".

Er hungerte fünf Tage. Dann brachen vor seiner ehrwürdigen Gestalt aller fanatische Haß und alle religiöse und nationale Zwietracht zusammen. Hinduführer und Moslemführer trafen sich in Delhi. Sie versprachen, die bestehenden und künftigen Streitigkeiten friedlich zu regeln. Indien teilte sich in die Länder *„Indische Bundesrepublik"* und *„Pakistan"*. Ruhe kam wieder in das befreite Land.

Aber immer noch gab es Unbelehrbare und Unversöhnliche. Bei einer Abendandacht am 30. Januar 1948 drängte sich ein Hindu-Nationalist durch den Kreis der Beter und schoß mit vier Revolverschüssen Gandhi nieder. Fallend hob dieser noch beide Hände zum Zeichen, daß er dem Mörder vergebe.

In vielen Hütten Indiens findet man heute das Bild des *„Mahatma"*, der „Großen Seele", des „Heiligen" unter den Politikern, der an irdischen Gütern nichts als eine Handspindel, zwei selbstgesponnene Hemden, eine Decke und eine Taschenuhr hinterließ – dafür das Vorbild eines reinen und gewaltlosen Lebens.

Indien heute

Gandhis Nachfolger suchten ihr Land aus den großen weltpolitischen Spannungen herauszuhalten. Indien sollte neutral bleiben. So wurde es auch zum Wortführer der Staaten der „Dritten Welt" auf der *Konferenz von Bandung* (Indonesien) 1955, auf der sich zum ersten Male die Vertreter von 29 neuen asiatischen und afrikanischen Staaten trafen. Sie vertraten mehr als die Hälfte der gesamten Weltbevölkerung!

An seinen Grenzen wurde Indien jedoch immer wieder in Streitigkeiten und Kriege verwickelt – vor allem mit der Volksrepublik China und mit Pakistan (vgl. die Tabelle S. 295).

Indien unternimmt große Anstrengungen, um Not und Armut zu lindern. Bis heute konnten in dem riesigen Land mit seiner immer zahlreicher werdenden Bevölkerung jedoch noch keine wirklich durchschlagenden Erfolge erzielt werden.

Die Lage in den siebziger Jahren geht aus dem nachfolgenden Überblick hervor:

„*Indien* ist mit über 550 Millionen das größte Entwicklungsland. Es gilt als Prüfstein für eine planmäßige Entwicklung nach westlichem Vorbild. Das Land hat ein Bevölkerungswachstum von 2,5 % im Jahr. Das bedeutet einen Geburtenüberschuß von rund 13 Millionen. Im Jahre 2000 wird es nach Vorausschätzungen rund eine Milliarde Inder geben. Die Nahrungsproduktion steigt jährlich um 2,3 % an, es bleibt also ein Defizit. Das jährliche Pro-Kopf-Einkommen betrug 1970 durchschnittlich nur etwa 250 DM. 82 % der Bevölkerung leben auf dem Lande. Kinderarbeit ist weitverbreitet.

Die „grüne Revolution" mit der Verwendung neuen ertragreichen Saatguts und dem vermehrten Gebrauch von Kunstdünger und Pflanzenschutzmitteln schaffen bei reichlichem Monsunregen günstige Voraussetzungen für die weitere Agrarentwicklung. Die großen offenen Probleme für die Zentralregierung sind: Sicherung der Ernährung, Familienplanung, Besitzreform, Spannungen zwischen Regionen, Rassen, Kasten und Religionen, zunehmende Arbeitslosigkeit ungelernter und Unterbeschäftigung ausgebildeter Kräfte. Die Zahl der Arbeitslosen und Unterbeschäftigten wird 1970 auf mindestens 60 Millionen geschätzt. Das wachsende akademische Proletariat zählt allein über 62 000 arbeitslose Ingenieure. Etwa 75 % der erwachsenen Inder sind noch Analphabeten. Mangel an Lehrern und Schulräumen, Kastendenken und Sprachenprobleme erschweren die Bemühungen um den Aufbau eines einheitlichen Schulsystems. An den 70 Universitäten studieren rund 1,5 Millionen Inder. Außenpolitisch lehnt sich das Land an Ost *und* West an, vor allem wegen der Wirtschafts- und Militärhilfe. Die Bundesrepublik Deutschland gab Indien bisher Kapitalhilfe von rund 6 Milliarden Mark."
(Nach: *Wolfram Dufner*, in: Politik im 20. Jahrhundert, Braunschweig 1974, S. 470)

Arbeitsvorschläge

1. Gandhis Vorgehen kann man als *Politik des gewaltfreien Widerstandes* bezeichnen. Charakterisiere einzelne Elemente dieser Politik! Welche erscheinen dir auf andere Länder und Verhältnisse übertragbar?
2. Ordne bitte die Gegensätze in Indien um 1900 tabellarisch! Welche von ihnen bestanden erkennbar auch noch in den siebziger Jahren?
3. Die Bevölkerung Indiens (Gebiet des heutigen Staates Indien) hat sich wie folgt entwickelt:

1901 . . . 236 Mill.	1931 . . . 276 Mill.	1961 . . . 436 Mill.
1911 . . . 249 Mill.	1941 . . . 315 Mill.	1971 . . . 548 Mill.
1921 . . . 248 Mill.	1951 . . . 361 Mill.	1978 . . . 638 Mill.

Setze diese Zahlen in ein Kurvenbild um und prüfe, ob die Schätzung des Anstiegs auf eine Milliarde Inder um das Jahr 2000 dir realistisch erscheint! Welche Vorgänge und Ereignisse können den künftigen Kurvenverlauf beeinflussen?

Die Entkolonialisierung Afrikas

Arbeitsvorschlag

Betrachte bitte noch einmal die Kartenfolge auf S. 50! Gib die Aussagen beider Karten in knappen Sätzen wieder!

Die Ausgangslage

Auch im Jahre 1945 gab es auf dem afrikanischen Kontinent nur erst vier selbständige Staaten:
Liberia, das aus einer Ansiedlung amerikanischer Negersklaven entstanden und 1847 selbständig geworden war;
Äthiopien (Abessinien), das als christliches Kaiserreich seine Unabhängigkeit bewahren konnte (jedoch auch für kurze Zeit unter italienischer Herrschaft gestanden hatte);
Ägypten, das 1922 ein selbständiges Königreich geworden war;
Südafrika, ein seit Jahrhunderten von Weißen besiedeltes und regiertes Land, das seine weitgehende Unabhängigkeit bereits 1910, seine endgültige Selbständigkeit 1926 erhalten hatte.
Der übrige Kontinent war europäischer Kolonialbesitz.

Die Entkolonialisierung

Zwischen 1950 und 1970 vollzog sich hier der Prozeß der *Entkolonialisierung.* In rascher Folge entstanden neue Staatsgebilde aus den ehemals britischen, französischen, spanischen, italienischen und belgischen Besitzungen. Von besonderer Bedeutung war dabei das Jahr 1960, in dem allein 16 Staaten neu gebildet wurden.

Dieser Prozeß der Entkolonialisierung vollzog sich zum Teil friedlich, zum Teil in schweren Kämpfen. *Algerien,* in dem es eine Million französischer Siedler gab, konnte sich erst nach einem Krieg voller Terror und Gewalt auf beiden Seiten vom Mutterland lösen. Auch der Selbständigkeit von *Kenia* gingen blutige Auseinandersetzungen voraus, der sogenannte Mau-Mau-Aufstand. Am längsten besaß Portugal größere Gebiete in Afrika.

Die neuen Staaten

Doch mit der Unabhängigkeit allein ist es nicht getan. Die neuen Staatsbürger müssen erst nach und nach in die Aufgaben hineinwachsen, die ihnen durch die Selbständigkeit zugefallen sind. Zudem sind die meisten Staaten in sich zerrissen. Sie fassen häufig Stämme und Völker zusammen, die sich feind sind. Religiöse Gegensätze spielen ebenfalls eine Rolle. Manchmal versuchen auch die ehemaligen Kolonialherren, aus dem Hintergrund noch ihre Interessen durchzusetzen. So kam und kommt es immer wieder zu Bürgerkriegen und Kämpfen innerhalb dieser Staaten.

Um 1960 machten blutige Unruhen im *Kongo* jahrelang den Einsatz von UNO-Truppen notwendig (vgl. S. 198). In *Nigeria* erklärten 1967 die Ibo-Stammesgruppen im Osten des Landes ihr Gebiet zum selbständigen Staat Biafra. In drei Jahren Bürgerkrieg verhungerten Hunderttausende (vgl. auch S. 213).

In den meisten neuen Staaten regiert eine dünne Oberschicht, die sich auf einen bestimmten Stamm und auf die Maschinenpistolen ihrer Soldaten stützt.

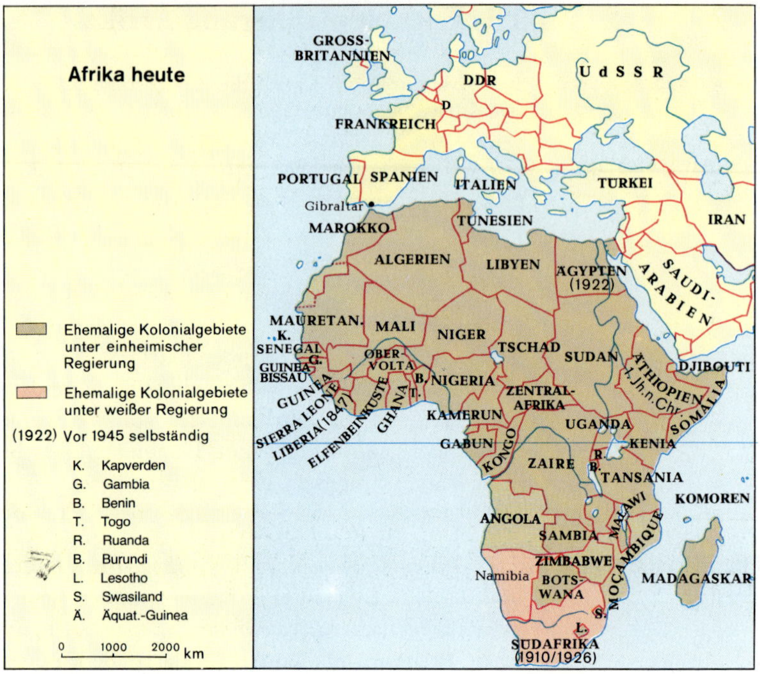

Eine Zeittafel zur Erhebung der Kolonialvölker seit 1945

1945	Zusammenschluß der Staaten Irak, Ägypten, Syrien, Libanon, Transjordanien, Saudi-Arabien und Jemen zu einer *„Arabischen Liga"*.
1946	Unabhängigkeit der *Philippinen* (bisher USA).
1946–1949	Unabhängigkeitsbewegung der niederländisch-indischen Kolonien: *„Vereinigte Staaten von Indonesien"* (1949 Anerkennung durch die Niederlande – 1954 völlige Trennung vom Mutterland).
1947	Unabhängigkeit Britisch-Indiens. Teilung in *Indien* und *Pakistan.*
1948	Die britische Kolonie Burma wird selbständiger Staat *(„Unabhängige Union von Burma")*, ebenfalls *Ceylon (Sri Lanka).*
1949–1954	Unabhängigkeitskämpfe in *Vietnam* (bisher Teil Französisch-Indochinas) – anschließend Teilung in Nord- und Süd-Vietnam.
1951	*Libyen* (bis 1945 italienische Kolonie, dann unter Verwaltung der UNO) wird selbständig.
1954	*Laos* und *Kambodscha* werden selbständig.
1954–1955	Vergeblicher Aufstand der Mau-Mau-Neger in der britischen Kolonie *Kenia.*
1953–1956	Aufstände in Französisch-*Marokko* führen zur Unabhängigkeit des Landes.
1954–1962	Aufstand in *Algerien* gegen die französische Kolonialherrschaft.
1955	*Tunesien* erhält Selbstverwaltung (1956 völlige Unabhängigkeit).
1956	Unabhängigkeit des *Sudan* (Beitritt zur Arabischen Liga).
1957	Die bisherige britische Kolonie Goldküste wird unter dem Namen *Ghana* selbständig.
	Die bisherige britische Kolonie *Singapur* wird selbständig.
1957	Die bisherigen britischen Kolonien in Hinterindien bilden einen neuen selbständigen Staat: *Malaya* (ab 1963 Malaysia).
1958	Die bisherigen britischen Kolonien im Karibischen Meer erhalten eine eigene Regierung (bis 1962 *Westindische Föderation*).

1958	Zusammenschluß Ägyptens, Syriens und des Jemen zu der *Vereinigten Arabischen Republik* (bis 1961).
	Unruhen auf *Zypern*, das 1960 selbständig wird.
	Selbständigkeit *Guineas.*
1960	*„Das afrikanische Jahr":*
	Mauretanien, Mali, Elfenbeinküste, Ober-Volta, Niger, Nigeria, Togo, Dahomey, Kamerun, Gabun, Zentralafrikanische Union, Kongo, Somalia, Senegal, Tschad und Madagaskar werden selbständig.
1961	*Sierra Leone* wird selbständig.
	Indien besetzt die portugiesischen Besitzungen Diu und Goa.
1961–1965	Immer erneute Unruhen und Kämpfe in der ehemaligen Kolonie *Kongo* um die Neugestaltung des Landes (Eingreifen der UNO).
1962	Unabhängigkeit *Algeriens.*
1963	Unabhängigkeit von *Honduras* (Mittelamerika).
	Kenia und *Uganda* werden selbständig.
1964	Selbstverwaltung der *Bahamas.*
	Unabhängigkeit von *Malta*, Nordrhodesien *(Sambia), Malawi* und *Tansania.*
1964–1973	Militärisches Eingreifen der USA in die Auseinandersetzungen zwischen Nord- und Südvietnam.
1965	Unabhängigkeit *Gambias.*
	Konflikt zwischen Indien und Pakistan um Kaschmir.
1967–1970	Bürgerkrieg in Nigeria.
1971	Krieg zwischen West- und Ostpakistan. Eingreifen Indiens. Ostpakistan wird unabhängig *(Bangladesh).*
1975	Angola, Moçambique und Papua-Niugini werden unabhängig.
1976	Nord- und Südvietnam vereinigt.
1978	Verhandlungen und Kämpfe um die Unabhängigkeit Namibias.
1979	Ablösung der weißen Minderheitsregierung in Rhodesien/Zimbabwe.

1980 fand der lange Befreiungskrieg gegen das weiße Minderheitenregime in Zimbabwe/Rhodesien sein Ende. Unter dem Vorsitz der früheren Kolonialmacht England geführte Verhandlungen hatten u. a. die ersten freien Wahlen zur Folge; die Guerillakrieger kehrten in feste Lager zurück und legten ihre Waffen ab.

Arbeitsvorschläge

1. Werte die Tabelle auf S. 294/295 aus:
   a) Stelle die einzelnen Gebiete auf den zugeordneten Karten fest!
   b) Trage in eine Umrißkarte oder Faustskizze der beiden großen Gebiete Asien und Afrika die neuen Staaten ein! Füge jeweils das Jahr ihrer Unabhängigkeit und das bisherige Mutterland hinzu (vgl. dazu S. 42 und S. 50)!
   c) Welche der aufgeführten Vorgänge haben sich *nach* der Unabhängigkeit des betreffenden Staates ereignet? Siehst du Zusammenhänge?
   d) Orientiere dich in deinem Geschichtsatlas über Konflikte in Afrika und Asien seit 1945!
   e) Durch welche Ereignisse aus der jüngsten Vergangenheit würdest du die Tabelle ergänzen?

2. Stecktafelarbeit: Stecke auf einer Weltumrißkarte nacheinander die Flächen der frei werdenden Kolonialgebiete auf! Versieh diese Flächen mit entsprechenden Daten und Fahnen!

Wir merken uns

Nach 1945 traten auch die farbigen Völker mitbestimmend in die Weltpolitik ein. Sie bilden neben dem „Westen“ und dem „Osten“ eine „Dritte Welt“. Die beiden wichtigsten Mächte sind China und Indien.

Indien erkämpfte 1947 seine Unabhängigkeit von der bisherigen Kolonialmacht Großbritannien. Führer der indischen Befreiungsbewegung war Mahatma Gandhi.

Zwischen 1950 und 1970 wurden die meisten bisherigen Kolonien in Afrika selbständig.

Der Nord-Süd-Gegensatz

Weltbevölkerung und Wirtschaftsordnung

Die Bevölkerungsexplosion

Betrachte das nachstehende Schaubild! Du wirst erkennen: Inzwischen leben mehr als vier Milliarden Menschen auf dem „Raumschiff Erde“, und es werden immer mehr. UN-Behörden haben errechnet, daß zur Zeit jährlich etwa 75 Millionen Menschen hinzukommen – mehr als sämtliche Bewohner der dichtbevölkerten Bundesrepublik Deutschland!

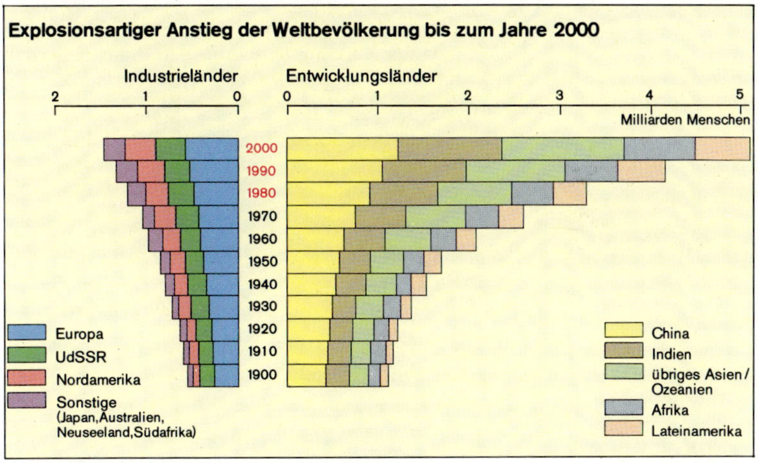

Die Einkommensschichtung

Nachstehend findest du eine Tabelle mit Angaben über das jährliche Pro-Kopf-Einkommen der Bevölkerung einer größeren Zahl von Staaten dieser Welt. Du wirst erkennen: Nur ein geringer Teil der Weltbevölkerung gehört zu den „Spitzenverdienern der Menschheit“.

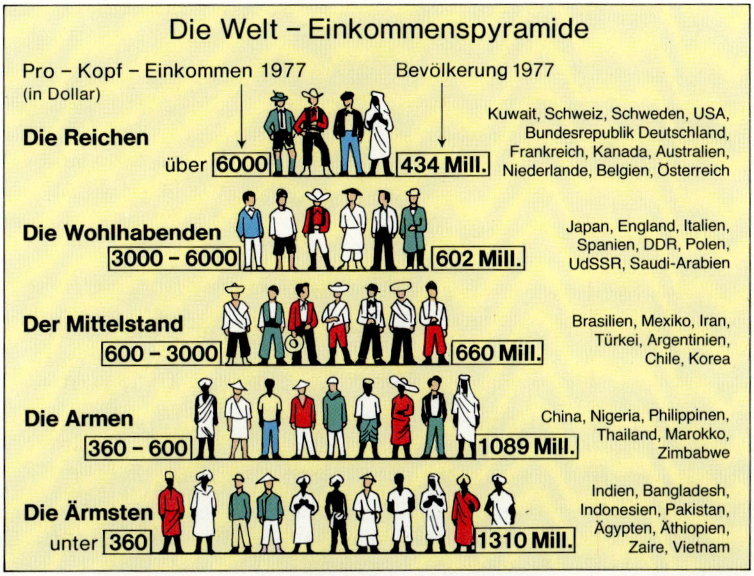

Arbeitsvorschläge

1. Berechne bitte: Wie groß war etwa die Weltbevölkerung 1900, wie groß wird sie voraussichtlich im Jahre 2000 sein?
2. In welchen Gebieten der Erde wächst sie am schnellsten? Wie ist die Entwicklung in Europa?
3. Versuche, die Angaben des Schaubildes über den Anstieg der Weltbevölkerung in eine Tabelle umzusetzen!
4. Ordne die in dem Schaubild der Einkommenspyramide genannten Staaten der ersten, zweiten bzw. dritten Welt gemäß der durch Carl-Friedrich von Weizsäcker (S. 288) vorgenommenen Aufteilung zu!
   a) Zu welchen Resultaten kommst du?
   b) bei welchen Staaten warst du über ihre Schichtungszugehörigkeit überrascht? Findest du Erklärungen?
   c) Binnen Jahresfrist, von 1973 auf 1974, hat sich das Pro-Kopf-Einkommen der Vereinigten Arabischen Emirate verdreifacht, dasjenige Kuwaits mehr als verdoppelt. Welche Erklärung hast du dafür?
5. Ordne die genannten Staaten ihren Kontinenten zu! Welche Zusammenhänge mit dem Schaubild unten erkennst du?

Der Nord-Süd-Gegensatz ...

Setzt man Weltbevölkerung und Welteinkommen in Beziehung, so ergibt sich folgendes Bild:

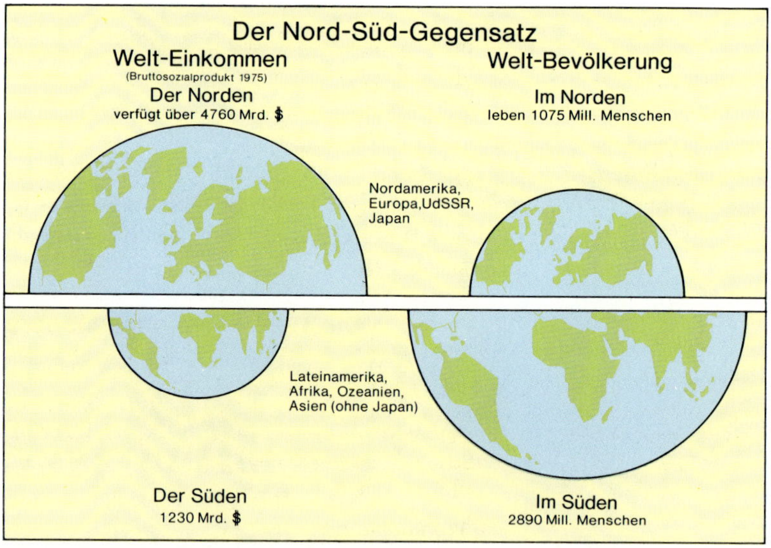

Wir erkennen: Auf unserer Erde gibt es einen reichen Norden mit einem geringen Bevölkerungsanteil und einen armen Süden mit einem hohen Bevölkerungsanteil. *Der Nord-Süd-Gegensatz ist der Gegensatz von reichen Industriestaaten und armen Entwicklungsländern.*

Arbeitsvorschlag

Stelle in deinem Geschichtsatlas fest, in welcher Weise sich dieser Gegensatz auch sonst widerspiegelt, z. B. hinsichtlich der Hungerzonen, der Zonen des Analphabetentums und des Bildungsstandes, der Lebenserwartung und der ärztlichen Versorgung!

... auch ein Nord-Süd-Konflikt?

Es ist eine Frage der Begriffsbestimmung, ob man bereits von einem Nord-Süd-Konflikt spricht oder nicht. Im Grunde besteht er bereits, nur wird er nicht mit militärischen Waffen ausgetragen. Er bestimmt die weltweiten Konferenzen, in denen z. B. um Rohstoffpreise gerungen wird. Er wird mit wirtschaftlichen Waffen ausgetragen. Ein Beispiel dafür ist die Vorenthaltung oder Beschränkung von Rohstoffen, um Industriestaaten politisch unter Druck zu setzen (Öl als Waffe der arabischen Länder 1973, um die Israelis zu isolieren, vgl. S. 236).

Aus dem Beschluß der Konferenz von Kuwait am 17. Oktober 1973

„Die arabischen erdölexportierenden Länder tragen zum Wohlstand der Welt, zum Wohlergehen und zur Wirtschaft bei, indem sie Mengen dieses pulsierenden Naturreichtums exportieren ... Zum drittenmal ist es zu einem Krieg gekommen, weil Israel mit Unterstützung und Rückendeckung der Vereinigten Staaten uns unsere legitimen Rechte nicht zugestehen will ... Aus diesem Grunde hat die Konferenz der arabischen Ölminister, die am 17. Oktober in Kuwait tagte, beschlossen, unverzüglich in jedem arabischen erdölproduzierenden Land mit einer Produktionsminderung um nicht weniger als 5 % der Förderung für den Monat September zu beginnen. Die gleiche Maßnahme wird jeden Monat erfolgen, und die Ölförderung wird um den gleichen Prozentsatz der Vormonatsproduktion gekürzt, bis die israelischen Truppen alle im Junikrieg von 1967 besetzten Gebiete geräumt haben und die legitimen Rechte des palästinensischen Volkes wieder hergestellt sind ...“

(Nach: Weltgeschehen, München 1973, S. 509 f.)

Um eine neue Weltwirtschaftsordnung

Immer drängender fordern die Entwicklungsländer eine neue Ordnung der Weltwirtschaft. Auf ihrer Rohstoffkonferenz in Dakar 1975 wurde dies besonders deutlich.

Aus der Deklaration von Dakar 1975

„Die gegenseitige Struktur des internationalen Handels, die ihren Ursprung in der imperialistischen und kolonialistischen Ausbeutung hat und die bis heute weiterbesteht, in den meisten Fällen in unterschiedlichen Formen des Neokolonialismus, muß durch eine neue internationale Wirtschaftsordnung ersetzt werden, die auf den Grundsätzen der Gerechtigkeit und Gleichheit beruht und geeignet ist, die gemeinsamen Interessen aller Völker sicherzustellen, gegenwärtige Ungerechtigkeiten aufzuheben und zukünftige Ungerechtigkeiten zu vermeiden.

Die tiefe Krise, in der sich das internationale Wirtschaftssystem gegenwärtig befindet, hat wieder einmal den Zusammenbruch traditioneller Mechanismen demonstriert und damit auch die besondere Verletzlichkeit der Wirtschaftssysteme der Entwicklungsländer. Es kann nicht bestritten werden, daß die Struktur und die Organisation des internationalen Import- und Exporthandels zum größten Teil die bereits entwickelten Länder begünstigt.

Die Entwicklungsländer haben eine starke Waffe, die sie einsetzen können, um diesen Zustand zu ändern: Sie müssen ihre Bodenschätze verteidigen und sich darüber klarwerden (und das ist gegenwärtig der Fall), daß sie nur durch einen Zusammenschluß ihrer Kräfte zur Stärkung ihrer Verhandlungsmacht in der Lage sind, einmal ihr Recht auf gerechte und gleichwertige Behandlung zu erhalten, etwas, wofür unsere Völker seit Jahrhunderten gelebt und gekämpft haben.“

(Nach: Weltgeschehen, München 1975, S. 411)

Arbeitsvorschlag

Arbeite den vorstehenden Text bitte sorgfältig durch! Welche Vorwürfe werden gegen die zur Zeit bestehende Struktur der Weltwirtschaft erhoben? Wie wirkt sich eine weltweite Wirtschaftskrise z. B. wohl auf die Rohstoffpreise und damit auf die Einnahmen der Förderländer aus? Welche Politik der Entwicklungsländer wird gefordert?

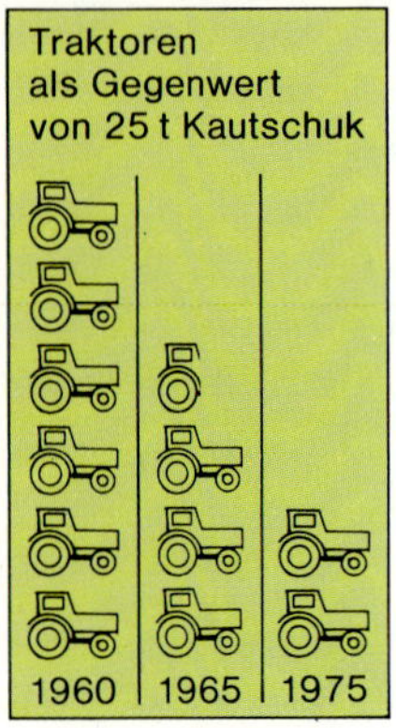

Das Dilemma der Entwicklungsländer: Die Preise für Industriegüter steigen schneller als die Preise für ihre Rohstoffe.

Gibt es eine „vierte Welt"?

Die „Rohstoffwaffe" einsetzen können nur Länder, die über Rohstoffe verfügen. Am unteren Ende der Staatenskala versammeln sich jedoch die „Habenichtse", die ärmsten Staaten der Welt wie Bangla Desh und Äthiopien, Kenia und der Sudan. Schon gibt es Politiker, die von einer *dritten* und *vierten* Welt sprechen: den Ländern mit Rohstoffvorkommen unter den Entwicklungsländern als „dritter Welt", den Habenichtsen als einer eigenen „vierten Welt".

Der Nord-Süd-Konflikt kann sich zu einer Bedrohung des Weltfriedens steigern, wenn die Entwicklung weiter so verläuft wie bisher: immer reichere Industriestaaten, immer ärmere Entwicklungsländer.

Entwicklungshilfe als Aufgabe

Entwicklungshilfe — Entwicklungspolitik

Soll der Nord-Süd-Konflikt sich nicht weiter verschärfen, müssen die Industrieländer noch stärker als bisher Entwicklungspolitik betreiben.

Entwicklungspolitik wird vor allem vom Staat getragen. Sie vollzieht sich in unterschiedlichen Formen: *Kapitalhilfe* durch die Gewährung von Krediten oder durch Schenkungen, *Exporthilfe* durch Zollvergünstigungen oder den Abbau von Handelsbeschränkungen, *Nahrungsmittelhilfe* durch die Lieferung von Lebensmitteln, *technische Hilfe* z. B. bei der Entwicklung von Großprojekten.

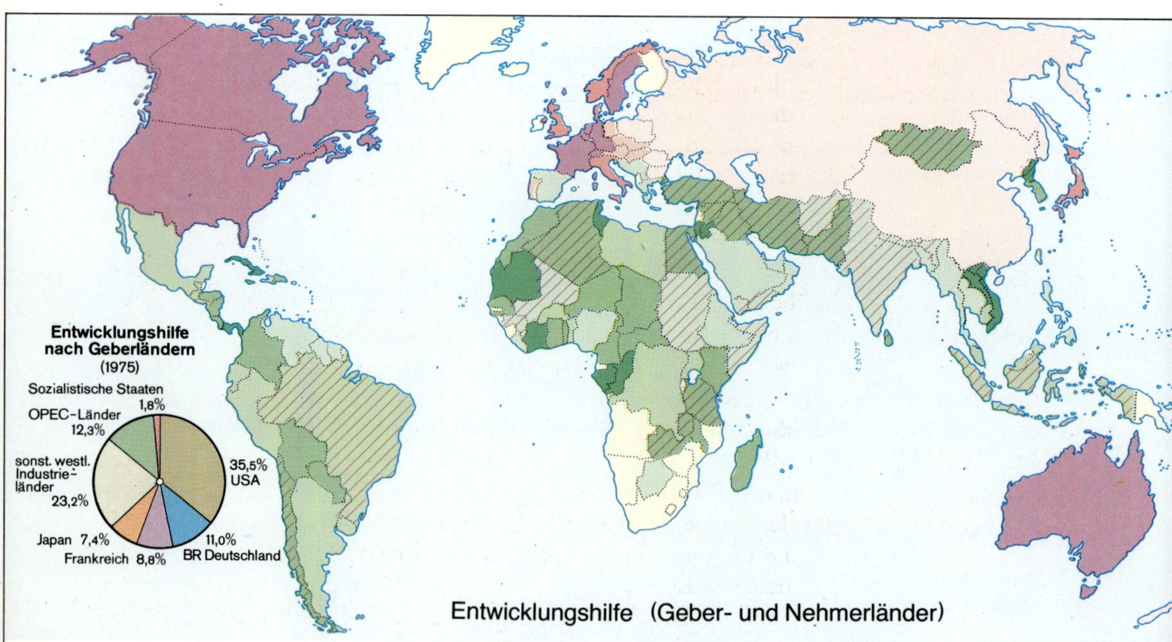

Zwei Welten in Indien: Frauen mit Tragkörben helfen beim Bau einer modernen Industrieanlage. – Im Herbst 1957 begannen deutsche Firmen mit dem Aufbau eines weiträumigen Stahlwerks in Rourkela. In einer Einöde zwischen Kalkutta und Bombay entstanden Hochöfen, das Hüttenwerk und Siedlungen für die Arbeiter. 35 000 indische Männer und Frauen sowie 800 deutsche Ingenieure und Monteure bauten Rourkela auf. 1959 floß das erste Roheisen aus dem Abstichloch.

Rourkela ist ein Beispiel einer solchen technischen Hilfe. Durch den Bau solcher Stahlwerke kann Indien seine reichhaltigen Eisenerz- und Kohlenlager ausbeuten. So deckt es seinen Bedarf an Stahl, den es zuvor im Ausland kaufen mußte, zunehmend selbst. *Devisen* werden eingespart und *Arbeitsplätze* neu geschaffen. Das Land wird durch den Bau von Straßen und Eisenbahnen erschlossen. Im Umland des Werkes setzt die Industrialisierung sich fort. Zementfabriken sind zur Deckung der Nachfrage ebenso entstanden wie Betriebe der Eisen- und Stahlverarbeitung. Versorgungseinrichtungen für die Stahlarbeiter kommen hinzu. So ist um dieses Werk mit etwa 15 000 Beschäftigten eine Stadt mit etwa 150 000 Einwohnern gewachsen.

Entwicklungshilfe — Entwicklungshelfer

Wichtiger als die Lieferung großer Stahlwerke aber ist die *Bildungshilfe*, die *Hilfe zur Selbsthilfe*. Die Bauern und Handwerker müssen lernen, mehr und besser zu produzieren als bisher; die junge Generation muß durch eine Schulbildung befähigt werden, später selbst den Aufbau und die Organisation der Wirtschaft in die Hand zu nehmen; die Ehepartner müssen lernen, die Zahl ihrer Kinder zu „planen“, und vieles mehr. Solchen Aufgaben widmen sich die *Entwicklungshelfer*, junge europäische Facharbeiter, Bauern, Lehrer und Ärzte zum Beispiel, die in die Entwicklungsländer gehen. Vielleicht gehörst auch du einmal zu ihnen?

Deutscher Entwicklungsdienst

Wir bieten zwei Jahre Afrika,
Asien und Lateinamerika - als Entwicklungshelfer.

Wir setzen voraus, daß Sie einiges über die Probleme der Dritten Welt wissen. Auch über Entwicklungshilfe. Und daß diese Probleme Sie nicht kalt lassen, obwohl es nicht Ihre eigenen sind.

Entwicklungshelfer können mit ihrem bescheidenen Beitrag die Welt nicht verändern - aber an Entwicklungen mitarbeiten. Das erfordert Bereitschaft und Fähigkeiten zu einer glaubhaften Partnerschaft. Es geht nicht darum, exotische Probleme mittels deutscher Tüchtigkeit zu bewältigen. Uns geht es um jene Menschen, denen ihre Probleme über den Kopf gewachsen sind.
Sie bemühen sich selbst,
damit fertig zu werden.
Dabei wollen wir helfen.

: Deshalb suchen wir Entwicklungshelfer

Sinnvolle Aufgaben gibt es mehr als genug.

Das bietet der DED:

- 3 Monate Vorbereitung in Deutschland. 1 bis 2 Monate Vorbereitung im Gastland.
- Freie Wohnung einschließlich Wohnungsnebenkosten (z. B. für Wasser und Licht).
- Volle soziale Sicherung (Renten-, Unfall- und Krankenversicherung) nach den Bestimmungen des Entwicklungshelfergesetzes. Zusätzlich eine Haftpflichtversicherung. Arbeitgeber- und Arbeitnehmeranteil der Versicherungsbeiträge übernimmt der DED.
- Unterhaltsgeld im Gastland zwischen 430,— und 885,— DM monatlich, steuer- und sozialabgabenfrei. Das Unterhaltsgeld richtet sich nach der Kaufkraft der jeweiligen Landeswährung, d.h. im Land mit den niedrigsten Preisen z.Z. 430,— DM, im Land mit den höchsten Preisen 885,— DM.
- 4 Wochen Urlaub im Jahr.
- 450,— DM Urlaubsgeld im Jahr zusätzlich zum Unterhaltsgeld.
- 1.300,— DM als persönliche Ausstattungsbeihilfe.
- Reisekosten trägt der DED.
- Für jeden Monat Ihrer gesamten Vertragsdauer (4 bis 5 Monate Vorbereitung, 2 Jahre Projekttätigkeit) haben Sie Anspruch auf 300,— DM. Den Gesamtbetrag in Höhe von 8.400,— DM (bei 4 Monaten Vorbereitung) erhalten Sie nach Vertragsende als Beihilfe zur Wiedereingliederung ausbezahlt.
- Für Ehepaare zusätzliche Leistungen.

Deutsche Entwicklungshelfer im Einsatz. – Arzt eines deutschen Hilfsdienstes bei einer Impfaktion in einem Dorf von Sierra Leone (Bild links). – Ein Handwerker leitet den Bau eines Ziegelbrennofens. Diese Aufnahme (Bild rechts) entstand im afrikanischen Staat Niger.

Der nebenstehende Prospekt wurde 1965 vom Deutschen Entwicklungsdienst herausgegeben. Der Deutsche Entwicklungsdienst, 1963 gegründet, hat bereits in den ersten zehn Jahren seines Bestehens rund 3500 freiwillige Helfer in 32 Länder der Welt entsandt. Zu den Voraussetzungen für den Dienst als Entwicklungshelfer gehören eine abgeschlossene Berufsausbildung und eine zusätzliche Berufspraxis sowie ein Mindestalter von 21 Jahren.

Arbeitsvorschläge

1. „Gib einem Hungernden einen Fisch, und er wird einen Tag lang satt. Lehre ihn fischen, und er wird nie mehr hungern." – Wende dieses afrikanische Sprichwort auf die unterschiedlichen Formen der Entwicklungshilfe an!

2. Werte die Karte zur Entwicklungshilfe aus! Sind die reichsten Industriestaaten zugleich auch die stärksten Entwicklungshelfer?

3. Projekte wie Rourkela sollen nicht nur Arbeitsplätze schaffen, sondern auch Inseln einer industriellen Produktionsgesinnung in ländlichen Räumen sein. Wie beurteilst du die Aussichten dafür?

4. Die Verfasser des auf S. 302 abgedruckten Prospekts haben offensichtlich bestimmte Vorstellungen von einem „idealen" Entwicklungshelfer. Wie sollte er sein?

5. Was ist deiner Auffassung nach sinnvoller: der Einsatz von Entwicklungshelfern im Entwicklungsland oder die Ausbildung junger Menschen aus Entwicklungsländern in den Industriestaaten, etwa in der Bundesrepublik Deutschland? Begründe deine Auffassung!

6. Entwicklungshilfe wird auch von nichtstaatlichen Einrichtungen geleistet, z. B. mit den Hilfsaktionen „Brot für die Welt" der evangelischen und „Misereor" der katholischen Kirche. Verfolge Meldungen und Aktivitäten dieser Art!

Wir merken uns

Die Situation in den Entwicklungsländern macht – nicht zuletzt im Hinblick auf das starke Wachstum der Bevölkerung – die Hilfe der Industriestaaten zur Aufgabe auch in der Zukunft.

Zahlen zum Überblick

1871–1914	**Deutschland wird Industriemacht**
1871–1890	Otto von Bismarck Reichskanzler
1880–1914	Zeit des Imperialismus (Höhepunkt der kolonialen Aufteilung der Welt)
um 1885	Erste Automobile, Entstehung der chemischen und der Elektroindustrie
um 1895	Erste Stummfilme
1914–1918	**Erster Weltkrieg**
1917	**Russische Revolution (Lenin)**
1918	Revolution in Deutschland
1918–1933	**Die Weimarer Republik**
1923	Rundfunk in Deutschland
1925	Tod Friedrich Eberts
1926	Aufnahme Deutschlands in den Völkerbund
um 1930	Erste Fernseh-Versuchssendungen in Berlin
1933–1945	**Diktatur in Deutschland (Hitler)**
1939–1945	**Zweiter Weltkrieg**
1944	Attentat auf Hitler (20. Juli)
1945	**Aufteilung Deutschlands**
1945	Atombombe (Hiroshima)
1945	Gründung der Vereinten Nationen (UNO)
seit 1945	**Entkolonialisierung**
1947	Unabhängigkeit Britisch-Indiens
1949	Volksrepublik China (Mao Tse-tung)
1949	**Gründung der Bundesrepublik Deutschland und der DDR**
1949–1963	Konrad Adenauer Bundeskanzler
1953	Volksaufstand in der DDR (17. Juni)
1958	Europäische Wirtschaftsgemeinschaft (EWG, „Europa der Sechs“)
1960	„Das afrikanische Jahr“
1961	Sperrmauer in Berlin (13. August)
1965	Interkontinentale Nachrichtenübermittlung (Erdsatelliten)
1969	Erste Landung von Menschen auf dem Mond
1970	„Ostverträge“
1972	Grundvertrag zwischen der Bundesrepublik Deutschland und der DDR
1974	Rücktritt von Willy Brandt. Helmut Schmidt Bundeskanzler
1977	Terrorwelle in der Bundesrepublik Deutschland
1979	Erste Direktwahlen zum Europäischen Parlament (seit 1973 „Europa der Neun“)
1979/80	Einmarsch sowjetischer Truppen in Afghanistan

Register

1. Neue Begriffe

Die in diesem Bande des Arbeitsbuches auftretenden neuen Begriffe sind nach dem Alphabet geordnet. Die Zahlen bezeichnen die Seiten, auf denen der Begriff im Zusammenhang der Darstellung durch Wort oder Bild näher erläutert wird.

2. Personen

Bildnachweis

Fotos

ADN-Zentralbild, Berlin-Ost: 1 – Dr. C. Ankel, Duisburg: 1 – Archiv Gerstenberg, Frankfurt: 1 – Associated Press, Frankfurt: 1 – BASF, Ludwigshafen: 2 – Bavaria-Verlag, Gauting: 6 – Berlin, Staatsbibliothek: 8 – Bibliographisches Institut, Mannheim: 2 – Bibliothèque National, Paris: 1 – Bildagentur Mauritius, Mittenwald: 2 – Bildagentur Preußischer Kulturbesitz, Berlin: 6 – J. Blauel, München: 1 – R. Borek, Braunschweig: 4 – Burda, Offenburg: 1 – Bundesarchiv, Koblenz: 3 – CDU-Konrad-Adenauer-Haus, Bonn: 1 – Daily Mail, London: 1 – Kurt Desch Verlag, München: 2 – Deutsche Luftbild, Braunschweig: 1 – Deutsche Luftbild, Hamburg: 3 – Deutsche Lufthansa, Köln: 1 – Deutsche Presse-Agentur, Hamburg: 11 – Deutsches Museum, Hamburg: 1 – Deutsches Museum, München: 1 – Deutsche Verlagsanstalt, Stuttgart: 1 – Documentation Française, Photothèque Paris (Foto: Holzapfel): 1 – Dokumentenkabinett, Vlotho: 1 – Embassy of the United States of America, Bonn-Bad Godesberg: 3 – Europahaus, Place Lenotre, Straßburg: 1 – Giraudon, Paris: 2 – Hampton Court Palace, London: 1 – F. Hanfstaengel, München: 1 – K. Helbig, Frankfurt: 1 – H. Hinz, Basel: 1 – Historia-Photo, Bad Sachsa: 2 – Historisches Museum, Frankfurt: 5 – IFA-BILD, Stuttgart: 2 – Imperial Museum, London: 1 – Interfoto F. Rauch, München: 1 – Keystone, München: 2 – R. Köbler: 1 – Albert Kohn, Berlin: 1 – Kongreßbibliothek, Washington: 1 – Krupp, Essen: 1 – Kunsthalle, Bremen: 1 – Kunstmuseum, Düsseldorf: 1 – laenderpress, Düsseldorf (Foto: E. Erwin/Magnum): 1 – Landesbildstelle, Berlin: 3 – Lehmbruck Museum, Duisburg: 1 – A. Münchow, Aachen: 1 – Museum für Hamburgische Geschichte (Foto: P. Wutcke): 1 – Museum of Modern Art, New York: 1 – National Film Archiv, London: 1 – Nationalgalerie, Berlin: 1 – National Museum of Wales, Cardiff: 1 – W. Neumeister, München: 1 – Niederrheinisches Museum, Duisburg: 1 – Paris Match, Paris: 1 – Presse- und Informationsamt der Bundesregierung, Bonn: 4 – Radio Times Hulton Picture Library, London: 1 – U. Seitz-Gray, Frankfurt: 1 – Spiegel Verlag, Hamburg: 4 – Staatsbibliothek, Berlin: 11 – Stadtarchiv, Duisburg: 1 – Städni-Zidorske Museum, Prag: 1 – Dr. W. Stracke, Stuttgart: 1 – Süddeutscher Verlag, München: 5 – Theatermuseum, Köln: 1 – The Wiener Library, London: 1 – Ullstein-Bilderdienst, Berlin: 31 – United States Corporation, Pittsburgh: 1 – Verlag Langewiesche-Brandt, Ebenhausen: 12 – Dr. Vollrath, Essen: 1 – A. P. Weber, Hamburg: 1 – W. Weber, Köln: 1 – Westermann-Archiv: 33 – Yale University Art Gallery, New Haven: 1 – ZEFA, Düsseldorf: 2 – Zentralinstitut für Kunstgeschichte, München: 1

Karten

Westermann-Kartographie: 37

Zeichnungen

H. Schlobach, Königslutter: 31